선민과 참부모 메시아 현현

반재구 지음

청파랑

참부모 메시아를 세상에 증거하려는
담대한 마음과 정성

2024년 12월, 섭리의 조국 대한민국은 비상계엄령 선포와 해제 그리고 대통령 탄핵 정국으로 한 치 앞도 내다볼 수 없는 엄중한 위기에 처해 있습니다. 그러나 통일가는 하늘부모님의 이름으로 우리에게 이미 와 있는 밝음과 희망을 이야기합니다.

여명이 찾아오기 전에 어둠이 가장 짙듯이, 하늘부모님께서 지상을 직접 치리하시는 새 시대를 앞두고 대한민국은 어둠과 환란 속에서 길을 잃고 방황하고 있습니다. 하지만 참어머님께서는 섭리적 혜안으로 이를 미리 살피시고 「참부모론」과 「한민족 선민 대서사시」를 정립해 주셨고, 〈신통일한국을 위한 대국민교육〉을 통해 무지한 이 나라와 이 민족을 하늘의 빛 가운데로 인도하고자 하십니다.

이 시대, 〈대국민교육〉의 천명을 받들어 '하느님이 보우하사 대한민국 만세'라는 주제로 하늘의 메시지를 전국의 시군구와 읍면동에 전하는 애천·애인·애국운동이 활발하게 전개되는 때, 참어머님께서 천일국 시대에 새롭게 선포하신 말씀을 중심으로 수년 간의 정성스러운 연구 성과를 담은 원로목회자회 반재구 사무총장의 「선민과 참부모 메시아 현현」이 출간된다는 기쁘고 반가운 소식을 듣게 되었습니다.

반재구 사무총장은 43년 동안 공직의 길을 올곧게 걸어온 섭리의 동역자입니다. 또한 17년 동안 대학 강단에서 미래 인재를 양성해 온 교육자이며, 항상 하늘의 뜻과 심정을 먼저 생각하는 효정의 신앙인 입니다.

「선민과 참부모 메시아 현현」에는 하늘부모님의 뜻과 창조, 섭리 역사의 진실, 한민족이 선민이라는 역사적 증거와 선지자의 증언, 참부모 현현과 참부모 메시아의 생애노정, 참어머니 메시아를 중심한 섭리시대, 요한계시록과 격암유록 등 예언서의 성취, 신통일한국의 비전, 새 하늘과 새 땅을 위한 개벽섭리시대 등 광범위한 주제가 「참부모론」과 「한민족 선민 대서사시」의 관점에서 서술되어 있습니다. 더불어 한민족의 긴 역사 과정에서 하늘이 한민족을 일깨우기 위해 형성하게 한 전통 종교와 예언서의 관점에서 참부모 메시아, 특히 독생녀 참어머님의 섭리 경륜을 증언하고 있습니다.

이를 통해 저자는 '시작하는 글'에서 밝혔듯이 하늘부모님이 한민족을 선민으로 선택하시고 메시아를 보내시기 위해 섭리하시며 애쓰신 선민사를 조명하고, 참부모 메시아의 섭리적 생애를 통해 하늘부모님이 보내주신 메시아가 틀림없음을 증언했습니다.

한 권의 책이 세상에 나오기까지의 과정은 단순하지 않습니다. 깊은 통찰과 꾸준한 연구가 요구되는 고된 여정입니다. 무엇보다 「선민과 참부모 메시아 현현」은 참부모 메시아에 대한 거대한 섭리관이 담거 있습니다. 이와 같은 주제로 집필하며 저자가 겪었을 무게감은 이루 말할 수 없었을 것입니다. 하지만 참어머님께서 선포하신 섭리 역사의 진실을 더 많은 독자에게 알려야겠다는 사명감으로 저자는 용기를 냈습니다. 그리고 열정과 헌신으로 집필을 완성했습니다. 이는 단순한 지식의 전달을 넘어 하늘의 뜻과 심정을 중심으로 독자와의 깊은 소통을 꿈꾸는 저자의 진정성을 엿볼 수 있는 대목이라고 하겠습니다.

천원궁 천일성전 입궁의 그날이 다가오고 있습니다. 우리는 하늘의 메시지를 세상에 전하는 데 더욱 정성을 다해야 하겠습니다. 그것이 바로 이 시대 우리에게 주어진 가장 숭고하고 중대한 사명입니다. 그리고 그 사명을 위해 정성을 다한 저자의 노고에 경의를 표합니다. 이 책이 널리 읽히기를 진심으로 기원합니다.

2024년 12월

신한국협회장 황보국

시작하는 글

하나님께서는 한민족을 선민으로 선택하시고 보호하시며 길러오셨습니다. 하나님께서 선민을 세우신 목적은 메시아를 보내주시기 위함입니다. 이러한 하나님의 섭리 가운데 메시아는 이미 한국 땅에 오셨습니다. 메시아가 오시는 때는 종말의 때이며 동시에 새 시대가 열리는 희망의 때입니다. 역사에 없는 대격변기일 수밖에 없습니다. 그런 이유로 대한민국이 유독 더 혼란스럽고 혼돈합니다. 혼돈하고 공허하며 흑암이 깊어지는 가운데 첫 하늘과 첫 땅은 창조되어 우리 앞에 나타났듯이, 어두움이 깊어질수록 여명이 우리 앞에 가까이 오듯, 지금의 혼돈이 깊어질수록 새 하늘과 새 땅은 찬란한 여명으로 우리 앞에 드러날 것입니다. 그날이 멀지 않았습니다. 역사에 없던 아주 큰 희망의 때가 오고 있습니다.

그동안 역사를 통해 인류를 이끌어 왔던 어떤 주의와 사상도 이제는 수명을 다했습니다. 사람이 중심이 된 인본주의 바탕 위에 선 어느 것도 이제는 인류를 진정한 자유와 평등과 정의가 살아 숨 쉬는 평화롭고 행복한 세상으로 이끌어 갈 수 없다는 것이 판명되고 있습니다. 사람이 먼저인 사람 중심의 세상은 그 허상을 적나라하게 드러내고 있는 것입니다. 사람이 먼저인 사람 중심의 세상이 되어야 하는 것은 맞지만 사람이 어떤 사람이냐가 관건입니다. 하나님을 모시고 신인일체를 이룬 인간이 중심이 되고 먼저인 세상이 답입니다. 메시아는 이러한 사람으로 인류를 구원하기 위해 오십니다.

신인일체를 바탕으로 한 이념과 사상, 그리고 이러한 이념과 사상이 실체화된 인간 모델이 절대로 필요한 시대를 맞이했습니다. 신인일체를 바탕으로 한 이념과 사상을 하나님주의와 참부모사상이라 하고, 이러한 이념과 사상이 실체화된 두 분을 참부모 메시아라고 합니다. 메시아는 남성 한 분으로만 오시는 줄 알고 있지만 그렇지 않습니다. 남녀 두 분의 참부모 메시아로 오십니다. 하나님주의와 참부모 메시아만이 인류를 구원해 진정한 자유와 평등과 평화가 넘치는 행복한 세상을 만들어 줄 유일한 대안입니다.

참부모 메시아는 이미 한반도에서 출현해 하늘과 땅과 인간 세상을 찬란히 비추고 있습니다. 참부모 메시아가 오신 뜻은 인류구원과 하나님 나라인 참사랑의 평화이상세계를 이루려 오십니다. 참부모 메시아는 통일된 대한민국을 세워 참사랑의 평화이상세계의 모델을 제시할 것입니다. 세계는 통일된 대한한국을 보고 배우며 신통일세계의 하나님 나라를 만들어 갈 것입니다. 이미 참부모문화권이 형성되어 신동방 르네상스를 구현해 가고 있습니다.

하나님의 구원섭리시대를 일반적으로 구약시대, 신약시대, 성약시대로 나눌 수 있습니다. 성약시대는 참부모 메시아를 중심한 섭리시대입니다. 그런데 참부모 메시아를 중심한 섭리시대를 다시 참아버지 메시아를 중심한 섭리시대와 참어머니 메시아를 중심한 섭리시대로 구분할 필요성이 생겼습니다. 왜냐하면, 참아버지 메시아께서는 성화하셔서 하늘에 오르셨고 지금은 참어머니 메시아께서 지상 섭리를 주도하시며 구원섭리를 이어가고 계시기 때문입니다. 하나님께서는 이러한 섭리시대가 올 것을 미리 아셨기에 참어머니 메시아 중심한 시대를 준비하시고 선지자와 예언자들을 통해 예언하셨습니다.

하나님이 한민족을 선민으로 선택하시고 메시아를 보내시기 위해 섭리하시며 애쓰신 선민사를 조명해 볼 것이고 참부모 메시아로 현현하신 분의 생애와 섭리노정을 통해 하나님이 보내주신 메시아가 틀림없음을 증언하고자 합니다.

제1장 '선민과 참부모 메시아 현현'에서 하나님의 뜻은 무엇이며 재림메시아를 만나기 위해서는 언제, 어떻게, 어디로 오시는지에 대한 내용을 알아야 하기에 이를 중심하고 대한민국이 하나님께서 선택한 선민의 나라인 것을 설명하고자 합니다. 하나님이 재림메시아로 보내실 분은 한 분 남성 메시아만이 아닌 여성 메시아도 함께 보내신다고 예언된 내용을 알아볼 것이고, 하나님이 참부모 메시아의 성탄을 위해 세계와 한민족을 통해 어떠한 준비를 하셨는지를 살펴볼 것입니다. 그리고 참부모 메시아로 오신 분이 누구이신지 밝힐 것입니다.

제2장 '승리하신 참부모 메시아'에서는, 참부모 메시아로 현현하신 분이 어떠한 노정을 통해 구세주 메시아로서 구원을 준비하셨고, 사

탄 세력과의 싸움에서 어떻게 승리하시어 인류가 하나님의 자녀로 온전히 구원될 수 있는 길을 열어 가셨는지를 살펴보겠습니다.

제3장 '참어머님 메시아 중심한 섭리시대'에서는, 참어머니 메시아를 중심한 섭리시대를 요한계시록과 한민족의 선각자들을 통해 어떻게 예언하시고 섭리하셨는지를 알아보겠습니다. 참아버지 메시아가 성화하셔서 하늘나라로 가신 후 참어머니 메시아께서는 어떠한 섭리를 이어가시는지를 밝힐 것입니다.

제4장 '남북통일 섭리시대'에서는, 선민의 국가 대한민국의 남북통일은 섭리적으로 어떤 의미가 있는지를 살펴 볼 것이며 아울러 남북통일의 시기와 이념에 대해서도 알아보겠습니다. 남북통일이 하나님의 아주 중요한 섭리의 일환임을 밝히고 참부모 메시아가 남북통일을 어떻게 준비해 오셨으며 지금 어떠한 대비를 하고 계시는지를 살펴보겠습니다.

마지막으로 제5장 '새 하늘과 새 땅을 위한 개벽섭리시대'에서는, 요한계시록에 예언된 새 하늘과 새 땅에 대한 말씀과 한민족 개벽종교에서 주장하는 후천개벽 세상과는 어떠한 연관이 있는지 밝혀보겠습니다. 아울러 대한민국을 중심한 장차 아시아 태평양의 신문명은 어떠한 내용으로 전개될지를 전망해 봄으로써 대한민국의 미래 비전을 밝혀보겠습니다.

본서에서 전개하는 섭리사의 논리는 문선명 한학자 선생 두 분이 밝히신 통일원리와 참부모론을 인용했고 개벽 사상에 대한 해석의 출처는 김지하 선생의 저서인 『생명과 평화의 길』과 『수왕사』를 인용했습니다. 그리고 한민족 예언서의 출처는 무공(無空) 선생님의 『마지막 해역서 격암유록』을 참고하였고 인용하였음을 밝힙니다.

여러모로 부족한 사람이 감히 참부모 메시아에 대한 거대한 섭리관을 언급하는 것 자체가 불경한 일인 줄 알지만 그래도 누군가는 세상을 향해 이 기쁜 소식을 빨리 알려야 한다는 사명감으로 용기를 내어 본서를 내놓게 되었습니다. 이 책을 출판할 수 있도록 격려를 아끼지 않으시며 추천사를 써주신 신한국가정연합 황보국 협회장님께 진심으로 감사를 드립니다. 또한 이 책이 나오기까지 세심한 배려로 도움을 주신 청파랑 이경현 대표님과 관계자 여러분께 고마운 마음을 전합니다.

특별히 이 책을 집필할 때 영감으로 함께해주신 하늘부모님과 천지인참부모님께 엎드려 경배로 감사드리며 감히 천원궁 천일성전에 이 책을 봉헌하옵니다. 이 책을 읽는 모든 분이 참부모 메시아를 바로 알아 모시며 참다운 생명으로 거듭나기를 간절히 기도합니다.

2024년 12월 21일

저자 반 재 구 배상

|차 례|

제3장　참어머니 메시아 중심한 섭리시대

제4장　남북통일 섭리시대

제5장　　새 하늘과 새 땅을 위한 개벽섭리시대

※ 일러두기

본서에 게재된 이미지의 일부는 위키백과(ko.wikipedia.org) 퍼블릭 도메인(저작권이 자유로운 저작물)과
공공누리(www.kogl.or.kr) 제1유형(공공저작물의 자유이용)의 자료임을 밝힙니다.

제1장

선민과 참부모 메시아 현현

1. 하나님의 뜻과 구원섭리역사의 목적

하나님께서 우리를 향해서 바라시는 뜻이 무엇일까? 하나님의 뜻을 올바로 아는 일이야말로 우리 인생에서 가장 중요한 삶의 지표가 아닐 수 없습니다. 그러기에 마태복음 7장 21절에 "주여 주여 하는 자마다 천국에 다 들어갈 것이 아니요. 다만 하늘에 계신 내 아버지의 뜻대로 행하는 자라야 들어가리라." 말씀하셨습니다. 이 말씀의 의미는 신앙하고 있다는 이름이 중요한 것이 아니라 신앙의 뜻을 올바로 알고 그 뜻을 제대로 실천하라는 말씀입니다. 그래야 신앙과 삶의 최종 목표인 천국에 들어갈 수 있다는 말씀입니다.

시대와 지역에 따라 서로 다른 삶의 방식에 의해 서로 다른 문화적 배경 가운데 종교가 탄생하였기 때문에 각 종교가 자기 종교를 표현하는 방식과 언어는 달리 형성되었지만, 결국은 모든 종교가 하나의 지향점, 즉 천국을 이루어 사는 하나의 목표를 향해 가고 있는 것입니다. 기독교인은 주님을 신앙하여 구원받아 천국을 이루어 사는 것이 최종 목표이고, 불교인도 성불하여 더 이상 번뇌와 윤회가 없는 극락에 사는 것이 신앙의 최종 목표이며, 민족종교인 역시 한국으로 오시는 성인을 맞이하여 그분이 창건하시는 지상 선경인 계룡국에 들어가는 것이 신앙의 최종 목표입니다. 이와 같이 천국과 극락과 지상 선경에 들어가는 신앙과 삶의 최종 목표를 이루기 위해서는 주님과 부처님과 성인이 이곳에 들어가기 위한 자격조건으로 우리를 향하여 주신 뜻을 바로 알고 실행하는 것이 무엇보다 중요합니다.

결국 하나님께서 인류역사를 통하여 섭리하시는 목적은 모든 인류가 천국에 들어가 살 수 있는 천국사람을 만드는 것이며 이 목적을 이루기 위한 하나님의 섭리는 구세주 메시아를 보내서서 하나님의 뜻을 깨우쳐 이들을 구원함으로써 하나님의 온전한 아들딸로 만들기 위한 방향으로 역사하십니다.

태초에 창조주 하나님께서 인간과 우주를 창조하신 후 우리에게 바라고 소망하신 뜻이 무엇이며, 이 뜻을 위해 유구한 역사를 통하여 섭리해 오시는 구원섭리역사의 방향과 목적에 대해 자세히 알아보겠습니다.

1) 하나님의 뜻인 창조목적

하나님께서는 인간을 창조하신 후 인간세계를 향해서 바라시는 분명한 뜻이 있었습니다. 그 뜻은 다름 아닌 목적을 두고 창조하셨으니 창조하신 목적을 이루는 것이었습니다. 하나님의 뜻은 창조목적입니다. 하나님께서는 피조물을 창조하시며 목적을 부여하셨습니다. 하나님의 입장에서는 창조목적이며 인간의 입장에서는 존재목적입니다. 이 세상에 존재하는 것은 모두가 목적을 가지고 존재합니다.

하나님께서 인간을 창조하신 목적이 무엇인지를 아는 일은 대단히 중요합니다. 왜냐하면 '인간이 왜 사느냐?'라는 인간의 존재목적에 대한 답을 얻을 수 있기 때문입니다. 다시 말해 결과적인 존재의 목적에 대한 정답은 그것을 창조한 원인적 존재가 어떠한 목적을 가지고 창조했느냐에 따라 결정되기 때문입니다. 이것은 마치 시계의 입장에서 시계가 존재하는 목적을 알기 위해서는 인간이 시계를 왜 만들었는지에 대한 창조목적을 알아야 하는 것과 같은 이치입니다. 인간이 시계를 만든 목적은 정확한 시간을 알기 위한 것이기 때문에 시계가 존재하는 목적은 인간에게 정확한 시간을 알려주는 것입니다. 마찬가지로 하나님께서 인간을 창조하신 원대하고도 숭고한 뜻 즉 창조목적을 바로 알게 될 때 인간은 드디어 정확하고도 올바른 존재목적을 알 수 있는 것입니다.

그렇다면 하나님께서 인간을 창조하신 목적은 무엇일까요? 이를 알기 위해 성경 창세기 1장에 있는 창조의 기록을 살펴볼 필요가 있습니다. 첫째 날로부터 시작해서 여섯째 날까지 창조를 마치셨는데 매일 매일의 창조가 끝날 때마다 '보시기에 좋았더라'는 반복된 기록이 있습니다. 이 말씀에는 창조하신 목적을 알 수 있는 단서가 있습니다. 이 말씀은 하나님께서 창조하신 피조물이 뜻하신 대로 창조된 것을 흡족해하는 심정의 표현이기도 하지만 더 중요한 뜻은 피조된 창조물이 언제까지나 하나님께서 보시기에 항상 좋은 선의 대상 즉 기쁨의 대상이 되기를 소망하신 표현이기도 한 것입니다.

이렇게 볼 때 하나님께서 인간과 우주를 창조하신 목적은 기쁨을 누리시기 위해서라고 단정할 수 있습니다. 왜 창조를 하셨느냐? 인간과 우주를 바라보실 때마다 그들을 통해 항상 기쁨과 행복을 누리시기 위해 창조하신 것입니다. 이러한 하나님 창조의 심정을 우리는 부모와 자녀의 관계를 통해서 알 수 있습니다. 부모가 자녀를 낳아 기르는 목적은 그들을 통해서 기쁨과 행복을 얻는 데 있습니다. 부모는 자녀가 항상 기쁨과 행복의 대상이 되기를 소망합니다. 이렇게 볼 때 하나님께서 인간과 우주를 창조하신 목적은 기쁨과 행복을 얻기 위해서입니다.[1]

그렇다면 기쁨과 행복은 어떻게 생겨날까요? 그것은 사랑을 통해서 생겨나는 것입니다. 이것이 창조의 오묘하고도 신비한 사랑의 놀라운 능력입니다. 사랑의 근본 속성을 가지고 계신 무형의 하나님은 홀로 사랑을 주고받을 수 없기에 사랑의 대상이 필요했고, 그래서 창조하셨다는 것입니다. 이와 같이 사랑을 주고받을 수 있는 최고의 대상으로 인간을 창조하시고 인간과 사랑을 주고받음으로써 늘 기쁘고 행복한 하나님이 되고자 창조하신 것입니다. 인간도 때로는 삶이 힘들고 고달플지라도 결혼하여 자녀를 낳아 기르는 것은 자녀를 사랑함으로써 온갖 고난과 시름을 잊고, 그 어디에서도 얻을 수 없는 기쁨과 행복을 얻을 수 있기 때문입니다. 이것이 인간이 인간으로서 가야

---

1   세계평화통일가정연합, 『원리강론』, 44쪽

할 창조본연의 아름다운 인생길입니다.

즉 하나님은 인간을 창조하심에 있어서 인간과의 관계를 부모와 자녀의 관계로 설정하시고 창조하셨다는 말씀입니다. 이와 같이 하나님과 인간이 부모와 자녀의 관계가 된 것은 참사랑의 본질을 실현하기 위함이었습니다. 참사랑의 본질은 절대·유일·불변·영원의 사랑입니다. 상대를 위하여 무한히 주고도 주었다는 것을 잊어버리는 사랑이며 대가를 바라지 않는 사랑이고 기쁨으로 먼저 주는 사랑입니다. 이러한 사랑의 근본적 관계가 부모와 자녀의 관계입니다. 이러한 사랑의 기준을 가지고 인간을 창조하신 하나님이십니다. 그래서 우리는 하나님을 일러 아버지 또는 하늘부모님이라고 호칭하는 것입니다.

하나님의 뜻인 창조목적은 기쁨을 누리시기 위함입니다. 목적은 기쁨이고 기쁨을 위한 과정은 사랑이며 그 결과는 행복입니다. 결국 기쁨과 사랑과 행복이 창조하신 목적이며 하나님의 뜻입니다.

이제 창조의 목적이 분명해졌으니, 인간이 왜 사는지에 대한 존재목적 또한 분명해졌습니다. 하나님께서 인간을 창조하신 목적이 부모와 자녀의 관계로 사랑을 주고받으며 기쁨과 행복을 누리시기 위한 것이라면 인간의 존재목적은 하나님께 기쁨과 행복을 돌려드리는 것이 아닐 수 없습니다. 인간은 하나님을 부모로 모시고 그분께 효성의 도리를 다하는 사랑을 통해 기쁨과 행복을 돌려드리는 것이 인간이 존재하는 근본 목적이 되는 것입니다.

사랑의 원리는 상대를 위하여 먼저 줄 때 그 사랑은 더욱 큰 기쁨과 행복으로 나에게 돌아오는 것이기 때문에 나 또한 기쁨과 행복으로 가득한 삶을 영위할 수 있는 것입니다. 인간은 상대를 위하는 사랑의 삶을 살 때 보다 보람 있고 행복한 나날을 보낼 수 있게 되는 것입니다. 자녀의 진정한 기쁨과 행복은 부모를 사랑함으로써 부모가 기뻐하고 행복해 하시는 모습을 볼 때 생겨나는 것입니다. 인간의 진정한 기쁨과 행복은 먼저 하나님과 부모님께 사랑을 돌려드림으로써 얻게 되는 것입니다. 이것이 창조목적과 존재목적이 함께 실현되는 놀라운 하나님의 뜻입니다.

2) 인간세계에 주신 3대 축복의 말씀

하나님께서 인간을 창조하신 목적이 사랑을 통해 기쁨과 행복을 누리시려는 것이라면 구체적으로 어떠한 사랑을 어떻게 실현할 때 기쁨과 행복을 돌려드릴 수 있게 되는 것일까요? 창조목적을 실현하기 위한 구체적인 사랑의 내용은 무엇일까요? 성경에 보면 하나님께서는 태초에 천지를 창조하시고 마지막으로 인간시조 아담과 해와를 창조하신 후 너희들은 앞으로 이렇게 살아야 한다는 삶의 지침을 주신 말씀이 있습니다. 이 말씀은 아담과 해와 에게만 해당하는 말씀이 아니라 모든 인류가 하나님의 창조목적과 인간의 존재목적을 실현하기 위한 말씀이자. 부모이신 하나님이 자녀인 인간에게 주신 천명의 말씀인 것입니다.

성경 창세기 1장 28절에 "하나님이 그들에게 복을 주시며 그들에게 이르시되 생육하고 번성하여 땅에 충만하라 땅을 정복하라, 바다의 고기와 공중의 새와 땅에 움직이는 모든 생물을 다스리라 하시니라."라는 말씀이 기록되어 있습니다. 첫째는 생육하는 것이고 둘째는 번성하는 것이며 셋째는 땅을 정복하고 다스리는 것입니다. 이 말씀은 부모이신 하나님께서 자녀인 인간에게 주신 3가지의 큰 축복이기에 이를 일러 3대 축복의 말씀이라고 하겠습니다. 또한 이 3가지 말씀은 하나님께서 인간시조를 창조하시며 대대로 인간들이 실행하기를 간절히 소망하며 바라신 말씀이기에 이를 하나님의 창조이상의 말씀이라고도 하겠습니다. 이 3대 축복의 말씀은 하나님에게는 사랑을 통해 늘 기쁘고 행복하신 창조목적이 실현되는 것이요. 인간에게는 누구나 실행하고 살아야 할 삶의 방향과 목표가 되는 아주 중요한 말씀입니다. 인간은 이 3대축복과 창조이상의 말씀을 실천하는 삶을 통해 하나님의 창조목적도 실현해 드리고 인간의 존재목적도 실현해야 합니다.[2]

하나님의 제1축복인 생육은 인격완성을 의미합니다. 생육해야 한다는 말씀은 아담과 해와가 각자 하나님을 부모로 모시고 인격을 성장시키는 삶을 통해 하나님의 온전한 아들과 딸로 성장해야 한다는 말씀입니다. 창세기 2장 7절에서 "여호와 하나님이 흙으로 사람을 지으시고 생기를 그 코에 불어넣으니 사람이 생령이 된지라."라고 하셨습니다. 하나님은 이렇게 흙으로 사람의 몸을 만드시고 생기로 사람의 영혼을 만드셨기 때문에 사람은 결국 육신과 영혼의 존재이자, 마

---

2 세계평화통일가정연합, 『원리강론』, 46쪽

음과 몸의 이중구조를 지닌 존재가 되었습니다. 사람이 인격적으로 완성하기 위해서는 그 삶의 중심에 하나님을 모시고 육신은 물론 영혼을 성장시키며 살아야 합니다.

육신을 건강하게 성장시키기 위해서는 매일 매일 밥을 먹어야 하듯이 육신보다 더 근본적이며 본질적인 영혼을 성장시키기 위해서는 영혼의 밥을 먹어야 합니다. 영혼의 밥이 곧 하나님이 주시는 말씀입니다. 하나님을 모시고 대화하며 기도하고 사는 시간은 곧 영혼이 밥을 먹는 시간입니다. 우리의 육신이 공기를 호흡하지 않고는 한시도 살수 없는 것처럼 영혼 또한 하나님으로부터 오는 사랑의 공기를 호흡해야만 진정한 생명으로 성장하며 살아갈 수 있는 것입니다. 모든 생명체가 하늘의 태양 빛을 받지 않고는 살아갈 수 없음과 같이, 인간 또한 태양 빛과 같이 존재하시는 하나님의 말씀과 사랑을 받지 않고는 결코 온전한 영적 생명체로 성장할 수 없습니다. 하나님을 모시고 기도와 대화로 살아갈 수 있다는 것은 축복 중의 축복입니다.

현실적으로 하나님을 모시고 삶을 살아가는 수행의 과정이 없이는 양심의 소리에 따라 살기 어려우며 본성의 마음이 요구하는 대로 육신의 과분한 욕망을 누르고 절제하며 선과 사랑을 실천하는 삶을 살기가 어렵기 때문입니다. 인격을 완성하라는 첫 번째 축복의 말씀은 창조목적과 존재목적 실현을 위한 첫 번째 삶의 목표이면서 동시에 인간 스스로 실천해야 할 첫 번째 책임과 의무입니다. 인간이 살아가면서 스스로 져야 하는 가장 중요한 책임과 의무가 되는 말씀입니다. 이러한 인격완성의 책임과 의무를 다할 때 인간은 일시적인 기쁨과 행복이 아니라 깊고도 오래가는 참된 기쁨과 행복을 누릴 수 있기에, 이 길을 가지 않을 수 없는 것입니다.

하나님의 제2축복인 '번성하라'는 가정완성을 의미합니다. 번성은 남자와 여자가 결혼하여 가정을 이루지 않고는 이루어질 수 없는 말씀입니다. 아담과 해와는 물론 모든 인간은 하나님을 모신 가운데 참사랑의 가정을 이루어 대대로 하나님의 자녀를 번성하여 가정을 완성하라는 말씀입니다. 하나님께서는 아담과 해와가 '생육하라'는 말씀을 이루어 인격을 완성해 가면 그들을 부부로서 축복해 주셨을 것입니다.

창세기 1장 27절에는 "하나님이 자기 형상 곧 하나님의 형상대로 사람을 창조하시되 남자와 여자를 창조하시고" 하셨으며 창세기 2장 18절에는 "여호와 하나님이 가라사대 사람이 독처하는 것이 좋지 못하니 내가 그를 위하여 돕는 배필을 지으리라 하시니라." 하셨습니다. 또한 창세기 2장 24절에는 "이러므로 남자가 부모를 떠나 그 아내와 연합하여 둘이 한 몸을 이룰지로다' 하심으로써 남녀로 창조된 인간은 반드시 결혼하여 가정을 이루어야 한다는 축복의 말씀을 주신 것입니다. 생육의 축복에 이어 두 번째 인간에게 주신 축복결혼의 말씀입니다.

위의 말씀과 같이 하나님께서 아담과 해와를 남자와 여자로 각기 창조하신 것은 이들을 통하여 자녀를 번성시키기 위함이었습니다. 아담과 해와는 하나님의 축복결혼으로 하나님께서 함께하시는 참된 사랑의 가정을 이루어서 아들과 딸을 번성시키라는 말씀을 이루어야 했던 것입니다. 그렇게 되면 아담과 해와는 부부로서 자녀를 낳아 부모가 되는 것이고 그의 아들딸들은 형제자매가 되어 이 땅에 번성하게 되었던 것입니다. 이것이 하나님을 모신 참된 사랑의 가정을 완성하라는 제2의 축복입니다. 결혼하여 부부가 한 몸이 되면 자녀가 탄생한다는 신비야말로 참으로 큰 축복이며 감사입니다.

참된 사랑이 있는 가정완성은 하나님을 중심한 부부의 사랑, 부모의 사랑, 자녀의 사랑, 형제자매의 사랑 이렇게 4대 사랑이 완성되는 것을 의미합니다. 부부의 사랑은 부부간에 서로 사랑하는 것을 말하는 것이고, 부모의 사랑은 부모가 자녀를 사랑하는 것을 말합니다. 자녀의 사랑은 자녀가 부모를 사랑하는 효도를 말하는 것이고 형제자매의 사랑은 자녀들 사이에 서로 사랑하는 우애의 사랑을 말합니다. 이러한 4대 사랑이 하나님의 참사랑을 중심하고 어우러져 나타나는 가정이 참된 사랑의 가정인 것입니다.

제2축복인 가정을 완성하라는 말씀은 참으로 크나큰 축복의 말씀입니다. 우리가 인격을 성장시키며 자아를 성취하는 보람과 행복도 크나큰 축복이지만 가정을 이루고 자녀를 낳아 키워가는 행복이야말로 말로 참으로 큰 축복입니다. 세상을 살아가는 삶 속에서 기쁘고 행복한 일이 많지만 내 가족과의 사랑의 관계 속에서 누리는 행복은 다른 어떤 행복에 비교할 수 없는 기쁨이고 감사이며 소망이기에 축복 중의 축복입니다. 자녀를 안고 기뻐할 때와는 비교할 수 없는 진한 기쁨과 행복이 손자 손녀를 안고 있을 때입니다. 겪어보지 않고는 느낄 수 없는 행복이고 생각만 해도 기분 좋은 행복입니다. 번성하라는 축복의 말씀은 대를 이어 가정을 이루라는 말씀입니다.

아담과 해와가 선악과를 따먹지 말라는 계명의 말씀을 지키어 개성완성을 이루게 되면 하나님께서는 이들을 부부로 축복해 주심으로써 제2축복이 이루어졌을 것입니다. 아담과 해와가 이렇게 축복결혼을 통해 가정을 출발하여 자녀를 낳아 기르며 부부, 부모, 자녀, 형제자매의 4대 사랑을 성장시켜 가면서 참사랑의 가정을 완성한 모델 가정을 이루었다면 아담과 해와는 드디어 참부모라는 이름을 얻었을 것입니다. 하나님의 창조목적의 가장 중요한 목표는 아담과 해와가 참부모가 되는 것이었습니다. 나아가 모든 인류의 한결같은 인생의 공통 목표 또한 참부모가 되는 것이었습니다. 이것이 하나님의 두 번째 축복이고 창조목적이며 창조이상입니다. 하나님의 창조목적과 인간의 존재목적을 실현하기 위해 모든 인간이 실현해야 할 두 번째 삶의 목표이자 책임이고 의무가 되는 축복이 참부모가 되는 제2의 축복입니다.

하나님의 제3축복인 다스림은 주관성 완성을 의미합니다. 하나님께서는 우주와 자연 만물을 창조하신 후 이들의 이름을 아담이 짓도록 하셨으며 이 땅을 정복하고 이것들을 다스리라고 하셨습니다. 하나님께서는 이 땅과 이 우주와 자연만물의 세계를 다스릴 수 있는 권한을 아들딸인 아담과 해와에게 주셨습니다. 그러면 제3축복인 주관성을 완성하라는 말씀은 무엇을 주관하라는 말씀일까요? 첫째는 이 땅과 우주와 자연만물에 대한 사랑의 주관성을 말하는 것입니다. 자연만물을 사랑하는 것은 우선 자연을 잘 보호하고 개발하며 관리하는 것입니다. 우주와 이 땅과 자연만물이 없다면 인간은 한시도 살아갈 수 없기에 우리가 잘 보호하고 개발하며 관리해야 하는 것입니다. 자연은 우리뿐만 아니라 우리의 후손들이 대대로 살아가야 할 삶의 터전이기 때문에 우리가 이와 같이 사랑해야 하는 대상입니다. 자연의 생명과 인간의 생명은 서로 연결되어 있는 유기체이며 자연을 총합한 실체상이 우리 인간의 몸체인 것입니다. 자연을 훼손하고 병들게 하는 것은 곧 인간 자체를 훼손하고 병들게 하는 것입니다.

그런데 제3축복인 주관성완성을 위해서도 하나님을 중심에 모시고 사는 삶이 필요합니다. 왜냐하면 하나님을 마음속에 모시고 자연만물과 교감하게 될 때 온전한 교감이 이루어져 자연만물을 진정으로 사랑할 수 있기 때문입니다. 인간에게만 마음이 있는 것이 아니고 우주와 자연에도 마음이 있습니다. 그런데 인간은 물론 우주와 자연의 중심이 되고 주체가 되는 마음이 하나님의 마음이기 때문에 하나님을 모시고 자연을 대할 때 온전한 교감이 이루어져 자연을 제대로 사랑하게 되는 것입니다. 또한 하나님을 중심에 모시고 사는 사람이 될 때 사람을 제대로 사랑하며 살 수 있는 것입니다.

다음으로 자연 사랑의 또 다른 의미는 경제활동을 잘하는 것입니다. 자연을 가치화한 수단이 돈입니다. 자연이 목적이지 결코 돈이 목적이 아닙니다. 돈은 자연 만물을 교환하는 수단일 뿐입니다. 그런데 흔히 돈을 목적으로 살아가기 때문에 많은 인생에 오점을 남기기도 합니다. 열심히 노력하여 돈을 벌어 풍요로운 생활을 할 뿐만 아니라 어려운 이웃을 돕는 일 또한 자연을 사랑하는 것입니다. 자연은 누구에게나 공평하게 나누어지며 그들로부터 사랑받기를 원하기 때문입니다. 사람은 누구나 서로 다른 능력을 지니고 태어나기 때문에 돈을 버는 일도 차이가 날 수밖에 없습니다. 또한 살다 보면 불의의 사고로 경제적인 어려움을 당하기도 합니다. 그렇기 때문에 우리는 한 국가라는 조직체 속에서 세금을 내기도 하지만 기부와 자선을 하는 이웃 사랑이 필요합니다. 이렇게 자연을 잘 보호하고 개발하는 것과 경제활동을 통해 벌어들인 돈으로 풍요로운 생활을 하며 이웃을 돕는 자연 사랑이 우주와 자연만물을 잘 다스리는 주관성 완성을 이루는 길입니다.

다음으로 주관성 완성의 두 번째 의미는 하나님 나라의 건설입니다. 제1축복과 제2축복이 이루어지면서 시간이 지나면 온 땅에 인류가 충만하게 될 것입니다. 가정이 종족이 되고 종족이 민족권으로 확대되면서 지상에 가득하게 되면 하나님 아래 온 인류가 한 가족이 되는 지상천국이 이루어질 것입니다. 이와 같이 지상에서 천국을 이루고 살면 천상천국은 자동적으로 이루어지게 되어있는 것입니다. 지상천국을 이루고 살다가 천상천국에서 살기 위해 하늘의 뜻에 따라 이동해 가는 것이 곧 죽음입니다. 이렇게 이루어진 지상천국과 천상천국은 하나님 나라가 되는 것입니다. 하나님 나라는 하나님을 대신한 아담과 해와가 왕이 되어 모든 하나님의 백성들을 사랑으로 다스리는 세계입니다. 이렇게 하나님을 대신한 왕이 하나님 나라를 다스리는 것이 주관성 완성의 또 다른 의미입니다.

이와 같이 지상천국과 천상천국이 이루어진 세계가 바로 그토록 하나님께서 소망하시며 인류 모두가 유구한 역사를 통하여 이루고자 소망해 온 진정한 평화세계입니다. 평화세계는 단순히 전쟁이 없는 세계를 넘어 하나님을 모시고 모든 인류가 인격완성과 가정완성과 주관성 완성을 이루어 하나님 아래 인류 한 가족으로 사는 사랑의 완성세계를 말합니다. 하나님을 모신 진실하고도 큰 참사랑 없이는 극한의 대립과 갈등으로 양극화되는 이 투쟁과 전쟁의 세계를 청산하고 모든 인류가 용서와 화합으로 하나 되는 평화의 세계를 이룰 수 없습니다. 하나님을 부모로 모실 때만 모든 인류는 진정한 형제자매가 될 수 있으며 말만이 아닌 진정한 지구촌의 모든 인류가 한 가족이 될 수 있습니다. 하나님을 부모로 모시고 모든 인류가 진정한 형제자매로 살아갈 수 있는 참사랑의 길만이 평화세계를 이룰 수 있는 가장 확실하고도 유일한 길입니다.

그런데 하나님의 창조이상인 3대축복의 말씀 중에 가장 중요한 축복이 제2 축복인 것입니다. 인격완성과 가정완성 그리고 주관성 완성 중에 가장 중요한 것이 가정완성이라는 말씀입니다. 왜냐하면 인격완성을 하고자 하는 목적은 가정완성을 이루기 위함이고 가정완성이 없이는 주관성완성이 이루어질 수 없는 것이기 때문입니다. 가정완성의 환경과 토대 속에서 생명이 태어나고 자라며 인격완성이 이루어지는 것이고 가정완성의 확대가 곧 주관성 완성이기 때문입니다. 하나님의 창조목적 중 가장 중요한 중심이 참된 사랑의 가정을 이루는 것이라는 말씀입니다. 하나님의 창조목적의 핵심은 가정을 완성하는 것이고 가정완성을 통해 참사랑을 결실하는 것입니다. 이렇게 중요한 가정완성의 중심은 가정의 참부모가 되는 것입니다.

이렇게 아담과 해와가 에덴동산에서 참된 사랑의 가정을 이루어 참부모가 되었더라면 그 아담과 해와의 후손들이 아담과 해와의 가정을 닮아 계속 번성하여 종족권을 이루고 민족권을 이루며 지구성 전체에 하나님의 나라인 지상천국을 이루게 되었을 것입니다. 지상천국은 하나님의 참사랑을 중심하고 가정에 참부모가 중심이 되어 부부, 부모, 자녀 형제자매의 4대 사랑을 실현하는 가정을 이룰 때 이러한 가정을 기본단위로 하여 이루어지는 세계입니다.

이렇게 되었더라면 하나님을 부모로 모시고 모든 인류가 한 형제자매가 되어 하나님 아래 인류 한 가족의 평화로운 세계를 이루었을 것입니다. 이러한 3대축복의 말씀과 이념을 바탕으로 가정을 확대해 갈 때 진실로 참다운 자유와 평등과 정의가 살아 숨 쉬는 평화이상세계는 반드시 이루어지는 것입니다. 이것이 지상천국이고 이러한 지상천국을 이룰 때 지상천국생활을 하던 사람들이 사후 영적세계로 돌아가면 천상천국은 자동적으로 이루어지는 것입니다.

지상천국인 하나님 나라도 결국 하나의 가정을 중심하고 이루어지게 되는 것입니다. 하나님과 참부모가 중심이 된 하나의 가정공동체를 다른 말로 가정교회라 할 수 있을 것입니다. 하나님과 참부모가 중심이 된 가정교회가 바로 가장 중요한 하나님의 창조목적이고 창조이상이었던 것입니다.

하나님의 뜻대로 행하며 사는 첫째는 인격완성이며 둘째는 가정완성이고 셋째는 주관성완성입니다. 인격완성, 가정완성, 주관성 완성은 인류가 존재하는 한 항상 있을 것인데 그중에 제일은 가정완성입니다. 가정완성은 다른 말로 참부모완성입니다. 하나님의 가장 중심적이고도 핵심적인 뜻 바로 모든 인류가 참부모되는 것입니다. 이 세상을 살아가는 모든 인류가 인생의 공통 목표를 가정완성 즉 참부모 완성에 두고 산다면 이 세상은 참된 사랑 가운데 자유와 평등과 정의가 꽃피어 행복의 열매를 맺는 참다운 평화이상세계가 될 것입니다. 이러한 3대축복의 말씀은 성경 창세기에만 있는 것이 아니고 한국의 마고신화와 단군신화에도 있으니, 하나님께서 인간세계에 내려주신 천부인 3개가 곧 3대축복의 말씀인 것입니다.

갈수록 가정이 해체되고 거짓과 부정과 불의가 확산이 되어 반목과 분열이 가중되면서 양극화된 이 사회와 국가를 치유할 수 있는 유일한 길은 하나님을 부모로 모시고 참된 사랑의 가정을 복원하는 길이며 나아가 3대축복인 하나님의 뜻을 이루는 길입니다. 이 길만이 유일한 대안입니다.

3) 인류시조의 타락

태초에 3대축복을 실행하며 살라는 하나님의 말씀을 받은 아담과 해와는 끝내 이 말씀을 실현하지 못하고 말았습니다. 3대축복의 말씀은 하나님의 뜻이자 창조이상이며 인간이 실행해야 할 책임과 의무입니다. 그런데 하나님께서는 이 3대축복의 말씀 외에 반드시 지켜야 할 책임과 의무로서 주신 말씀이 한 가지 더 있었으니 창세기 2장 17절에 "선악을 알게 하는 나무의 실과는 먹지 말라 네가 먹는 날에는 정녕 죽으리라 하시니라." 하신 엄중한 계명의 말씀입니다. 그런데 창세기 3장 6절의 말씀에 보면 "여자가 그 나무를 본즉 먹음직도 하고 보암직도 하고 지혜롭게 할 만큼 탐스럽기도 한 나무인지라 여자가 그 실과를 따먹고 자기와 함께한 남편에게도 주매 그도 먹은지라"한 말씀과 같이 아담과 해와는 선악과를 따먹고 타락하고 말았습니다. 태어난 자녀를 양육함에 반드시 해야 할 것과 절대 해서는 안 되는 것을 교육함과 같이 인류의 부모이신 하나님께서는 반드시 이루고 살아야 할 "하라"의 말씀과 더불어 절대로 해서는 안되는 대표적 계명으로 "하지 말라"의 말씀을 주셨던 것입니다.

하나님께서는 자녀로 창조한 아담과 해와에게 반드시 실행하여 이루어야 할 3대축복의 말씀과 동시에 절대로 실행해서는 안 되는 선악과를 따먹지 말라는 말씀 또한 주셨습니다. 선악과를 따먹지 말라는 이 계명의 말씀은 이들이 성장하여 하나님의 아들과 딸로 완성하기 위한 절대적 명제인 동시에 인격완성의 조건이며 책임이고 의무였습니다.

아담과 해와를 창조하신 날부터 하나님의 관심은 온통 이들을 잘 성장시켜 인격완성을 이룬 터 위에 하나의 가정을 만드는 데 있었습니다. 그런데 이들이 자라나는 과정에 있어서 하나님의 뜻대로 선과 사랑의 실체로서 성장하기 위해서는 그들이 스스로 지켜야 하는 그들만의 책임이 필요했습니다. 하나님은 인간을 창조하심에 있어서 자연

만물과는 다르게 인간에게만 스스로 책임을 통하여 하나님의 아들과 딸로 완성하도록 창조하셨습니다. 왜냐하면 인간을 자연 만물의 주인으로 세우기 위해서는 자연만물과는 다른 위격을 가지고 그들을 관리하고 다스릴 수 있는 자격이 필요했기 때문입니다. 이렇게 '따먹지 말라'는 말씀에는 스스로 자기 절제를 통한 인격완성의 책임을 통하여 자유의지로 인격완성을 성취함으로써 모든 피조물의 주인은 물론 사랑의 주관자로서 하나님을 대신한 신적 인간이 되어야 한다는 원대한 뜻이 있었던 것입니다. 다시 말해 하나님께서는 인간을 만물의 영장이요 주인으로 창조하셨을 뿐만 아니라 로봇으로 만들지 않고 자유의지를 가진 자율적 인간으로 창조하셨다는 뜻입니다.[3]

원리에 의하면 자연 만물은 하나님이 생명 자체에 부여하신 원리자체의 주관성과 자율성에 의해 시간이 경과하기만 하면 성장기간을 지나 완성권에 도달하게 됩니다. 그러나 인간은 원리자체의 주관성과 자율성뿐만 아니라 그 스스로 성장과정을 거쳐 완성하는 데 필요한 자격조건으로서의 책임분담을 완수해야만 완성권에 도달하도록 되었던 것입니다. 다시 말해 인간만이 인격완성을 위해 반드시 갖추어야 할 책임분담이 필요하다는 것입니다. 하나님께서 에덴동산에서 아담과 해와에게 이러한 책임분담의 조건으로 주신 것이 '따먹지 말라'는 말씀이었습니다. 아담과 해와가 이 말씀을 실천하여 책임분담을 완수했더라면 하나님의 아들과 딸로서 완성했을 것이고 참된 사랑의 가정을 완성했을 것입니다. 그러나 아담과 해와는 이 '따먹지 말라'는 말씀

---

3 세계평화통일가정연합, 『원리강론』, 56쪽

을 지키지 못하고 타락했습니다.

이들은 '선악과를 먹지 말라, 먹는 날에는 정녕 죽으리라' 하신 하나님의 말씀을 절대로 믿고 실천했어야 했는데 오히려 선악과를 따먹어도 '결코 죽지 아니하리라'고 유혹하는 뱀의 말을 믿고 실행하는 과오를 범하게 되어 하나님이 계신 선과 사랑의 동산인 에덴동산에서 쫓겨나는 신세가 되었습니다. 이렇게 아담과 해와에게 처음으로 죄악이 들어오게 되었습니다. 세상을 살아가는데도 법을 어기는 것이 죄악인 것처럼 하나님께서 참된 자유와 평화와 행복을 위해 정해 놓으신 말씀의 법도를 어김으로써 인류역사는 죄악의 역사로 시작된 것입니다.

그렇다면 선악과를 따먹지 말라는 말씀은 구체적으로 무엇을 의미하는 것일까요? 그것은 결혼 전에는 성적 욕망을 절제하고 순결을 지키며 결혼 후에는 결혼한 상대자 외에는 성적 관계를 하지 말고 순결을 지키라는 말씀입니다. 선악과를 과일로 해석하는 경우가 있으나 이것은 비유와 상징으로 해석해야 할 말씀입니다. 하나님께서 선과 악을 동시에 가지고 있는 과일을 창조했을 리도 없고 그러한 이름을 붙인 과일이 있을 수도 없습니다. 왜냐하면 하나님께서는 선의 주체로서 악은 창조하지도 인정하지도 않는 영역이기 때문입니다.

그렇다면 선악과는 무엇을 비유했을까요? 미완성기의 해와가 가지고 있는 사랑을 일러 선악과라고 비유했던 것입니다. 해와는 그가 가지고 있는 사랑으로 따먹지 말라는 하나님의 계명을 지켜 선과를 맺을 수도 있고 계명을 지키지 못하고 타락하여 악과를 맺을 수도 있는 사랑을 가지고 있었던 존재였던 것입니다. 그렇기 때문에 선악과는 해와의 사랑을 비유한 것입니다. 에덴동산 한 가운데 두 나무가 있었는데 한 나무 생명나무는 하나님의 생명이 처음 사람으로 잉태된 남자 아담을 비유한 것이고 또 한 나무 선악을 알게 하는 나무는 해와를 비유한 것이었습니다. 선악나무, 해와가 장차 결실해야 할 사랑을 선악과라고 비유했던 것입니다.

아담과 해와는 사랑의 본체이신 하나님과 부모와 자녀의 관계로 온전한 사랑의 실체를 위해 순결을 지키며 인격을 성장시켜 가야 할 책임분담이 있었습니다. 아담과 해와는 이와 같이 정신적 육체적으로 순결한 사랑을 지켜냈다는 삶의 실적을 통해 인격을 완성해야 했습니다. 인격완성의 관문 그것은 바로 스스로 인내와 절제를 통해 순결한 사랑을 결실하는 데 있습니다. 이것이 아담과 해와에게 인격완성의 조건으로 주어진 사랑에 대한 책임이었습니다. 그것은 아담과 해와가 뱀으로 비유된 사탄의 유혹을 물리치고 스스로 실천해야 하는 책임이었습니다. 그래서 하나님은 뱀의 유혹이 있을 것을 아셨기에 '선악과를 먹지 말라'는 경고의 말씀을 주신 것입니다. 이것을 믿고 실천하거나 오히려 믿지 못하고 따먹거나는 오로지 아담 해와에게 주어진 책임이었습니다. 이것은 누구도 간섭할 수 없고 대신할 수 없는 아담과 해와만이 감당해야 할 그들의 책임이었습니다. 그런데 이들은 결국 순결을 지키지 못하고 타락하였던 것입니다.[4]

인간이 가장 참기 어려운 성적 욕망, 그것을 참아냈다는 책임을 통해 만물주관의 당당한 주관주로서 위격은 물론 가장 순결하고도 신

4　세계평화통일가정연합, 『원리강론』, 81쪽

성한 사랑의 인격완성체로서 하나님을 닮은 사랑의 주관자로 세우시기 위한 원대한 뜻이 있었던 것입니다. 성장기간에 가장 참기 어려운 사춘기의 성적 욕망을 극복하여 따먹지 않는 책임을 완수하게 되면 그다음은 결혼을 통하여 마음껏 따먹을 수 있는 자유의지의 결실체로 만들기 위한 신성하고도 참된 사랑의 뜻이 있었던 것입니다.

결국 해와는 뱀으로 비유된 남성인 천사장 누시엘의 유혹을 받게 되었고 그와 성적으로 하나 되는 성적 불륜을 일으킴으로써 타락하게 되었고 아직 미완성기의 아담을 뱀과 같은 입장에서 유혹하여 그도 따먹게 함으로써 아담과 해와는 타락하게 되었던 것입니다.[5] 인간에게 부여하신 인격완성의 책임분담을 이루지 못하게 되었던 것입니다. 그리하여 이들은 하나님이 계신 선과 사랑의 동산에서 하나님과 함께 살 수 없게 되었고 에덴동산에서 쫓겨나 악을 행하며 사는 죄악의 인간으로 전락하게 된 것입니다. 한 가정을 찾아 참사랑의 완성된 가정을 세우고자 하시는 하나님의 창조이상이 좌절된 것입니다.

설상가상으로 아담과 해와의 소생인 형 가인이 동생 아벨을 죽이는 죄악을 행함으로써 2대에 걸쳐 하나님께 죄를 짓는 결과를 초래했습니다. 개인적으로 보면 아담도 해와도 타락하였고 자녀인 가인도 살인죄를 범해 타락함으로써 아담가정을 중심으로 이루려 하셨던 참사랑의 가정은 좌절되고 말았습니다. 이렇게 되어 아담과 해와는 에덴동산에서 첫 번째의 가정을 통해 이루고자 계획하신 하나님의 소망인 창조이상을 이루어 드리지 못했던 것입니다.

---

5   세계평화통일가정연합, 『원리강론』, 78쪽

4) 선민과 참부모 메시아를 세워 나오신 하나님의 구원섭리역사

인간시조 아담과 해와가 타락하여 하나님의 뜻은 이루지지 않았지만, 하나님께서는 인간구원과 3대축복의 말씀을 중심한 창조이상의 꿈은 포기하지 하니 하시고 섭리해오고 계십니다. 여전히 인간에게는 하나님의 창조본성이 살아있기에 참고 기다리시며 인류를 구원하기 위한 섭리를 계속해 나오고 계십니다. 창조본성의 발로에 의해 하나님을 찾고 말씀을 지키려는 인간들을 찾아 나오시며 이러한 인간들을 중심으로 구원섭리의 중심민족인 선민을 세워 나오셨고 이들을 중심으로 종교를 출발시켜 주셨습니다. 하나님의 구원섭리역사에 처음으로 선택되어진 선민이 이스라엘 민족이며 처음으로 출발한 종교가 유대교였습니다.

이스라엘 선민의 시조인 아브라함은 하나님의 말씀을 절대 순종으로 받드는 사람이었습니다. 아브라함은 유브라테스강이 흘러가는 갈대아 우르라는 지역에서 태어났습니다. 그곳에서 하나님의 부름을 받고 가나안 지역으로 이사를 하여 그곳에서 살게 됩니다. 아브라함은 옥토의 땅 갈대아 우르에서 떠나라는 하나님의 말씀에 절대 순종하여 그곳을 떠나는 믿음을 세웠고 아들을 제물로 바치라는 하나님의 시험의 말씀에 망설임 없이 칼을 들었던 절대 믿음의 사람이었습니다.

아브라함은 이삭을, 이삭은 야곱을 낳았고, 야곱의 열두 아들이 이스라엘 12지파를 형성하게 되어 하나의 민족으로 번성합니다. 아브라함의 후손들 또한 하나님의 말씀을 온전히 받들며 신앙해 온 사람들입니다. 야곱은 종살이와 같은 고단한 목자 생활을 통하여 얻게 된 많은 재산을 형 에서와 화해하고자 아낌없이 에서에게 바쳤습니다. 이에 앞서 야곱은 얍복강에서 천사와 씨름할 때 밤이 새도록 끈질기게 버티며 싸우다 환도뼈가 부러지는 부상을 당하면서도 날이 샐 때까지 천사를 놓아주지 않았고, 천사는 결국 야곱에게 '이스라엘(뜻: 하나님과 씨름하다 혹은 하나님이 다스리신다)'이라는 축복의 이름을 주었습니다. 이는 오늘날의 이스라엘이라는 국호가 되었습니다.

이렇게 형성된 이스라엘 민족을 선민으로 택하신 목적은 바로 이스라엘은 물론 전 인류를 구원할 구세주 메시아를 보내주시기 위함이었습니다. 그런데 구세주 메시아는 타락하여 원죄를 가지고 죄악을 행하며 살고 있는 인간을 원죄에서 구원할 뿐만 아니라 하나님의 말씀과 사랑 안에서 선만을 행하며 살아갈 수 있는 인간으로 복귀하여 아담과 해와가 이루지 못한 3대축복의 말씀인 하나님의 창조목적을 완성하기 위해 오시는 분입니다.

인간세계에 메시아가 필요한 이유는 인류시조가 지은 원죄를 청산한 후 아담 해와가 이루려다 이루지 못한 3대 축복을 이루는 모델을 세워야 하기 때문입니다. 그렇기 때문에 하나님의 특별하신 섭리의 경륜에 따라 태어나면서부터 원죄 없이 태어나 온전하고도 순수한 하나님의 참사랑을 상속받아 스스로 책임을 통해 완성한 분이 아니고는 안 되는 것입니다. 메시아는 이미 태어난 여러 사람 중에서 능력 있고 인기 있어 따르는 사람이 많은 영웅이라 하여 될 수 있는 것이 아닙니다. 하나님께서 택하시고 원죄 없이 출생하게 하시고 특별하신 능력을 부여하신 분일 뿐만 아니라 아담 해와의 대신자로서 그들이 가다가 가지 못한 길까지를 극복하고 승리하여 어인을 받은 분이라야 메시아가 될 수 있는 것입니다.

메시아는 타락한 아담과 해와의 대신자로서 아담과 해와의 타락으로 형성된 원죄는 물론 모든 죄악의 요소를 중생시키고 청산 짓기 위해 오시는 분이시기 때문에 한 남자와 한 여자 즉 참부모 메시아로 오셔야 하는 것입니다. 그러기에 예수님께서는 밤중에 몰래 예수님을 찾아온 니고데모에게 다음과 같이 말씀하셨습니다. "진실로 진실로 네게 이르노니 사람이 거듭나지 아니하면 하나님 나라를 볼 수 없느니라."(요한복음 3장 3절) 타락하여 원죄를 가진 인간은 그 스스로 천국을 갈 수도 볼 수도 없는 신세가 된 것입니다. 그런데 다시 온전한 하나님의 아들과 딸로 구원되어 하나님 나라에 가기 위해서는 후 아담과 후 해와로 오시는 참부모 메시아를 만나서 거듭나지 않으면 결코 천국에 들어가 천국을 볼 수 없는 것입니다. 그렇기 때문에 메시아는 후아담과 후해와, 참부모 메시아로 오셔야만 하는 것입니다.

그러기에 메시아로 오셨던 예수님을 일러 마지막 아담 즉 후아담이라고 고린도 전서 15장 45절에 말씀하셨던 것입니다. 그렇다면 참어머니 메시아가 될 후해와는 어디에 있단 말입니까? 성경을 아무리 찾아봐도 후 해와가 왔다는 기록은 찾을 수가 없습니다. 참아버지 메시아가 되어야 할 후아담을 하나님께서 준비하여 보내주셨다면 참어머니 메시아가 될 후해와 또한 하나님께서 준비하여 보내주셨다고 봐야 맞습니다.

다만 하나님께서 준비해 보내주신 후해와를 인간들이 찾아 모시지 못했을 뿐입니다. 참부모 메시아를 준비해주시는 것은 하나님의 몫이지만 이분을 찾아 믿고 모시는 것은 선민의 몫이고 책임입니다. 후아담 예수님의 신부가 되어야 할 후해와를 찾지는 못했지만 하나님께서 준비해주셨다는 단서를 성경에서 찾을 수는 있습니다. "내 마음에 찾아도 아직 얻지 못한 것이 이것이라. 일천 남자 중에 하나를 얻었거니와 일천 여인 중에서는 하나도 얻지 못하였느니라."(전도서 7장 28절) 이 말씀을 기록한 전도서의 저자가 마음에 아무리 고민하며 생각해 봐도 모든 남자 중에 후아담 한 사람은 찾아질 것이 분명하지만 일천 여인 중에서 후해와 한 사람은 찾아질 것 같지 않다는 불안한 마음의 표시라고 해석할 수 있습니다.

지금도 그렇지만 메시아는 남자 한 분으로 오신다는 의식으로 고정된 것이 현실입니다. 이렇게 된 이유는 인류역사가 고대에는 모계사회로 출발했지만 국가가 형성되고 전쟁이 시작되면서 남성 중심한 가부장제 문화권이 출발한 이래 오늘날까지 유구한 역사를 지속해 왔기 때문에 당연히 메시아는 남성 한 사람으로만 와야 한다는 의식이 자리 잡게 된 것입니다. 인류구원을 위해 오시는 메시아는 인류 시조 남녀의 잘못된 사랑으로 시작된 원죄를 청산하기 위해 오시는 분이시기 때문에 인류시조를 대신한 남녀가 함께 오지 않고는 원죄를 청산할 길이 없는 것입니다. 그래서 예수님께서는 중생하지 않으면 안 된다고 하신 것입니다. 중생은 남녀의 참부모 메시아가 아니고는 결코 이루어질 수 없는 것입니다.

예수님의 언행 중에 이해하기 어려운 말씀이 한 구절 있습니다. 예수님과 그의 어머니 마리아가 가나의 혼인잔치에 청함을 받아 갔습니다. 예수의 어머니 마리아가 예수님께 포도주가 떨어졌다고 하자 예수님께서는 도무지 이해되지 않는 말씀을 하십니다. "예수께서 가라사대 여자여 나와 무슨 상관이 있나이까 내 때가 이르지 못하였나이다."(요한복음 2장 4절) 예수님께서 자기를 낳아 길러준 어머니를 책망하고 있는 것입니다. 그것도 책망받을 만한 언행을 한 것도 아닌데 말입니다. 단순히 포도주 떨어졌다고 한마디 했을 뿐인데 이렇게 심하게 책망한 이유가 무엇일까요? 이러한 말씀을 한 후에는 항아리에 물을 담으라고 하고는 포도주를 만들어 먹게 하는 기적을 행하신 것을 볼 때 왜 이러한 말씀을 하셨는지가 더욱 궁금합니다.

이 말씀은 메시아로 오셨던 예수님의 사명을 중심하고 심정적 사연을 유추해야만 이해할 수 있습니다. 이 말씀 중에 그 궁금증을 풀 수 있는 단서가 있습니다. 바로 "내 때가 이르지 못하였나이다." 하신 말씀입니다. 지금 혼인잔치하고 있는 신랑 신부의 때는 왔지만 하늘의 신랑으로 온 내가 하늘의 신부를 만나서 혼인잔치를 해야 하지만 아직 나는 그러한 때를 맞이하지 못하고 있다는 한탄의 말씀입니다.

하나님께서 준비하여 보내주신 후 해와, 하늘의 신부를 찾아서 아들인 예수님의 혼인잔치를 준비해야 할 당사자는 예수님의 어머니인 마리아였습니다. 후해와를 찾아 아들인 예수의 혼인 잔치를 준비해야 할 어머니 마리아가 그 일은 하지 않은 채 다른 사람의 혼인 잔치에 와서 포도주가 떨어진 것을 걱정하고 있는 어머니를 깨우치기 위해 책망한 말씀으로 해석해야 마땅합니다. 나의 때 나의 혼인잔치를 준비해야 하지 않느냐고 책망하신 말씀으로 이해해야 합니다.

그러나 끝내 후해와인 하늘의 신부는 찾아지지 못한 채 메시아로 오신 예수님의 입지는 점점 좁아지기만 했습니다. 12제자를 중심한 따르는 무리는 있었지만, 이 한 분을 모시기 위해 준비한 세례요한도, 유대교회 지도자도, 이스라엘 민족의 지도자도 모두가 예수님을 외면하였습니다.[6] 예수님께서는 이때의 심정을 다음과 같이 말씀하시며 안타까워하셨습니다. "예수께서 가라사대 여우도 굴이 있고 공중의 새도 집이 있으되 인자는 머리 둘 곳이 없도다"(누가복음 9장 58절) 하셨으며 "예루살렘아 예루살렘아 선지자들을 죽이고 네게 파송된 자들을 돌로 치는 자여 암탉이 그 새끼들을 날개 아래 모음 같이 내가 내 자녀를 모으려 한 일이 몇 번이냐! 그러나 너희가 원치 아니하였도다"(마태복음 23장 37장)

이스라엘을 선민으로 택하시고 유대교를 통하여 철저한 율법 생활로 신앙을 훈련 시켜온 목적은 선민 가운데 보내시는 메시아 예수님을 알아보고 모시며 그를 따라 구원사업에 전력을 기울이도록 하기 위한 것이었습니다. 그러나 유대교회도 선민 이스라엘 민족도 예수님을 모시고 따르는 책임을 다하지 못했습니다. 그래서 예수님께서는 준비된 신부도 맞이하지 못한 채 원치 않는 십자가의 길을 갈 수밖에 없

---

6 세계평화통일가정연합, 『원리강론』, 169쪽

었습니다. 메시아 예수님은 십자가에 죽는 방법을 통해 타락한 인류를 구원하러 오신 분이 아닙니다. 후 아담 독생자로서 후 해와 독생녀를 만나 혼인잔치를 통해 참부모 메시아가 되어 타락한 인류를 중생·구원하러 오신 분입니다.

예수님께서는 십자가에 죽기 위해 오신 분이 아닙니다. 하나님께서 준비해 오신 바람대로 세례요한은 물론 유대교회 지도자들이 예수님을 메시아로 믿고 모시며 따랐더라면 예수님은 십자가의 죽음길로 가지 않았을 것이 분명합니다. 예수님이 지고 가신 십자가는 그 당시 중범죄자를 사형시키는 틀이었습니다. 예수님께서 메시아로 오신 분임을 유대교회 지도자들과 이스라엘 지도자들이 알고 모셨더라면 감히 누가 예수님을 중범죄자로 몰아 죽였겠습니까? 십자가는 메시아 예수님을 알아보고 믿은 증거의 결과가 아니라 몰라보고 불신한 결과가 확실합니다. 예수님은 물론 그의 제자들도 예수님은 십자가에 죽기 위해 오신 분이 아님을 성서는 명백히 증언합니다. 메시아 예수님을 죽이려는 음모가 다가오자, 예수님께서는 제자들을 대동하시고 겟세마네 동산에 오르셔서 간절한 기도를 하십니다.

"내 마음이 심히 고민하여 죽게 되었으니, 너희는 여기 머물러 나와 함께 깨어 있으라 하시고는 조금 나아가사 얼굴을 땅에 대시고 엎드려 기도하여 가라사대 내 아버지여 만일 할만 하시거든 이 잔을 내게서 지나가게 하옵소서 그러나 나의 원대로 마옵시고 아버지의 원대로 하옵소서"(마태복음 26장 38절에서 39절) 이렇게 기도하셨습니다. 기도를 마치신 후 돌아보니 제자들은 졸고 있었습니다. 이들을 다시 깨우시며 시험에 들지 않게 깨어 기도하라고 하시고는 다시 나아가 두 번째도 이 잔을 지나가게 해달라고, 간절히 땀방울이 피방울처럼 되어 땅에 떨어지도록 심각한 기도를 반복하셨습니다. 십자가의 죽음길이 인류를 죄악에서 구원하기 위한 길이었다면 아무 고민 없이 당당하게 맞이했을 것이며 '이 십자가의 잔이 내게 왔으니 감사합니다.'라고 기도했을 예수님이지 이 잔이 지나가게 해달라고 기도하시지는 않았을 것입니다. 그것도 심히도 고민하며 두 번씩이나 간절한 기도를 하신 것으로 볼 때 십자가의 죽음길은 예수님께서 원하신 길이 아니었습니다. 십자가라는 죽음의 길로 구원하러 오신 분이 아니기 때문에 이러한 기도를 하신 것입니다.

다음은 예수님 사후 제자가 된 바울의 십자가에 대한 증언입니다. "이 지혜는 이 세대의 관원이 하나도 알지 못하였나니 만일 알았다면 영광의 주를 십자가에 못 박지 아니하였으리라"(고린도 전서 2장 8절) 말씀하셨습니다. 예수님을 십자가에 죽인 일은 예수님께서 메시아로 오셨다는 사실을 지혜가 없어서 모르고 행한 결과이지 만일 지혜가 있어서 예수님께서 메시아로 오신 분이라는 사실을 알았다면 절대도 십자가에 못 박아 죽이지 않았을 것이라는 말씀입니다. 사도 바울은 이렇게 고백했지만 이미 죽으신 예수님의 십자가를 대속의 십자가로 해석하여 십자가 구원을 신앙화할 수밖에 없었을 것입니다. 왜냐하면 예수님께서 '다시 오마' 약속하시고 십자가의 길로 가셨기 때문에 다시 오실 때까지 구원섭리를 위한 신앙을 이어가야 했습니다. 재림의 한 때를 준비하기 위해서 십자가 구원의 신앙 길을 이어가야 했습니다.

　예수님께서 원치 않는 십자가의 길을 가신 것으로 해석한다고 하여 십자가 대속의 은혜를 부정하는 것은 절대 아닙니다. 다만 십자가 대속으로 구원이 완성된 것은 아니라는 구원의 한계를 말하는 것입니다. 사실 예수님께서는 신부를 맞이하여 참부모 메시아로서 중생을 통해 영적으로도 육적으로도 온전한 구원을 완성하러 오신 분이지만 이스라엘이 불신하여 할 수 없이 십자가 대속으로는 영적 구원만을 이룬 것이기 때문에 영육 아우른 완전한 구원의 완성을 위해 메시아는 다시 와야 한다는 말씀입니다.[7]

　그렇기 때문에 예수님께서는 재림을 약속하신 것입니다. 십자가 대속으로 구원이 완성되었으면 메시아는 다시 오실 필요가 없는 것이지만 그렇지 못했기 때문에 메시아는 재림해야 하는 것입니다. 구원이 완성되면 메시아는 필요 없는 것입니다. 예수님께서 다시 오시겠다고 재림을 약속하신 것은 구원이 완성되지 못했기 때문입니다. 마태복음 26장 30절에 "인자가 구름을 타고 능력과 큰 영광으로 오는 것을 보리라" 하셨고 요한계시록 1장 7절에 "볼지어다 구름을 타고 오시리라" 하셨으며 성경 마지막 책 요한계시록 마지막 장인 22장 20절에 "이것을 증거하신 이가 가라사대 내가 진실로 속히 오리라 하시거늘 아멘 주 예수여 오시옵소서" 하심으로써 재림을 약속하셨습니다.

　이제 우리는 다시 오시는 재림메시아를 만나야 합니다. 재림메시아 때는 반드시 독생자 참아버지 메시아뿐만 아니라 독생녀 참어머니

7　세계평화통일가정연합, 『원리강론』, 160쪽

메시아를 찾아서 만나야겠습니다. 참부모 메시아를 만나 영적으로도 육적으로도 온전한 구원의 완성을 이루어야 하겠습니다. 이것이 오늘을 살고 있는 모든 신앙인은 물론 모든 인류의 가장 크고도 중요한 소망이며 신앙입니다. 이제 이에 대해 알아보겠습니다.

2. 참부모 메시아 현현을 알 수 있는 길

　참부모 메시아를 만나기 위해 우리는 어떤 노력을 해야 할까요? 분명 하나님께서는 오늘의 인류를 구원하시기 위해 예수님께서 왔다 가신 이후 2000년의 역사를 통하여 참부모 메시아를 보내주시기 위해 준비하셨습니다. 하나님께서는 인류구원의 뜻을 한시도 포기하거나 잊은 적이 없으시기 때문입니다. 그런데 하나님께서는 재림메시아를 보내주시기 위해 준비하는 일과 같이 중요하고도 비밀스러운 섭리의 일은 반드시 알려주신다고 말씀하고 계십니다. 아모스 3장 7절에 이르기를 "주 여호와께서는 자기의 비밀을 그 종 선지자들에게 보이지 아니하시고는 결코 행하심이 없으시리라." 고 말씀하셨습니다. 그렇기 때문에 2000년 전 예수님 탄생 때에도 가브리엘 천사를 통해 마리아에게 예수 탄생을 알려주셨던 것입니다.(눅 1장 31절)

　우리는 하나님께서 그 종 선지자들을 통해서 알려주시는 재림메시아의 탄생과 현현을 알기 위해 끊임없이 기도해야 합니다. 그래서 데살로니가전서 5장 16~18절에 "항상 기뻐하라 쉬지 말고 기도하라 범사에 감사하라 이는 그리스도 예수 안에서 너희를 향하신 하나님의 뜻이니라" 하신 것입니다.

우리는 참부모 메시아를 만나기 위해 언제, 어떻게, 어디로 오시는지의 주제를 가지고 쉬지 말고 기도하며 이미 주신 바의 말씀을 중심으로 찾아보고 알아봐야 하겠습니다. 이를 위해 기독교의 성경을 살펴볼 것이고 또한 한 민족의 격암 남사고 선생에게 계시된 예언서『격암유록』을 살펴볼 것입니다. 격암유록을 살펴보는 이유는 참부모 메시아를 보내실 나라로 선택된 나라가 한국이며 2000년 전 이스라엘 나라에 선지자와 예언자를 세우셨던 것처럼 재림시대의 선지자로 선택된 사람 중의 한 사람이 격암남사고 선생이기 때문입니다.

1) 언제 오시는가?

성경에서 재림의 때에 대해 알 수 있는 단서는 가늠하기 어려울 정도로 다양한 말씀이 있습니다. 그때에 대해서는 '하늘의 천사도, 아들도 모르고 오직 아버지만 아신다.'(마 24장 36절)는 말씀이 있는가 하면, '하나님께서는 섭리하시는 비밀을 반드시 선지자들을 통해서 알려주신다'(암 3장 7절)는 말씀도 있습니다. 또한, 예수님께서 너희가 이스라엘 동네를 다 다니기 전에 인자가 올 것이다.(마 10장 23절) '여기 있는 사람 중에 죽기 전에 인자가 왕권을 가지고 다시 오는 것을 볼 사람도 있다.'(마 16장 28절) '그리고 내가 속히 올 것이다.'(계 22장 21절) 이렇게도 말씀하셨습니다. 그런데 실제 예수님의 제자들이 이스라엘 동네를 다 다니고 죽어서 하늘나라에 갔지만, 그 전에 예수님께서 다시 오시지는 않았습니다.

재림의 때에 대해서 아무도 모른다고 하신 말씀은 그때를 구체적으로 공개적으로 밝힐 수 없는 하나님의 사정이 있음을 알아야 합니다. 하나님께서 소상히 알려주실 수 없는 사정은 바로 재림주를 죽이려고 하는 사탄의 세력이 있기 때문입니다. 실제 예수님 때에도 헤롯왕이 주님이 탄생했다는 소식을 듣고 2살 이하 어린아이들을 모두 죽이라는 명령을 내린 적이 있습니다.(마 2장 16절) 하나님의 목적은 재림주 메시아를 보내는 것이지만, 사탄의 목적은 재림주를 없애는 것이었기 때문입니다. 이런 사정 때문에 아무도 모른다고 하셨던 것입니다.

또한 제자들이 이스라엘 동리를 다 돌기 전에 속히 오시겠다고 하신 말씀은 제자들을 지극히 사랑하시는 예수님 심정의 차원에서 이해해야 할 말씀입니다. 실제로 제자들이 죽기 전에 그렇게 빨리 오실 수는 없었지만, 예수님께서 십자가에 돌아가시면 그 이후 제자들에게 어떤 고난과 시련이 찾아올지를 예견하셨습니다. 그렇기 때문에 제자들에게 소망을 주시며 잘 극복하도록 힘을 주시기 위해 제자들이 걱정되어 하신 사랑의 말씀으로 이해해야 합니다.

흔히 주님은 도적같이 임하시기 때문에 그 때와 시기는 알 수 없다고 알고 있지만, 도적같이 임하신다는 요한계시록 3장 3절의 말씀도 자세히 보면 깨어 있지 않으면 도적같이 임하신다고 하는 전제가 있는 말씀입니다. 즉, 재림주님 만나기를 간절히 소망하는 가운데 늘 깨어 기도하는 빛 가운데 있는 사람에게는 선지자들을 통해 알려주시기 때문에 도적같이 올 수 없다는 말씀입니다. 그렇기에 데살로니가 전서 5장 4절에 빛 가운데 있는 자들에게는 그날이 도적같이 임할 수 없다고 말씀하고 있습니다. 결국 깨어서 기도하여 빛 가운데 있는 사람에게는 하나님께서 그 종 선지자를 통해 알려주시므로 재림주님이 언제 오시는지 알 수 있다는 말씀입니다.

재림의 정확한 시기에 대해서는 하나님께서 재림메시아를 보내시기 위해 선민을 세워 나오신 섭리와 재림메시아 성탄을 위한 섭리를 설명하는 다음의 주제들에서 소상히 밝히겠습니다.

2) 어떻게 오시는가?

재림메시아는 2000년 전 메시아로 오셨던 예수님께서 그 모습 그대로 오시는 것으로 알고 있지만 사실은 그렇지 않습니다. 이미 육신의 생명이 십자가로 끊어져 하늘나라로 돌아가신 예수님께서 그 모습 그대로 다시 살아오실 수는 없는 것입니다. 한 번 죽은 육신의 생명은 다시 그 모습으로 이 세상에 올 수 없는 것이 하나님께서 정하신 창조의 법칙입니다. 예수님도 인간의 몸을 쓰시고 오신 분이시기에 아무리 신적 능력이 있다고 해도 이 창조의 원칙을 벗어날 수 없습니다. 창조의 원칙은 예외가 없기 때문입니다. 또한 육신이 한 번 죽은 분이 하늘나라에서 육신을 가지고 2000년 동안 살 수도 없는 것이 창조의 원칙이며 과학적 진리입니다. 이렇게 볼 때 재림메시아는 예수님과는 다른 모습의 다른 인물로 다시 오시는 것입니다.

그렇다면 성경에 구름을 타고 오신다는 말씀을 어떻게 해석해야 할까요? 요한계시록 1장 7절에 "볼 지어다 구름을 타고 오시리라 각인의 눈이 저를 보겠고"라고 말씀하고 계시기 때문에 재림주님은 구름을 타고 오실 것으로 많은 성도가 믿고 있습니다. 그러나 이 말씀은 문자 그대로 해석해서는 안 되고 구름을 비유와 상징으로 해석해야 할 말씀입니다. 왜냐하면, 누가복음 17장 22절에 "인자의 날 하루를 보고자 하되 보지 못 하리라."고 하신 말씀과 배치되는 말씀이기 때문입니다. 더욱이 다시 오시는 주님이 영적으로 오신다면 모르거니와 육신을 가진 인간으로 오신다면 구름을 타고 오시는 것은 현실적으로 불가능하기 때문입니다.

요한계시록 12장 5절에는 "여인이 아들을 낳으리니 이는 장차 철장으로 만국을 다스릴 남자라"라고 육신 탄생의 재림을 말씀하고 있습니다. 그렇기 때문에 재림주님은 구름 타고 오시는 것이 아니라 2천년 전 예수님처럼 여인의 몸을 통해 어린아이로 탄생하시게 되어있습니다.[8]

그렇다면 구름은 무엇을 비유한 것일까요?[9] 구름은 지상의 여러 물들 중에서 깨끗하고 순수한 것만이 수증기로 기화되어 공중에서 뭉쳐 있는 것입니다. 이는 마치 타락한 많은 사람 중에서 깨끗하고 순수

---

8   세계평화통일가정연합, 『원리강론』, 531쪽
9   세계평화통일가정연합, 『원리강론』, 542쪽

한 사람으로 분별된 사람들이 주님을 신앙하는 성도의 무리인 것과 같습니다. 이렇게 볼 때, 구름은 성도들을 상징한 것으로 볼 수 있습니다. 우리가 많은 사람이 모여 있는 군중을 구름 떼로 비유하는 것과 같습니다. 다시 오시는 주님이 구름을 타고 온다는 말씀은 주님을 믿고 따르는 성도들 가운데 오신다는 말씀으로 해석해야 합니다. 깨어서 빛 가운데 있는 성도들은 주님이 언제 어떻게 어디로 오시는지 선지자들이 알려주어 알 수 있으므로 이들은 다시 오시는 주님을 모시고 따르며 증거할 것입니다. 그렇기 때문에 이들을 통해 주님이 오시는 것을 알게 되고 볼 수 있다는 말씀입니다.

사실 초림 메시아이신 예수님께서 오실 때도, 다니엘서 7장 13절에 의하면 "인자 같은 이가 하늘 구름을 타고 와서"로 예언되어 있었기 때문에 이스라엘 민족은 하늘 구름을 바라보며 주님을 기다렸습니다. 그렇지만, 예수님은 구름 타고 오시지 않고 마리아의 몸을 통해 어린 아이로 탄생하셨던 것입니다. 그러므로 실제 구세주로 오신 예수님을 몰라보고 그를 반대하고 핍박해 결국 예수님은 고난과 시련을 받으셨습니다.

그렇듯 재림 때에도 초림 때와 마찬가지로 재림주님은 많은 반대와 핍박을 받으며 고난받으실 가능성이 크기 때문에 누가복음 18장 8절에 "인자가 올 때에 세상에서 믿음을 보겠느냐?"라고 하셨고, 누가복음 17장 25절에는 "그러나 그가 먼저 많은 고난을 받으며 이 세대에게 버린 바 되어야 할 지니라"라고 하셨던 것입니다. 구름 타고 오신다면 누구나 다시 오시는 주님을 확실히 보고 알 수 있을 텐데 누가 그를 믿지 않을 것이며 누가 그를 반대하고 핍박하며 버릴 수 있겠습니까? 이러한 말씀을 종합해 볼 때, 다시 오시는 주님은 확실히 2천년 전 예수님처럼 여인의 몸을 통해 어린아이로 탄생하실 것이 분명합니다.

3) 어디로 오시는가?

예수님께서 다시 오실 나라는 당연히 선민의 나라 이스라엘이라고 생각하실 것입니다. 그러나 예수님은 아니라고 말씀하고 계십니다.[10] 하나님께서 이스라엘을 선민으로 세우시고 메시아 예수님을 보내주셨습니다. 그런데 예수님께서는 원치 않는 십자가에 돌아가시게 되었으며, '내가 다시 오마'하고 약속하셨습니다. 그런데 다시 오실 그 선민의 나라가 이스라엘이 되지는 않을 것이라고 포도원 비유를 통해 분명히 말씀하셨습니다(마21:33~43). 하나님의 독생자 아들을 원치 않는 죽음의 길로 가게 한 이스라엘 나라에는 다시금 메시아를 보낼 수 없고, 열매 맺는 다른 백성에게로 옮길 것이라고 말씀하신 것입니다.

그렇다면, 그 열매 맺는 다른 백성은 어디에 있을까요? 요한계시록 7장 2절에서 3절까지의 말씀을 보면, "또 다른 천사가 살아계신 하나님의 인을 가지고 해 돋는 데로부터 올라와서 땅과 바다를 해롭게 할 권세를 얻은 네 천사를 향하여 큰 소리로 외쳐 가로되 우리가 우리 하나님의 종들의 이마에 인치기까지 땅이나 바다나 나무나 해하지

---

10 세계평화통일가정연합, 『원리강론』, 547쪽

말라."라고 기록돼 있습니다. 그런데 이때 이마에 인 맞은 사람의 숫자가 14만 4천의 무리이며, 이들은 어린양, 즉 예수님과 함께있다고 하셨습니다(계14:1). 요한계시록의 위 두 말씀을 해석해 보면, 이마에 인치는 천사가 해 돋는 곳으로부터 올라왔고 그곳에서 인을 맞은 14만 4천의 무리와 예수님이 함께 있다고 했으니, 예수님께서 재림하실 나라는 해 뜨는 동방에 있다는 말씀입니다. 열매 맺는 다른 백성은 동방에 있는 나라 백성입니다.

예로부터 해 뜨는 동방의 나라는 한국과 일본과 중국의 3개 나라로 일컬어져 왔습니다. 그렇다면 이 3개국 중 어느 나라가 재림주가 오실 나라일까요? 재림주님은 구름 타고 오신다고 했으니 그 나라는 구름으로 상징된 성도가 많은 나라여야 합니다. 다시 말해 재림주님이 오시면 믿고 모시며 따를 성도들이 구름 떼같이 많이 준비된 나라여야 합니다. 왜냐하면, 하나님께서는 재림주님 보내실 민족을 미리 택하시고 선지자들을 통해 많은 성도를 예비하며 선민으로 길러 오셨기 때문입니다.

그렇다면, 3개국 중 그 나라는 한국일 수밖에 없습니다. 재림주님 만나기를 소망하며 깨어 기도하는 성도가 가장 많은 나라가 한국이기 때문입니다. 일본은 천조대신을 믿는 나라로서 재림주님을 모실 성도들이 거의 준비되어 있지 않은 나라이며, 중국 또한 공산주의 국가로서 종교를 아편으로 규정하며 종교의 자유가 없는 나라이기 때문에 성도들 또한 없습니다. 하나님은 이러한 나라에 재림주님을 보내실 수 없습니다. 재림주가 오실 나라는 바로 선민의 나라 대한민국입니다. 실제 선민의 나라 대한민국에는 성도들이 구름떼처럼 많고 하나님이 예비하신 선지자들이 있으며, 이들은 하나님으로부터 계시를 받아 재림메시아가 오실 나라는 한국이라고 증언해 왔습니다. 또한 대표적 선지자요 예언자인 격암 남사고 선생이 있습니다.

격암 남사고 선생은 조선 중기의 명종 때 사람으로 젊은 시절 신인을 만나서 미래 일을 전수받았다고 알려진 분입니다. 지금으로부터 500여 년 전에 신인으로부터 전수받아 기록한 예언서가 『격암유록』입니다. 한국의 여러 예언서 중에 가장 많은 적중률을 자랑하는 『격암유록』을 소개하는 이유는 메시아 구세주로 오실 참부모 메시아에 대해 아주 구체적으로 예언하고 있기 때문입니다. 우선 한반도에 재림메시아 오신다는 예언부터 소개합니다.

◎ 上帝降臨 東半島 彌勒上帝 正道令
　 상 제 강 림　 동 반 도　 미 륵 상 제　 정 도 령

(隱秘歌)
은 비 가

〈해석〉

하늘의 왕이 동쪽 반도 땅으로 강림하십니다. 이분 구세주는 미륵불이시며 상제님이시고 정도령이십니다.

〈해설〉

하늘에 계시는 하나님께서 재림메시아를 동쪽 반도인 한국 땅에 보내주십니다. 이분은 이 세상을 구원하러 오시는 구세주이신데 불교

에서는 미륵불, 유교에서는 상제님, 민간에서는 정도령으로 부르는 분
이십니다.

　이러한 예언을 토대로 해서 하나님께서 한민족을 어떻게 선민으
로 택하시며 유구한 역사를 통해 준비해 오셨는지를 소상히 밝혀보겠
습니다.

3. 선민의 나라 대한민국

한민족은 창세신화와 개국신화 2개를 모두 가지고 있는 민족입니다. 창세신화는 인류의 첫 어머니 신(神)에 관한 마고신화로써 모계사회의 대표적 신화입니다. 개국신화는 한민족 시원과 첫 나라 고조선의 개국신화로써 남성 중심한 부계사회의 대표적 신화입니다. 이렇게 한민족의 신화는 여성 신을 시원으로 한 모계사회의 신화와 남성 신을 시원으로 한 부계사회의 신화를 모두 가지고 있다는 특징이 있습니다. 이 두 신화 중에서 여성중심한 모계사회의 신화가 창세신화로서 남성 중심의 개국신화보다 앞선 신화라는데 큰 의의가 있습니다.

남성중심한 부계사회의 개국신화는 이미 창조된 세계에서 하나의 나라가 탄생하는 과정을 그린 신화라면 여성중심한 모계사회의 신화인 마고신화는 태초에 여성신인 마고에 의해 세상과 사람이 창조되었다는 창세신화라는데 역사적 의의가 크다고 하지 않을 수 없습니다. 하나님의 창조를 남녀의 기능에 비교한다면 여자가 아이를 낳는 것에 비교할 수 있겠습니다. 하나님께서 우주와 인간을 창조하셨다는 것을

한민족의 영산 백두산 천지

표현할 경우 남성성인 하나님 아버지보다는 여성성인 하나님 어머니
가 낳아주셨다고 표현할 수 있기 때문입니다. 물론 아버지와 어머니
두 분이 나를 낳아주신 것이지만 구태여 한 분을 대표하라고 한다면
기능상 어머니가 나를 낳으신 것과 같은 원리입니다. 그러기에 양자역
학의 아버지라 불리는 막스플랑크(Max Planck)는 이렇게 말했습니다.

> "모든 물질은 오직 어떤 힘에 의해서만 비롯되고 존재한다. 이러한
> 힘의 배후에는 의식과 지성을 가진 한 존재가 있다고 추정해야 마땅
> 하다. 그 존재가 바로 모든 물질의 매트릭스이기 때문이다."[11]

---

11 그렉 브레이든, 『디바인 매트릭스』, 5쪽

최고의 물리학자가 하나님께서 인류와 세상을 창조했다는 성경의 말씀을 과학의 이름으로 논증하고 있으니 참으로 놀랍습니다. 태초부터 이 세상에 존재하는 모든 것은 의식과 지성을 가진 한 존재의 신성한 자궁에서 나왔다는 증언입니다. 다시 말해 모든 존재는 하나님의 신성한 자궁에서 나왔다는 것입니다. 성경 창세기 1장 27절에 '하나님께서 자기 형상 곧 하나님의 형상대로 사람을 창조하시되 남자와 여자를 창조하셨다'고 했으니 하나님께서는 남성의 원형과 여성의 원형 두 신성의 속성을 모두 가지고 계신다고 볼 때 하나님은 아버지임과 동시에 어머니이시니 하늘부모님이라고 하지 않을 수 없습니다.[12] 이러한 하늘부모님의 두 속성 중에서 모든 존재는 하나님 어머니의 신성한 자궁에서 나온 존재들인 것입니다. 대한민국의 신화에 이러한 창세신화가 있다는 것 자체가 놀랍고도 신비합니다.

창세신화의 내용을 살펴보면 태초에 오직 햇빛만이 있는 가운데 아무 물체도 없는 중에 율려(律呂)라는 우주 음악이 하늘에서 내려와 음양의 조화를 통하여 마고라는 첫 생명의 신이 나왔으며 마고성이라는 세상이 창조되었습니다. 이 마고라는 어머니 신은 모든 생명의 시원이 되는 신이며 인류를 처음 낳아주신 신입니다. 마고신은 율려로 땅과 바다와 불을 만들어 아름다운 지구성을 만들었으며 첫 인류의 시조인 궁희와 소희 두 딸을 낳아주신 분입니다. 성경은 말씀으로 창조하셨다고 했는데 마고신화는 율려라는 우주 음악으로 창조하셨다는 것이 너무나 새롭고 놀랍습니다. 하나님께서 창조하신 세계는 결

---

12 세계평화통일가정연합, 『원리강론』, 26쪽

국 양과 음의 조화로 이루어져 있으니 우주 만상만물과 인간이 살아가는 세상 자체가 대화합과 하모니의 음악이고 말씀입니다. 대서사시입니다.

마고신은 선천을 남자로 하고 후천을 여자로 하여 배우자 없이 궁희와 소희 두 딸을 낳았습니다. 민간에서 아이가 태어나면 삼신할머니가 점지해 주셨다고 하는데 이 삼신할머니가 바로 마고, 궁희, 소희의 세 분 여성신을 말합니다. 세 분의 신은 일체로서 삼신일체의 신입니다. 단군신화에서 환인 천제, 환웅천왕, 단군왕검이 삼신일체이심과 같습니다. 궁희와 소희 역시 선천과 후천의 정을 받아 결혼을 하지 않고 두 명의 천인과 두 명의 천녀를 낳았으니 황궁·청궁·백소·흑소씨입니다. 이후 남녀가 결혼하여 3천여 명의 사람으로 번성했습니다.

이들은 땅에서 나오는 지유(地乳)를 먹고 자랐습니다. 하루는 백소씨족의 지소 씨가 지유를 먹으러 지유샘으로 갔으나 사람이 너무 많아 양보하고 또 양보하며 먹지 못하게 되자 어지러워 쓰러지게 되었습니다. 귀에서 희미한 소리가 들려 무심코 포도 열매를 따서 먹었습니다. 그리고 여러 사람이 포도를 따먹기 시작했습니다. 이후부터 피와 살이 탁해지고 마음이 어지러워 마침내 천성을 잃고 법과 조화와 율려를 잃어버리게 되었습니다.

이후 포도를 먹고 천성을 잃은 사람들은 모두 마고신이 계신 마고성을 떠나야 했습니다. 이때 황궁씨가 이들을 불쌍히 여기며 말하기를 "여러분의 미혹함이 너무 커서 성상이 변한 고로 성중에서는 살 수 없어 마고성을 떠나게 되더라도 미혹함을 씻고 천성을 회복하여 다시 마고성에 돌아오는 복본을 위해 노력하고 또 노력하시오."라고 하였습니다. 이에 이들은 복본을 맹세하며 사방으로 흩어져 살게 되었습니다. 『부도지』라는 책에서 소개하고 있는 이 창세신화는 신라의 충신 영해 박씨 박제상 선생에 의해 기록되어 보관되었으나 아직은 세상에 나오지 못하였습니다. 다만 그의 후손 박금 선생이 북한에서 피난 나올 때 가지고 오지 못하였으나 거의 외우고 있던 내용이라 기억을 되살려 복원하여 오늘에 전해지고 있습니다.[13]

고조선 개국신화인 환웅 할아버지 이야기는 삼국유사에도 나오는 유명한 신화라서 누구나 잘 알고 있을 뿐만 아니라 다음 장에서도 소개되기 때문에 여기서는 자세히 다루지 않겠습니다. 다만 환인 하나님께서 직접 그의 아들 환웅을 이 땅에 보내셨으며 환웅은 웅녀와 결혼하여 단군을 낳았고 나라를 개국하시니 신시(神市)라는 이름의 하나님나라입니다. 환인천제, 환웅천왕, 단군왕검 세 분의 신이 고조선 개국의 삼성조이십니다. 이 세분 신도 일체로서 삼신일체 신입니다. 이렇게 한민족은 첫 생명을 창조한 마고삼신의 하나님 어머니신과 첫 하나님 나라를 개국한 환인삼신의 하나님 아버지 신을 동시에 모시고 있는 민족입니다. 온 인류의 어버이 되시는 하늘부모님 신을 모신 민족입니다. 이와 같이 한민족은 그 시원이 하늘부모님 신에 의해 창조되고 낳아져서 출발된 천손민족이며 하늘부모님께서 선택하여 길러오신 선민입니다.

---

13 지승, 『우리 상고사 기행』, 130~137쪽

1) 또 하나의 선민 대한민국

하나님께서 이스라엘 민족을 선민으로 세우시고 메시아 예수님을 보내주셨습니다. 그런데 예수님께서는 원치 않는 십자가에서 돌아가시게 되자 다시 오시겠다고 약속하셨습니다. 그런데 다시 오실 그 선민의 나라가 이스라엘이 되지는 않을 것이라고 마태복음 21장 33절에서 43절까지의 포도원 비유를 통해 분명히 말씀하셨습니다. 하나님의 독생자 아들을 원치 않는 죽음의 길로 가게 한 이스라엘 나라에는 다시금 메시아를 보낼 수 없고 열매 맺는 다른 백성에게로 옮길 것이라고 말씀하신 것입니다.

하나님께서는 이렇게 선민으로 세운 나라가 보내주시는 메시아를 믿고 모시는 책임을 다하지 못할 것에 대비해 태초부터 이스라엘 선민 외에 또 하나의 선민을 준비해 놓으셨습니다. 그 민족이 바로 우리 한민족입니다.

창세기 10장의 말씀에 보면, 노아의 아들인 셈의 5대손 벨렉과 욕단 형제를 중심하고 두 선민을 준비하셨음을 알게 됩니다. 벨렉의 후손에서 아브라함을 세워 이스라엘 선민을 세우셨고, 욕단은 동방으로 이동시켜 한민족을 형성하게 했습니다.

창세기 10장 29절에서 30절까지를 보면, "이들은 다 욕단의 아들들이며 그들이 거주하는 곳은 '메사에서 스발로 가는 길의 동쪽 산이었더라"라는 말씀이 있습니다. 여기서 '메사'는 이란 동북부의 '메샷'을 말하고, '스발'은 시베리아의 어원인 '새 밝은 곳'이라는 뜻의 '새발'에서 유래한 말로 해석이 됩니다. 그러니까 셈의 5대손 중 욕단의 후손이 해 돋는 쪽 동방을 향해 이란 동북부를 거쳐 시베리아로 가는 길의 동쪽 산인 백두산 주위에 터를 잡고 민족을 형성했다는 말씀으로 해석할 때 그 민족은 한민족이 틀림없습니다.[14]

이를 증거하는 재미있고 놀라운 근거가 하나 있으니, 노아와 아브라함의 후손들이 신앙하는 신의 이름이 처음에는 '엘', '엘로힘'이었다가 후에 '여호와'로 바뀌었다는 사실에서 찾을 수 있습니다. 그런데 우리 상고대의 한민족이 신앙하는 신의 이름이 '알'이었는데, 이는 고대 수메르인들이 신앙하는 신의 이름인 '엘'과 관련이 있다고 『인류 문명의 기원과 한』이라는 책 268~280쪽에서 김상일 교수는 밝히고 있습니다. 우리 삼국시대의 개국시조들인 고주몽, 김알지, 박혁거세가 알에서 태어났다는 난생설화를 통해 알을 신성시했음을 알게 될 때 이러한 해석은 설득력이 있습니다.

한민족 태고의 환인 시대 이전의 하나님 성호가 '알'이었다는 사실을 알게 되니 우리 민족의 대표 민요인 아리랑에 대한 해석이 너무나 확실해졌습니다. 역시 『또 하나의 선민 알이랑 민족』 25쪽에서 60쪽 사이를 보면, 아리랑은 본래 '알이랑'에서 유래된 언어라고 합니다. 그러니까 '알이랑'의 '알'은 하나님이고, '이랑'은 '함께'라는 순수한 고대 우리말에서 유래했다고 합니다. '알이랑'은 '하나님과 함께'라는 뜻을 가진 언어입니다. 노아의 후손이 해 뜨는 곳 동방으로 이동해 오며 천

14 유석근, 『또하나의 선민 알이랑 민족』, 91~138쪽

산산맥과 알타이산맥을 넘으면서 힘들 때마다 '하나님과 함께'를 부르고 또 부르며 왔던 것입니다. 하나님과 함께할 때만이 발병 나지 않고 무사히 갈 수 있다는 믿음의 찬송가였던 것입니다.

2) 천손 민족 한민족의 시원과 한국

노아의 후손이 동방으로 이동해 한민족이 되었다는 성경 말씀의 해석과 관련해 흥미 있는 역사 연구가 있습니다. 신라얼 문화연구원의 정형진 원장은 평생을 한국 고대사 연구에 바치고 있는 분으로 다수의 역작을 냈는데, 『천년왕국 수시아나에서 온 환웅』이라는 책에서는 한민족 시원에 관한 놀라운 연구 성과를 발표하고 있습니다. 단군신화에 나오는 환웅족이 신화가 아니라 실제의 역사적 부족임을 끈질긴 연구와 탐사를 통해 추적함으로써 한민족의 시원을 밝힌 책입니다.

이 책에 의하면, 환웅족은 중국의 여러 역사서에 기록된 공공족(工共族)으로 기원전 5,000년경에 이란 서남부 천년왕국 수시아나에서 해 돋는 곳을 향해 동진했습니다. 이들은 천산산맥을 거쳐 중국 황하 중류 지역에서 번성하며 중원의 모계사회를 이끌던 여와씨를 계승해 앙소문화를 형성했다고 합니다. 그런데 이들이 정착했던 이곳을 한(韓)부족의 원고향이라는 뜻으로 한원(韓原)이라 했으니, 지금의 섬서성 한성현입니다. 이후 이들은 북쪽에서 무력으로 점령해 내려오는 황제족

에게 밀려 베이징 남부의 하북성 고안현으로 옮겼으니 이곳에는 지금
도 대한채일촌(大韓寨一村)이라는 이름이 새겨진 마을이 있습니다. 이곳
이 바로 『시경』 한혁 편에 등장하는 주나라 초기에 한후(韓侯)가 다스
렸다는 한국(韓國)이 있었던 곳입니다.

이들은 다시금 황제 세력에 밀려나 지금의 베이징시 밀운현 유릉이
라는 곳으로 옮겨와 뿌리를 내렸으니 이곳 밀운현은 과거에 단주(檀州)
라고 불리던 지역으로 여기에서 고조선이 개국되었다고 정형진 원장
은 추정하고 있습니다. 이곳에는 박달산이 있는데, 여기서 발원해 흐
르는 공공성 앞의 강을 지금은 조하로 부르고 있으나 원나라 때까지
조선하(朝鮮河)로 불렀다는 기록이 있습니다. 그리고 이곳에서 가장 오
래되었다는 박달촌이라는 마을이 지금도 있습니다. 여기서 세력이 더
욱더 확대된 공공족, 즉 환웅족은 그 세력 범위를 요하를 중심한 동
북쪽으로 넓히며 진출해 동아시아 최초의 문명으로 떠오른 요하문명
의 홍산문화를 계승한 맥족(웅녀족)과 결합해 거대한 단군조선의 국가
로 재탄생하게 된 것입니다.

이렇게 출발한 단군조선이 1천여 년 지속되다가 은나라 무정 8년인
기원전 1285년에 북방의 유목민족에 밀려 요동반도와 한반도의 경상
도까지 이주해 진한 등의 진인 국가를 형성하며 고인돌 문화를 남겼
습니다. 이렇게 단군조선이 물러난 자리는 164년의 공백기를 거쳐 기
자조선이 들어와 자리를 잡았으나 곧 한국의 한후 세력이 들어와 기
자조선을 아우르고 기원전 757년에 한씨가 다스리는 한씨 조선을 세

워 조양에 도읍했습니다.[15] 한씨 조선은 기원전 108년에 한 무제의 침략으로 무너지고 한씨 조선의 마지막 왕인 준왕이 한반도 충청도 지방으로 이주해 마한을 세웠습니다. 그리고 한반도 북방의 초원 지역에는 변한이 형성되어 한반도는 삼한의 한국시대를 맞이했다가 고구려, 백제, 신라의 삼국시대를 거쳐 통일신라와 고려, 조선시대를 맞이했던 것입니다.

이러한 역사적 사실을 또 다른 측면에서 연구해 고증하고 있는 대작이 있으니 전 서울대학교 사회학과 신용하 교수가 쓴 『고조선 문명의 사회사』입니다. 이 책에 따르면, 지구상의 마지막 빙하기가 5만 3천년 전에 시작되었는데, 이 시기의 구석기인들은 북위 40도 이남의 동굴에 사는 사람만 얼어 죽지 않고 살아남게 되었다고 합니다. 그런데 해가 뜨는 쪽 동방을 향하여 이동해 온 인류가 가장 많이 정착해 살아남은 곳은, 동굴이 가장 많은 한강과 금강을 중심한 한반도였다고 합니다. 이렇게 동굴에서 살아남은 구석기 인류가 드디어 최후의 빙하기가 1만 2천년 전에 끝나게 되자 모두 굴에서 나와서 수렵 생활을 하다가 남한강과 금강을 중심으로 정착해 농경 생활을 했으니 이곳 한반도는 세계 최초로 단립벼와 콩의 재배에 성공해 동아시아 최초의 신석기 농업혁명이 일어난 지역이 되었던 것입니다. 충북 청주시 흥덕구 옥산면 소로리에서 출토된 단립벼는 1만 2천년 전 것이며, 강원도 양양군 손양면 오산리의 토기에 박힌 콩은 7천년 전 것으로 세계 최

---

15 정형진, 『천년왕국 수시아나에서 온 환웅』, 83~104쪽

초의 것들입니다.[16]

이렇게 한반도에서 1만 2천년 전에 신석기시대를 출발한 토착 종족을 새 토템의 밝족 또는 한족(韓族)이라고 했으며, 인구가 점점 팽창하자 이들 중 한 부류가 9천 년경부터 압록강을 건너고 요동반도를 지나 요서 지역에 정착해 홍산문화를 이룩하게 되었으니 이들이 곰을 토템으로 하는 맥족(貊族)입니다. 또 한 부류는 요하 동쪽으로 이동해 송화강과 두만강변의 요동 지역에 정착했으니 이들은 호랑이를 토템으로 하는 예족(濊族)입니다.

이처럼 한·맥·예의 3부족이 결합해 동아시아 최초의 고대국가인 고조선을 건국하게 되었습니다. 이 한·맥·예족이 중국에서 지칭하는 동이족입니다. 약 5천년 전에 한강, 대동강, 요하유역을 중심으로 형성된 신석기시대의 고조선문명은 인도와 중국문명보다 앞선 인류 세 번째 문명이라고 고증하고 있습니다. 고조선은 후국(侯國) 제도를 활용해 더욱더 확대되어 고대 고조선 연방 제국으로 발전했습니다. 신용하 교수가 고조선문명이라고 명명한 한민족의 시원 문명은 오늘날 황하문명보다 앞선 문명으로 공인된 요하문명까지를 포함하는 문명입니다. 요하문명은 그동안 동양문명의 시원으로 공인됐던 황하문명보다 1천 년 이상 앞선 문명이므로 인류문명사를 다시 써야만 하는 현실이 되었습니다. 물론 역사는 이동과 교류의 연속으로 파악하는 것이 맞기에 중국 중원의 주요 부족과 서로 문화를 교류하며 발전해 온 것이 사실이지만, 적어도 황하문명보다 앞선 요하문명을 주도한 세력이 우

---

16 신용하, 『고조선 문명의 사회사』, 62쪽

리 한민족의 조상이라는 데는 오늘날 중국학자들 외에는 학계가 동의하고 있습니다.

이상의 두 저서를 통해 결론할 수 있는 아주 중요한 사실은 우리가 단군신화로만 알고 있던 단군신화가 단순한 이야기가 아니라 역사적 사실이었다는 것입니다. 다음으로, 더 중요한 사실은 이렇게 오랜 역사의 기간을 거치면서 끊어지지 않고 이어져 온 한민족의 대표적 정체성은 바로 하나님으로부터 시원 되어 혈맥으로 이어지며 하나님을 철저히 모셔 온 천손 민족이라는 사실입니다. 정형진 원장은 공공족의 공공(共工)과 한원·한국·한후·한씨 조선의 한(韓)을 통해 이를 설명하고 있습니다. 환웅족인 공공족의 공(共)은 두 손으로 제물을 받들어 하나님께 올리는 형상에서 유래한 글자와 다음의 공(工)은 하늘과 땅을 연결하고 있는 나무, 즉 신단수와 소도의 입대목을 상징하는 글자를 통해 천손 민족임을 증거하고 있습니다.[17]

한민족의 정체성이 되는 대표적 언어 한(韓)의 어원은 '환하다'의 환에서 유래했습니다.[18] 고대 한민족의 조상들이 마지막 빙하기를 거칠 때 빛나고 따뜻하게 비치는 태양이 곧 신이고 생명이었습니다. 태양신은 환한님이었고 하늘에 계시니 하느님(하늘님)이었으며 태양은 오로지 하나이니 한 분이신 한울님이고 하나님이셨습니다. 환한님(하나님)이 한자로 차음되어 환인(桓因)이 된 것입니다.[19] 그래서 한(韓)이라는 말

---

17 정형진, 『천년왕국 수시아나에서 온 환웅』, 241~262쪽

18 이기상, 『글로벌 생명학』, 126쪽

19 김상일, 『인류문명의 기원과 한』, 113쪽

제1장 선민과 참부모 메시아 현현　69

속에는 환하다. 크다. 하나다. 하늘, 임금의 뜻이 내포되어 있습니다.

신용하 교수는 위의 책에서 한(韓) 부족은 농경 생활을 통해 태양숭배 사상과 신앙을 갖게 되었고, 하늘에 있는 태양을 경외하고 신격화하게 되어 하느님 신앙으로 발전하게 되었다고 설명합니다.[20] 이러한 하느님 신앙은 더욱더 구체화 되어 하느님께 제사하는 것으로 발전해 이를 주관하는 여러 명의 천군(天君)을 두었고, 고을마다 소도(蘇塗)라는 신성한 장소를 마련해 하나님께 제사하며 말씀을 전승했던 것입니다. 이때 소도에서 읽히며 전승된 대표적인 말씀이 우리의 고대 역사서인 『환단고기(桓檀古記)』의 「태백일사(太白逸史)」 편 '소도경전본훈(蘇塗經典本訓)'에 기록되어 있는데 이곳에는 한민족의 고유 사상인 한이념(韓理念)의 원류가 되는 홍익인간 이념의 내용이 잘 기록되어 있습니다.

3) 기독교의 한국 전래

한민족이 하나님께서 준비해 오신 또 하나의 선민이 맞다면 역사적으로 유대민족과 뿌리를 같이하고 있다는 사실 외에 하나님께서 먼저 선민으로 택하시고 길러오신 이스라엘 민족과의 교류는 물론 메시아로 오셨던 예수님의 뜻을 받들어 온 기독교와의 남다른 교류가 있어야 합니다. 다시 말해 기독교가 일찍이 한민족에 전해진 역사적 사실이 있어야 합니다. 이런 면에서 한국과 이스라엘의 교류와 기독교의

---

20 신용하, 『고조선 문명의 사회사』, 65~73쪽

전래 역사가 다른 나라와 차별화되는 점을 찾아보겠습니다.

너무 오래된 시기의 단서라서 역사적으로 고증되기는 어려운 내용이지만 예수님의 12제자 중 한 사람인 도마가 가야 시대에 한국의 김해까지 와서 선교했다는 사실을 입증하기 위해 역사적으로 그리고 신학적으로 논증하고 있는 분들이 있습니다. 대구에서 도마 박물관을 운영하고 계시는 조국현 박사와 『사도 도마의 이야기』의 저자인 정학봉 박사 그리고 이장식 교수님입니다. 이분들에 의하면 도마는 땅끝까지 이르러 복음을 전하라는 예수님의 말씀을 지키기 위해 땅끝이라고 생각하는 곳이 인도라고 생각하고 인도에 와서 선교하다가 순교했다고 합니다. 그런데 도마는 인도가 땅끝이 아니고 더 멀리 땅끝이 한반도라는 사실을 알고 한국까지 와서 김수로왕을 만난 후 인도의 아유타국에 있는 공주(허왕후)를 소개하여 결혼시켰다는 것입니다.

도마의 한국 선교를 주장하는 사람들은 김해와 대구의 도마 박물관 자료들과 경북 영주시 평은면 강동리의 도마석상과 도마라는 히브리어 글자를 증거로 들고 있습니다. 도마가 터키를 거쳐 인도까지 와서 선교했다는 것은 기독교사에서 인정하는 사실이기 때문에 한국까지 와서 선교했다는 가능성은 충분히 있다고 생각됩니다. 사실 AD42년에 가락국을 세운 김수로왕의 신라 문무대왕 비석의 기록으로 보나 김해 대성동 고분의 말안장과 기마인물상 등의 유물로 볼 때 북방 기마민족의 후예라는 사실은 확실해 보입니다. 이러한 역사적 사실을 인정할 때 이 시기에 도마가 인도에서 한국까지 왔다는 것은 가능한 일이었습니다.

또한 김수로왕의 부인 허왕후가 인도 아유타국에서 육로로 중국을 통해 왔고 중국에서는 배를 타고 올 때 파도를 견디며 무게 중심을 잡기 위해 가져왔다는 파사석탑의 돌과 인도 계열의 유리구슬 등의 구체적인 유물이 이를 입증한다고 볼 때 하나님께서는 도마를 한국 땅에 파송하셨다고 생각합니다.

또한 로마교황청 시대에 고려국에 이미 기독교인들이 있었다는 놀라운 증거가 있습니다. 세계일보 2016년 9월 29일자 사회면에 실린 내용입니다. 우광훈 감독은 '금속활자의 비밀'이라는 다큐멘터리 영화를 제작한 분입니다. 이분이 2015년 8월 제작팀을 이끌고 동양의 활자가 유럽으로 흘러 들어간 흔적을 찾던 중 이탈리아 바티칸 비밀문서 수장고에서 우연히 특별한 문서 하나를 발견했습니다. AD 1333년 교황 요한 22세가 고려 충숙왕에게 보낸 편지를 발견한 것입니다. 참으로 놀라운 하나님의 역사였습니다. 라틴어로 된 이 편지에는 '존경하는 고려인들의 국왕께'로 시작하여 '고려의 왕께서 그곳에 있는 그리스도인들에게 잘 대해주신다는 소식을 전해 듣고 무척 기뻤습니다'라는 감사의 편지글이었습니다. 하나님께서는 이렇게 한민족을 선민으로 길러오시며 일찍이 다른 나라와는 다르게 한국 땅에 하나님의 백성을 준비하고 계셨던 것입니다.

AD 325년 니케아 공의회에서 아리우스파가 신성의 예수보다는 인간이신 그리스도를 강조하다 이단으로 추방당한 것처럼 AD 431년 에베소 공의회에서 네스토리우스파 역시 인간이신 예수를 강조하다 추방당하였습니다. 이렇게 추방된 네스토리우스 후예들은 동방선교를 시작했습니다. 한신대 명예교수를 지낸 이장식 박사님은 네스토리우스 학파가 이단으로 정제되어 추방될 때 동방 중국으로 와서 선교했다는 기록을 근거로 이들이 한반도까지 와서 선교했을 것이라는 가능성을 언급하고 있습니다. 네스토리우스 학파의 후예들은 중국에 와서 선교했고 중국의 당나라에는 경교라는 이름으로 기록되어 있습니다. 경교를 입증하는 유물로는 대진경고유행중국비(大秦景敎流行中國碑)가 있고 돌십자가와 십자가 무늬 장식 등이 있습니다.

중국 당나라의 보호 아래 확실하게 자리를 잡았던 경교였고, 당시 신라는 당과 활발한 교류를 하고 있었습니다. 선교를 사명으로 여기던 특성을 생각할 때 기독교가 한반도에 전해졌을 것이라는 사실은 의심의 여지가 없습니다. 더욱이 1956년 경주의 불국사 터에서 발견된 돌 십자가상은 이를 반증하고 있습니다.

다음으로 기독교의 한국 전래와 관련하여 놀라운 사실은 기독교가 선교사에 의해 한국에 선교 되기 이전에 한국 사람이 먼저 중국에 가서 기독교를 도입해 왔다는 사실에서 한민족이 선민임을 입증하고 있습니다. 한국 기독교사에 이름을 뺄 수 없는 대표적 공로자는 이벽과 이승훈 선생입니다. 이벽의 선조 중 이경상이라는 분이 청나라에 사신으로 갔다가 북경의 남당 천주교회를 방문하게 되었고 이때 천주실의라는 천주교 서적을 받아 오신 분입니다. 이경상은 이 책을 읽고 스스로 기도하며 자발적으로 첫 천주교인이 되었습니다.

이렇게 해서 한국에 전해진 천주실의라는 기독교 서적은 이경상의 후손 이벽에 의해 이승훈, 정약용, 권철신, 이가환 등에게 전해졌고 정

기적으로 경기도 광주 곤지암의 한 암자에 모여 공부하기에 이르렀습니다. 이후에 이승훈은 사신으로 중국에 가는 아버지를 따라 북경에 40일간 머물면서 선교사들로부터 기독교 공부를 하였고 1784년 그라몽 신부로부터 영세를 받은 최초의 한국인 세례교인이 되었습니다. 귀국해서 함께 공부하던 사람들과 함께 서울 명례동의 김범우 집을 교회로 하여 첫 예배를 드렸으니, 한반도에 첫 교회가 탄생한 것입니다.

이러한 맥을 이어 개신교의 언더우드와 아펜젤러를 비롯한 수많은 선교사가 한국에 말씀과 의술을 가지고 들어왔고 희생과 봉사로 선민 대한민국에 몸을 바친 분들이 많았습니다. 하나님께서는 뜨겁게 기독교를 번성시켜 주셨고 대한민국에서 가장 큰 종교로 부흥시켜 주셨습니다. 이러한 기독교의 부흥은 세계기독교사에서 유래를 찾아보기 힘든 모범적인 발전을 하였고 다른 나라에는 없는 새벽기도회를 만들어 부지런하고 경건한 신앙을 유지해 왔습니다.

한국 기독교 역사에 부흥과 발전만 있는 것은 아니었습니다. 박해로 목숨을 바쳐 희생되신 숭고한 영령들도 너무 많습니다. 기독교를 자발적으로 찾아가서 들여온 한국 기독교의 첫 조상들이 되었던 이벽 이승훈 정약전 권철신 이가환 등 대부분이 1801년 신유사옥 때 순교했습니다. 중국인 첫 선교사 주문모 신부는 중국으로 도피할 수도 있었지만, '나의 양 떼가 잡혀가 죽음을 당하는데 나 혼자 살 수는 없다.'고 자수하여 순교하였습니다. 프랑스 신부 성 오메트르 신부도 병인박해 때 29세의 꽃다운 나이에 순교하였습니다. 여러 번의 박해와 사옥으로 1만 5천여 명이 순교하여 피를 뿌린 한국의 기독교 제단임을 잊어서는 안 될 일입니다. 서울 마포구 합정동 소재 양화진에는 절두산 순교성지와 외국인 선교사 묘원이 있습니다. 이곳에는 한국을 찾아와 이름도 빛도 없이 오로지 주님의 뜻만을 위해 목숨을 바친 숭고한 영령들이 잠들어 계십니다. 또한 순교는 아니지만 한 생애를 바쳐 선민의 땅을 위해 헌신하다 이 땅에 묻히기를 소망하며 한 생애를 바치신 언더우드 선교사를 비롯한 143분의 선교사들께서 잠들어 계십니다.

대한민국은 이러한 희생과 선교의 터 위에 서있는 기독교를 중심한 기반 위에 전 국민이 근면 성실한 노력으로 근대화 운동에 유래가 없는 빠른 기간에 성공함으로써 오늘날과 같은 풍요와 번영을 누리게 되었습니다. 그래서 지금은 도움 받는 나라에서 도움을 주는 나라가 되었고 선교를 받는 나라에서 해외에 선교사를 가장 많이 배출하고 지원하는 나라가 되었습니다.

확실히 한국은 하나님께서 예비하시고 선택하셔서 길러 오신 선민의 나라가 맞습니다. 그렇지 않고서는 하나의 나라를 이렇게 지속적이고도 일관되게 한 목적을 위해 이끌어 올 수는 없는 것입니다.

4) 한민족이 선민인 증거

대한민국이 천손 민족으로 길러지고 선민의 국가로 선택된 것이 틀림없다면, 이에 대한 더 구체적인 증거들이 있어야 하는 것이니 이에 대해 알아보겠습니다.

첫째로 한민족은 그 시원 자체가 유일신이신 하나님에 의해 출발되고 길러진 민족입니다. 한민족의 시원을 알 수 있는 단군신화에 의하면 한민족은 하늘에 계신 하나님 환인천제께서 그의 아들 환웅이 인간 세상을 다스려보고 싶어 하는 뜻을 알고 천부인 세 개를 주어 세상에 내려보내서 시작된 민족입니다. 앞서 설명했지만, 환웅족 이야기는 만들어진 신화가 아니라 실제의 역사적인 사실로 밝혀지고 있는 실화입니다. 환웅이 웅녀와 결혼하여 단군을 낳았다는 이야기도 사실은 환웅 부족이 곰을 토템으로 신앙하는 웅족과 결혼동맹을 통해 두 부족이 연합하여 거대한 국가를 세웠다는 것이 역사적인 사실로 밝혀지고 있습니다.[21]

이렇게 형성된 나라를 일러 신시(神市)라 하였으니 이름하여 신의 도시 즉 신국이 된 것입니다. 민족의 시원이 하나님에 의해 이루어졌습니다. 그들이 하늘에서 내려올 때 신단수 아래로 내려왔으며 이렇게 해서 세워진 나라도 신시라 이름하는 하나님 나라였습니다. 민족과 국가의 출발이 하나님에 연원을 두고 있습니다. 하나님의 뜻을 이루기 위해 출발한 하나님의 백성들이었습니다.

민족의 시원을 하늘에 둔 민족 신화가 많지만, 우리 한민족처럼 신화의 이야기가 이렇게 구체적인 역사적 사실로 밝혀진 민족은 없습니다. 하나님의 직계 아들이 환웅이고 손자가 단군인 확실한 천손민족입니다. 이렇게 한민족은 이스라엘 민족과 더불어 태초부터 창조주이

---

21 신용하, 『고조선 문명의 사회사』, 152쪽

신 유일신 하나님에 의해 출발되고 양육되어져 온 천손민족입니다.

둘째로, 한국은 유구한 역사를 통해 하나님을 받들어 모시는 전통을 지키며 살아온 애천(愛天)의 민족입니다. 많은 민족이 하늘을 숭상해 왔지만, 특히 한민족은 어느 민족보다 하나님을 공경하며 받들어 온 경천의 대표 민족입니다. 이스라엘이 어떠한 고난과 역경 속에서도 하나님을 잊지 않고 그 말씀을 따르며 뜻을 받들어 온 것처럼, 한민족도 그러한 민족입니다. 수없는 외침과 나라 잃은 설움을 겪으면서도 하나님에 대한 신앙을 잃지 않고 동해물과 백두산이 마르고 닳도록 하나님을 부르며 섬겨온 경천의 민족입니다. 이렇게 고난을 극복하면서도 결코 하나님을 잊어 본 적이 없는 민족이기에 애국가에도 하나님이 살아계십니다.

한민족의 시원이 되는 하늘에 계신 환인천제, 즉 하나님께 그의 아들 환웅천왕과 또 그의 아들 단군왕검은 하나님을 경외하며 그분의 뜻을 받들기 위해 하나님께 제사하는 것을 국가의 대사로 삼으며 하나님을 모셔온 왕들입니다.

한국의 고대 유적 중에 하나님께 제사했던 유적이 여러 곳에 있습니다. 강화도 마니산에 참성단이 있으며 서울 도성에 환구단이 있고, 태백산에 천제단이 있습니다. 마니산의 참성단은 단군왕검이 직접 조성한 것으로 기록되어 있습니다. 이곳은 단군성조는 물론 나라의 왕들이 하나님을 직접 모셔 온 제단입니다. 한국의 고대국가인 부여의 영고, 고구려의 동맹, 예의 무천, 신라의 팔관회 등은 하늘을 숭배하고 모시는 제천 행사였습니다.

또한, 한민족은 고난 중에서도 하나님을 잊지 않고 모셔 온 이스라엘과 같은 민족입니다. 그 대표적인 예가 3·1 독립운동입니다. 일제로부터 말할 수 없는 박해를 받으며 고난을 받아왔지만, 굴하지 않고 하나님을 모신 가운데 독립운동을 해온 민족입니다. 3·1 독립운동에 있어서 종교인들이 중심이 되어 민족 대표를 뽑았으니 기독교 16명, 천도교 15명, 불교 2명을 합해 33명이 초종교적으로 합심해 기도하며 나섰습니다. 이에 각 종단의 교인들을 중심으로 전 국민이 거국적으로 나섰던 것입니다. 세계의 모든 나라가 위기의 자기 나라를 구하기 위해 하나 되었지만 우리의 3·1 독립운동에서 보듯 기독교와 천도교(동학)를 중심한 각 교단이 특별히 교인들을 통하여 모금한 독립자금을 가지고 자발적으로 각 교단의 교인과 국민을 규합하여 거국적으로 일어난 독립운동은 그 예를 찾아보기 어렵습니다.

셋째로, 한민족은 하나님으로부터 직접 전수한 말씀이 기록된 경전을 소유하고 있는 민족이기에 선민입니다. 선민이 되는 가장 중요한 요건은 하나님으로부터 전수된 말씀이 있느냐 하는 것입니다. 이 말씀이 있을 때 가장 확실한 경전의 증거가 되는 것이며, 선민의 증거가 되는 것입니다. 왜냐하면, 하나님은 말씀으로 인류를 창조하셨고 말씀으로 길러오셨으며 말씀으로 뜻을 펼치는 섭리를 하고 계시기 때문입니다. 그런데 한민족은 이러한 하나님의 말씀을 기록한 경전을 고이 간직해왔을 뿐만 아니라 이 말씀을 잘 가르치고 전승해 온 확실한 증거를 가지고 있는 민족입니다.

한민족 대표 경전은 천부경(天符經), 삼일신고(三一神誥), 참전계경(參佺

戒經)입니다. 현재 이 경전들은 대한민국의 대표적 민족종교인 대종교의 경전으로 모셔져 있습니다. 이러한 세 개의 경전이 합본 되어있을 뿐만 아니라 상고대의 역사가 기록되어 있고 하나님을 경외하여 모시고 제사하는 소도(蘇塗)라는 신성한 곳에서 읽는 말씀이 기록된 단행본 경전인 『桓檀古記』가 있습니다. 이 모든 경전에서는 하나님을 일신(一神) 또는 천(天)으로 표현하고 있습니다. 한민족이 신앙해 온 신은 처음부터 창조주이신 유일신이십니다. 이 경전들에는 유일신이신 하나님의 오묘한 진리와 섭리에 대한 말씀으로 가득합니다. 또한 이 경전들에는 기독교의 성경처럼 천지창조와 인간 창조에 대한 말씀은 물론 하나님께서 인간을 통해 이루고자 소망하신 뜻이 담긴 말씀을 간직하고 있습니다.

대한민국의 가장 오래된 역사서요 경전인 『환단고기(桓檀古記)』의 「태백일사(太白逸史)」 편에는 창세기 1장 1절에서 2절까지와 너무나 비슷한 천지창조에 대한 기록이 있습니다.

◎ **大始上下四方 曾未見暗黑 古往今來**
　　대 시 상 하 사 방 　 증 미 견 암 흑 　 고 왕 금 래

只一光明矣
지 일 광 명 의

　　　　　　　　　　　　　　　　　　(『환단고기』, 「태백일사」 편, 삼신오제본기)

〈해석〉

태초에 위아래 사방은 일찍이 암흑으로 덮여 보이지 않더니 옛것

은 가고 지금은 오니 오직 한 빛이 있어 밝게 빛나고 있습니다.

〈해설〉

　빅뱅에 의해 처음으로 하늘과 땅이 열리는 순간을 너무나 정확하게 표현하고 있습니다. 암흑 가운데 시공간이 생기고 빛이 생겨난 천지창조의 상황을 그리고 있습니다. 땅이 혼돈하고 공허하며 흑암이 깊음 위에 있고 하나님은 수면에 운행하사 빛이 있으라 하심에 빛이 있었다는 말씀의 내용과 너무나 똑같습니다. 다만 쓰여진 글자가 다를 뿐입니다. 성경의 창세기는 히브리어로 쓰여졌고 환단고기에는 한자로 쓰여졌을 뿐 같은 하나님께서 계시한 말씀이라고 결론하지 않을 수 없습니다.

　또한 인간 수행의 경전인 『참전계경』에는 성경 창세기 2장 7절과 너무나 똑같은 인간 창조 기록이 있습니다.

◎　女媧 鍊土造像而注之魂하야
　　여 화 연 토 조 상 이 주 지 혼
　　七日而成焉하니
　　칠 일 이 성 언

〈해석〉

　여와신이 흙으로 사람의 형상을 만들고 혼을 불어넣어 7일 만에 이루어 마쳤습니다.

〈해설〉

　여화신의 이름이 성경의 이스라엘 창조신 여호와 신과 비슷합니다. 창세기에 흙으로 사람을 만들고 코에 생기를 불어넣어 생령의 사람을 창조했다는 내용과 너무나 똑같습니다. 분명 이스라엘 고대 민족과 고대 한 민족의 뿌리는 같다고 할 수밖에 없습니다. 이런 측면에서 김상일 교수는 『인류문명의 기원과 한』에서 고대 한국과 수메르와의 관련성을 밝히고 있는 것이 흥미롭습니다. 이 책에 의하면 이스라엘의 선조들인 수메르인과 한국의 고대 조상들의 교류가 있었음을 밝히고 있습니다.

　성경이 번역되어 들어오기 전에 만들어진 한국의 『참전계경』인데, 인간을 창조한 신의 이름이 같고 창조한 내용이 너무나 똑같은 것을 무엇으로 설명할 수 있겠습니까? 이것은 한 하나님께서 같은 계시를 주신 것이거나, 이스라엘 민족의 선조와 한민족의 선조가 연관이 있다고 보지 않을 수 없습니다.[22] 유석근 목사는 창세기 기록을 근거로 한민족은 노아의 아들인 셈족의 후손 중 욕단의 자손들이라고 논증하고 있습니다.[23]

　위와 같이 하나님께서 태초에 흑암 가운데 빛을 창조하셨다는 기

---

22 김상일, 『인류문명의 기원과 한』, 268~280
23 유석근, 『또하나의 선민 알이랑 민족』, 91쪽

록과 하나님께서 직접 영과 육의 인간을 창조하셨다는 기록을 우리가 가지고 있다는 사실은 한민족이 선민이라는 확실한 증거입니다. 그뿐만 아니라 하나님께서 친히 창조해 낳아주신 아들딸로서 하나님을 부모로 부를 수 있는 천손 민족의 직접적 증거가 되는 것입니다.

또한, 아주 오랜 상고대의 역사와 종교의 기록서인 『환단고기(桓檀古記)』의 「태백일사(太白逸史)」 편 '소도경전본훈(蘇塗經典本訓)'에 보면, 홍익인간(弘益人間)에 관해 설명하는 부분이 있습니다. 이는 구약성경 창세기 1장 28절의 3대 축복의 말씀과 같은 내용입니다.

◎ 弘益人間者는 天帝之所以授桓雄也요.
　　홍 익 인 간 자　　천 제 지 소 이 수 환 웅 야

　一神降衷 性通光明 在世理化하여
　　일 신 강 충 성 통 광 명 재 세 이 화

　弘益人間者는 神市之所以傳 檀君朝鮮也라.
　　홍 익 인 간 자　　신 시 지 소 이 전 단 군 조 선 야

(『환단고기』, 「태백일사」 편, 소도경전본훈)

〈해석〉

대저 홍익인간 이념은 환인천제께서 환웅에게 내려주신 가르침입니다. 이 가르침은 신께서 참마음을 내려주시어 사람의 성품이 신의 대광명과 통해 있으니, 신의 진리로 세상을 다스리고 깨우라는 말씀입니다. 이 가르침은 신시배달이 단군조선에 전수한 가르침입니다.

〈해설〉

　홍익인간이 되라는 말씀은 하나님께서 환웅천왕에게 내려주신 가르침으로 이 홍익인간은 첫째 유일신 하나님께서 인간의 마음속 깊이 내려와 계시는 것을 깨닫고 신인의 인간 즉 인격이 완성된 하나님의 아들과 딸이 되라는 말씀입니다. 둘째는 인격이 완성된 하나님의 아들과 딸이 본성에 내려와 계시는 광명하신 하나님과 소통하여 광명한 인간이 되라는 말씀입니다. 이렇게 계속해서 하나님과 소통하게 되면 하나님의 간절한 뜻에 따라 결혼하여 아들딸을 낳아 기르게 되는 것이니 이 또한 성통광명으로 가정을 이루어 광명한 인간을 번성하라는 말씀도 되는 것입니다. 셋째는 하나님께서 창조하신 창조의 이법(理法)을 터득하여 이법에 따라 살며 이법에 따라 세상과 나라를 치리하는 인간이 되라는 말씀입니다. 이법에 따라 세상을 치리하라는 말씀의 아주 중요한 의미는 이 땅에 인간을 위해 창조해주신 자연만물도 이법에 따라 존재하는 생명체로서 인간과 자연은 한 몸체와 같은 것이니 자연을 내 몸처럼 사랑하며 하나님 나라를 이루어 살라는 말씀입니다. 이와 같이 홍익인간이 되라는 말씀은 배달국 신시의 환웅천왕으로부터 단군조선으로 전승된 말씀입니다.

　「태백일사」에서 언급한 홍익인간은 결국 하나님을 모시고 성장해서 신과 일체를 이룬 인격이 완성된 인간이고, 이러한 남자와 여자는 하나님의 자녀가 되어 결혼한 후 자녀를 번성함으로써 참된 가정을 이룬 광명한 인간이며, 하나님 말씀인 이법에 따라 세상과 나라를 다스리는 인간입니다. 성경 창세기 1장 28절에 있는 생육, 번성, 다스림이라는 3대 축복의 말씀과 「태백일사」의 일신강충, 성통광명, 재세이화의 홍익인간에 대한 말씀은 용어는 다르지만, 내용은 완전히 일치하는 것을 보게 됩니다. 이 또한 하나님께서 한민족을 선민으로 택하셨다는 확실한 증거가 되는 것입니다.

이와 관련해 한민족 개국신화의 내용 중 단군의 아버지인 환웅천왕이 하나님이신 환인천제로부터 받아왔다는 천부인 3개는 바로 홍익인간의 정체가 되는 3대 축복의 말씀이 아닐 수 없습니다. 역사학자들은 천부인 3개를 청동기시대에 제정일치의 왕권을 상징하는 청동검, 청동거울, 청동방울로 해석하고 있으나 적어도 하나님으로부터 직접 받았다는 천부인 3개는 청동기 이전 시대부터 전승돼 온 것으로 3가지 축복의 말씀이자 반드시 이루고 살아야 할 삶의 3대 지표로 주신 말씀이 아닐 수 없습니다. 천부인 3개는 3대 축복의 말씀이 틀림없습니다. 이 3대 축복의 말씀과 홍익인간에 대한 말씀은 하나님께서 인간을 통해 이루시고자 소망하시는 하나님의 꿈이며 창조이상입니다. 이 말씀은 동시에 하나님께서 인간에게 주신 천명이기에 인간이 반드시 이루고 살아야 할 삶의 목표이자 책임입니다.

이상의 태고로부터 한민족에게 전승돼 온 천지창조와 인간의 창조, 그리고 하나님께서 창조한 아들딸로서 반드시 실현하고 살아야 할 삶의 목표로 주신 3대축복의 말씀을 간직하고 있다는 사실 자체가 한민족이 천손 민족이라는 너무도 확실한 증거가 됩니다. 한민족이야말로 하나님께서 택하시고 수천 년간 기르시며 한때를 위해 조용히 준비시켜 온 천손 민족이고 선민이 틀림없습니다.

이러한 말씀이 있는 민족이기에 세계의 모든 큰 종교가 모두 한국에 들어와서 번성하며 큰 결실을 보고 있습니다. 민족종교 고유의 사상을 잃지 않고 하늘을 숭상하면서도 외국에서 들어온 불교와 유교가 한국에서 국교화되는 큰 결실을 이루었습니다. 재림기가 가까워지자 하나님께서는 주류 섭리를 담당해야 할 종교인 기독교를 한국에 전하여 번성케 하심으로써 재림주님을 보내시기 위한 본격적인 섭리를 하셨습니다. 그래서 한국에 들어온 기독교는 세계기독교사에 유례가 없는 부흥과 결실을 이루어 이제는 기독교를 전 세계에 선교하는 기독교 왕국이 되었습니다. 모두가 참부모 메시아를 보내기 위해 한국을 선민의 국가로 택하시고 참부모 메시아 탄생을 준비하시기 위한 하나님의 놀라운 섭리였던 것입니다.

넷째로, 한민족은 사람을 참으로 사랑하는 평화애호 민족이기에 선민입니다. 하나님께서 인류를 구원하시려고 유구한 역사를 통해 섭리하시는 것은 사람을 사랑하시기 때문입니다. 그러므로 재림주님이 오실 선민은 사람을 사랑하는 평화애호 민족이어야 합니다. 한국은 오랜 역사의 기간을 통해 수백 번의 외침을 받았지만, 스스로 남의 나라를 침공하지 않은 평화를 사랑해 온 민족입니다. 세계적인 큰 종교가 들어와서 놀라운 부흥을 이뤘지만, 종교 간 전쟁이 없는 평화의 민족입니다.

그것은 하나님께서 한민족을 선민으로 택하시고 교육하며 길러 오신 홍익인간 사상이 있기 때문입니다. 홍익인간 사상의 핵심은 경천사상에 있습니다. 사람을 진정으로 사랑하는 사람이 되려면 먼저 인류의 부모이신 하나님을 모시고 받드는 노력을 통해 하나님의 심정을 체득해야 합니다. 왜냐하면 부모의 심정을 가지게 될 때 진정한 인류 사랑이 가능하기 때문입니다. 그래서 경천을 강조해 온 것입니다. 한때는 경제적으로 가난해 외국으로부터 지원을 받았지만, 지금은 경제적으로 외국을 지원하는 나라가 되었습니다. 세계 곳곳에 한국의 봉사단체 요원들이 어려움을 겪는 세계인을 돕고 사랑하는 데 앞장서고 있는 평화애호의 천손민족이 되었습니다.

다섯째로, 하나님께서 삶의 지침으로 주신 계명을 가지고 살아온 민족이기에 선민입니다.

처음의 선민인 유대민족에게는 하나님께서 주신 십계명이 있습니다. 한민족에게도 하느님께서 주신 환국 5훈이 있고 고조선 22세 색불루 단군 때의 8조 금법이 있습니다. 성경의 십계명에서 하나님 외에 다른 신을 섬기지 말며 우상을 만들지 말고 안식일을 지키라는 계명을 제외하면 나머지는 거의 똑같습니다. 한민족에게 주신 계명에서 하나님 외에 다른 신을 섬기지 말며 안식일을 지키라는 말씀이 빠진 것은 이스라엘 민족과는 상황이 달랐기 때문입니다. 이스라엘에는 바알신과 같은 이방신을 섬기는 족속들이 주위에 있었지만, 고대 한민족에게는 주위에 다른 신을 섬기는 족속이 없이 고조선 연맹체가 모두 유일신 하나님을 섬기고 있었으며 소도를 중심으로 하나님께 제사하며 말씀을 전수받는 의식에 참여하고 있었기 때문입니다.

환국 5훈(桓國五訓)

하나, 매사에 정성과 믿음으로 행하고 거짓이 없게 하라.

둘, 하늘을 공경하고 근면하여 게으름이 없게 하라.

셋, 부모에게 효도하고 순종하며 거역하지 말라.

넷, 청렴하고 올바르게 살며 간음하지 말라.

다섯, 겸손하고 화목하게 지내며 싸우지 말라.

(『환단고기』 태백일사 환국본기 편, 『한단고기』 임승국 주해, 165쪽)

고조선 8조금법(古朝鮮 八條 禁法)

제1조 사람을 죽이면 즉시 사형에 처한다.

제2조 상해를 입힌 자는 곡식으로 보상한다.

제3조 도둑질 한 자는 노비로 삼는다.

제4조 소도를 훼손한 자는 가두어 둔다.

제5조 예의를 잃은 자는 군에 복역시킨다.

제6조 게으른 자는 부역에 동원한다.

제7조 음란한 자는 태형으로 다스린다.

제8조 남을 속인 자는 잘 타일러 방면한다.

(『환단고기』 태백일사 삼한관경본기 번한세가 하편, 『한단고기』 임승국 주해 222쪽)

환웅천왕의 배달국 시대나 단군왕검의 고조선시대나 태평성대를 이루며 수 천 년을 이어 왔던 것은 통치자인 왕들부터 유일신 하나님을 경외하고 하나님의 말씀과 뜻을 받들어 나왔으며 위와 같은 계명을 지키면서 선하게 살아왔기 때문임을 알 수 있습니다. 한민족은 참으로 하나님께서 예비하신 선민이 틀림없습니다.

여섯째로, 한민족은 하나님 나라에 대한 열망이 있는 대표 민족이기에 선민입니다.

결국, 하나님의 꿈과 창조이상의 최종 목표는 3대 축복의 말씀을 실현해 지상과 천상에 하나님 나라를 세우는 것입니다. 하나님의 나라는 하나님의 참사랑과 인간의 양심을 바탕으로 자유와 평화와 행복이 가득한 선하고 공의로운 나라입니다. 하나님을 중심에 모시고 참사랑을 중심으로 인간과 자연이 어우러져 본연의 아름다움을 실현하는 사랑의 나라입니다. 하나님을 부모로 모시고 모든 인류가 형제자매로 얽혀 기쁨으로 사는 하나님 아래 인류 한 가족의 대가족 사회가 바로 하나님 나라입니다.

그런데 이러한 하나님 나라는 먼저 인간이 하나님의 온전한 아들과 딸로 성장해 신인일체의 인격체를 형성하고, 이러한 남자와 여자가 참사랑의 부부가 되고 부모가 되어 참다운 가정을 이룰 때 이루어지는 것입니다. 이처럼 하나님 나라는 참된 가정을 통해 이루어집니다. 따라서 이러한 가정들을 번성시켜 하나님 중심한 인류 대가족 사회를 만들기 위해서는 그 중심에 참된 부모가 있어야만 합니다. 그런 의미에서 하나님 나라 사상은 참부모사상입니다. 이렇게 참부모가 중심이 되어 참된 가정을 확산해 나갈 때 사회와 국가, 그리고 세계는 공의롭고 평화로운 하나님 나라가 되는 것입니다.

이러한 하나님의 나라가 되기 위한 가장 큰 가치와 덕목은 충효열 (忠孝烈)입니다. 태어나고 살아가는 나라에 대한 충이 하나님 나라에 대한 충으로 승화되는 충입니다. 다음으로, 하나님 나라의 근본적 기대는 참된 가정을 기반으로 합니다. 그리고 이러한 가정을 유지하는 가장 중요한 가치와 덕목이 종적으로는 부자관계에 있어서 효이며, 횡적으로는 부부관계에 있어서 순결을 위한 열입니다. 그러므로 충효열은 하나님 나라를 이루는 데 반드시 지켜야 할 가치와 덕목이며 삶의 지표입니다. 한민족은 충효열을 목숨보다 소중히 여기며 살아온 민족이기에 하나님의 선민이 된 것입니다.

각 나라에는 그 나라를 위해 목숨을 바친 충신이 있기 마련이지만, 한민족에는 역사적으로 나라를 위해 목숨을 바친 충신이 많습니다. 죽을 줄 알면서도 나라와 임금에 대한 충정을 단심가로 결의하고 개성의 선죽교에서 죽임을 당한 정몽주는 충의 사표가 되었습니다. 특히 자신을 모함하는 세력들과 자신을 버린 왕 앞에 억울함을 하소연하기보다 풍전등화의 나라를 구하기 위해 백의종군한 이순신 장군의 충정은 아직도 우리의 가슴을 뜨겁게 하는 교훈이 되고 있습니다.

한 국가의 국민으로서 애국심을 가지고 충성하는 것도 충이지만, 국가를 향한 충정이 망하지 않고 영원히 지속될 하나님 나라를 위한 충으로 승화될 때 진정한 충이 되는 것입니다. 자신이 태어난 조국을 위한 충이 하나님 나라에 대한 충으로 성화되기를 염원하며 한 생애를 바친 사람이 있으니 바로 안중근 의사입니다. 독실한 가톨릭 신자인 도마 안중근 의사는 하나님께 기도하며 나라를 찾기 위해 스스로 죽음을 각오하고 나섰던 의인입니다. 일본의 극동평화론은 식민 지배를 위한 명분에 불과했고 힘에 의한 평화였지만, 안중근 의사의 동양평화론은 한·중·일 3국이 대등한 관계 속에서 신뢰와 형제애를 바탕으로 하나 되는 사랑의 평화론입니다. 비록 사형집행일이 다가와 미완의 동양평화론이 되었지만, 안중근 의사는 장차 선민의 나라 대한민국이 하나님 나라가 되기를 소망하며 한목숨 바쳐 산화한 위대한 영웅이며 진정한 충신이었습니다. 이렇게 한국에 충의 덕목이 살아있는 것은 하나님 나라에 대한 창조이상의 뜻을 이루도록 하기 위한 하나님의 섭리가 있었기 때문입니다.

하나님 나라가 되기 위한 다음의 가치와 덕목은 효입니다. 낳아주시고 길러주시며 가르쳐 주신 부모에 대한 효도를 으뜸으로 삼는 나라가 한국입니다. 미국 하버드대학교 한국학 교수였던 에드워드 와그너 교수는 '한국의 가족 제도야말로 21세기를 살릴 수 있는 유일한 대안이다'라고 강조했습니다.[24]

11대 국회의원을 지낸 언론인 출신 임덕규 전 의원은 1973년 영국 정부의 초청으로 영국을 방문했다가 아놀드 토인비 박사를 인터뷰하게 되었습니다. 이 자리에서 3대가 함께하며 부모님 생신이나 명절에 자주 모이는 한국의 효도하는 문화를 소개하니 토인비 박사가 눈물을 글썽이며 그 문화를 세계에 많이 전파해 달라는 부탁을 했다고 합니다. 이 자리에서 토인비 박사는 아들이 보고 싶어 가까이 이사하기

---

24 이덕승, 〈호주제도 폐지주장 및 그 대안의 부당성에 대한 소고〉, 11쪽

아놀드 토인비 박사와 임덕규 전 의원(1973년)

로 했다면서 너무 고독한 것이 고통스러웠는데 부모와 자녀가 자주 만나는 가족의 이야기를 듣게 되니 눈물이 난다고 했답니다.[25]

눈먼 아버지의 눈을 뜨게 하려고 공양미 300석에 몸을 팔아 인당 수에 몸을 던진 효녀 심청의 이야기를 간직한 한민족의 효 문화는 동양을 대표하는 효 문화가 되었습니다. 이러한 효 문화는 나라에 충성하고 스승을 섬기는 것으로, 나아가 군사부일체(君師父一體)의 가르침이 되었습니다. 또한, 효 문화는 여기서 더 나아가 하늘과 땅을 부모로 섬기며 효도해야 한다는 천지부모사상(天地父母思想)으로 승화해 가정의 효를 사회와 나라, 그리고 하늘땅으로 확대한 민족이 한민족입니다. 한민족의 효 사상은 이렇게 위대한 민족 사상이 되었습니다.

25 〈스포츠 경향신문〉 2021년 10월23일자 생활면,

지금은 없어졌지만, 한민족에게는 시묘살이라는 말이 있고 조상에 대한 제사문화가 있습니다. 부모가 돌아가시면 산에 매장하여 묘를 만드는데 그 묘 옆에 움막을 짓고 아침저녁으로, 마치 살아계실 때처럼 식사를 차려드리며 함께 살아가는 것이 시묘살이입니다. 보통 3년을 이렇게 하였습니다. 부모가 돌아가시면 부모를 모시는 일이 끝나는 일인데 이렇게 한민족에게는 돌아가신 후에도 일정 기간 살아계실 때와 같은 기준으로 모셨습니다. 그리고 돌아가신 날을 제삿날이라 하여 이날이 돌아오면 후손들이 함께 제사상을 차려놓고 절하며 부모님이 평소에 남기신 유훈을 되새기는 시간을 갖습니다. 이렇게 한민족은 다른 민족에게는 없는 자랑스러운 효 문화가 모범으로 자리 잡은 민족이기에 하늘이 선택할 수밖에 없는 선민이 된 것입니다.

다음으로 한민족이 자랑할 수 있는 하나님 나라가 되기 위한 가치와 덕목으로 열이 있습니다. 한 번 맺은 부부의 인연은 마음과 몸이 하나가 되었기에 어떠한 경우에라도 절대로 끊어져서는 안 된다고 생각해 왔습니다. 이러한 인연이 한평생 지켜지기 위해서는 강하고 굳세어야 한다고 생각해 열이라는 덕목을 세웠던 것입니다. 특히나 부부의 관계가 끊어질 수밖에 없는 가장 위험한 조건은 혈통적으로 음란한 경우이기 때문에 순결을 강조해 온 민족입니다. 순결을 지키기 위해 은장도를 가슴에 품고 살아온 강하고 굳센 순결의 의지를 가져온 열의 민족은 한민족밖에 없습니다.

한민족의 열의 전통을 드러내는 대표적 고전 중에 춘향전이 있습니다. 이몽룡과 장래를 약속한 성춘향은 변 사또의 유혹과 가혹한 억압에도 굴하지 않고 목숨을 바쳐 순결을 지켜낸 여인으로, 한민족의 대표적 열녀로 추앙받는 주인공이 되었습니다. 한민족은 역사적으로 목숨을 바치는 한이 있더라도 강하고 굳세게 순결을 지켜낸 여인이 많은 대표 민족이며, 이를 기념하는 열녀문이라는 기념비가 전국 각지에 있습니다. 역사적으로 가부장제 문화의 시대였기에 여성의 순결을 강조해 왔으나 이제는 남녀가 공히 순결을 강조하는 시대를 맞이했습니다. 이상과 같이, 한민족은 충효열을 목숨과 같이 여기고 지켜온 민족이기에 하나님 나라를 세우기 위해 하나님께서 선택할 수밖에 없는 선민의 국가가 되었습니다.

일곱 번째는 하나님께서 특별히 지켜주시며 보호하여 오신 대한민국인 것을 볼 때 한민족은 하나님께서 선택한 선민의 백성이 맞습니다. 반만년의 유구한 민족사의 고비와 위기 때마다 하나님께서는 한민족을 보호하여 주시고 지켜주셨습니다. 대한민국의 역사 속에서 수많은 사례를 들 수 있지만 여기서는 세계사에서 유례를 찾기 어려운 대표적인 사례 세 가지만 들겠습니다. 하나는 조선이 일본제국의 식민 지배를 받게 되었지만, 끊임없는 독립운동과 미국의 도움으로 끝내는 해방되었습니다. 일본제국은 선진화된 무력의 힘으로 한국을 식민지배하면서 한국의 역사와 언어와 문화를 지우며 치밀한 계획으로 식민화정책을 진행했습니다. 성씨를 일본 성씨로 바꾸는 것은 물론 한국어를 금지하고 일본어를 교육했으며 일본 천황에게 절하는 의식을 통해 한국의 문화를 지워갔습니다. 그러나 하나님께서는 일찍이 한민족을 선민으로 택하시고 길러 오셨기 때문에 결국은 한민족을 해방해 주셨습니다. 마치 선민 이스라엘 민족을 애급에서 해방해 주셨고 바빌론 포로에서 해방해 주신 것처럼 또 하나의 선민 한민족도 일본으로부터 해방해 주셨습니다.

다음으로 하나님께서 대한민국에 함께하신 놀라우신 역사는 대한민국이 1948년 8월 15일 정부를 수립하고 유엔에 가입하는 과정에도 있었습니다. 대한민국 정부가 수립되기 전에 제헌국회가 먼저 구성되어 1948년 5월 31일 첫 국회가 개원하는 날이었습니다. 이때 임시 의장이던 이승만 의장은 하나님께 기도로 개원할 것을 제안하였고 모두의 찬성에 따라 목사로서 국회의원이던 이윤영 목사의 대표 기도로 대한민국의 첫 국회가 개원하게 되었다는 역사적인 사실을 먼저 밝히고자 합니다.

대한민국의 초대 대통령 이승만 박사는 정부수립 후 1949년 10월 프랑스 파리 샤요궁에서 열리는 제3차 유엔총회에 가입신청을 하였습니다. 지금처럼 가입신청을 하였다고 쉽게 통과되는 시대가 아니었습니다. 미소 냉전이 한창이었기 때문에 소련이 찬성할 리가 없었기 때문입니다.

이러한 사정을 알고 있었던 이승만 대통령은 신생독립국으로 당당히 대한민국을 유엔에 가입시키기 위한 섭외 활동을 할 대표단을 구성하여 유엔총회에 파송하였습니다. 대표단은 장면을 대표로 하여 조병옥, 장기영, 정일형, 모윤숙, 김활란 이렇게 6명이었습니다. 이승만 박사는 독실한 기독교인이었고 대표단에도 미국 유학파의 기독교인들이 여럿 있었습니다. 아니나 다를까 유엔총회는 시작되었는데 소런 대표 비신스키가 마이크를 잡고 계속 연설하는 필리버스터를 시작하였습니다. 이렇게 동구권의 공산권 국가 대표들과 짜고 교대로 연설하는 바람에 대한민국의 가입 건은 상정조차 하지 못하게 되었습니다. 다급해진 우리의 대표들 일부는 인근 교회에 가서 금식과 철야기도를 하면서 포기하지 않고 하나님께 매달렸습니다.

유엔총회 마지막 날에도 소련 대표 비신스키는 계속해서 마이크를 잡고 연설했는데, 목에 심한 결절이 와서 병원에 실려 가는 사태가 벌어졌습니다. 이 사이 우리 대표자들이 지극정성으로 활동하는 것을 알고 있던 사회자가 신속하게 안건을 상정하였고 투표 결과 찬성 48 대 반대 7로 극적으로 대한민국의 유엔 가입은 통과되었던 것입니다.

마지막으로 하나님께서 지켜주신 너무나도 확실한 증거는 대한민국의 6·25 전쟁이었습니다. 6·25 전쟁은 미국을 중심한 유엔이 도와주지 않았다면 질 수밖에 없는 전쟁이었습니다. 북한은 소련으로부터 군사 무기를 지원받으며 사전에 전쟁을 준비했고 중국으로부터도 많은 군대의 지원을 받기로 하고 시작한 전쟁이었으나 우리는 전혀 전쟁을 예상하지 못했고 준비도 없었기 때문입니다. 1950년 당시 한국의 국제적 상황 또한 아주 위험한 상태였습니다. 미국은 한국이라는 나라가 미국의 국익에 도움이 되는 나라가 아니라는 이유로 1949년 11월 한국에 주둔하고 있던 미군을 철수하였습니다. 설상가상으로 1950년 1월 미국의 국무장관 애치슨은 미국이 보호해야 할 극동방위선을 결정하면서 일본과 필리핀은 포함했지만, 한국을 제외한 방위선을 발표하였던 것입니다. 북한과 소련이 이 기회를 놓치지 않았습니다.

북한은 1950년 6월 25일 일요일을 기하여 선전포고도 없이 일요일 새벽에 기습 남침하였습니다. 전쟁이 발발하자 서울이 3일 만에 함락되었고 소련의 탱크를 앞세운 북한군은 파죽지세로 남하하여 7월 20일에는 대전이 함락되고 23일에는 광주, 27일에는 여수가 함락되었습니다. 7월 말에는 낙동강 전선이 형성되어 부산 김해를 남겨놓고 일진일퇴를 하는 풍전등화의 심각하고도 급박한 상황이었습니다. 그런데 이때 미군은 7월 1일 한국에 상륙했고 유엔 16개국의 본진은 7월 27일 한반도에 도착하여 참전했습니다. 하나님이 보우하사 우리나라 만세가 절로 나올 수밖에 없는 기적 같은 일이 벌어진 것입니다.

전 세계가 급박한 시점에 유엔군이 한반도에 도착한 것도 기적이지만, 유엔에서 유엔군 참전을 결정한 사실 자체가 기적이었습니다. 유엔군 파병은 유엔 안전보장이사회 상임이사국 5개국 중 한 나라만 반대해도 불가능한 일이었습니다. 공산주의 종주국 소련이 한창 세계 적화를 전략적으로 추진하던 때에 북한을 앞세워 전쟁을 사주한 소련이 유엔군 파병을 찬성할 리가 없었기 때문이었습니다. 그런데 유엔 파병을 결정하는 자리에 유엔 주재 소련 대표가 불참하였기 때문에 파병이 결의될 수 있었습니다. 소련대표가 왜 불참하였는지는 몇 가지 설만 있을 뿐 아직도 불가사의한 일입니다. 이것은 하나님께서 대한민국을 지키기 위해 역사한 결과가 틀림없습니다.

또한 미국의 트루먼 대통령이 미군을 비롯한 유엔군을 신속히 한반도에 보내기로 결심한 것도 하나님께서 준비한 사람들의 역할이 있었기 때문이었습니다. 6·25 전쟁 당시 대한민국의 이승만 대통령은 2

차 대전 연합군 사령관으로 전후 처리를 위해 일본에 머물고 있던 맥아더 장군에게 즉시 연락하여 미국 트루먼 대통령에게 연락하여 도움을 요청하도록 했습니다. 한국에 나와 있던 미국인들의 목숨이 위태롭다고 급하게 타전하며 도움을 요청하였던 것입니다.

여기에 더하여 민간 차원에서 트루먼 대통령에게 영향력을 행사한 분이 있습니다. 미국의 빌리 그래함 목사는 트루먼 대통령에게 한국에는 기독교 신자들이 그 어느 곳보다 많은 50만 명이나 되는데 이들을 공산주의로부터 구하지 않으면 안 된다고 한국에 빨리 파병해야 함을 급하게 전보를 쳤던 것입니다. 1930년경 빌리 그래함의 장인인 넬슨 벨이 중국 선교사로 와 있었고 이때 빌리 그래함 목사의 부인도 아버지를 따라서 함께 와서 북한에도 선교 차 다녀왔기 때문에 빌리 그래함 목사는 한국의 상황을 잘 알고 있었기에 앞장서서 나섰던 것입니다.

또한 유엔군 총사령관 맥아더 장군이 1950년 9월 15일 인천상륙작전을 펼친 것도 신의 한 수였습니다. 북한군이 점령한 한반도 허리를 끊어 보급로를 차단하고 양면에서 북한군을 포위해 들어가는 전략은 일약 전세를 역전시키는 계기가 되었습니다. 한 나라의 전쟁에 유엔 16개국이 유엔군을 결성하여 그것도 이렇게 신속하게 참전한 예는 세계 역사에서 유일한 사건입니다. 이와 같은 기적의 역사를 어찌 하나님의 역사가 아니라고 할 수 있겠습니까? 이렇게 하나님의 역사하심과 보호하심으로 대한민국은 공산화되지 않고 자유대한민국을 지킬 수 있게 되었던 것입니다.

대한민국을 이렇게 사랑하시고 보호하시기 위해 역사하신 것은 하나님께서 한국을 선민으로 택하셨기 때문입니다. 대한민국을 고비마다 지켜주신 하나님께 감사와 영광을 드리지 않을 수 없습니다.

마지막 여덟 번째로, 한국은 메시아 대망 사상을 가지고 있는 민족이기에 선민입니다. 마치 고난 받는 이스라엘 민족을 구해줄 메시아, 즉 왕이 태어날 것이라고 선지자들이 예언했던 것처럼 말입니다. 결국 하나님께서 한민족을 선민으로 선택하신 궁극의 목적은 메시아를 보내시기 위한 데 있습니다. 메시아를 보내면 그분을 잘 믿고 따르며 뜻을 펼칠 수 있도록 선민을 선택하시고 오랜 역사를 통해 길러 오셨던 것입니다.

한국에 전래된 대표적 종교인 불교와 기독교 모두가 다른 나라에 비해 재림메시아 사상을 가지고 있다는 특징이 있습니다. 불교에서는 장차 말법의 시대에 미륵불이 한국 땅에 나타나 극락정토의 세계를 이룰 것이라는 미륵불 메시아사상이 있습니다. 특히 금산사와 법주사, 그리고 금강산의 발연사는 미륵불을 모신 사찰로서 다른 사찰과는 구분되는 특징을 가지고 있습니다. 이 세 사찰 모두 진표율사라는 분이 창건했는데, 이분은 수도 중에 미륵불을 친견했다고 합니다. 그래서 전국에 미륵 사찰을 세워 미륵불을 염원하는 신앙을 갖게 했습니다. 실제 한국의 역사 가운데 통일신라의 운이 다해가자 후 고구려를 세웠던 궁예나 후백제를 세웠던 견훤은 모두가 미륵불을 자처하며 미륵불을 대망하는 백성의 환심을 사고자 했던 인물입니다.

또한 한국의 기독교는 신령파를 중심으로 한국에 재림메시아가 태어난다는 계시를 많이 받았습니다. 한국의 기독교처럼 신령한 역사가 한때 집중적으로 많이 나타나고 재림주를 자처한 사람이 많이 나타나는 현상은 다른 나라에서는 찾기 어려운 특징이라 할 수 있습니다. 1900년대를 전후한 한국의 기독교는 온통 신령한 영적 역사에 의한 대부흥의 기간이었습니다. 이때 두드러진 현상은 영계의 계시를 받는 사람이 많았는데, 그 대표적인 내용은 한국이 일본으로부터 해방된다는 것과 한국 땅에 재림메시아가 오신다는 것이었습니다. 즉, 재림메시아 대망을 위한 영적 역사였다는 것입니다. 이렇게 신령한 영적 역사에 힘입어 한국의 기독교는 다른 나라와는 비교할 수 없는 급격한 성장을 이룬 대표적 기독교 국가가 되었습니다. 한국에 재림메시아 온다고 계시받은 사람들의 생생한 증언은 최중현 교수의 『한국 메시아 운동사 연구』 제1권에 잘 나와 있습니다.

다음으로 메시아 대망 사상이 뜨겁게 나타난 종교는 한국의 민족 종교입니다. 한국의 민족종교는 유·불·선을 통합한 교리체계로 되어 있는데, 이 민족종교에도 메시아 대망 사상이 있습니다. 그중 천도교와 증산교는 한국이 중심이 되어 새로운 세상이 열리며 이를 위해 성인이 한국 땅에 출현할 것이라는 메시아 대망 사상을 가지고 있는 종교입니다. 또한, 한국에는 '정도령'이라는 메시아가 출현할 것이라는 민족 고유의 전래 사상이 있습니다. 『정감록』과 『격암유록』이라는 비결서가 전해 내려오는데, 이 책에는 장차 한국에 정도령, 십승인의 성인이 출현해 계룡국이라는 지상선경을 세워 한국을 세계의 중심 국가로 만들 것이라고 예언되어 있습니다.

이렇듯 한국은 민족 고유의 메시아 대망 사상이 있을 뿐만 아니라 한국에 들어온 큰 종교들은 유독 메시아 대망 사상을 강조하며 신앙하고 있습니다. 특히 『격암유록』에는 한 분 남자 성인만 오시는 것이 아니라 남녀 두 분의 성인이 오신다고 예언되어 있는데, 이 두 분을 일러 양백성인(兩白聖人), 또는 쌍궁양을(雙弓兩乙)로 표현하고 있습니다.[26]

5) 선지자들의 증언

놀라운 사실은 한국이 아닌 해외의 인물 중에 하나님의 마음에 닿아 있는 선지자나 예언자들이 있었는데, 이들은 하나같이 한국을 하나님이 선택한 선민의 나라라고 증언하고 있습니다. 독일의 녹색운동, 유기농산물 운동, 영성운동, 발도로프 학교와 인지학회를 창설한 영성학자 루돌프 슈타이너(Rudolf Steiner, 1861~1925)는 그의 제자들에게 다음과 같은 유언을 남겼습니다.

"인류·문명의 대전환기에는 반드시 새로운 삶의, 혼돈한 삶의 새로운 원형을 가르쳐주는 성배의 민족이 꼭 태어난다. 로마가 지배했던 지중해 문명이 쇠퇴할 때 새로운 삶의 원형을 제시해 준 것이 이스라엘 민족이었다. 그러나 오늘날 지중해 문명보다 더 혼란스러운 대전환기, 오포크, 인류 문명사 전체의 전환, 심각한 이 전환기에 성배의

---

26 무공, 『격암유록』. 312쪽

루돌프 슈타이너(왼쪽)와 그의 제자 다카하시 이와오(오른쪽)

민족이 필연코 나올 텐데, 그 민족이 어디에 있겠느냐? 극동에 있는
것만은 틀림없다. 찾아봐라."[27]

이러한 스승의 유언을 이루기 위해 사명감을 가지고 그 민족을 찾
기 시작한 사람이 일본인 제자 다카하시 이와오(高橋巖)였습니다. 이분
은 성배 민족이 극동에 있다고 했으니 혹시 일본이 아닌가 하고 그 근
거를 다방면으로 찾아봤지만, 찾지 못했다고 합니다. 다음으로 한국
이 아닌가 하고 연구하던 중 바로 한국의 동학사상을 공부하면서 큰
전율을 느끼게 되었고, 그 성배 민족이 바로 한국이라는 사실을 확신
하게 되었다고 김지하 선생에게 고백했다고 합니다.

27 김지하, 『생명과 평화의 길』, 185쪽

라빈드라나트 타고르(왼쪽)와 콘스탄틴 비르질 게오르규(오른쪽)

동양인 최초로 노벨 문학상을 받은 인도의 시성 타고르는 1929년 4월 3일 일본 방문 중 「동아일보」의 기자로부터 한국 방문을 요청받았으나 오지 못하는 사정을 말하면서 대신 시 한 편을 작시해 주었는데, 우리가 잘 아는 '동방의 등불'이라는 시입니다. 이 시에서 타고르는 시성답게 한국의 미래에 대한 하나님의 계획을 알고 있는 사람인 것처럼 한국이 장차 동방의 밝은 빛이 될 것이라고 했으며, '마음의 조국인 코리아여, 깨어나라'고 했습니다.

루마니아의 정교회 사제이자 『25시』의 저자인 작가 콘스탄틴 게오르규는 1974년 3월 한국에서의 인터뷰에서 "나는 25시에서 직감적으로 빛은 동방에서 온다고 말한 적이 있습니다. 그런데 그 동방은 당신들의 작은 나라 한국이라고 말하고 싶습니다. 이것은 인사로 하는 말

도 아니고 당신들의 마음에 들기 위해 하는 말도 아닙니다."라고 했습니다.[28]

20세기를 대표하는 역사학자 아놀드 토인비 박사는 27년간의 기간을 통해 『역사의 연구』12권의 대작을 저술하신 분으로서 한국에 대해 다음과 같은 예언적인 말을 남겼습니다.

"21세기에 세계가 하나 되어 돌아가는 날이 온다면 그 중심은 동북아일 것이며, 그 핵심 사상은 한국의 홍익인간 사상이 되어야 한다고 확신한다."[29]

이분도 분명히 학문의 깊은 경지를 통해 하나님의 마음에 닿은 분이 아닐 수 없습니다.

하나님께서 한민족을 선민으로 택하시고 길러 오신 목적은 구세주 메시아를 보내시기 위함입니다. 그렇기 때문에 한국에 메시아가 오실 것이라는 계시 또한 많이 주셨습니다.

한국이야말로 인류문명사의 대전환기에 세계 인류를 극도의 혼란 속에서 구해 평화의 세계로 인도할 메시아가 태어날 나라입니다. 한국에 자리 잡은 큰 종교들뿐만 아니라 한국의 민족종교들도 하나같이 모두 한국에서 이 세계를 구할 메시아가 태어날 것을 예언해 오고 있습니다. 한국은 동방의 밝은 빛이 되어 세계를 비출 메시아가 태어나실 나라이기 때문입니다.

이렇듯 여러 측면에서 고찰해 볼 때, 한국은 하나님께서 메시아 재

---

28 유석근, 『또 하나의 선민 알이랑 민족』, 370쪽
29 〈동아일보〉 1973년 1월 1일 1면

림주님을 보내기 위해 준비해 오시며 선택하신 선민의 국가임에 틀림이 없습니다. 놀라운 사실은 그렇게 많은 외침과 식민 지배를 받으면서도 끝내는 버티고 승리해 나라를 빼앗기지 않았고 민족 고유의 언어와 문화를 그대로 지켜온 민족이라는 것입니다. 그리고 선민으로서 갖추어야 하는 자격을 잃지 않고 하나님을 모시는 전통을 지켜왔다는 사실입니다. 하나님에 대한 신앙은 식을 줄 모르고 더욱더 번성했으며, 평화애호의 홍익인간 사상은 더욱더 견고히 자리 잡고 민족을 결속시켜 주었습니다. 이러한 것은 배후에서 하나님께서 선민으로 택하시고 보호하며 길러 오신 은혜와 사랑의 결과가 아닐 수 없습니다.

참으로 오랜 역사를 통해 한민족을 선민으로 길러 나오신 하나님의 발자취를 더듬어 살펴볼 때, 하나님께서 살아계심을 부인할 수 없습니다. 오늘날 한국의 드라마와 영화, 그리고 K팝과 한국어가 한류를 주도하며 세계적으로 선풍적인 인기를 끌고 있는 원동력은 바로 한민족을 선민으로 택하시고 재림메시아를 보내서서 진정한 자유와 평등과 정의가 살아 숨 쉬는 평화의 모델 국가인 하나님 나라를 세우려하시는 하나님의 섭리가 있기 때문입니다.

4. 참부모 메시아 현현에 대한 예언

아모스 3장 7절에 "주 여호와께서는 자기의 비밀을 그 종 선지자들에게 보이지 아니하시고는 결코 행하심이 없으시리라."는 말씀이 있습니다. 이 말씀은 하나님께서 구원섭리를 경륜하심에 있어서 장래 일을 그 종 선지자들에게 미리 알려주시며 섭리하신다는 말씀입니다. 하나님께서는 선지자와 예언자들을 세우셔서 장차 보내실 메시아의 때를 준비하신다는 말씀입니다. 실제 메시아로 보내신 예수님의 때를 위해 위대한 선지자들을 미리 세우셨음을 우리는 알고 있습니다.

이사야 선지자를 통해 장차 보내실 메시아는 이스라엘의 왕이 되어 이스라엘을 다스릴 뿐 아니라 세계의 나라를 다스릴 것이라고 예언케 했고 (이사야 9장) 다윗 왕의 아버지인 이새의 줄기에서 한 싹이 날 것이라고 말씀하심으로써 다윗의 후손 가운데 메시아가 나올 것을 예언케 했습니다(이사야 11장 1절). 또한 말라기 선지자를 통해서는 장차 메시아가 오시는 때 즉 여호와의 크고 두려운 날이 이르기 전에 선지자 엘리야를 먼저 보내 주의 길을 곧게 하겠다고 예언케 하셨습니

다.(말라기 4장 5~6, 누가복음 1장 17절)

실제 메시아 예수님의 탄생이 가까워오자 하나님께서는 주님의 길을 곧게 하기 위한 사명자요, 엘리야의 대신자로 세례요한을 보내주셨습니다(마태복음 11장 14절). 이렇게 선지자들을 세우신 목적은 유대교와 이스라엘의 모든 지도자는 물론 이스라엘 백성들이 예수님을 믿고 따르도록 하기 위한 것이었습니다. 하나님께서는 이렇게 선지자들을 세워 예언케 하심으로써 메시아 예수님이 오실 때를 준비하여 그를 알아보고 메시아로 믿고 모시도록 한 것입니다.

마찬가지로 재림 때인 현재를 위해서도 하나님께서는 분명 재림메시아를 믿고 모시며 따르도록 미리 선지자와 예언자들을 세워서 예언케 하셨습니다. 한민족 대한민국이 하나님께서 선택하신 선민의 국가가 맞다면 2000년 전 예수님 때처럼 한국에 재림메시아가 오실 것이라는 예언이 기독교 성경의 예언서인 요한계시록에 나와 있을 것이고 선민국가 한국 땅에 선지자와 예언자들을 세우셔서 예언케 하셨을 것이 분명합니다. 그런데 재림 메시아는 남성 한 분만 오시는 것이 아니라 한 남자와 한 여자, 참부모 메시아로 오신다는 것이 성경과 한국의 예언자들이 밝힌 내용입니다. 이제 성경 요한계시록에 계시된 참부모 메시아에 대한 증거와 예언을 찾아볼 것이고 한국 땅에 세우신 선지자와 예언자들을 통해 계시하신 참부모 메시아에 대해 예언한 내용을 살펴볼 것입니다.

1) 요한계시록에 예언된 참부모 메시아

요한계시록은 저자 사도 요한이 예수님 사후 밧모섬에 유배되어 있을 때 예수님께서 계시해 주신 내용을 기록한 성서입니다. 사도 요한은 예수님께서 십자가에 나가시기 전 어머니 마리아를 부탁했던 신실한 제자이며, 예수님께서 십자가에 돌아가실 때도 끝까지 자리를 지켰던 충직한 제자였습니다. 부활하신 기간에도 내내 주님과 함께했고, 마가의 다락방에서 보혜사 성령을 받은 제자였습니다. 요한계시록의 계시 내용은 요한이 본 것(1장)과 이제 있을 일에 대한 것(2~3장)과 그리고 장차 될 일(4~22장)에 대한 것으로 나눌 수 있습니다.

요한계시록은 말씀하시는 주체가 하나님, 예수그리스도, 성령, 어린양, 성령과 신부 등으로 되어 있고 어린양의 말씀도 초림 예수님의 말씀과 다시 오시는 재림메시아가 하시는 말씀으로 매우 복잡하게 되어 있으며, 비유와 상징으로 되어 있는 부분이 많아 해석이 어렵습니다. 그러나 요한계시록 전체를 관통하는 일관된 메시지는 예수 그리스도와 성도들을 대적하는 사탄 세력은 그리스도에 의해 멸망할 것이고, 그리스도는 기필코 승리할 것이며 뜻의 성취를 위해 반드시 다시 오신다는 희망의 말씀으로 채워져 있다는 사실입니다.

1장은 서장으로 사도 요한이 밧모섬에서 예수 그리스도로부터 계시받은 것으로 아시아에 있는 7개 교회에 이 소식을 전하라는 말씀으로 되어 있습니다. 2장과 3장은 예수 그리스도를 섬기며 따르는 7

개 교회에 대해 예수님께서 칭찬과 책망과 당부의 말씀을 주시는 것으로 시작됩니다. 예수님께서 유대교회와 이스라엘 민족의 반대와 핍박 속에 갑자기 십자가에 돌아가시게 되자 예수님을 따르던 제자와 교회들이 환란과 시련을 겪을 것을 걱정하시며 위로와 희망의 메시지를 주시는 것으로 시작합니다. 어떠한 고난과 시련이 있더라도 당당히 싸워나간다면 예수님께서는 반드시 함께하셔서 이들을 심판하실 것이며, 다시 오셔서 제자들과 이 세상을 구원하실 것이라는 소망과 사랑의 말씀을 전하고 있습니다.

4~9장은 보석과 같이 찬란하고 광명한 빛의 보좌에 앉으신 하나님께서 가지고 계신 책을 어린양이 받아 일곱 인을 떼실 것이며, 14만 4천 무리에게 인 치실 것과 일곱 나팔의 재앙이 있을 것에 대해 말씀하고 있습니다. 10~18장은 세계적 대환란과 다시 오시는 어린양을 해하고자 하는 붉은 용의 정체에 대해 말씀하고 있으며, 특히 12장 5절에서 다시 오시는 재림주님은 여인의 몸을 통해 육신 탄생으로 이루어진다고 예언됐다는 데 큰 의의가 있습니다. 계시록 1장 7절에 재림주님은 구름 타고 오신다고 예언된 말씀은 비유와 상징으로 풀어야 한다는 근거가 되는 말씀이기 때문입니다. 이어서 두 짐승과 적그리스도에 대해, 그리고 일곱 대접의 재앙과 큰 음녀가 받을 심판 및 바벨론의 패망에 대해 말씀하고 있습니다.

19장은 요한계시록 결론의 장이라고 할 수 있습니다. 다시 오시는 재림주님이신 어린양께서는 아내를 맞이하여 어린양 혼인 잔치를 하실 것에 대해 말씀하심으로써 예수님께서 왜 다시 오셔야 하는지에 대한 이유가 분명히 밝혀져 있는 장이기 때문입니다. 더불어 다시 오시는 재림주님은 남성 한 분 메시아만이 아닌 그의 신부가 되고 아내가 되시는 여성 메시아도 있다는 사실이 밝혀져 있는 장이기 때문에 결론의 장이라고 할 수 있습니다.

20장은 예수 그리스도께서 하늘에서 사탄을 무저갱에 가두고 기독교를 세운 제자들과 더불어 천년왕국을 이루실 것에 대한 예언의 말씀입니다. 21장은 드디어 지상에 다시 오신 주님과 그의 신부께서 새 하늘과 새 땅을 이루실 것과 찬란히 빛나는 새 예루살렘 성을 세우실 것에 대한 말씀입니다. 마지막 22장은 주님은 반드시 오시되 속히 오시리라는 것을 반복하여 강조하시는 말씀으로 되어 있으며, 생명수 좌우의 강가에 각각 한 그루씩, 두 생명나무가 있다고 기록되어 있는데, 두 생명나무는 결국 19장에서 어린양 혼인잔치를 한 참부모 메시아를 상징하는 생명나무입니다.

요한계시록의 의의는 예수 그리스도는 반드시 다시 오시며 속히 오신다는 것이 시종의 메시지입니다. 다시 오시는 주님은 2천년 전 예수님이 그 당시 그 모습으로 구름 타고 오시는 것이 아니라 여인의 몸을 통해 어린 아기의 탄생으로 다시 오십니다. 다시 오시는 이유는 하나님께서 예비하신 신부를 맞이하여 어린양 혼인 잔치를 하기 위해서입니다. 어린양 혼인 잔치를 통해 참된 부부가 되고 부모가 되어 자녀를 낳아 기르며 온 인류를 하늘부모님의 자녀로 거듭 낳아 온전히 구원하기 위해 다시 오십니다.

이렇게 참부모 메시아가 되신 어린양과 그의 신부는 새 하늘과 새 땅 즉 천상천국과 지상천국인 하나님 나라를 지상에 세우십니다. 새 하늘과 새 땅인 하나님 나라에는 하늘에서 내려온 새 예루살렘 성이 있습니다. 이 성에 들어가기 위해서는 거짓과 탐욕과 교만을 버리고 진실한 마음으로 주님과 어린양의 신부가 주시는 생명수를 받아먹으며 사탄 세력과의 싸움에서 승리하여 하나님 나라를 세우는 데 공헌함으로써 다시 오시는 주님의 생명책에 기록되어야 합니다. 이것이 하나님께서 재림의 때에 있을 일에 대해 예언한 요한계시록의 핵심 메시지이며 가장 중요한 의의입니다. 이제 19장의 어린양 혼인잔치에 대해 자세히 알아보겠습니다.

> "우리가 즐거워하고 크게 기뻐하여 그에게 영광을 돌리세 어린양의 혼인 기약이 이르렀고 그 아내가 예비하였으니" (요한계시록 19장 7절)

이 말씀에서의 어린양은 2천년 전 예수그리스도가 아니라 다시 오시는 재림주님이신 어린양입니다. 여인의 몸을 통해 이 땅에 새롭게 탄생하신 재림주 어린양은 남성 메시아이시니 하늘이 예비한 신부 즉 여성 메시아를 맞이하여 어린양 혼인 잔치를 하심으로 하늘부모님을 대신한 참부모 메시아가 되실 것을 요한계시록에서는 확실히 계시하고 예언해 주신 내용입니다.

요한계시록 19장 9절과 10절에서는 어린양의 혼인 잔치에 청함을 받은 자가 복이 있다고 축복하십니다. 이 말씀을 천사로부터 전해 받은 사도 요한이 너무 기쁘고 감사하여 이 말을 전하는 천사에게 경배하려 하니 그리하지 말고 오직 하나님께 경배하라고 합니다. 어린양의 아내는 구약성서 전도서의 저자가 깨달은바 "일천 남자 중의 하나는 찾았으나 일천 여인 중에서는 하나도 얻지 못하였다(전도서 7장 28절)."고 한탄하던 바로 그 여인입니다. 드디어 6천년을 기다려 온 어린양의 신부가 찾아진 것입니다. 이 분은 후 해와이시며 독생녀로 오신 분입니다.

『원리강론』 145쪽에서 171쪽까지의 '메시아의 강림과 그 재림의 목적'에서 자세히 다루고 있지만, 하나님께서 경륜하시는 구원섭리의 목적은 보내주신 예수 그리스도를 불신하여 십자가의 죽음길로 내모는 것이 아니라 남성 메시아로 오신 예수님 앞에 하늘이 준비한 여성 메시아를 찾아드려 어린양 혼인 잔치를 하는 것이었습니다. 그래서 참부모 메시아가 되어 타락한 인류를 하늘부모님의 자녀로 중생 구원하는 것이었습니다. 그러나 이스라엘 민족은 예수 그리스도를 불신하여 십자가의 죽음길로 가시게 했습니다. 예수님께서는 십자가의 희생으로 영적 구원의 길만 열어 주신 채 영육 아우른 온전한 구원의 완성은 재림 때로 미룰 수밖에 없었기 때문에 다시 오마고 재림을 약속하셨던 것입니다.

이것이 한 많은 기독교 역사임을 우리가 알아야 합니다. 이렇게 온전한 구원의 완성을 위해 남성 메시아뿐만 아니라 그의 아내 되시는 여성 메시아도 반드시 오셔서 어린양 혼인 잔치를 해야 할 것을 요한계시록 19장에서는 분명히 계시하고 있는 것입니다. 다음으로 두 생명나무의 계시를 통해 말씀하시는 참부모 메시아에 대한 예언을 알아보겠습니다. 요한계시록 22장에 기록된 두 생명나무에 관한 말씀입니다.

"또 저가 수정같이 맑은 생명수의 강을 내게 보이니 하나님과 및 어린양의 보좌로부터 나서 길 가운데로 흐르더라. 강 좌우에 생명나무가 있어 열두 가지 실과를 맺히되 달마다 그 실과를 맺히고 그 나무 잎사귀들은 만국을 소생하기 위하여 있더라." (요한계시록 22장 1~2절)

"그 두루마기를 빠는 자들은 복이 있으니 이는 저희가 생명나무에 나아가며 문들을 통하여 성에 들어갈 권세를 얻으려 함이로다." (요한계시록 22장 14절)

생명수 강가의 좌우에 있는 2개의 생명나무는 무엇을 비유한 것일까요? 이 두 생명나무는 창조이상을 완성한 남성과 여성 즉 참아버지 메시아와 참어머니 메시아를 상징하는 것입니다. 창조이상을 완성한 참부모 메시아만이 생명수의 말씀과 사랑으로 모든 인류를 중생시켜 하늘부모님의 자녀로 구원할 수 있기에 이를 두 생명나무로 비유한 것입니다.

창세기 1장 27절에서 28절에 보면, 하나님께서는 남자와 여자를 창조하신 후 이들에게 복을 주시며 이르시되 생육하고 번성하여 모든 생물을 다스리라고 축복하신 세 가지 축복의 말씀이 있습니다. 이 남자와 여자는 아담과 해와로서 이들은 이 3대 축복의 말씀을 성취하여 창조이상을 완성한 남자와 여자가 되어야 했습니다. 그런데 이 말씀을 이루기 위해서는 이들이 반드시 지키어 실행해야 할 책임이 있었으니, 그것은 창세기 2장 17절에 있는 선악을 알게 하는 나무의 실과인 선악과를 '따먹지 말라'는 계명의 말씀입니다.

그런데 아담과 해와는 따먹지 말라는 계명의 말씀을 지키지 못하고 따먹고 말았습니다. 그리하여 이들은 하나님이 계신 선만이 있는 에덴동산에 머물지 못하고 추방되었으니 우리는 이를 인간 시조의 타락이라고 합니다. 이렇게 타락한 인간 시조의 후손들인 인류를 구원하기 위하여 하나님께서는 아담과 해와가 이루지 못한 3대 축복의 말씀을 성취한 인간의 모형으로서 메시아를 세우셔서 인간을 구원하고자 하시는 것이 하나님 구원섭리의 핵심 노정입니다. 바로 이 3대 축복의 말씀을 성취하여 창조이상을 완성한 남성과 여성으로서 다시 오시는 참부모 메시아가 생명수 강가의 두 생명나무인 것입니다.

『원리강론』78~80쪽에 보면, 창세기 2장 9절의 에덴동산 중앙에 있는 두 나무 중 생명나무는 창조이상을 완성한 남성 즉 완성한 아담을 비유하고 선악을 알게 하는 나무는 창조이상을 완성해야 할 여성 즉 완성해야 할 해와를 비유하고 있을 뿐 창조이상을 완성한 해와에 대한 설명은 없습니다.

창조이상을 완성한 여성 즉 완성한 해와에 대한 비유가 드디어 요한계시록 22장 2절에 예언된 생명수 강가의 두 생명나무 중 한 생명나무가 되는 것입니다. 선악을 알게 하는 나무로 비유된 완성해야 할 해와가 선악과를 따먹지 않는 책임을 다해 악을 버리고 선만이 있는 나무가 되었다면 그 또한 창조이상을 완성한 아담처럼 생명나무가 되었을 것입니다. 완성한 아담의 생명나무와 완성한 해와의 생명나무가 하나 될 때 드디어 참된 생명이 탄생하는 것입니다.

창세기 2장 9절의 선악나무인 해와가 드디어 선악과를 따먹지 않는 책임을 통하여 악을 버리고 선만이 있는 생명나무가 될 때 또 다른 생명나무인 완성한 아담과 성혼하여 창세기 1장 28절의 말씀처럼 생명을 번성하는 두 생명나무가 되는 것입니다.

그런데 실제 아담과 해와는 선악과를 따먹고 타락하고 말았습니다. 그래서 생명나무로서의 뜻을 이루지 못하고 죄악을 번성하게 되었기 때문에 하나님께서는 유구한 역사를 통하여 생명나무로 완성한 남성과 여성을 메시아로 찾아 세우기 위한 구원섭리를 해 나오실 수밖에 없었던 것입니다.

그런데 창조이상을 완성한 남성으로 구세주 예수님은 생명나무로서 찾아졌지만, 그의 신부인 창조이상을 완성한 여성인 또 하나의 생명나무는 찾아지지 못해 다시 오마 재림을 약속하시고 하늘나라에 가셨던 것입니다. 그렇기 때문에 재림 때에는 반드시 창조이상을 완성한 남성과 여성의 두 생명나무가 찾아져야만 했으니 바로 그 두 생명나무가 요한계시록 22장 2절의 생명수 좌우의 강가에 있는 두 생명나무인 것입니다. 이 두 생명나무가 바로 모든 타락한 인간을 원죄에서 해방할 뿐만 아니라 사탄으로부터 온전히 구원하여 하나님의 자녀로 복귀시킬 두 생명나무로 비유된 참부모 메시아인 것입니다.

2) 민족종교 지도자들이 예언하는 참부모 메시아

하나님께서는 일찍이 재림시대를 위해 한민족을 선민으로 택하셨고, 참부모 메시아를 잘 믿고 모시게 하고자 선지자와 예언자들을 세워 한때를 준비하셨습니다. 섭리의 주류 종교인 기독교를 통해서도 준비하셨지만, 동학(천도교), 증산교, 정역 등의 민족종교를 통해서도 준비하셨으며, 『격암유록』을 통해서도 준비하셨습니다. 그런 관점에서 동학을 창시한 최제우 선생, 제2대 교주 최시형 선생, 증산교를 창시한 강증산 선생, 정역을 발표한 김일부 선생, 그리고 『격암유록』의 저자 남사고 선생 등이 참부모 메시아를 위한 하나님께서 예비하신 사명자들입니다.

동학, 증산교, 정역 등의 민족종교를 일반적으로 개벽 종교라고 부릅니다. 왜냐하면 이 세 종교의 핵심 공통 사상이 후천개벽 사상이기 때문입니다. 개벽사상을 주창하는 한국의 민족종교가 하나님의 구원섭리사에서 중요한 이유는 한국 땅에 정도령이요, 미륵불이며 진인이라는 성인이 나와서 남녀평등한 지상 선경의 새 세상을 열 것이라는 공통의 신앙을 갖고 있기 때문입니다.

우선 개벽 종교인 한국 민족종교의 핵심 공통 사상인 후천개벽에 대해 살펴보겠습니다. 선천시대는 남성우월주의의 가부장제 문화권이 힘을 바탕으로 전쟁과 폭력과 착취로 상극의 세상을 만들었습니다. 그러므로 후천시대에는 여성 임금이 나타나 모성애를 바탕으로 이러한 선천시대의 악습을 청산하고 남녀가 평등한 상생의 세계를 열어 지상 선경을 만든다는 것입니다. 그런데 선천시대는 남성들이 여성들을 억압해 온 상극의 시대이므로 이 시대는 억음존양(抑陰尊陽)시대였기 때문에 남녀가 동등하게 상생하는 정음정양(正陰正陽)의 지상 선경이 이루어지려면 반대로 남성을 억압하고 여성은 높임으로써 여성들의 한을 해원하는 억양존음(抑陽尊陰)의 과정이 필연적으로 와야 한다는 것입니다. 이것이 후천개벽 사상의 핵심입니다.

억양존음의 시대를 통해 천상의 한 많은 여성의 한을 해원해야 정음정양의 남녀상생시대인 지상천국이 실현된다는 것입니다. 그래서 개벽을 전문으로 연구하는 학자들은 민족종교의 개벽 사상을 일러, 여성이 중심이 되어 여성들의 역사적 한을 해원하는 과정을 통해 남녀가 진정으로 평등한 새 세상을 열어가는 것이므로 음개벽이라고 부르는 것입니다.[30]

(1) 동학 최제우 선생의 예시

동학의 창시자 최제우 선생은 한 시대를 위해 부름 받은 사명자로, 득도 후 데리고 있던 여성 노비 2명 중 한 명은 딸을 삼고 한 명은 며느리를 삼았습니다. 이러한 예는 어느 곳에서도 찾아볼 수 없는 혁명적 사건입니다. 양반과 평민의 차이가 극심하고 남녀의 차이가 분명하여 여성들이 상대적으로 천시되고 억압받던 이조 왕정시대에 여성을 노비에서 해방해 준 것만도 가히 혁명적 사건인데 이들을 딸과 며느

---

30 김지하,『생명과 평화의 길』, 66쪽

리로 삼았다는 것은 하늘과 통한 사람이 아니고는 행할 수 없는 사건입니다.

동학의 창시자 수운 최제우 선생

실제 최제우 선생의 강신체험을 보면 마음이 서늘해지고 몸이 떨리는 가운데 하나님께서 직접 찾아오셔서 "두려워하지 말고 무서워하지 말라. 세상 사람들이 나를 상제라 하는데 너는 상제를 모르느냐."[31] 하고 반문하면서 하나님과 최제우 선생의 새 시대를 위한 역사는 시작되었습니다. 사실 대종교 외의 민족종교는 동학의 연장선상에 있다고 해도 과언이 아닙니다. 최제우 선생은 하늘이 재림메시아를 위한 한 때를 위해 선택한 사람이 맞습니다.

동학의 경전인 『동경대전』은 한문으로 되어 있지만, 『용담유사』라는 가사체의 경전은 한문을 모르는 여성과 무학자를 위해 한글로 만든 경전입니다. 이는 최제우 선생이 장차 참부모 메시아 시대가 오면 누구나 하늘부모님의 자녀로서 평등하게 대접받는 시대가 와야 한다는 것과 한 많은 세상을 살아온 여성들이 해원되고 해방되어 남녀가 평등하게 살아가야 할 시대가 올 것이라는 것을 예시하고 준비한 분이라는 것을 알 수 있습니다.

---

31 김형기, 『후천개벽사상 연구』, 17쪽

『동학가사집』 '진사성인출세가(辰巳聖人出世歌)' 편에는 오늘날 참부모 메시아의 현현을 예시하시는 다음과 같은 내용이 있으니 참으로 놀랍습니다.

"남자성인(男子聖人) 7,200궁궁수(弓弓數)로 천문개(天門開)요,

여자성인(女子聖人) 4,800을을수(乙乙數)로 지호벽(地戶闢)이라."[32]

『동학가사집』의 '진사성인출세가' 편에서 진사성인출(辰巳聖人出)이라는 용어는 『정감록』과 『격암유록』에 등장하는 내용으로 진사년(辰巳年), 즉 용띠 해와 뱀띠 해에 성인이 출현한다고 예언된 문구에서 유래했습니다. 위 인용문은 동학의 지도자들이 진사년에 출현할 성인의 더 구체적인 내용에 대해 계시 받은 것을 추가해 부른 동학의 노래 중 일부입니다.

여기서 숫자 7,200과 4,800의 의미는 후천개벽시대에 하늘의 뜻을 받들어 일할 사람인 남자 도인 7,200명과 여자 도인 4,800명을 합한 12,000명의 도통군자를 일컫는 상징적인 숫자입니다. 그리고 궁(弓)은 하늘, 양, 남성을 상징하고 을(乙)은 땅, 음, 여성을 상징합니다. 이렇게 최제우 선생을 모시고 도를 닦던 사람들은 하늘의 계시를 통하여 장차 대한민국에 성인이신 정도령이 오시는데, 남자 성인 한 분만 오시는 것이 아니라 남자 성인과 여자 성인 두 분 즉 참부모 메시아가 오실 것을 계시받아 찬송하게 했던 것입니다.

---

32 이완교, 『예언의 원리 그 신비를 찾아서』, 720쪽

이렇게 하나님께서 재림메시아의 때를 위해 선택하신 선지자요 예언자이신 최제우 선생과 그 제자들은 참부모 메시아의 현현을 정확하게 예언했던 것입니다.

(2) 강증산 선생의 예시

증산교를 창시한 강증산 선생은 선천은 원한이 쌓이고 쌓여 상극의 세상을 만들었기 때문에 이 원한을 푸는 해원을 하지 않고는 서로 상생하는 새로운 세상을 만들 수 없다고 하였습니다. 그래서 선천의 상극세상을 해원을 통하여 후천의 상생세계로 만들기 위해 여러 가지 의식을 집행했으니, 이것이 곧 천지공사(天地公事)라고 하였습니다. 강증산 선생은 천지가 운행하는 도수를 상생의 세계로 개조하여 바로잡는 것을 후천개벽시대의 천지공사라 하시며 이를 집행하셨던 것입니다.[33]

강증산 선생의 다음으로 중요한 사상이 정음정양(正陰正陽) 사상이며 이 정음정양이 실현된 실체가 천지부모(天地父母)입니다. 선천 상극의 세상은 음과 양이 바뀌고 틀어진 세상으로 이를 올바른 자리로 되돌려 놓는 정음정양이 이루어진 후천 상생의 세상을 만들어야 한다고 합니다. 특히 선천세상은 남자가 여자를 억압하는 억음존양(抑陰尊陽)의 세상으로 여성들의 한이 구천에 가득하다고 하였습니다. 이를 바로잡기 위해서는 구천에 가득한 여성들의 한을 해원하기 위해 반대로 억양존음(抑陽尊陰)의 과정을 거쳐야 하는 것이니 이것이 후천개

---

33 김형기, 『후천개벽사상 연구』, 137쪽

벽이라 했습니다. 그래야 남녀가 평등한 정음정양의 세상이 오게 된다는 것입니다. 하늘은 아버지요 땅은 어머니이니 하늘땅이 천지부모라 하였습니다. 물론 강증산 선생의 이러한 사상은 독창적인 것도 있지만 동학의 가르침과 정역을 창안하신 김일부 선생의 가르침을 일부 종합하고 체계화시킨 사상이라고 볼 수 있습니다.[34]

정음정양의 세상을 위해 강증산 선생은 고판례 부인을 세상에서 으뜸가는 부인이라 하여 수부라는 호칭을 내려주었고 신성한 혼례를 통해 정음정양의 주인으로서 천지부모의 자리에 오르셨습니다. 중요한 것은 강증산 선생의 정음정양과 천지부모사상도 더 큰 신앙과 사상으로써 완성된 인간 구원의 한때를 위해 그리고 참부모 메시아의 시대를 대비하기 위해 섭리하신 하나님의 섭리노정이라고 해석할 수 있습니다.

3) 격암유록이 예언하는 참부모 메시아

『격암유록』은 격암 남사고 선생이 지은 예언서입니다. 격암 남사고 선생은 조선 중기 명종 때 사람으로 젊은 시절 신인을 만나서 미래 일을 전해 받았다고 알려져 있습니다. 지금으로부터 500여 년 전에 신인으로부터 전수해 기록한 예언서가 『격암유록』이라는 책입니다.

격암유록 원본은 없고 필사본이 전수되어 오고 있습니다. 이 책은

---

34 김형기, 『후천개벽사상 연구』, 135쪽

위서논쟁이 있는 예언서지만 미래
일에 대한 일이 구체적으로 예언
되어 있고 이러한 예언이 너무나
정확하게 이루어져서 놀랍고 신
비할 따름입니다. 예를 들면 격암
유록에는 이미 임진왜란과 병자호
란 그리고 6·25 전쟁을 정확히 예
언했고 한국은 분단되어 판문점이
생길 것 등도 예언한 책입니다. 그
래서 남사고 선생은 한국의 노스
트라다무스라는 명성을 얻은 분
입니다.

『격암유록』의 저자 격암 남사고 선생

격암유록이 전수되는 과정에서 특정 신흥종교에 맞추어 첨부되고
편집된 흔적이 보이는 것은 사실입니다. 김하원과 MBC의 PD수첩(위
대한 예언서인가? 희대의 조작인가?, 1995년 9월 26일 방영)에 밝힌 바와 같이 특
정인이 특정 신흥종교의 교주와 특정 지역을 삽입한 흔적이 보이며
중국어 성경을 차용한 흔적도 보입니다. 현재 국립중앙도서관에 소장
된 격암유록은 전도관 신자인 이용세가 기증한 필사본이며 현재 나
와 있는 격암유록은 이를 표본으로 한 책들입니다.

이와 같이 격암유록이 전수되는 과정에서 첨부되고 편집되었다 하
더라도 그 안에 원본의 원문은 살아있는 것이기에 격암유록 자체를
위서와 조작으로 결론짓는 것은 바람직한 일이 아닙니다. 이러한 조

작과 첨부를 제외한 많은 부분이 너무나 정확히 하나님의 섭리를 대변하며 예언하고 있기 때문입니다. 독자가 이를 잘 구분해 가면서 예언서가 전하고자 하는 본래의 메시지를 찾아 미래의 희망을 찾아간다면 분명 하나님께서 남사고 선생이라는 예언자요 선지자를 통해 계시하신 주옥같은 섭리의 진실을 알 수 있을 것입니다.

격암유록 전수 과정을 연구하신 최고 권위자 최중현 교수의 저서 『한국메시아 운동사 연구』를 보면 『격암유록』에 대한 신뢰가 생길 것입니다. 이 책에서 최중현 교수는 적어도 『격암유록』에 대해 위서와 날조라고 표현하는 것은 적절치 않다고 주장합니다. 일부 첨부되고 편집된 것이 있더라도 방대한 예언의 내용 중 대다수의 문장은 역시 계시된 내용으로 미래 일을 정확히 예언하고 있는 가치 있는 책이라는 점은 분명하다고 평가하고 있습니다.

예를 들면 인류역사에 가장 큰 영향력을 행사하고 있는 성경책도 여러 자료가 전수되는 과정에서 첨부되고 편집되면서 오늘날 한 권의 권위 있는 책으로 탄생한 것입니다. 성경을 누가 조작된 위서라고 평가하겠습니까? 성경을 하나님의 말씀으로 믿고 받아들이며 신앙하기에 우리의 삶과 세상을 밝게 빛내며 거대한 선진 기독교 문화권을 형성했던 것입니다.

또한 우리나라의 가장 오래된 대표적 역사서인 『환단고기』라는 책이 위서의 논쟁 속에 있지만 이 책 안에는 우리 민족의 위대하고도 자랑스러운 역사와 민족 고유의 전통사상인 홍익인간 이념에 대한 심오한 정체가 들어있습니다. 이 홍익인간 이념이야말로 세계인이 환호하며 열광하는 한류 문화의 뿌리요, 장차 남북통일을 통해 이루어야 할 새로운 대한민국의 건국이념과 통치 이념의 근간이 될 수 있는 심오한 진리입니다. 홍익인간 이념은 남남의 갈등과 남북의 반목을 치유하여 민족화합을 이룰 대통합의 이념이 될 수 있기에 한민족의 경전으로 삼아도 손색이 없다고 생각합니다. 일부 첨부되고 편집된 부분이 있더라도 더 많은 대다수의 내용 가운데 현대의 난문제를 해결할 수 있는 위대한 이념과 역사가 있다면 이는 한민족의 성경뿐만 아니라 세계의 성경이 될 수 있는 것입니다.

기독교 성경에 인류 역사가 사실과 다르게 6000년이라고 표현되어 있고 비현실적으로 아담과 해와가 900년 이상을 살았다는 기록이 있다고 해서 성경을 위서라고 규정하고 없애야 한다면 이는 너무나 큰 과오를 범하는 것이 됩니다. 환단고기에 7분의 환인이 3301년간 통치했다는 기록이 있고 현대에서만 사용되고 있는 문화라는 용어가 있다고 해서 환단고기를 위서라고 없애버린다면 이 또한 씻을 수 없는 과오가 될 것입니다.

마찬가지로 마치 구약성경의 예언서가 하나님께서 유대민족과 인류를 위해 주신 말씀인 것과 같이 격암유록 또한 하나님께서 재림의 시대에 한민족과 인류를 위해 주신 예언의 말씀이라는 확신을 가지고 격암유록의 일단을 조명해 보고자 합니다. 격암 남사고 선생이야말로 재림시대에 하나님께서 세우신 예언자가 맞다는 사실을 이제 확인하게 될 것입니다. 격암유록 에 재림메시아는 남성 한 분만으로 오시는 것이 아니라 남과 여 두 분으로 오신다는 내용이 너무나 확실하게 그리고 다양하게 예언되어 있습니다.

◎ **一男一女辰巳眞人** (無用出世智將)
　 일 남 일 여 진 사 진 인　　무 용 출 세 지 장

〈해석〉

　진년과 사년에 출현하시는 성인은 한 남자와 한 여자로 오십니다.

〈해설〉

　재림메시아로 오시는 진인은 한 남자와 한 여자 즉 참부모 메시아
로 출현하십니다. 참부모 메시아로 오셔야 하는 이유는 타락한 인간
을 중생시킬 뿐만 아니라 아담과 해와의 대신자로서 이들이 이루려다
이루지 못한 인격완성과 가정완성과 나라완성의 뜻을 이루어야 하기
때문입니다. 그동안 우리는 메시아는 당연히 남성 한 분으로만 오시는
줄 알고 있었습니다. 그러나 성경 요한계시록과 한국의 대표적 예언서
인 격암유록에는 분명히 남성 메시아뿐만 아니라 여성 메시아도 함께
오신다고 예언되어 있습니다. 진사년에 오시는 진인 즉 메시아는 한
남자와 한 여자 두 분이신 참부모 메시아로 오시게 되어 있습니다.

◎ **兩白聖人出世하야 十勝大船 지어놓고**
　 양 백 성 인 출 세　　　 십 승 대 선
苦海眾生拯濟로세 (兩白論)
　 고 해 중 생 증 제　　　 양 백 론

〈해석〉

양백성인이 세상에 출현하시어 십승의 백십자 구원선을 만들어 놓고 고해에 빠진 중생을 구원하고자 하십니다.

〈해설〉

격암유록에서는 신인일체를 이루어 오시는 재림메시아를 일러 양백성인으로 표현하고 있습니다. 양백성인이야말로 참부모 메시아를 정확하게 표현한 용어입니다. 이렇게 신인일체를 이루어 오신 참부모 메시아는 종과 횡으로 승리한 십승인이십니다. 횡적으로 자기와의 싸움과 종적으로 사탄 세력과의 싸움에서 이기셔서 종과 횡으로 승리하신 분을 일러 십승인이라 합니다. 이러한 승리를 통하여 하나님과 영계로부터 공인받은 분이 십승인이신 양백성인 참부모 메시아이십니다. 이렇게 메시아의 자격을 갖춘 것을 일러 대선이라는 구원의 방주로 표현하여 십승대선이라고 한 것입니다. 십승대선의 참부모 메시아가 죄악 가운데 허덕이며 고난과 역경의 삶을 살아가는 인류를 구원하시는 역사를 펼치고 계시다는 것을 말씀하고 있는 예언입니다.

◎ 兩弓雙乙知牛馬 (南師古秘訣)
　 양 궁 쌍 을 지 우 마 　 남 사 고 비 결

〈해석〉

궁궁을을(弓弓乙乙)이 하늘과 땅의 진사성인으로 오시는 분임을 알아야 합니다.

〈해설〉

궁(弓)은 하늘이요 양이며 을(乙)은 땅이며 음입니다. 우주 삼라만상의 이치가 하늘과 땅, 양과 음의 조화 속에 운행됩니다. 이렇게 된 이유는 우주와 인간을 창조하신 하나님께서 본래부터 하늘과 땅, 양과 음의 본체로 계시기 때문입니다. 우주 만상의 중심존재인 인간이 남자와 여자로 창조된 것은 하늘과 땅, 양과 음의 본체로 계시는 하나님을 닮아 태어났기 때문입니다. 창세기 1장 27절에 '하나님이 자기 형상 곧 하나님의 형상대로 사람을 창조하시되 남자와 여자를 창조하시고' 하신 말씀을 보아도 이를 확실히 알 수 있습니다. 그런 까닭에 인간은 하나님의 대신자로서 하나님과 일체를 이루어야 할 신인의 인간이 될 수 있는 것입니다.

그런데 격암유록에서는 이와 같이 하나님의 대신자로서 하나님과 일체를 이루어 오신 남성 즉 참아버지 메시아를 궁궁(弓弓)과 말(馬)로 상징하고 있습니다. 또한 하나님과 일체를 이루어 오신 여성 즉 참어머니 메시아를 을을(乙乙)과 소(牛)로 비유하고 있습니다. 진사성인으로 오시는 성인은 이렇게 참부모 메시아로 오시는 것을 알아야 한다고 말씀하고 있는 것입니다.

5. 참부모 메시아는 누구이신가?

역사상에는 메시아를 자처하는 분들이 많이 있었습니다. 특히 한국은 메시아를 자처하는 분들이 가장 많은 대표적 나라입니다. 이는 진실로 마음과 뜻과 성품을 다해 주님을 섬기며 철저하고도 수준 높은 기도 생활을 하여 그의 영적 성장이 일정한 수준에 이르게 되면 영계에서는 이를 격려하고 하나님이 보내주신 메시아를 알아보고 증거하게 하고자 '너는 주다.'라는 계시를 주는 경우가 있다고 합니다.[35] 이를 본인이 메시아라는 계시로 착각하고 메시아를 자처하게 된다고 합니다. 왜냐하면 계시를 받기도 하였고 주위에서 그를 존경하며 제자가 되겠다고 따르는 성도들이 늘어나게 되니 자연스럽게 재림메시아라고 주장하게 되는 이들이 많이 생겨났던 것입니다.

이러한 계시를 주시는 목적은 메시아이신 주님이 오실 때 메시아를 증거하고 모심으로써 실제 많은 성도와 무리를 메시아 앞으로 인도하기 위한 것입니다. 이는 마치 2000년 전 예수님 때처럼 주님의 길

---

[35] 세계평화통일가정연합, 『원리강론』, 172.

을 곧게 하려고 세례요한을 세웠던 것과 같은 것입니다(요한복음 1장 23절). 모범적인 신앙생활과 빛나는 수도생활을 통해 하나님으로부터 큰 능력을 받아 세례를 베푸는 것을 보고 혹시 세례요한이 주님이 아닌가 하고 그에게 질문하는 사람들이 있을 정도로 그를 신뢰하고 따르는 사람들이 많았습니다. 그런데 실제 세례요한은 요단강가에서 세례를 받기 위해 자기를 찾아오는 예수님을 보니 하늘에서 비둘기 같은 성령이 내리는지라 즉시 알아보고 예수님을 하나님께서 보내주신 메시아 즉 하나님의 어린양이라고 증거하였습니다. 그러나 실제 예수님의 제자가 되어 그를 따르지는 않았기 때문에 결국 세례요한은 실족하고 말았습니다.

이러한 섭리적 사실을 모르고 재림주를 자처하게 될 때는 수많은 신앙인을 혼란에 빠트리게 되고 오시는 주님 앞에 공로자가 아니라 반대로 적그리스도가 되어 하나님의 섭리를 크게 망치는 결과를 초래하게 되는 것이니 참으로 안타까운 일이 아닐 수 없습니다. 하늘길을 가는 사람들에게는 잘한 것만큼 은사도 있지만 받은 은사에 대한 책임도 있음을 알아야 합니다.

앞에서도 언급한 바와 같이 말세의 때에 이러한 혼란이 있을 것에 대비해 하나님께서는 그의 종 선지자들을 세우셔서 보다 구체적인 재림메시아에 관한 내용을 미리 계시해 주셨습니다. 예수님 때에는 이사야, 다니엘 같은 예언자들을 세우신 것과 같이 재림 때를 위해서도 사도요한을 세워 『요한계시록』을 남겨주셨고 세계 각국에 선지자들을 세워 다시 보내시는 재림메시아를 증거하도록 하셨습니다. 그리고 재림주님께서 오실 한민족에게도 선지자와 예언자들을 세워주셨습니다. 한국의 대표적 예언자는 예언서 『격암유록』의 저자인 격암 남사고 선생이 있습니다. 구원섭리의 원칙과 예언자들의 예언을 통해 재림메시아의 자격조건을 먼저 정리해 보았습니다. 이 자격조건에 해당되는 메시아는 과연 누구이신지 알아보도록 하겠습니다.

1) 민족종교 지도자와 영통인들의 증언

증산교를 창시한 강증산 선생의 경전을 보면, 이곳에서도 두 분을 학수고대 기다리는 것으로 되어 있습니다. 왜냐하면, 강증산 선생이 돌아가시기 4일 전에 "이제는 공사를 다 마쳤다."고 선언합니다. 이때 김경학이라는 제자가 "공사를 마치셨으면 나서기를 바라옵니다."라고 하니 "사람 둘이 없으므로 나서지를 못하노라"(도전 10:27)라고 대답합니다.

이러한 말씀을 남기고 돌아가셨기 때문에 증산교에서는 두 사람을 기다리고 있습니다. 그런데 이 두 사람과 관련해서 또 한 가지 증표가 있습니다. 강증산 선생이 김제 대원사에서 수도할 때 하루는 대원사 주지인 박금곡 스님에게 용봉(龍鳳)이라는 글씨를 써 주며 후세에 전하라고 합니다. 용(龍)이라는 글자는 종으로 크게 거꾸로 하늘을 향하도록 썼고, 봉(鳳)이라는 글자는 용에 맞대어 땅을 향하도록 썼습니다. 그리고 용봉이라는 글씨 왼편에는 작은 글씨로 '독존석가불(獨尊

증산교를 창시한 강증산 선생과 용봉 휘호

^{釋迦佛}'이라고 쓰여 있습니다. 증산교에서는 이 용봉에 대한 해석도 용
과 봉을 상징하는 두 사람으로 해석하고 있기에 더욱더 두 사람을 기
다리고 있습니다.

'독존석가불'이라고 쓴 것은 다시 오시는 미륵불은 독존, 즉 한 사
람으로 오시는 것이 아니라 용과 봉 두 사람으로 오신다는 뜻으로 해
석하고자 합니다. 증산교의 중요한 사상이 정음정양(正陰正陽)사상이며
천지부모(天地父母)사상입니다. 이렇게 볼 때 다시 오시는 미륵부처님
은 두 분으로 오신다는 뜻입니다. 그래서 증산교에서는 두 사람을 기
다리고 있습니다. 재림메시아는 천지부모이시며 참부모 메시아 두 분
으로 오신다고 해석해야 마땅합니다. 그런데 이 용봉이 상징하는 천
지부모가 누구냐 하는 것을 저는 너무나 쉽게 해석할 수 있습니다.

참아버지 메시아로 오신 문선명 총재의 본명은 '문(文)자 용(龍)자 명(明)'이십니다. 참어머니 메시아로 오신 분의 존함은 '한(韓)자 학(鶴)자 자(子)자'이십니다. 결국 이 용봉휘호는 문선명·한학자 양위분을 상징하는 글자가 맞습니다. 강증산 선생께서는 인류를 구원할 메시아로 오실 분에 대해 너무 정확한 계시를 받으신 것입니다. 인류를 구원할 참부

영매 화가 나네트 크리스트 존슨

모 메시아께서 현현하셔서 후천개벽을 주도하신다는 것을 강증산 선생은 하나님의 계시를 통해 알았던 것입니다.

미국의 영매 화가 나네트 크리스트 존슨(Nanette Christ Johnson)은 그리고 싶은 대상에 집중하며 정성 들이면 대상이 영적으로 나타나 그림을 다 그릴 때까지 없어지지 않고 있다고 합니다. 이분은 이렇게 해서 예수님, 성모마리아, 천사 등 많은 성경의 인물을 그려내 발표한 바가 있습니다.

그런데 1996년에는 미륵부처를 그리게 되었고, 이를 지구촌 과학회의에서 논문으로 발표해 장차 오실 미륵부처의 모습을 공개했습니다. 이 논문을 한국의 미내사클럽(미래를 내다보는 사람들의 모임)이 발행하는 격월간지 「지금 여기」가 1996년 11·12월 호에 기사화해 한국에도

참아버지 메시아로 오신 문선명 선생(왼쪽), 나네트 크리스트 존슨이 그린 미륵불(오른쪽)

알려지게 되었습니다. 놀라운 사실은 미륵부처의 모습이 아래의 그림에서 보는 바와 같이 한복을 입은 분이며, 얼굴이 누가 보더라도 인정할 수밖에 없는 문선명 총재이십니다. 나네트 크리스트 존슨은 하나님께서 보내신 메시아에 대한 모습을 정확히 보고 그려낸 것입니다.

또 한 분은 한때 영국령이었던 동남아시아 말레이 제도의 보르네오섬 사라와크주의 영국 왕족 출신 안토니오 브루크 왕입니다. 이분은 독실한 기독교인으로서 어느 날 몽시에 '동방의 해 돋는 곳에 성인이 나타났다'는 음성과 함께 그 성인의 모습을 생생하게 보게 되는 계시를 받았습니다. 이분은 해 돋는 곳의 동방은 일본이라고 생각하고 꿈에 본 그 성인을 찾기 위해 일본으로 와서 종교단체와 언론사를 다니며 수소문했지만 만나지를 못하고 있었습니다. 그러자 일본의 한

계시받고 참부모 메시아를 찾아온 전 사라와크 왕 안토니오 부르크

잡지사에서 이 내용을 다루었고, 이 소식이 일본의 통일교회 신도에 의해 한국의 통일교회에도 알려지게 되었습니다.

이때 통일교회의 신도라는 이유로 이화여대에서 퇴직당한 김영운 박사가 급히 일본에 있는 안토니오 부르크 왕에게 당신이 찾는 분은 일본이 아닌 한국에 계신다는 소식을 전하게 되었습니다. 이렇게 되어 안토니오 부르크 왕은 지체 없이 1964년 3월 한국에 오게 되었고, 문선명 선생을 뵙게 되자 꿈에 본 그 성인이 틀림없음을 증언했던 것입니다. 이후 이분은 다시 일본으로 가서 4개 도시를 순회하며 자기가 찾던 그분을 한국에서 만났다고 증언했습니다. 또, 미국으로도 건너가 친분이 있던 아이젠하워 대통령과 아더 포드(Arthur Ford, 1896~1971)라는 영통인 예언자에게도 찾아가 증언했습니다.

미국의 영통인 아더 포드(왼쪽), 한국에 선교 왔던 알렉산더 피터스 선교사

　안토니오 부르크가 아더 포드를 찾아간 것은 과연 내가 만나고 온 문선명 총재가 메시아가 맞는지 확인해보고 싶은 뜻도 있었습니다. 그래서 안토니오 부르크 왕은 아더 포드를 만나서 문선명 총재가 메시아가 맞는지를 기도하라고 했고, 아더 포드가 기도할 때 그의 지도령 중 한 사람인 알렉산더 피터스(Alexander Pieters, 1871~1958) 목사가 영적으로 찾아왔습니다. 유태인으로서 기독교로 개종한 알렉산더 피터스 목사는 한국에 선교사로 와서 46년간이나 한국에 머물며 선교한 분입니다. 특히 이분은 영문의 구약성경을 처음으로 한국어로 번역한 공로를 가지고 있는 분입니다. 영혼으로 찾아온 알렉산더 피터스 선교사는 문선명 총재는 하나님께서 보내신 메시아가 맞다고 증언했습니다.

아더 포드 영통인은 평소에 수호령들과 대화한 내용을 녹음해 놓았다가 1968년 한 권의 책으로 발간했으니 『Un Known But Known』이라는 책입니다. '알 수 없지만 알 수 있는'이라는 제목을 붙인 것은 알 수 없는 영적 세계지만, 그곳에 있는 영혼들과 대화하면 알 수 있다는 뜻에서 붙인 제목입니다. 물론 이 책에는 안토니오 부르크 왕이 배석한 가운데 아더 포드에게 영적으로 찾아온 알렉산더 피터스 선교사에게 문선명 총재가 어떤 분인지 질문한 것에 대해 답변한 내용을 'The Sun Myung Moon Sittings'라는 소제목으로 다루고 있습니다. 그 내용을 소개하겠습니다. 영적으로 찾아온 알렉산더 피터스 목사의 증언입니다.

"지금 이 시대에 문선명 선생이 현현한 섭리적 목적은 인류의 근본 문제를 해결하고 하나님과의 관계를 회복하는 것이며, 무너지고 있는 당대 문명의 잔해와 고통과 아우성치는 소리 속에서 문명의 발전을 통해 인류의 행복을 가져올 수 있는 계획들이 문선명 선생에 의해 지속적으로 밝혀질 것이다.

나의 생각으로는 문선명 선생이 이 혼돈의 세상을 밝히는 가장 중요한 영적 빛의 원천이 될 것으로 본다. 문선명 선생은 깊은 명상 중에 시공을 초월하여 자신을 현현시킬 수 있으며 이는 예수가 성도들에게 자신을 나타낸 것과 같은 것이다. 이 능력은 메시아의 특징 중의 하나이다.

그는 핍박받을 것이다. 핍박하는 자는 진실을 인정하지 않기 때문이다. 지금 교회는 구시대를 끝내고 동시에 새 시대의 개막을 앞둔 시점을 맞이하고 있다. 앞으로 적그리스도가 많이 나와서 세상을 더욱 혼돈하게 할 것이다. 문선명 선생은 나로 하여금 계시록에 나오는 하늘로부터 내려오는 새 예루살렘 성의 그림을 연상케 한다. 새 시대는 심포니 오케스트라와 같은 화합과 통일의 시대이다. 새로운 스승은 기독교인이나 불교인이나 회교인이나 어떤 종교에도 얽매이지 않는 분이다. 성령은 어느 한 부분에 속해 있지 않고 우주적인 분이시다.”

마지막으로 문선명·한학자 총재님을 하늘에서 보내신 분이라고 증언한 미국의 영통인 예언가인 진 딕슨(Jean Dixon, 1928~1997) 여사를 소개하고자 합니다. 진 딕슨 여사는 미국의 케네디 대통령, 마틴 루터 킹, 마를린 먼로 등의 죽음과 소련 수상 말렌코프의 실각 등을 정확히 예언하여 미국의 3대 예언가로 손꼽힌 분입니다. 리처드 닉슨 대통령과 레이건 대통령이 이분에게 자문을 받기도 했습니다.

문선명·한학자 총재께서는 1974년 미국의 각 도시를 순회하며 “희망의 날 대 향연”이라는 강연회를 개최하신 바 있습니다. 이때 1974년 9월 17일 뉴욕 월돌프아스토리아 호텔에서 문선명 총재께서 주재한 특별 만찬회에 초대받은 진 딕슨 예언가는 1,700여 명의 미국 지도자들이 운집한 자리에서 문선명 한학자 총재에 대해 다음과 같이 증언하였습니다.

"문선명 한학자 선생은 하나님께서 보내신 위대한 분으로 21세기 말에 그의 명성이 드러나게 될 것입니다."

미국의 영통인 진 딕슨 여사

이렇게 특별한 영적 능력을 타고났을 뿐만 아니라 그 정성이 하나님의 마음에까지 닿아 있는 세계적인 선지자들은 인류를 구원하러 오신 메시아는 바로 문선명·한학자 총재라고 증언하고 있습니다. 아무리 공평한 마음으로 세계를 샅샅이 둘러봐도 참부모 메시아가 될 수 있는 분은 문선명·한학자 총재밖에 없습니다.

2) 메시아의 자격조건으로 본 문선명·한학자 참부모 메시아

메시아의 자격조건은 무엇인가? 이에 대해 알아보는 것이 메시아로 오신 분이 누가이신가를 정확하게 판단하여 알 수 있는 확실한 길이 아닐 수 없습니다. 우선 메시아가 되기 위한 자격조건이 무엇인지를 알아보고 이 자격조건에 해당하는 참부모 메시아가 누구인지 격암유록의 예언을 통해 증언하겠습니다.

첫째로 메시아는 참부모로 오셔야만 합니다. 왜냐하면 메시아는 타락한 인류를 중생하고 구원하러 오시는 분이시기 때문입니다. 아버지 혼자서는 중생을 할 수 없습니다. 아버지와 어머니가 함께 있어야 중생이 가능합니다. 그래서 메시아는 참부모 메시아로 오셔야만 하는 것입니다. 따라서 메시아는 참부모라는 호칭을 쓰고 계신 분이어야 합니다.

성경 말씀 요한계시록 19장 7절에 의하면 메시아는 어린양 혼인 잔치의 말씀을 이루신 분이라야 합니다. 재림메시아는 혼인잔치를 통해 참된 하늘의 부부가 되고 부모가 될 것을 이렇게 확실하게 예언해 주신 것입니다. 요한복음 3장 3절에서 5절까지 말씀에 예수님께서는 밤중에 찾아온 니고데모에게 "거듭나지 않고는 하나님 나라를 볼 수 없느니라. 물과 성령으로 나지 않으면 하나님 나라에 들어갈 수 없느니라."라고 하셨습니다. 물은 땅에 있는 것이고 음이며 성령은 하늘에서 오신 분이니 양으로서 참부모 메시아를 상징하는 말씀입니다. 참부모 메시아로 거듭나야만 천국에 들어갈 수 있는 하나님의 자녀로 구원이 완성되는 것입니다. 참부모 메시아가 되어야만 타락한 인류를 중생하여 구원할 수 있기 때문입니다. 이렇게 하늘만이 아시는 가운데 마음 졸이시는 섭리를 통해 인류 구원의 완성을 위해 이 땅에 참부모 메시아로 오신 분이 바로 문선명·한학자 총재이십니다.

그렇다면 문선명·한학자 총재님은 어떻게 이 말씀을 이루신 주인공이 되셨는지를 설명할 차례입니다. 문선명·한학자 총재님은 1960년 음력 3월 16일 서울시 용산구 청파동 지금의 원 본부교회에서 하나님의 계시에 따라 성혼식을 하심으로서 요한계시록 19장 7절에 계시된 어린양 잔치의 말씀을 실현하셨습니다. 이날의 성혼식은 그렇게도 하나님께서 6000년간을 한결같이 소망해 온 역사적인 성혼식이었습니다. 에덴동산에서 아담과 해와의 성혼식을 통해서 뜻을 이루려 하셨지만, 이들의 타락으로 이루지 못했던 바로 그 성혼식이었던 것입니다. 하늘도 울고 땅도 울었으며 천상천하에 예비한 성도들은 기뻐 춤추었고 하늘에는 천사들의 찬양과 영광이 있었으며 땅에는 기쁨과 감사와 감격이 넘쳐났습니다.

이렇게 문선명·한학자 총재는 역사적인 요한계시록 19장 7절에 예언된 어린양 혼인잔치를 실현하심으로서 참부모 메시아라는 이름을 얻게 되었습니다. 메시아를 자처하는 사람 중에 참부모의 이름과 위상을 갖추신 분은 한 사람도 없습니다. 참부모 메시아의 현현을 격암유록에서는 다음과 같이 예언했습니다.

◎ 姓負合之 弓弓人 辰巳之生 天下通一 (世論視)
　　성 부 합 지　궁 궁 인　진 사 지 생　천 하 통 일　　세 론 시

〈해석〉

각각 다른 성씨를 가지고 오셔서 한 분으로 합해지는 결혼을 통해 궁궁인, 즉 성인이 되신 분이다. 이분은 진년과 사년에 세상으로 출현하실 것으로 예언된 진인으로 천하를 통일하실 분이십니다.

〈해설〉

성부합(姓負合)은 한국 전통혼례 때 신부가 두 손을 맞잡은 위에 걸

치는 휘장에 새겨진 이성지합(二姓之合)과 같은 의미로 두 성씨가 하나로 합쳐진다는 결혼을 뜻하는 것입니다. 메시아로 오시는 궁궁인은 이성지합을 통해 참된 부부가 되고 부모가 되는 것이니 바로 참부모 메시아이십니다. 참부모 메시아는 진년 즉 용띠 해와 사년 즉 뱀띠 해에 세상에 출현하십니다. 또한 참부모 메시아는 천하를 통일하여 하늘부모님 아래 모든 인류가 한 가족이 되는 하나의 하나님 나라로 천하를 통일하실 분이십니다.

이렇게 참부모 메시아로 오신 분이 바로 문선명·한학자 총재이십니다. 문선명·한학자 참부모 메시아께서는 인류 구원의 뜻과 세계를 통일하여 하나님 나라를 만들고자 하는 뜻을 세우시고 이 일을 위해 지금도 하늘에서 그리고 땅에서 일 하시는 분이십니다.

둘째로 구원을 위한 생명의 진리 말씀을 가지고 오시는 분이라야 메시아입니다. 2천 년 전 메시아로 오셨던 예수님은 복음의 말씀을 가지고 오셨습니다. 아담과 해와는 하나님께서 주신 '따먹지 말라'는 말씀을 어기고 타락했습니다. 따라서 메시아는 구체적으로 무엇을 따먹지 말라는 말씀인지를 확실히 해명할 뿐만 아니라 왜 따먹지 말라고 하셨는지를 밝히는 생명의 새 진리 말씀을 가지고 오셔야 합니다. 또한 하나님은 어떤 분이시며 하나님의 뜻이 구체적으로 무엇인지를 설명할 수 있는 새 말씀을 가지고 오셔야만 합니다. 그래야만 구원의 완성을 이룰 수 있습니다. 예수님은 복음의 신약 말씀을 가지고 오셨지만, 참부모 메시아께서는 성약의 새 말씀을 가지고 오셔야 합니다. 또 격암유록의 예언을 보겠습니다.

◎ 欲識蒼生保命處 吉星照臨眞十勝
　　욕 식 창 생 보 명 처　길 성 조 림 진 십 승

兩白三豊眞理 (南師古秘訣)
양 백 삼 풍 진 리　　남 사 고 비 결

〈해석〉

창생들이여! 영원히 목숨을 보전할 곳을 알고 싶거든 길한 별이 비추는 참된 십승을 찾아보소. 양백삼풍 진리가 있는 곳이 그곳입니다.

〈해설〉

격암유록에서 메시아는 양백성인 즉 참부모 메시아를 의미하는 용어로 사용됩니다. 또한 메시아는 삼풍진리(三豊眞理)를 가지고 오시는 분으로 되어 있습니다. 삼풍진리는 3가지를 결실할 수 있는 진리 말씀인데 첫째는 인격완성 즉 하나님의 아들과 딸로 완성되는 진리 말씀이고 둘째는 가정완성의 진리 말씀이며 셋째는 나라완성의 진리 말씀입니다. 이 말씀이 성경에서는 창세기 1장 28절의 3대축복 말씀입니다. 이 세 가지를 결실할 수 있는 말씀을 일러 삼풍진리라 한 것입니다. 모든 사람이 본성적으로 소망하며 알고 싶어 하는 것이 삼풍진리입니다. 이 삼풍진리 말씀을 가지고 오시는 분이 바로 메시아이신데 이분은 십승인이시고 양백성인이신 참부모 메시아이십니다. 참부모 메시아로 오신 문선명·한학자 총재께서는 종과 횡으로 승리했다는 십승의 증표를 가지고 계시며 삼풍진리를 찾아 하나님의 어인을 받으신 분이십니다.[36]

문선명 총재께서 처음 집필하신 삼풍진리 책이『원리원본』이며 1966년 5월1일『원리강론』이라는 이름으로 세상에 내놓았습니다. 삼풍진리를 찾아 하나님의 어인을 받은 권위와 능력을 가지고 계심을 일러 격암유록에서는 해인이라고 표현합니다.

셋째는 승리자의 이름을 가지고 오셔야 합니다. 메시아는 타락하여 사탄 주관권으로 전락한 인류를 하나님의 아들딸로 되찾아 하나님 주관권으로 되돌려 놓아야 하기에 사탄과의 투쟁에서 최후 승리를 한 증거가 있어야 합니다. 하나님께서는 타락하여 죄악 가운데 허덕이는 인류를 구원하시기 위해 메시아를 세우기 위한 섭리를 하시지만 사탄은 거짓과 분열로 메시아의 길을 막는 일을 하기에 메시아는 사탄과의 싸움에서 승리해야 합니다. 마치 예수님께서 사탄의 시험에서 이긴 것처럼 말입니다.

요한계시록 19장 11절에 백마를 탄 자가 공의와 심판하며 싸운다고 하였습니다. 백마를 탄 자는 재림메시아이신데 누구와 싸우느냐는 언급이 없지만 전후 말씀을 살펴볼 때 사탄·마귀와 싸우신다는 말씀입니다. 이후 12절에 머리에 면류관이 있고 또 이름 쓴 것이 있는데 자기밖에는 모른다고 하였는데 여기서 면류관은 이긴 자의 상징입니다.

---

36 문선명선생말씀편집위원회,『문선명선생말씀선집』. 195권 141쪽.

또 16절에는 '옷과 다리에 이름 쓴 것이 있는데 만왕의 왕이요 만주의 주'라는 말씀이 있는 것으로 보아서 재림주님은 틀림없이 사탄과의 싸움에서 이기신 것입니다. 만왕의 왕이요 만주의 주는 사탄과의 최종 싸움에서 이긴 자만이 가질 수 있는 이름이기 때문입니다. 이와 같이 요한계시록에서는 메시아가 사탄과의 싸움에서 승리한 내용을 기록하고 있고 격암유록에서는 십승인이라 하였으니, 메시아는 사탄과의 싸움에서 이긴 자라야 합니다. 역시 격암유록의 예언입니다.

◎ 十勝十勝何十勝 勝利臺上眞十勝
십 승 십 승 하 십 승 승 리 대 상 진 십 승

(南師古秘訣)
남 사 고 비 결

〈해석〉

십승십승이라고 하는데 무엇이 십승인가? 참된 진리를 찾아 나를 이기고 마귀를 이기어 승리대위에 서 계신 분이 진짜 십승인입니다.

〈해설〉

격암유록에 메시아로 오시는 진사성인은 십승인으로 되어 있습니다. 메시아로 오신 분은 횡적으로는 자신과의 싸움에서 이기고 종적으로는 하나님의 영광을 위하여 사탄과의 싸움에서 이긴 분이십니다. 이와 같이 종과 횡으로 이기신 분을 십승인이라 합니다.

참부모 메시아로 오신 문선명·한학자 총재께서는 십승 즉 종적 8단계와 횡적 8단계에 승리하셔서 1989년 8월 31일 알래스카 코디악에서 8정식(八定式)을 선포하셨습니다. 또한, 2004년 5월 5일 전남 여수 청해 가든에서 종횡의 십자로 승리하셨음을 쌍합십승일(雙合十勝日)로 하나님의 공인 아래 공포하심으로서 최후 승리를 이룬 실적을 가지고 계신 분이기에 메시아의 자격을 갖추셨습니다. 문선명·한학자 참부모 메시아께서는 사탄과의 싸움에서 싸워 이긴 최후 승리를 통해 승리의 기대 위에 서 계신 참되신 십승인이십니다.

  넷째 메시아는 선남선녀의 축복결혼을 통해 선한 혈통의 하나님 백성을 만드는 분이어야 합니다. 인간을 남자와 여자로 창조하신 목적은 이들을 결혼시켜 선한 혈통의 자녀를 번성하게 하는 것이었습니다. 타락의 결과는 사탄으로 말미암아 악한 혈통의 자녀를 생산하게 된 것입니다. 메시아는 이들을 선한 혈통의 하나님 자녀로 구원하러 오시는 분이십니다. 선한 혈통의 자녀로 중생시키는 행사가 반드시 있어야 합니다. 이러한 행사를 요한계시록에서는 생명수 강가 좌우에 두 생명나무가 12가지 과실을 맺는다는 것으로 예언하셨고 격암유록에서는 메시아께서 선남선녀 짝을 맺어 결혼시킨다는 것으로 예언했습니다.

◎ 俗離者生鷄龍入 仙官仙女作配處 (鷄龍論)
　속 리 자 생 계 룡 입 　선 관 선 녀 작 배 처 　계룡론

〈해석〉

　속세를 떠나 계룡으로 들어가는 자는 산다. 이곳은 선관선녀를 부부로 짝을 지어주는 곳입니다.

〈해설〉

　통일교회가 다른 종교와 가장 확실하게 차별화되는 점은 선남선녀의 짝을 맺어 축복결혼의식을 하는 것입니다. 문선명·한학자 총재께서는 결혼이야말로 새로운 생명의 탄생을 위한 신성하고도 거룩한 의식이기 때문에 하나님을 모시고 하나님 앞에 맹세하는 의식으로 치러야 한다고 말씀하십니다. 결혼은 단순히 남녀 두 사람만이 하나 되는 것이 아니라 하늘과 땅이 하나되는 것이요, 하나님께서 내려와 임재하시는 가장 신성한 의식이기 때문에 하나님을 모시고 결혼식을 해야 한다고 말씀하십니다.

　더욱이 인간시조의 타락이 성적 타락으로 혈통과 관련된 것이기 때문에 사탄을 분립하여 원죄를 청산하고 하나님만이 주관하는 선한 혈통으로 전환하는 구원의식으로서의 축복결혼 행사를 주도하고 계시는 것입니다. 아담과 해와가 타락했기 때문에 그의 후손으로 태어나는 모든 인간은 혈통적으로 원죄를 가지고 태어나 사탄세력의 영향을 받아 죄를 지으며 살고 있기 때문입니다. 이렇게 원죄를 가지고 태어난 인간이 구원되기 위해서는 거듭나는 과정을 통해 원죄를 청산짓고 사탄으로부터 해방되는 중생의 과정을 거쳐야만 하는 것입니다. 그래서 문선명·한학자 총재께서는 축복결혼을 주례하시는 가운데 신성한 합동결혼식을 하는 것입니다. 그래서 예수님께서는 중생해야 하나님 나라를 볼 수 있다고 하셨던 것입니다.

참부모 메시아로 오신 분선명·한학자 총재께서는 이러한 구원의 원리에 의해 타락한 인류를 하나님의 아들과 딸로 거듭나는 구원의 의식을 거행해 나오셨으니 바로 짝을 맺어주시는 약혼식과 축복결혼식의 종교적 의식입니다. 1960년 36가정을 비롯하여 수많은 축복가정을 배출하셨으니 현재 전 세계에 수억 쌍의 축복가정들이 하나님의 자녀로 살고 있습니다.[37]

속세에서 하는 결혼식이 아니고 하나님을 모시고 참부모 메시아에 의해 짝을 만나 결혼하는 사람은 계룡국이라는 하나님 나라에 들어가서 영생합니다. 이와 같은 구원의 길을 격암유록에서는 감나무 성인과 양백성인으로 오시는 참부모 메시아를 만나 새로운 씨종자를 구해야 한다고 예언하고 있습니다.

◎ 柿謀者生衆謀者死 (末運論)
시 모 자 생 중 모 자 사　말운론

〈해석〉

말세에 감나무성인을 따르는 자는 살고 세상의 무리를 따르는 자는 죽습니다.

---

37 선학역사편찬원, 『참부모님 생애노정』. 225~243쪽.

〈해설〉

　격암유록에는 양백성인과 함께 감나무성인이 등장합니다. 감나무는 접붙임을 통해 고욤나무의 씨가 감나무씨로 바뀐 나무입니다. 마찬가지로 양백성인으로 오시는 감나무성인은 타락하여 사탄에 의해 원죄를 가진 인간을 하나님의 자녀로 씨종자를 바꾸기 위해 오시는 분이십니다. 양백성인으로 오시는 참부모 메시아를 통해 구원받으면 살고 그렇지 않고 하나님과 양백성인을 부정한 채 세상의 무리를 따르는 사람은 참다운 생명이 없는 죽은 생명이나 마찬가지라는 에언의 말씀입니다. 문선명·한학자 참부모 메시아께서는 축복결혼을 통해 원죄를 청산하고 하나님의 자녀로 복귀하는 구원의식을 거행하고 계십니다.

　다섯째 메시아는 종교를 통일하는 섭리를 하시는 분이십니다. 종교가 출현한 목적은 메시아를 보내주실 때 이분을 잘 믿고 모시도록 하기 위한 데 있습니다. 그래서 모든 종교에는 메시아 대망사상이 있습니다. 그렇기 때문에 메시아는 모든 종교에 메시아가 누구인지를 바로 가르쳐 주어야 할 책임이 있고 또한 메시아는 종교통일을 통해 인류와 세계를 통일하여 하나님나라를 세우러 오시는 분이기 때문에 종교통일운동을 하시게 되어 있습니다.

◎ 道道敎敎合十勝 列邦各國指導人
도 도 교 교 합 십 승 열 방 각 국 지 도 인

三公大夫指指揮世 (末運論)
삼 공 대 부 지 지 휘 세   말 운 론

〈해석〉

 이 세상의 도라고 하는 도와 종교라고 하는 종교는 모두 십승인에
의해 통합되며 세계 각국의 지도자와 높은 지위에 있는 고관들을 불
러 하늘의 일을 지도하십니다.

〈해설〉

 메시아는 인류구원과 하나님나라인 평화이상세계를 이루려 오신
분입니다. 이분은 모든 종교의 공통된 진리 말씀을 가지고 오실 뿐만
아니라 모두가 공인할 수 있는 승리의 실적을 가지신 십승인으로 오
셔서 종교통일을 통하여 세계의 모든 지도자를 모아 인류평화의 길을
지도하시며 세계를 평화이상세계로 통일해 나가시는 분이십니다.

 실제 참부모 메시아로 오신 문선명·한학자 총재께서는 초교파운동
과 초종교운동에 막대한 자금을 투입하며 종교통일운동을 계속해오
셨고 지금도 한국의 종교협의회와 미국의 성직자협의회(ACLC)를 운영
하고 계십니다. 의로운 종교 지도자의 적극적 지지 속에 종교연합운동
을 하고 있습니다.

 참부모 메시아로 오신 문선명·한학자 총재께서는 천주평화연합
(UPF)를 창설하시어 세계의 정상급 지도자들을 규합하셔서 세계평화

운동에 동참시키고 계십니다. 평화운동의 가장 큰 성과는 1990년 소련을 방문하여 고르바초프 대통령과 정상회담을 통해 공산주의를 종언하도록 하는데 결정적 역할을 하였습니다. 이후 1991년에는 김일성 주석의 국빈 초청으로 북한을 방문하여 정상회담을 열고 진정한 민족의 화해와 평화의 길을 모색하였습니다.

◎ 彌勒出世萬法教主 儒佛仙合一氣再生
　　미 륵 출 세 만 법 교 주　유 불 선 합 일 기 재 생

柿木出聖東西教主 (弓乙論)
시 목 출 성 동 서 교 주　궁 을 론

〈해석〉

미륵불로 출세하신 분이 계시니 그분은 만법을 하나로 통일하시는 교주시며 유불선을 하나로 통일하시는 분이시고 천하의 한 기운으로 다시 오신 재림주이십니다. 또한 이분은 인류를 새로운 생명으로 중생하기 위해 감나무로 오신 구세 성인이시며 서양의 기독교는 물론 동서양의 모든 종교를 통일하러 오시는 교주이십니다.

〈해설〉

현재의 종교 상황을 아무리 둘러보아도 종교를 통일하여 인류 평화 세계를 이루는 것이 하나님의 뜻이라고 확신하며 한 생애를 모두 바쳐 이 일에 물심양면의 모든 역량을 지속적으로 투입하시는 분은 참부모 메시아로 오신 문선명·한학자 총재밖에 없습니다.

양위분께서는 유엔 활동에도 특별한 관심을 가지시고 유엔이 진정한 평화기구로서의 제 역할을 다하기 위해서는 국가를 대변하는 현재의 조직을 하원으로 하고 국가를 초월한 각 종교의 세계적 지도자들을 상원으로 하는 조직을 신설하는 유엔의 갱신안을 마련하고 유엔에 제출한 바가 있습니다.

유엔이 이 안을 받아들인다면 동서양의 모든 종교는 자연스럽게 통일된 연합체가 될 것이고 각 국가의 이익을 대변하기 때문에 한계를 가진 현재의 유엔이 전쟁을 확실히 막게 될 것이고 실질적인 평화세계는 가능하게 될 것입니다.

여섯째 메시아는 기존 종교와 세상으로부터 핍박을 받는 분이십니다. 그리고 감옥까지 가게 되는 분입니다. 메시아는 하나님의 구원섭리의 뜻을 확실히 알고 이의 실현을 위해 시대를 앞서가시는 분이기 때문에 기존 기득권의 세력으로부터 핍박과 고난을 받을 수밖에 없습니다. 2천 년 전 메시아로 오셨던 예수님께서 기존 종교인 유대교와 이스라엘로부터 말할 수 없는 반대와 핍박을 받았고 급기야 잡힌 바 되어 감옥에 수감 된 후 십자가에 처형되셨습니다. 재림 때에도 말할 수 없는 핍박과 감옥에 가게 되는 일이 있을 것이라고 예언서는 전합니다.

◎ 陷之死地嘲笑中에 是非많은 眞人일세
함 지 사 지 조 소 중   시 비   진 인

(松家田)
송 가 전

〈해석〉

　그곳은 위험에 빠지는 곳이며 죽는 곳이라는 비웃음을 사는 곳일 뿐만 아니라, 맞다 아니다 시비가 많은 분이지만 이분이야말로 진인이십니다.

〈해설〉

　진인으로 오시는 참부모 메시아는 세상으로부터 시기와 몰이해로 온갖 비난을 받아 온 분이십니다. 그곳에 한 번 빠지면 헤어 나올 수 없는 곳이요 사람을 죽이는 곳이라며 비웃고 비난하는 곳이고 진짜 메시아가 맞다 아니다 하며 이단 시비가 많은 분이지만 이분은 하늘이 보내신 참된 메시아이십니다. 참부모 메시아이신 문선명·한학자 총재는 그동안 세인들로부터 이단 사이비와 온갖 누명을 쓰고 박해와 고난을 많이 받아 온 분이며 옳다 그르다 하는 시비가 가장 많은 종교 지도자이십니다. 그러나 이분은 하늘이 보내신 구세주 참부모 메시아가 맞습니다.

◎ 好事多魔 此是日 雙犬言爭艸十口
호 사 다 마 차 시 일 쌍 견 언 쟁 초 십 구

남 사 고 비 결

〈해석〉

　좋은 일에는 마가 따르는 법이니 지금이 그러한 때이다. 이 성인께서는 한때 옥살이를 면치 못하겠습니다.

〈해설〉

　쌍견언쟁(雙犬言爭)의 뜻은 두 마리의 개가 서로 싸우는 형상을 비유한 것으로 쌍견언은 감옥 옥(獄)자의 파자이니 감옥을 뜻하는 글입니다. 초십구(艸十口)는 괴로울 고(苦)자의 파자입니다. 결국 쌍견언쟁 초십구는 옥고, 즉 감옥살이를 한다는 뜻입니다. 메시아가 구원의 사역을 하시는 좋은 일에는 사탄이 시기하고 방해하는 일이 많이 생길 것이며 결국 메시아는 반대와 핍박 속에 죄 없이 감옥에까지 가는 고난을 당할 것이라는 예언입니다.

　이는 마치 이스라엘 지도자들이 메시아로 오셨던 예수를 몰라보고 오히려 반대하고 핍박하여 끝내는 세상을 혼란케 하는 반역자로 몰아 감옥에 넣었고 십자가에 매달아 죽였던 것과 같은 것입니다. 문선명 총재는 여러 번의 옥고를 치른 분입니다. 일본 유학 시절 독립운동을 한 죄목으로 일제강점기 때 감옥에 간 것을 비롯하여 기독교 지도자들의 반대와 투서로 서대문 형무소에서 복역하셨고 북한 공산 치하의 흥남 감옥에서 고초를 겪으셨습니다. 그리고 미국에서의 댄버리 감옥에서 옥고를 치르셨습니다.[38]

일곱 번째 참부모 메시아는 한반도 3·8선 이북에서 태어나신 분으로 천명을 받으신 분이라고 예언하고 있습니다.

이미 어디로 오시는가에서 재림메시아는 이스라엘이 아닌 한국 땅으로 오신다고 설명했습니다. 요한계시록 7장 2절의 말씀을 근거로 천사가 하나님의 인을 가지고 해 돋는 곳으로부터 올라와서 이마에 인을 치는데 그 수가 14만 4천이었다는 말씀을 통해 주님이 오실 나라는 동방의 해 돋는 곳 한국이라고 밝혔습니다. 또한 격암유록에는 상제강림 동반도 미륵상제 정도령이라는 은비가 편의 예언을 근거로 재림메시아가 오실 나라는 바로 한국임을 설명했습니다. 그런데 격암유록에서는 한국 땅 중에서도 3·8선 이북에서 출생하신 분이라고 구체적으로 예언하고 있습니다. 한국에 전래된 기독교가 유독 북한 땅에서 폭발적으로 선교 되어 평양을 동양의 예루살렘이라고 칭하게 된 것도 우연이 아닌 북한 땅에 태어나실 재림메시아를 위한 섭리라고 해석하지 않을 수 없습니다.

---

38 선학역사편찬원, 『참부모님 생애노정』. 98, 135, 282 쪽

◎ 三八之北 出於聖人 天授大命 似人不人
삼 팔 지 북 출 어 성 인 천 수 대 명 사 인 불 인

새 사 십 일

〈해석〉

　삼팔선 북쪽에서 출생하신 성인은 하늘의 대명을 받아서 오신 분인데 사람 같으나 사람이 아닌 분이십니다.

〈해설〉

　삼팔선 이북의 평안북도 정주에서 출생하신 문선명 총재님과 평안북도 안주에서 출생하신 한학자 총재님은 하늘로부터 인류 구원의 대명을 받으신 분이십니다. 문선명 총재께서는 16살 되시던 때 부활절 전날 저녁에 마을 뒤편 묘두산에 오르시어 밤새워 기도하실 때 하늘이 열리며 예수님께서 친히 찾아오시어 인류구원에 대한 사명을 내려주셨으니 "고통받는 인류 때문에 하나님이 너무 슬퍼하고 계시니라. 지상에서 하늘의 역사에 대한 특별한 사명을 맡아라."라는 천명을 주셨습니다.[39]

　한학자 총재님의 어머니 되시는 홍순애 여사께서 결혼 하신 후 신령한 능력을 받은 이용도 목사의 새예수교회에 나가시며 특별 기도를 하실 때 하늘이 열리며 음성이 들려오는데 "기뻐하라 그대의 아기가 아들이거든 우주의 왕이 될 것이요, 딸이거든 우주의 여왕이 되리라."

---

39 문선명, 『평화를 사랑하는 세계인으로』, 62쪽

154　선민과 참부모 메시아 현현

는 천명의 말씀을 주셨습니다.[40]

위 두 분께서는 각각 종적으로 하나님과 일체를 이루셨고 횡적으로 부부 일체를 이루심으로써 하나님의 실체를 입으신 신인이 되셨습니다. 또한 두 분은 참부모 메시아가 되시어 드디어 하나님을 하늘부모님으로 호칭하여 모실 수 있은 길을 열어가고 계십니다. 양위분께서는 신인일체를 이루신 분이기에 사람 같으나 사람이 아닌 신인이십니다.

여덟 번째 참부모 메시아 중 한 분은 문씨 성을 가지고 오시는 분이라고 예언하고 있습니다.

◎ 天上姓名隱秘之文 人之行路正道令
  천 상 성 명 은 비 지 문 인 지 행 로 정 도 령

(勝運論)
  승 운 론

〈해석〉

하늘에서 보내신 메시아의 성씨는 숨기고 감추어 보낸 문씨입니다. 이분이 행하시는 일은 정도입니다.

〈해설〉

하늘에서 정하여 메시아로 보내신 분은 문씨 성을 가지신 분이니, 이분이 바로 문선명 총재이십니다. 이분은 인류가 가야 할 본연의 올

---

40 한학자, 『인류의 눈물을 닦아주는 평화의 어머니』, 71쪽

바른 길을 안내하시는 참부모 메시아 중 참아버지 메시아이십니다. 이분은 인류를 구원하여 인간이 인간으로서 가야 할 바른길인 하나님의 자녀로서 구원되는 길을 열어주시는 정도령이시요 구세주이시며 참아버지 메시아이십니다.

아홉 번째 참부모 메시아 중 참아버지 메시아가 먼저 하늘나라에 가시고 참어머니 메시아가 지상에서 참부모 메시아의 마지막 사명인 하나님 나라를 실현하는 일을 하시는 것으로 예언되어 있습니다.

◎ 嗚呼悲哉聖壽何短 林出之人怨無心
오 호 비 재 성 수 하 단 임 출 지 인 원 무 심

(末運論)
말 운 론

〈해석〉

아, 슬프다! 성인의 수명이 어쩌 그리 짧은가? 동방청림의 성인이 죽었도다! 원무심(怨無心) 즉 원(怨)에서 심(心)자가 없어지면 죽을 사(死)자가 됩니다.(怨無心=死)

〈해설〉

참부모 메시아 중 참아버지 메시아가 먼저 돌아가셨다는 탄식의 예언입니다. 격암유록의 예언은 이렇게도 구체적으로 정확하게 예언하고 있습니다. 격암유록에서는 남성 메시아를 동방청림 또는 청림도사로 표현하고 있습니다. 참아버지 메시아로 오신 문선명 총재께서는

2012년 9월3일(음력 7월17일) 만 92세로 생을 마감하시고 부인이신 참어머니 메시아 한학자 총재께서 지켜보시는 가운데 성화하셔서 하늘나라로 가셨습니다.

성인으로 오신 메시아의 수명이 어찌 그리 짧단 말인가? 모시는 제자들은 탄식할 수밖에 없었습니다. 그러나 문선명 총재께서는 생전에 "나는 92세가 되면 하늘나라에 가야 한다. 하늘나라의 인류가 학수고대 기다리고 있고 하늘나라에 가서 해야 할 일이 많기에 92세가 되면 가야 한다."[41]고 말씀하셨습니다. 문선명 참아버지 메시아께서는 이 말씀대로 92세에 성화하셨습니다. 생전의 말씀에 따라 후계의 대업은 부인이신 한학자 참어머니 메시아가 계승하여 이루고 계십니다.

◎ 天地反覆此時代 天降在人此時代
　　천 지 반 복 차 시 대　천 강 재 인 차 시 대
　豈何不知三人日 東西合運枝葉道
　　기 하 부 지 삼 인 일　동 서 합 운 지 엽 도
　此運得受女子人 (末運論)
　　차 운 득 수 여 자 인　　말 운 론

〈해석〉

천지가 뒤바뀌는 시대는 하나님이 친히 사람의 몸으로 강림하셔서 세상 속에 계시는 시대인데 어찌하여 사람들이 삼인일(三人日=春) 즉 섭리의 새봄을 몰라보는가? 동서가 합해지는 운이 가지와 이파리처럼 우리나라로부터 세계만방으로 뻗어 나가게 되는데 이 운을 여

---

41 문선명선생말씀편집위원회, 『말씀선집』, 413권 199~200쪽

자로 오신 성인이 받으셨습니다.

〈해설〉

　　격암유록과 민족종교의 개벽사상은 하늘과 땅, 양과 음, 남자와 여자가 뒤바뀌는 시대를 후천개벽으로 규정합니다. 이 시대에는 음이 양을 주도하고 여자가 남자를 주도하는 운입니다. 그래서 후천개벽을 음개벽이라 합니다. 이러한 내용을 격암유록에서는 하늘과 땅이 뒤바뀌는 시대 즉 천지반복차시대라고한 것입니다. 이 시대를 일러 삼일인, 즉 봄이라고 한 것은 하나님의 섭리가 시작된 이래 처음으로 하나님의 창조이상의 꿈이 실현되는 때이기 때문에 섭리의 새봄이라고 해석할 수 있는 것입니다.

　　또한 이때는 하나님께서 사람의 몸을 쓰시고 친히 지상에 강림하시는 천강재인차시대입니다. 이를 격암유록에서는 사람 같으나 사람이 아닌 신인으로 출현하신 분, 즉 사인불인신인출(似人不人神人出)이라 표현합니다. 이러한 분이 바로 하나님과 일체를 이루어 오신 문선명·한학자 참부모 메시아이십니다. 참부모 메시아의 위상은 하늘에 계신 무형의 하나님께서 사람의 몸을 쓰시고 유형의 하나님이 되어 지상에 강림하신 분으로서 하나님이자 사람이시고 사람이자 하나님이신 분이십니다.

　　참부모 메시아께서는 동양과 서양의 도(道)를 하나로 통일할 수 있는 생명의 진리 말씀을 가지고 오시는 분이십니다. 참부모 메시아께서 가지고 오신 생명의 진리 말씀은 동양과 서양의 이념과 사상을 하나로 통일할 것입니다. 그래서 마치 가지와 잎이 한 뿌리 한줄기를 중심하고 뻗어 나가듯이 문선명·한학자 참부모 메시아께서는 이 진리의 말씀으로 세계를 통일하여 한 하나님 아래 인류 한 가족의 평화이상세계를 만드실 것입니다.

이러한 때가 삼일인(三人日), 즉 봄인 것입니다. 무슨 봄인가? 섭리의 새봄인 것입니다. 왜 섭리의 새봄인가? 하나님의 섭리역사에 따라 인류역사 이래 처음으로 문선명·한학자 참부모 메시아께서 가지고 오신 새 생명의 말씀으로 동양과 서양이 하나로 통일되어 하나님 아래 인류 한 가족이 되는 하나님의 꿈이 이루어지는 시대이니 섭리의 새봄인 것입니다. 격암 선생은 이러한 때가 오고 있는데 왜 모르고 있느냐고 책망하고 있습니다.

참아버지 메시아이신 문선명 총재께서 먼저 하늘나라로 성화하여 가시고 다음으로 이러한 운세를 참어머니 메시아이신 한학자 총재께서 받으셔서 동서를 하나로 통일하여 하나님 나라를 완성하기 위한 섭리를 계속하고 계십니다. 차운득수여자인(次運得受女子人) 바로 한학자 참어머니 메시아이십니다.

지금은 천강재인차시대이며 천지반복차시대이고 차운득수여자인 시대로서 섭리의 새봄을 맞아 문선명·한학자 참부모 메시아에 의해 새 하늘과 새 땅의 하나님 나라가 활짝 열리는 시대입니다.

마지막 열 번째로 참부모 메시아는 진사년에 세상에 출현하신다고 예언되어 있습니다. 그 예언의 내용이 너무나 구체적이어서 놀라움을 금할 수 없습니다. 열 번째는 큰 항목으로 정리했습니다.

3) 진사년(辰巳年)에 출현하신 문선명·한학자 참부모 메시아

앞 장에서 소개한 동학의 가사가 참부모 메시아로 오신 문선명·한학자 두 분을 예언한 내용이라는 것을 증언하고자 합니다. 『동학가사집』 '진사성인출세가(辰巳聖人出世歌)' 편에 있는 가사로 동학 교인들이 진사년에 오실 성인을 학수고대 기다리며 부른 노래는 앞서 설명했으나 다시 자세히 설명하겠습니다.

◎ 남자성인(男子聖人) 7,200

　궁궁수(弓弓數)로 천문개(天門開)요,

　여자성인(女子聖人) 4,800

　을을수(乙乙數)로 지호벽(地戶闢)이라.

〈해석〉

남자성인으로 오시는 참아버지 메시아는 7200의 참아버지 메시아 상징부호 궁궁수로 하늘 문을 여시는 분이시며, 여자성인으로 오시는 참어머니 메시아는 4800의 참어머니 메시아 상징부호인 을을수로 지상에 있는 집의 문을 여시는 임금이십니다.

〈해설〉

본문에 진사년은 없지만 동학가사집의 제목이 진사성인출 세가 편으로써 진사년에 성인이 출현하실 것을 소망하며 부른 성가이기에 진사성인출에 맞추어 이 가사 말을 해석해 보겠습니다.

위 가사를 구체적으로 해석하면 남자 성인을 궁궁(弓弓)으로 상징하고 여자 성인을 을을(乙乙)로 상징한 것에 대한 해설입니다. 궁(弓)은 양이고 남자이며 을(乙)은 음이며 여성입니다. 궁이 두 개 있는 궁궁(弓弓)은 하나님 아버지 상징의 궁(弓)과 남자 성인 궁(弓)이 합쳐진 신인일체를 이루신 참아버지 메시아를 상징하고, 을이 두 개 있는 을을(乙乙)은 하나님 어머니 상징의 을(乙)과 여자성인 을(乙)이 합쳐진 신인일체를 이루신 참어머니 메시아를 상징합니다.

남자 성인이신 참아버지 메시아께서는 궁궁수로 천문개(天問開), 즉 하늘 문을 여는 성인이니 진년에 하늘나라에 출현한다는 뜻이고, 여자 성인이신 참어머니 메시아께서는 을을수로 지호벽(地戶闢), 즉 '벽(闢)' 자를 파자하면 '문 문(門)' 자에 '임금 벽(辟)' 자로서 땅에서 집의 문을 여는 여성 임금으로 사년에 출현한다는 것을 예언한 내용입니다.

실제 남자 성인이신 문선명 참아버지 메시아께서는 진년인 2012년에 하늘의 천국 문을 여시고 천상세계에 출현하셨습니다. 문선명 총재께서는 2012년 임진년 음력 7월 17일 지상에서의 생을 마감하시고 성화하셔서 진성덕황제 천지인참부모라는 이름으로 하늘에 오르셨습니다. 지상에서 참부모를 이루신 승리의 업적으로 쟁취하신 천국문 열쇠(예수님께서 참부모를 이루지 못하셔서 지상의 베드로에게 주고 가셨던)로 천국문을 활짝 여시고 천상천국에 입성하셔서 하나님 보좌에 안착하셨습니다.

물론 2012년 임진년의 영적 세계로의 현현이 처음의 진사출현은 아닙니다. 격암유록에 의하면 진사성인출이 세 번에 걸쳐 이루어지게 되어 있습니다. 아래에서 설명하겠지만 지상에 메시아로 오신 분이기 때문에 지상에서 현현하시는 진사년도 있어야 하는 것이니 2000년 경진년과 2001년 신사년인 진사년에 출현하셨던 것이고 2012년과 2013년의 진사년에는 두 번째 출현하신 것입니다.

또한 한학자 참어머니 메시아께서는 사년에 예언된 여성 임금으로서 지상천국 문을 여시고 지상천국 보좌에 안착하셨습니다. 한학자 총재께서는 2013년 계사년 음력 1월 13일에 '진성덕황제 천지인참부모'라는 이름으로 기원절(基元節) 즉위식을 거행하셨습니다. 기원절 즉위식은 다음 장에서 자세히 설명하겠습니다. 이렇게 문선명·한학자 참부모 메시아께서는 하늘이 세우신 예언자들이 예언한 진사년에 출현하시어 하늘의 말씀을 실현하셨던 것입니다.

결국 동학의 최제우 선생을 비롯한 민족종교를 창시한 선지자들께서 주창하신 개벽(開闢)사상도 참부모 메시아로 오신 문선명·한학자 총재에 의해 실현된 것입니다. 두 분을 중심하고 개벽이 실현되고 있습니다. 문선명·한학자 참부모 메시아께서는 2004년 5월 5일을 쌍합십승일로 선포하시고 이제 새 하늘과 새 땅의 후천개벽이 실현되었다고 말씀하고 있습니다. 남은 것은 후천개벽 된 새 하늘과 새 땅의 새 세상이 어떻게 완성되느냐의 일만 남았습니다. 분명한 하나님의 섭리는 문선명·한학자 참부모 메시아에 의해 완성될 것입니다. 그 구체적인 비전을 남북통일의 장에서 밝히겠습니다. 다음은 격암유록의 진사년 성인 출현에 대한 예언을 자세히 살펴보겠습니다.

격암유록에는 진사성인출이 아주 여러 곳에 반복적으로 그리고 구체적으로 예언되어 있습니다. 격암유록 중에서도 세론시(世論視)에는 상 중 하 세 번에 걸쳐 3진사로 출현하는 것으로 예언되어 있습니다. 참부모 메시아로 오신 문선명·한학자 참부모 메시아의 중요한 섭리적 생애가 언급되고 있습니다. 어떻게 이렇게 정확하게 예언할 수 있는지 참으로 신비할 따름입니다.

격암유록에서는 인류를 구원할 성인이 3번에 걸쳐서 출현하시나 사람들이 알아보지 못한다고 은비가 편에 자세히 설명하고 있습니다. 세론시 편에는 3번에 걸쳐서 출현하시는 때와 내용에 대해 자세히 예언하고 있습니다. 세론시 편을 보시겠습니다.

◎ 辰巳落地 辰巳出世 辰巳堯之受禪
　 진 사 낙 지　진 사 출 세　진 사 요 지 수 선

　 上辰巳自手成家 中辰巳求婚 仲婚十年
　 상 진 사 자 수 성 가　중 진 사 구 혼　중 혼 십 년

　 下辰巳成德握手 華燭東方 (世論視)
　 하 진 사 성 덕 악 수　화 촉 동 방　　세 론 시

〈해석〉

성인은 진사에 하늘에서 강림하셔서 진사에 출세하시고 진사에 요임금처럼 구세성군의 왕위를 하늘로부터 물려받으십니다. 성인은

상진사에 자력으로 활인의 일가를 이루고 중진사에 구혼하여 십년 중혼합니다. 하진사에 마침내 천상천하의 큰 덕을 이루니 온 세상 사람들이 손을 마주잡습니다.

〈해설〉

먼저 세 번의 진사성인출을 언급하고 있으며 다시금 상진사 중진사 하진사로 설명하고 있으니 첫 번째 진사를 상진사에, 두 번째 진사를 중진사에 그리고 세 번째 진사를 하진사에 묶어 해설하겠습니다. 기가 막히게 진사년의 시기가 참부모 메시아이신 문선명·한학자 총재께서 살아오신 생애의 중요한 섭리적 사건과 일치합니다. 아래에서 더 자세한 내용을 보시겠습니다.

三辰巳 聖人出(世論視)

구분	上辰巳 (2000~2001) 庚辰年, 辛巳年	中辰巳 (2012~2013) 壬辰年, 癸巳年	下辰巳 (2024~2025) 甲辰年, 乙巳年
원문	辰巳 落地	辰巳 出世	辰巳 堯之受禪
해설	사탄·마귀가 하늘에서 떨어졌습니다. 참부모 메시아이신 문선명·한학자 총재께서는 1999년 3월21일 사탄·마귀의 정체가 되는 천사장 누시엘을 자연굴복 시키고 경진년(2000)에 천상에서 쫓아내셨기에 사탄이 낙지한 것입니다. 요한계시록 12장 9절의 말씀이 실행된 것입니다.	메시아가 드디어 세상에 모습을 드러내는 출세는 중진사 때인 임진년(2012)과 계사년(2013)입니다.	진사요지수선은 요임금이 하늘로부터 왕위를 선위 받은 것처럼 참부모 메시아께서 갑진년(2024)과 을사년(2025)에는 하늘로부터 지상천국과 천상천국의 만왕의 왕권을 선위 받으시는 해입니다.

원문	上辰巳 自手成家	中辰巳 求婚 仲婚十年	下辰巳 成德握手華燭東方
해설	상진사 자수성가는 참부모 메시아께서 사탄을 굴복시키고 사탄주관권에 있는 인간과 자연만물을 되찾아 하나님께로 봉헌해드리는 천주환원선포를 2000년에 경진년에 승리하셨습니다. 이러한 토대 위에 참부모 메시아께서는 하나님을 만주의 주요 만왕의 왕의 자리에 모시는 하나님왕권즉위식을 신사년(2001) 1월 13일에 거행하는 일을 인류 최초로 홀로 홀로 승리하셨습니다. 어느 누구와 의논할 수도 없고 도움받는 일도 없이 하늘만이 아시는 길을 홀로 이루어내셨으니, 이것이 자수성가가 아니고 무엇이겠습니까?	중진사에는 혼인으로 구원하고 다시 결혼을 함으로써 결혼을 완성합니다. 문선명 참아버지 메시아께서는 2012년 음력 7월17일 성화하셔서 천상세계로 출세하셨는데 이는 천상의 영인들을 축복결혼으로 구원하시기 위해 축복결혼을 집행하러 가신 것이니 구혼입니다. 또한 참아버지 메시아의 천상세계 입성은 섭리적으로 중혼을 위한 구혼의 의미를 갖습니다. 한번 결혼하고 영계에 온 중생들에게 하나님을 모신 축복결혼으로 결혼을 다시 해야 하는 것이니 구혼이며 중혼입니다. 중혼 십년이란 다시 결혼하므로 결혼이 완성되었다는 의미입니다. 드디어 지상세계와 천상세계에 있는 타락한 인류 모두가 축복결혼으로 구원될 수 있게 되었으니 천상에서 다시 결혼으로 구원이 완성된 것입니다. 또한 더 중요한 중혼 십 년의 의미가 있습니다. 2013년 음력 1월 13일 천상의 참아버지 메시아와 지상의 참어머니 메시아께서 최초로 완성일체를 이루어 하나님 보좌에 안착하시는 천일국 기원절 즉위식을 거행하셨습니다. 이날 지상에서 한번 축복결혼식을 한 축복가정은 물론 천상에 있는 모든 축복가정 모두가 천일국이라는 하나님 나라에 입적하는 축복결혼을 다시 했으니 중혼이며 이제 결혼이 완성되었으니 십년입니다. 두 번 축복결혼으로 하나님의 자녀가 되고 하나님 나라의 백성이 되는 결혼을 함으로써 결혼을 완성한 것입니다.	하진사인 을사년(2024)에는 진성덕황제의 이름으로 하늘에 오르신 천상의 문선명 참아버지 메시아와 지상의 한학자 참어머니 메시아께서 서로 손을 맞잡으십니다. 일체를 이루신 두 분 참부모 메시아께서는 을사년(2025)에 남북통일을 이루시어 통일 된 대한민국의 하나님 나라에 등불을 켜십니다. 최초의 하나님 나라인 천일국의 중심국이요 모델국인 동방나라 통일된 대한민국에서 세계를 밝힐 등불이 켜질 것입니다. 드디어 문선명·한학자 참부모 메시아께서 하나님의 실체로서 천일국의 실체적 만왕의 왕권을 가지고 즉위하셔서 다스리시는 창조이상세계의 평화왕국이 실제로 출범하게 될 것입니다. 지상에 계신 한학자 참어머니 메시아께서는 이때를 대비하여 가평군 설악면에 요한계시록 21장에 예언된 새 예루살렘 성인 천원궁 천일성전(天苑宮 天一聖殿)을 완공하셨고 2025년 음력 3월 16일 입궁식을 준비하고 계십니다. 이 천원궁에 등불이 켜지는 날이 성덕악수 화촉동방의 날이 될 것입니다.

◎ 寅卯事可知 辰巳聖人出 午未樂堂堂
인 묘 사 가 지 진 사 성 인 출 오 미 락 당 당

(末運論)
말 운 론

〈해석〉

임인년(2022)과 계묘년(2023)에 일어난 일을 제대로 알면 갑진년 (2024)과 그다음 해인 을사년(2025)에 성인이 출현하시는 것을 확실히 알게 되는데 그다음 해로 이어지는 병오년(2026)과 정미년(2027)년에는 집집마다 즐거움이 넘칩니다.

〈해설〉

여기서 진사년은 세 번째 진사년인 2024년 갑진년과 2025년 을사년 을 말합니다. 격암유록에는 진사성인출은 탄생을 의미하는 것이 아니 라 세상에 알려지도록 현현하는 것을 말하는데 그것도 한 번의 현현 이 아니라 세 번에 걸친 출현으로 나와 있습니다. 여기에서 진사년은 마지막 세 번째에 해당합니다.

2024년 갑진년과 2025년 을사년에 참부모 메시아이신 문선명·한학 자 총재께서 세상이 알 수 있도록 출현하신다는 내용입니다. 그런데 출현하시는 진사년 이전 해인 2022년 임인년과 2023년 계묘년에 일어 난 일을 알면 그 징조로 보아 이어지는 진사년에 참부모 메시아가 출 현하실 내용을 어느 정도 알 수 있다는 뜻입니다.

실제 임인년인 2022년 2월 13일에는 서울에서 참어머니 메시아 한

학자 총재께서는 "한반도 평화서밋과 싱크탱크 2022 포럼"을 주관하셨습니다. 이 대회에는 세계적으로 유명한 정상급 지도자들이 대거 참석하여 문선명·한학자 참부모 메시아를 세계적인 평화 지도자로 증거하였습다. 특히 미국 트럼프 행정부의 펜스 전 부통령과 폼페이오 전 국무장관이 참석하였고, 반기문 전 유엔사무총장과 훈센 캄보디아 현직 수상이 참석하여 한학자 총재를 위대한 평화의 어머니로 증거하였습니다. 이러한 행사 내용이 한국의 언론에 보도 되었습니다. 2023년 계묘년에는 한학자 참어머니 메시아께서 완성된 삼위일체 하나님을 모시게 될 천원궁 천일성전(天苑宮 天一聖殿)을 가평군 설악면의 효정천원(孝情天苑)에 완공하여 하나님께 봉헌하는 성대한 행사를 주재하셨으니, 이 천원궁 천일성전은 바로 요한계시록 21장에 예언된 새 하늘과 새 땅에, 하늘에서 내려온 새 예루살렘 성입니다. 이러한 행사를 성공적으로 마치신 참어머니 메시아 한학자 총재께서는 2024년과 2025년 진사년을 아주 중요한 해로 선언하시고 준비 중에 계십니다.

2024년 진사년에는 문선명 참아버지 메시아께서 천상을 통일하시고 천상세계의 인류 앞에 현현하시는 해이며 2025년 진사년에는 천상의 문을 열고 천사세계와 4대성현을 중심한 고급영계의 영들을 대동하시고 지상에 영적으로 현현하시는 해입니다.

이어지는 2025년 을사년에는 문선명 참아버지 메시아와 한학자 참어머니 메시아께서 두 손을 맞잡으시고 경기도 가평군 설악면 소재 효정천원단지에 완공한 하늘에서 내려온 성 새 예루살렘 성인 천원궁 천일성전에 입궁하시는 행사를 정성을 모아 준비하고 있습니다.

이렇게 마지막 진사년에 참부모 메시아가 천상과 지상에 출현하시는 성업을 완수하시게 되면 천상과 지상의 모든 인류에게는 그 이상의 기쁨이 없으니 2026년 병오년과 2027년 정미년에는 집집마다 기뻐 춤추는 오미락당당의 예언 또한 이루어지게 되는 것입니다. 이렇게 문선명·한학자 참부모 메시아께서 두 해를 통해 천상과 지상에 현현하심으로서 진사성인출의 예언은 이루어지게 될 것입니다.

6. 참부모 메시아 성탄

1) 성탄을 위한 세계 섭리

타락한 인류를 구원하시기 위한 하나님의 주류 섭리는 창조이상의 뜻인 3대 축복 완성을 이루기 위해 우선 선민을 세우시고 잃어버린 아담과 해와를 대신할 재림메시아를 보내는 것이었습니다. 이러한 주류 섭리 속에 후 아담으로 보내진 메시아가 바로 예수님이셨습니다. 그런데 믿고 모셔야 할 준비된 사가랴 대제사장 가정과 세례요한, 그리고 유대교회 지도자들이 예수님을 믿고 모시는 책임을 다하지 못함으로써 예수님은 원치 않는 십자가에 돌아가시게 되었습니다. 이렇게 되자 3대 축복 완성을 이루시려는 창조이상의 뜻은 재림 때로 미루어지게 된 것입니다. 하나님께서는 메시아를 보내기 위한 준비 섭리를 통해 책임을 다해 나오셨지만, 무지한 인간들이 책임을 다하지 못하게 되어 섭리는 재림 때로 연장되었던 것입니다.

이제 재림메시아를 보내기 위한 하나님의 섭리를 크게 세계적 차원의 섭리와 선민을 중심한 국가적 차원의 섭리로 나누어 설명하겠습니다. 세계적 섭리는 재림메시아가 오셔서 마음껏 뜻을 펼칠 수 있을 뿐만 아니라 모든 인류가 자유롭게 재림메시아를 찾아 신앙할 수 있도록 하기 위한 세계적 차원의 환경권을 만드시는 섭리입니다. 국가적 섭리는 선민을 택하시고 메시아를 잘 믿고 모실 수 있도록 하기 위한 국가적 차원의 섭리입니다.

우선 세계적 섭리를 자세히 살펴보겠습니다.

첫째, 하나님께서는 루터와 칼빈 등을 중심한 종교 개혁가들을 세워 부패하고 타락해 가는 기독교를 회개시키는 섭리를 하신 것입니다. 그래서 순수한 신앙으로 돌아가 자유롭게 재림메시아를 소망하며 신앙하도록 기독교를 제자리로 돌려놓기 위해 섭리하셨던 것이니 이것이 곧 종교개혁운동이고 청교도 운동이며 복음주의 운동이었습니다. 마치 2천 년 전 말라기라는 선지자를 세워 이스라엘 민족의 신앙을 재정비하고 결속했던 것처럼, 타락한 기독교를 회개시키고 재정비하기 위한 섭리가 종교개혁 운동입니다. 개인적 신앙의 자유를 보장하고자 하는 종교개혁운동으로 탄생한 개신교회는 급속도로 세계에 확산이 되었습니다. 특히 유럽에서의 청교도 운동과 복음주의 운동은 유럽은 물론 미국을 중심한 아메리카 대륙으로 확대되었을 뿐만 아니라 아시아와 전 세계로 확산 되어 재림메시아를 맞기 위한 기독교의 판도를 넓혀갔던 것입니다. 이렇게 종교개혁운동을 출발시키신 하나님의 섭리는 종교적으로 재림메시아가 이 땅에 오셨을 때 재림메시아를 자유롭게 찾아 모시며 신앙할 수 있는 종교적 환경권을 만들기 위한 섭리였습니다.

놀라운 사실은 종교개혁이 재림메시아를 보내기 위한 하나님의 섭리가 분명하다는 사실을 확인할 수 있는 근거가 있습니다. 하나님께서 구원섭리를 주도하심에 있어서 중요한 하늘의 일을 드러내고 사탄을 분립하기 위한 40수의 기간을 반드시 가져왔습니다. 성경에서 대표적 예를 들면 모세의 금식 40일, 가나안 정탐기간 40일, 예수님의 금식 40일과 부활 후 40일 등은 사탄을 분립하여 하나님만이 운행하실 수 있는 믿음을 세우는 기간이었습니다. 재림메시아를 탄생시키는 제반 환경적 섭리는 40일로서는 부족하기에 이를 10배 한 400년이 필요했습니다. 예수님 때도 이와 같은 과정을 거쳐 예수님께서 탄생하셨으니, 구약의 마지막 선지자 말라기 때로부터 400년이 지난 다음에 예수님이 탄생하셨던 것입니다. 마찬가지로 루터가 종교개혁을 시작한 1517년으로부터 400년이 지난 1917년 이후가 참아버지 메시아가 탄생할 수 있는 섭리의 시기가 됩니다.[42] 살아서 역사하시는 하나님의 놀라운 구원섭리역사에 따라 종교적 환경이 조성됨으로써 드디어 참아버지 메시아가 1920년 음력 1월 6일 한반도에서 탄생하셨으니, 이분이 바로 문선명 총재이십니다.

종교개혁은 루터에 의해 시작되고 칼빈에 의해 꽃을 피웠습니다. 루터가 참아버지 메시아의 성탄과 관련 있다면 칼빈은 참어머니 메시아의 성탄과 관련이 있습니다. 칼빈이 성경만을 중심한 해설서로서 종교개혁의 신학적 정당성을 설파한 『기독교 강요』를 1536년 출판하였

---

42 세계평화통일가정연합, 『원리강론』, 447.

고 프랑스에서 스위스 제네바로 옮겨 종교개혁이 본격화된 것이 1541년이었습니다. 1541년으로부터 400년이 지난 1941년 이후가 참어머니 메시아가 탄생할 수 있는 섭리의 시기가 됩니다. 살아서 역사하시는 하나님의 놀라운 구원섭리역사에 따라 이렇게 종교적 환경이 조성됨으로써 드디어 참어머니 메시아가 1943년 음력 1월 6일 한반도에서 탄생하셨으니, 이분이 바로 한학자 총재이십니다.

둘째, 정치적인 섭리는 인간의 자유와 이성이 보장되며 개인의 인권이 존중되는 시대를 여는 섭리를 하신 것입니다. 초림 예수님 때는 왕권주의 시대로써 개인의 자유와 인권이 보장받을 수 없는 시대이다 보니 예수님께서 억울하게 돌아가시게 되었던 것입니다. 재림의 시대에는 누구나 정치적으로 인권을 보장받으며 자유롭게 본인의 양심과 본성의 요구대로 뜻을 펼칠 수 있는 민주의 시대를 만들고자 하는 하나님의 계획이 있었습니다. 민주주의 시대에는 누구나 자유롭게 종교를 세울 수도 있고 선택할 수도 있는 것이기 때문에 예수님 때처럼 이단으로 몰려 뜻을 펼칠 수 없거나 억울한 죽임을 당하는 일은 없게 되는 것입니다.

이처럼 재림의 때를 위해 민주주의 시대를 여시려고 섭리하신 것이 문예부흥이었고 시민혁명이었으며, 이러한 영향으로 왕정의 시대는 끝나게 되었습니다. 그리하여 재림메시아가 오시더라도 누구도 그의 인권을 침해할 수 없는 시대를 맞게 되었고, 재림메시아가 새로운 종교적 주장을 하더라도 그것을 막을 수 없는 시대를 열게 되었습니다. 그리고 누구든지 종교의 자유를 누리며 본성의 요구대로 자유롭게 재림메시아를 믿고 모시며 따를 수 있는 시대를 맞게 되었습니다. 이렇게 탄생하신 재림메시아가 마음껏 구원섭리의 뜻을 펼칠 수 있는 정치적 환경이 조성된 후에 참부모 메시아는 이 땅에 탄생할 수 있었던 것입니다.

셋째, 재림메시아를 위한 사회적인 측면에서의 세계적 환경 준비의 섭리를 하셨습니다. 문예부흥을 통해 과학기술이 급속도로 발전했으며, 산업혁명을 통해 경제적 발전이 세계적으로 확산되며 풍요의 시대를 맞이하게 되었습니다. 특히 정보통신의 발달로 재림메시아가 오셨다는 소식이 빠른 시간에 세계에 전파되고, 물질문명의 발달로 재림메시아가 오셔서 행하시는 인류 구원의 사역이 빠른 시간에 효과적으로 이루어질 수 있도록 과학기술의 발전과 산업혁명을 일으키는 섭리를 하셨던 것입니다. 이렇게 탄생하신 재림메시아가 마음껏 구원섭리의 뜻을 빠른 시간에 세계적으로 펼칠 수 있는 사회적 환경이 조성된 후에 참부모 메시아는 이 땅에 탄생할 수 있었던 것입니다.

넷째, 사탄의 계략에 맞서는 영적 환경조성을 위한 하나님의 섭리가 있었으니, 이것이 제1차 세계대전입니다. 외적으로 확연히 드러난 재림의 때를 증거하라고 하면 바로 제1차 세계대전입니다. 재림메시아 생명의 씨가 옥토의 땅에 심어지기 위해 밭갈이하는 역사가 제1차 세계대전이기 때문입니다. 인류의 역사는 한마디로 선과 악의 투쟁역사이고 이 선악 투쟁역사의 배후에는 하나님의 뜻에 반하는 사탄의 술수와 계략이 있었습니다. 하나님은 메시아를 세워 구원섭리의 뜻을 이루는 것이고, 사탄은 항상 하나님의 구원섭리를 방해해 악한 세력권의 판도를 유지하려는 계략을 꾸며왔습니다. 그렇지만 하나님께서는 시간이 걸리더라도 이에 대응해서 결국 승리하는 섭리를 해 나오셨습니다. 사탄 편은 항상 먼저 치는 역사를 벌이는 반면, 하늘 편은 맞고 빼앗아 승리하는 섭리를 진행해 오셨습니다. 결국, 하나님께서 섭리하시는 목적은 메시아를 찾아 세우시는 것이고, 사탄의 목적은 메시아를 죽여서 사탄주관권의 세계를 잃지 않으려는 것입니다.

이러한 하나님과 사탄의 영적 대결의 결과로 나타난 재림주를 맞기 위한 세기의 대결이 바로 제1차 세계대전으로 나타난 것입니다. 외형상으로는 연합국과 동맹국의 이해관계에 의한 전쟁으로 보이지만, 내적이요 섭리적인 관점에서는 하늘 편 국가와 사탄 편 국가의 싸움으로 해석할 수 있습니다. 영국·미국·프랑스는 모두가 기독교를 신봉하는 국가로서 약자 세르비아를 지키고 지원하기 위하여 연합했으며 침공당한 편이었기에 하늘 편이었습니다. 기독교를 반대하던 이슬람을 중심한 터키와 이를 지지하던 독일과 오스트리아는 먼저 전쟁을 일으킨 쪽이었기에 사탄 편이 된 것입니다.

동맹국인 사탄 편 국가가 먼저 선전포고를 하고 전쟁을 시작했지만, 결국 연합국인 영국·미국·프랑스가 승리했습니다. 특히 20세기의 로마라고 할 수 있는 미국이 연합국으로서 참전해 전쟁을 승리로 이끌게 됨으로써 청교도와 복음주의 정신을 토대로 한 자유·민주의 이념을 중심하고 세계의 주도국으로 부상해 재림주님이 오실 시대를 본격적으로 준비하게 되었습니다.

연합국의 승리는 하늘 편의 승리이고, 하늘 편의 승리는 재림메시아를 맞이하기 위한 하나님의 섭리였던 것입니다. 제1차 세계대전의 섭리적 의의는 하늘 편 국가인 미국·영국·프랑스가 승리한 데 있습니다. 사탄 편 국가인 독일·오스트리아·터키가 패망함으로써 사탄 편 국가들을 주도하며 그 세계의 왕으로 군림했던 독일의 카이젤이 힘을 잃게 되었습니다. 오히려 승리한 영국·미국·프랑스가 세계사의 주도권을 쥐고 자유·민주·인권의 민주주의 시대를 세계화함으로써 재림주님이 오셔서 자유롭게 뜻을 펼칠 수 있는 세계적 환경권을 만들었다는 데에 제1차 세계대전의 섭리적 의의가 있는 것입니다.

이렇듯 하나님께서는 아담과 해와를 통해 이루고자 소망하셨던 참가정 이상을 이루기 위한 한결같은 뜻을 세우시고 인류역사를 통해 재림의 한때를 준비해 오셨다는 사실을 알게 되었습니다. 제1차 세계대전에서 사탄편 동맹국이 패배하고 하늘 편 연합국이 승리하였으니, 사탄의 방해와 참소 조건 없이 하나님께서 주도하셔서 재림메시아를 탄생시키기 위한 준비가 끝난 것이었습니다. 제1차 세계대전이 종료되는 1918년을 중심하고는 참아버지 메시아께서 지상에 탄생할 수 있는 준비가 마무리되었기 때문에 본격적인 재림기가 시작된다고 볼 수 있습니다. 제1차 세계대전이 끝난 후의 재림기는 구체적으로 참부모 메시아 중 참아버지 메시아를 위한 재림기가 됩니다. 이렇게 참아버지 메시아가 탄생할 수 있는 영적 환경이 조성되었기에 이 땅 한반도에 참아버지 메시아가 탄생하셨으니, 이분이 바로 1920년 1월 6일 탄생하신 문선명 총재이십니다.

그렇다면 참어머니 메시아의 탄생을 위한 재림기는 언제일까요? 이는 제2차 세계대전이 끝나는 시기입니다. 제2차 세계대전은 제1차 세계대전이 끝났지만, 전후 배상문제 등이 해결되지 않은 채 분쟁이 다시 폭발한 것으로 볼 때, 제1차 세계대전의 연장선이었습니다. 제2차 대전은 독일·이탈리아·일본의 추축국과 프랑스·영국·미국·소련·중국의 연합국 간의 전쟁이었습니다. 제2차 세계대전은 1939년 9월 1일 독일의 폴란드 침공으로 시작되었습니다. 초반에는 연합국 측이 추축국에 불리한 전세였습니다. 그러나 1942년 소련군과 독일의 스탈린그라드 전투에서 소련이 대승을 거두었고 연합국의 노르망디 상륙작전으로 전세는 연합국 쪽으로 역전되기 시작했습니다.

태평양 전선에서도 1941년 12월 7일 일본이 선전포고도 없이 갑자기 미국의 하와이 진주만을 공격하여 수세에 몰리었으나 미국이 1942년 태평양의 미드웨이 해전에서 일본의 항공모함 4척을 모두 침몰시킴으로써 미국이 승기를 잡기 시작했습니다. 태평양 전역에서 연합군의 대대적인 공세가 일본의 항복을 이끄는 분수령이 되었습니다. 독일은 영국에 이어 소련을 침공하기 시작했고 모스크바를 진격하는 중 혹독한 겨울 추위 속에 소련군의 강력한 저항으로 모스크바를 점령하지도 못한 채 가장 먼저 이탈리아가 항복을 하면서 전세는 연합국 측의 승리로 기울기 시작했습니다. 결국 1945년 히틀러의 자살과 미국이 일본에 원자폭탄을 투하함으로써 제2차 대전은 연합국의 승리로 끝났습니다. 2차 대전이 종료된 시점은 1945년이지만 1942년에 이미 2차 대전이 끝난 것이나 다름없을 정도로 판세는 연합국의 승리로 완전히 기울어져 있었던 것입니다.

제2차 세계대전에서 먼저 공격하여 전쟁을 일으킨 추축국은 사탄 편이며 이에 맞서 싸운 연합국은 하늘 편입니다. 하나님의 목적은 메시아를 세워 타락한 인간을 구원하여 하나님 나라를 세우는 것이고 사탄의 목적은 메시아를 죽이고 하나님 나라를 저지하는 것입니다. 그렇기 때문에 하늘 편이 제2차 세계대전에서 1942년에 완전히 승기를 잡았다는 것은 섭리적으로 참어머니 메시아가 탄생할 수 있는 준비가 되었다는 의미가 됩니다. 제2차 세계대전 승리의 가장 큰 섭리적 의의는 탄생한 참아버지 메시아를 보호하는 데 있었으며 더 큰 의의는 참부모 메시아 중 참어머니 메시아가 탄생할 영적 환경을 준비하는 데 있었던 것입니다. 하나님과 사탄의 영적 최종 싸움에서 완전히 승리한 시점인 1942년 이후부터가 참어머니 메시아가 지상에 탄생할 수 있는 시점이 된 것입니다. 이렇게 하나님의 놀라운 준비 끝에 1943년 음력 1월 6일 참어머니 메시아가 한국 땅에 드디어 탄생하셨으니, 이분이 바로 한학자 총재이십니다.

이렇게 참부모 메시아께서 태어나신 연도는 다르지만, 태어나신 날은 1월 6일 같은 날이니 이 어찌 하나님께서 준비한 섭리의 결과라고 하지 않을 수 있겠습니까?

2) 성탄을 위한 한국 섭리

재림메시아를 탄생시키기 위한 하나님의 섭리는 계획적이고 구체적으로 준비되어 드디어 선민의 나라로 택하신 한국을 중심으로 진행되었습니다. 한민족을 중심하고 메시아를 탄생시키기 위해 섭리하신 최종적인 준비 섭리는 크게 두 가지입니다. 외적으로 3·1 독립만세 운동과 신사참배 반대운동이고, 내적으로는 한국 기독교의 성령 역사를 중심한 부흥운동입니다. 3·1 독립 만세운동 그리고 신사참배 반대운동과 기독교를 중심한 성령부흥운동은 참부모 메시아가 안전한 환경 가운데 태어나 보호받으며 성장하도록 하기 위한 외적·내적 환경조성을 위한 섭리였습니다.

3·1 독립 만세운동의 역사적 의의는 재림기가 본격적으로 시작되는 제1차 세계대전이 끝난 시점인 1918년을 보내고 1919년에 시작되었다는 데 있습니다. 특히 3·1 독립 만세운동의 섭리적 의의는 참아버지 메시아 생명의 씨가 잉태되는 데 있었습니다. 이뿐만 아니라 곧 태어나실 참아버지 메시아를 보호하며 잘 받들어 모시도록 하기 위한 하나님의 섭리였다는 데 의의가 큽니다. 3·1 독립 만세운동의 자랑스러운 특징은 선민의 국가를 되찾는데 종교인들이 연합해 나섰다는 것입니다. 재림주님을 맞이하기 위해 준비하는 데 종교인들이 종교와 교파를 초월해 나섬으로써 전 민족을 결속했고, 그들의 희생은 성탄의 밑거름이 되었습니다.

본격적이고도 거국적인 독립운동인 3·1 독립 만세운동은 기독교 지도자를 중심한 천도교와 불교 지도자들이 한마음 한뜻으로 종교를 초월해 초종교적으로 일어나 물심양면의 지원을 하며 헌신과 희생으로 나섰다는 데 의의가 큰 섭리역사였습니다. 3·1 독립 만세운동의 대표자 33인 중 기독교 지도자가 16명, 천도교 지도자가 15명, 불교 지도자가 2명인 것이 이를 뒷받침합니다. 독립운동의 대표자가 33인이 된 것은 예수님의 33년 생애를 탕감하기 위한 하나님 섭리의 일환이었던 것입니다. 왜냐하면, 재림메시아는 예수님의 대를 이어 그가 다하지 못한 인류구원의 사명을 완성하기 위해 오시는 분이기 때문입니다. 민족 대표 33인의 희생, 그것은 참아버지 메시아의 성탄을 위한 놀라운 하나님의 섭리였습니다.

그런데 33인에는 안 들어갔지만, 3·1 독립 만세운동에 목숨을 바친 여성이 있었으니 16세의 이화여중 학생인 기독교 신자 유관순 열사였습니다. 33인이 모두 남자인데, 유관순 열사는 여성을 대표한 3·1 독립 만세운동의 주도자였습니다. 이 또한 해와가 타락함으로 인해 하나님의 창조이상을 실현하지 못한 것을 탕감하기 위한 하나님의 섭리였습니다. 타락할 당시의 해와의 나이가 유관순과 비슷했을 것으로 추측해 볼 때, 이는 우연이 아닌 독생녀 참어머니 메시아의 탄생을 준비한 하나님의 섭리라고 해석하지 않을 수 없습니다.

해와는 따먹으면 죽으리라 한 하나님의 말씀을 죽음을 각오하면서까지 어기고 타락하였기 때문에 이를 탕감복귀하기 위해서는 죽을 줄 알면서도 죽음을 각오하고 하나님의 뜻을 위해 목숨을 바친 여인이 있어야만 했습니다. 이러한 여인이 나와야 참어머니 메시아는 이 땅에 탄생할 수 있었던 것입니다. 유관순 열사는 독실한 기독교 신자로 확실히 이러한 하나님의 뜻을 깨닫고 한 몸을 바친 섭리 역사에 빛나는 위대한 여성이었습니다. 유관순 열사는 기독교 정신으로 독립 만세운동을 했고 감옥에 가서도 하나님께 기도하며 마지막 목숨을 바쳤으니 이는 참아버지 메시아의 탄생은 물론 독생녀 참어머니 메시아의 탄생을 위한 섭리와 무관하다 할 수 없습니다.

3·1 독립 만세운동을 중심하고 예수님의 33년 생애를 대신한 33인을 비롯한 종교 지도자와 해와를 대신한 유관순 열사가 감옥에 들어가 나라의 독립과 하나님 나라의 성취를 위해 피눈물로 기도하는 가운데 참부모 메시아 생명의 씨가 선민의 땅 한국에 심어지기 위한 조건을 세운 것입니다.

이렇듯 3·1 독립 만세운동의 섭리적 의의는 선민의 국가인 대한민국에 재림주가 잉태되는 것과 태어난 참부모 메시아를 사탄 세력으로부터 굳건히 보호하고 지키기 위한 섭리였던 것입니다. 기독교뿐만 아니라 민족종교인 천도교와 불교가 하나 되어 초종교적인 결속을 이루게 됨으로써 한국을 식민 지배하고 있는 일본이 종교권에는 손대지 못하도록 하기 위한 역사였습니다. 3.1 독립 만세운동으로 비록 독립은 이루지 못했지만, 민족의 대표들이 상해임시정부를 세워서 대한민국이 비록 미완이지만 국권을 회복하게 되었던 것입니다. 이 땅에 태어날 참부모 메시아가 국가의 보호권 아래 탄생해야 하기 때문이었던 것입니다.

참부모 메시아의 성탄과 보호를 위한 하나님의 섭리가 또 하나 있었으니, 기독교인들의 신사참배 반대운동이었습니다. 이때는 일본이 한국을 식민 지배하면서 한국인을 일본제국의 황국신민으로 만들기 위해 일본 천황이 있는 곳을 향하여 절을 하게 하는 동방요배라는 이름의 천황숭배의식을 강요하였습니다. 여기에 기독교에서 극렬하게 반대하였습니다. 재림메시아의 강림을 위해 기도하는 독실하고도 신실한 기독교 지도자들은 경배하고 모셔야 할 분은 오로지 하나님 한 분 하나님과 예수님뿐이었습니다. 그래서 처음에는 모두가 반대했지만, 일제의 집요한 강요와 협박에 못 이겨 점점 순응하며 신사참배를 하는 기독교인들이 늘어났습니다.

그러나 끝까지 신앙의 양심을 지키며 섭리가 요구하는 요청에 따라 목숨을 걸고 반대하였던 교회와 학교 그리고 사람들이 있었습니다. 산정현 교회와 평양신학교 그리고 숭실대학교는 신사참배 거부로 폐교되었습니다. 이후 2천여 명의 기독교인이 투옥되었고 50여 명이 순교하였습니다. 이들 중 대표적 인물이 주기철 목사와 손양원 목사였습니다.

손양원 목사님은 신사참배를 극렬하게 반대하다 1940년 감옥에 수감 되어 1945년 해방이 되어서야 풀려나셨습니다. 손양원 목사님은 예수님 말씀 중 참으로 실행하기 어려운 최고의 말씀들 온몸으로 실행한 대표적 목사님이셨습니다. 감옥에 있을 때 종교를 개종시키기 위해 스님을 보내 설득하려 해도 듣지 않자, 스님이 손양원 목사님 뺨을 때렸습니다. 그러자 다른 쪽 뺨을 돌려대며 이쪽 뺨도 때리라고 내어 주신 분이십니다. 또한 한센병 환자들이 있는 요양시설의 교회에 시무하실 때는 한센병 환자의 고름을 입으로 빨아내시는 사랑을 실천하신 분입니다. 누구도 실행하기 어려운 이웃사랑을 실천하신 분입니다.

성경 말씀에서 가장 실행하기 어려운 일은 원수를 사랑하라는 말씀입니다. 그러나 손양원 목사님은 그것도 실행하신 분입니다. 원수사랑 중에서도 불가능하다고 할 수밖에 없는 사안으로 원수를 사랑하신 유일한 분입니다. 1948년 여수·순천 반란 사건 때 아들 둘이 기독교인이라는 이유로 공산 반란군에게 맞아 죽었습니다. 그런데 손양원 목사님은 두 아들을 죽인 안재선이라는 살인자를 용서하고 처형하지 못하도록 선처를 부탁한 후 회개시켜 아들을 삼았습니다. 손양원 목사님은 세계인류사에는 물론이고 기독교사에서도 유례를 찾아볼 수 없는 원수 사랑의 실천자였습니다. 손양원 목사님은 1950년 6·25 전쟁이 발발하여 호남지역까지 밀려오자, 모두가 피난 가는 상황에서 한센병 환자들이 목사님은 어서 피난 가라고 권유했지만 내가 떠나면 누가 당신들을 돌보겠느냐고 하시며 피난 가지 않았습니다. 결국 손양원 목사님은 1950년 9월 28일 공산군에 의해 총살당해 순교했습니다. 오로지 주님의 뜻과 말씀만을 위해 누구도 갈 수 없는 최고의 순교를 통해 하나님만이 아시는 가운데 섭리의 한 장을 여시는 진정한 주님의 사도가 되셨습니다.

다음으로 신사참배 반대운동의 선봉장에 섰던 분은 주기철 목사님이십니다. 3.1독립만세운동에도 참여하여 고초를 겪었던 주기철 목사님은 평양의 산정현 교회에 시무하실 때 신사참배 반대를 주도한 목사로 지목되어 1939년 두 번째 투옥되셨다가 1944년 4월 21일 감옥에서 순교하셨습니다. 손양원 목사님과 주기철 목사님의 순교는 섭리적으로 하나님나라의 왕권을 세우기 위한 고귀한 희생이셨습니다. 모시고 경배해야 할 분은 일본의 천왕이 아니라 오로지 하나님과 그의 왕권을 가지고 오시는 메시아께만 경배해야 함을 한 몸으로 보여주신 거룩한 순교였습니다.

손양원 목사님과 주기철 목사님의 순교는 참부모 메시아를 위한 고난이고 참어머니 메시아의 성탄을 위한 희생이었습니다. 손양원 목사님과 주기철 목사님 두 분께서 신사참배 반대자로 감옥에서 하나님께 이 민족의 고난을 붙들고 장차 도래할 하나님 나라와 그의 왕권을 위해 몸부림치며 기도하던 중에 한학자 참어머니 메시아께서 탄생하셨습니다. 1943년 음력 1월 6일이었습니다. 한 분 목사님은 북쪽의 감옥에서 또 한 분의 목사님은 남쪽의 감옥에서 하나님만을 붙들고 몸부림치며 기도하실 때 한학자 참어머니 메시아께서 성탄하셨다는 것은 결코 우연이 아닙니다.

3.1 만세운동으로 민족대표 33인을 비롯한 수많은 종교인들이 감옥에서 고초를 겪으며 피눈물 나는 기도를 하신 것이 참아버지 메시아의 성탄을 위한 마지막 섭리적 준비 정성이었던 것처럼 유관순 열사의 희생과 신사참배 반대운동으로 수많은 기독교의 애국지사들이 감옥에서 피눈물 나는 기도의 정성을 들이며 순교하신 것은 참어머니 메시아의 성탄을 준비한 섭리적 준비 정성이었던 것입니다.

2천 년 전에는 이스라엘을 식민 지배하던 로마와 유대교권이 결탁해 예수님을 십자가에 죽였지만, 재림의 시대에는 이러한 사탄의 계략과 음모가 힘쓰지 못하도록 하나님께서는 종교인들을 규합해 일치단결시켜 일본에 대항하도록 했습니다. 3·1 독립 만세운동이 비록 일본 제국주의를 몰아내고 해방을 쟁취하는 데는 성공하지 못했지만, 1919

년 상해에 임시정부를 수립함으로써 재림메시아가 이 땅에 한국인으로 탄생할 수 있는 국가적 조건을 세우게 되었던 것입니다. 또한 초종교적이며 거국적으로 국민을 결속시켰고 종교의 자유를 보장받는 데는 성공함으로써 재림주를 잉태시키고 보호하기 위한 섭리의 목적은 달성하게 되었습니다. 실제 3·1 독립 만세운동을 계기로 일본은 그동안의 강압적인 무력 통치 방식에서 문관통치 방식으로 전환되었던 것입니다.

그리고 두 분 목사님을 비롯한 기독교 애국지사들의 신사참배 반대운동의 희생은 참어머니 메시아의 성탄을 위한 희생이었으며, 하나님 나라 왕권이 이 땅에 안착하는데, 사탄이 힘쓰지 못하도록 하나님께서 역사하신 사건이었던 것입니다.

다음으로 재림주님을 보내기 위한 선민을 중심한 하나님의 직접적인 섭리는 성령의 역사를 통한 기독교 대부흥운동이었습니다. 재림주님은 구름 타고 오신다고 비유된 것처럼 재림주님을 목숨걸고 지키며 모셔드릴 구름, 즉 성도가 필요했던 것입니다. 3·1 독립 만세운동이 일어나기 전 1900년대 초를 기해 한국의 기독교는 북한 땅에서 폭발적인 성령의 역사가 일어나 온통 기독교 전체가 부흥의 불길로 휩싸이게 되었습니다. 한국 기독교에 그것도 북한 땅에서 성령의 불을 붙인 사람들은 북한에 와 있던 서양의 선교사들이었습니다. 성령역사가 북한에서 폭발적으로 일어났다는 데 의의가 큽니다. 하나님께서는 대한민국 그것도 북한 땅에 참부모 메시아의 성탄을 준비하고 계셨기 때문입니다.

이어서 한국인으로서 성령 대부흥운동을 주도한 분은 길선주 목사였습니다. 1906년 평양신학교 학생이었던 길선주 목사가 선교사의 도움을 받아 평양 장대현교회에서 사경회를 인도할 때였습니다. 그가 자신의 죄를 공개적으로 회개하며 말씀을 전했는데, 이때부터 성령의 역사가 본격화되었습니다. 이 뜨거운 부흥의 불길은 새벽 기도회와 사경회와 저녁 부흥 집회로 번져갔습니다. 부흥 집회는 날로 뜨거워져 수많은 사람이 몰려들기 시작했으며, 어떤 날은 저녁 부흥 집회의 회개 기도가 아침까지 이어지기도 했습니다. 그는 목사가 된 후에 본격적인 부흥목사로 활동했고, 그의 종말과 회개의 메시지는 뜨거운 성령의 바람을 타고 북한 지역은 물론 전국으로 확산해 한국기독교가 세계적 기독교로 도약하는 계기를 마련했습니다. 전 세계 기독교에서는 찾아볼 수 없는 새벽기도회가 이렇게 시작되어 오늘날까지 계속되고 있는 것입니다. 새벽기도회가 있는 기독교는 우리 대한민국밖에 없습니다. 재림주님을 맞이하기 위한 선민으로서의 정성 기대가 필요했던 것입니다.

기독교 초창기 대부흥에 공헌한 또 한 사람이 있으니 김익두 목사였습니다. 1870년 황해도에서 태어난 김익두는 이름난 깡패 생활을 하던 중 미국 선교사 부인의 전도 활동으로 기독교에 입교해 새사람이 되었습니다. 36세 때 평양신학교를 졸업하고 목사가 되어 부흥 설교를 할 때 뜨거운 성령의 역사 가운데 신유의 은사가 내렸습니다. 김익두 목사의 치병 능력은 대단해서 예수님 때처럼 앉은뱅이가 일어나고 척추 장애인이 허리를 펴는 기적이 일어났습니다. 이때부터 김익

두 목사는 신유 부흥사로 전국을 누비며 부흥회를 했고, 수많은 병자가 고침을 받는 신비스러운 역사가 벌어졌습니다. 그는 신사참배의 시련에도 굴하지 않고 싸우며 버티어 살아남았습니다. 그의 부흥회는 계속되었고, 770여 회의 부흥 사경회를 통해 1만여 명의 불치병 환자를 고쳤으며, 200명의 목회자를 배출했고, 150개 교회를 세웠습니다. 1950년 10월 14일 새벽 기도회를 인도하던 중 교회당 안으로 난입한 공산군의 총탄에 의해 신도 5명과 함께 순교했습니다.

이렇게 한국의 북한에서 시작된 기독교를 중심한 성령 역사의 불길은 북한은 물론이고 남한의 전 기독교 제단에 옮겨붙어 식을 줄을 모르고 번져 나갔습니다. 도시마다 마을마다 교회가 생기기 시작했고, 기독교인 숫자가 날로 늘어갔습니다. 1900년대 초부터 시작된 성령 역사에 의한 한국 기독교의 부흥은 세계기독교사에 유례가 없는 부흥이었습니다. 이는 요한계시록 1장 7절의 말씀인 재림주님께서 구름 타고 오신다는 예언, 즉 구름 떼같이 수많은 성도 가운데 임하실 것이라는 말씀을 이루기 위한 역사였던 것입니다.

길선주 목사와 김익두 목사로 대표되는 기독교를 중심한 일대 영적 성령의 역사에 의한 부흥 운동은 재림메시아를 직접적으로 믿고 모실 수 있는 터전과 환경을 조성하는 데 섭리적 의의가 있습니다. 3·1 독립 만세운동이 재림주를 받들어 모실 수 있는 외적 환경적 준비 역사였다면, 기독교의 성령 역사를 통한 부흥 운동은 내적이고 직접적인 믿음과 모심을 위한 섭리역사였습니다.

하나님께서 선택하신 선민의 나라 대한민국에서 기독교의 성령 대

부흥역사가 시작된 것이 1906년이며 3·1 독립 만세운동이 시작된 것이 1919년입니다. 그리고 신사참배 반대운동이 1930년부터 1945년 해방되기까지였습니다. 이는 1920년 참아버지 메시아의 성탄과 1943년 참어머니 메시아의 성탄을 위한 섭리역사였습니다.

1·2차 세계대전과 종교개혁운동이 참부모 메시아 생명의 씨가 땅에 심어지기 위해 밭을 가는 행사였다면, 국내에서의 1919년 3·1 독립 만세운동과 1940년 신사참배 반대운동은 두둑과 고랑을 만드는 행사라고 비유할 수 있겠습니다. 또한, 기독교를 중심한 성령 대부흥운동은 그 씨가 싹틀 수 있도록 온도를 맞추고 잘 자라나 성장하도록 비를 내리는 하늘의 은사였다고 비유할 수 있습니다. 선민의 나라 대한민국에 참부모 메시아가 탄생하기 위한 준비기간이 1900년부터 1950년 이전까지 이렇게 구체적이고도 치밀하신 하나님의 계획과 섭리역사 가운데 이루어졌던 것입니다. 살아계신 하나님의 섭리역사를 경외하지 않을 수 없습니다.

3) 참아버지 메시아 성탄

1919년에는 참아버지 메시아 생명의 씨가 이 땅 한국에 심어져 1920년에 탄생하게 되었던 것이 유구한 역사를 통해 마음 졸이시며 일해 오신 하나님의 섭리였습니다. 예수님 이후 2천년 동안 재림주님 탄생의 한때를 소망하고 준비해 오신 하나님의 섭리가 드디어 1920년

문선명 참아버지 메시아 생가(평안북도 정주군 덕언면 상사리 2221번지)

을 중심하고 빛을 발하게 된 것입니다. 더 구체적으로는 1919년 3월에 재림주는 이 땅에서 잉태되었고, 1920년 1월에는 이 땅에서 탄생하게 되어 있었던 것이니 하나님의 계획 가운데 이루어진 섭리였습니다. 드디어 한국의 평안북도 정주군 덕언면 상사리에서 1920년 음력 1월 6일 재림메시아 문선명 총재께서 탄생하신 것입니다.

문선명 참아버지 메시아의 혈족은 남평 문씨입니다. 문씨 가문의 족보에 의하면, 신라시대의 자비왕이 꿈을 꾸었는데, '이 나라에 특별한 아기가 태어났으니 찾아라.'라는 하늘의 음성을 들었습니다. 이에 왕은 아기를 찾으라는 명을 내렸고, 사방을 찾아보니 전라도 남평에 오색구름이 감도는 가운데 큰 바위에서 울고 있는 갓난아기를 찾게 되었으니, 이분이 문씨의 시조가 되시는 문다성 선생이십니다. 그 바위는 문암바위, 즉 문바위가 되었습니다. 문다성 선생은 어려서부터 남달리 총명해 사물의 이치를 깨달아 아는 능력이 뛰어나 5세 때에 벌써 인문과 사상을 통달하게 되니 이에 왕은 문씨 성을 하사한 것입니다.

문씨 가문의 충선공 문익점 선생은 목화씨를 처음으로 한국에 들여와 따뜻한 의복과 침구 문화에 혁명적 기여를 한 분이십니다. 그리고 참아버님 직계의 종조부 되시는 금산 문윤국 선생은 평양신학교를 졸업하신 목사님이십니다. 이분은 한학과 영어에도 능통하신 분으로서 3·1 운동의 33인으로 들어가시게 되어 있었으나 시무하시는 덕흥교회에서 세 분이나 들어가게 되니 스스로 사양하고 뒤에서 독립운동을 지도하고 후원하셨습니다. 1921년에는 고향의 일가와 교회 신도들을 설득해 당시 돈 7만 원(쌀 4천270가마니의 값)의 거금을 상하이 임시정부의 군자금으로 보내신 분입니다. 이 공로로 문윤국 목사님은 1990년 12월26일 건국훈장 애족장을 받으셨습니다.

문선명 참아버지 메시아께서 탄생하신 고을 '정주'는 정할 '정(定)' 자에 고을 '주(州)' 자로, 하나님의 독생자이신 구세주 아들이 태어날 고을로 정해 둔 땅이라는 의미가 있는 곳입니다. 그리고 문선명 참아버지 메시아께서 태어나실 때 하늘의 징조가 있었으니 3·1 독립 만세운동 이전 3년간 문선명 총재님 집 앞 노간주나무에 금빛 새가 찾아와 울고 가곤 했습니다.

문선명 총재님께서 태어나신 상사리에는 증조부 때 이사했다고 합니다. 수천 석의 농사를 지으시며 자수성가한 증조부는 돌아가실 때

'팔도강산 사람에게 밥을 먹이면 팔도강산에서 복이 몰려든다'는 유언을 남기셨습니다. 이 유언을 받들어 오가는 사람을 재워주고 먹여주었기 때문에 문선명 총재님 집 사랑방은 늘 많은 사람이 와서 자고 먹는 일로 북적거렸습니다.

문선명 총재께서는 부친이신 문경유 선생과 모친이신 김경계 여사 사이에서 6남 7녀 중 둘째 아드님으로 탄생하셨습니다. 문선명 총재께서 태어나시기 전, 김경계 여사의 꿈에 친정 동네에 있는 제석산 기슭에서 산 정상을 향해 상서로운 빛이 비추는 가운데 승천하는 황금 용 한 쌍을 보신 후 문선명 총재를 낳으셨습니다. 그래서 이름을 문용명(文龍明)으로 지으셨습니다. 그러니까 문선명 총재의 본명은 문용명이십니다.

태어나신 문선명 총재는 어린 시절 자연을 몹시 좋아하셨습니다. 산을 보면 반드시 꼭대기까지 점령하고 갔다 오셔야 직성이 풀리셨답니다. 마을의 대지와 깊은 산골짜기까지 무엇이 사는지 샅샅이 뒤져보고서야 마음이 편안해졌습니다. 밤이 오는지도 모르고 자연과 어울려 지내다가 산에서 잠들어 밤늦게 부친과 모친이 찾아와 등에 업혀 온 적도 많았다고 합니다. 이러한 가운데 가족이 모두 교회에 다니기 시작하면서 교회에 심취하기 시작했습니다.

문선명 총재가 어렸을 때 가족이 모두 기독교에 귀의해 덕흥교회에 다니셨으며, 특히 문선명 총재는 마을 뒤편에 있던 '샛말잔등'이라는 낮은 야산의 나무숲에 들어가 몇 시간씩 기도에 빠져드는 날이 많았습니다. 특히 인류의 장래와 현실 문제에 대한 심각한 고민을 하기 시작했습니다. 나는 누구인가? 나는 어디서 왔으며 인생의 목적은 무엇인가? 죽은 후에는 어떻게 되는가? 그리고 하나님은 실존하시는가? 하나님이 계신다면 어떤 분이신가? 등에 관한 의문으로 성경책을 읽으며 기도하는 날이 아주 많았습니다.

이렇게 기도에 치중하시던 중 문선명 총재께서 16세 되시던 해 정주 보통학교 전학 직후에 집 뒷산인 묘두산에 올라 밤부터 기도하셨는데 다음 날인 1935년 4월 17일 부활절 새벽 기도 중에 하나님과 예수님께서 나타나셔서 인류 구원에 대한 천명을 주셨습니다. 영적인 세계가 돌연히 눈앞에 펼쳐지면서 예수님께서는 "하나님께서 고통받은 인류 때문에 슬픔 가운데 계신다."고 말씀하시며 "내가 다하지 못한 뜻을 대신 맡아 달라"고 하셨습니다.

이렇게 하나님께서는 예수님이 십자가에 돌아가신 후 길고 긴 역사를 통해 또 하나의 선민으로 선택한 한민족과 문씨 성의 한 가문을 통해 드디어 독생자 재림메시아를 이 땅에 보내주셨던 것입니다. 2000년 동안 준비하여 택한 민족과 종족을 통해 예수님의 대를 이어 인류구원이 사역을 담당할 재림메시아가 문선명이라는 이름을 가지고 태어나신 것입니다. 하늘의 천군천사와 천상의 예수님을 비롯한 구약과 신약의 성도들이 찬양과 경배를 드리는 가운데 성약의 말씀을 이루기 위한 성탄의 축복이 내리신 것입니다.

4) 참어머니 메시아 성탄

하나님께서는 독생자 참아버지 메시아를 이 땅에 보내주셨으니 이제 다음은 독생녀 참어머니 메시아를 보내시기 위한 섭리를 바쁘게 서두르지 않을 수 없으셨습니다. 드디어 6천 년을 기다린 후해와이고 독생녀이며 실체성령 되시는 또 한 분 참어머니 메시아의 성탄이 절대 필요했기 때문입니다. 바로 요한계시록 19장 7절에 예언된 어린양 혼인 잔치를 위한 하늘 신부의 성탄 섭리였습니다.

참아버지 메시아가 탄생한 터전 위에 참어머니 메시아의 탄생과 보호를 위한 준비 정성의 일환으로 섭리하신 것이 북한에서의 새로운 제2 성령 역사였습니다. 제2 성령 역사는 이용도 목사로부터 시작되었습니다. 이용도 목사는 참으로 하나님께서 미리 한 때를 위해 선택한 하나님의 종이었습니다. 독실한 신앙을 하던 어머니의 신앙을 이어받아 13살 때 벌써 밤이 새는 줄 모르고 종각에서 기도한 순수하고 순결한 주님의 어린 성자였습니다. 협성신학교 학생 시절 폐결핵 3기로 죽은 목숨과 같은 몸을 이끌고 평남 강동에서 요양할 때 하나님의 은총은 나타났습니다. 이용도 목사가 강동교회 일요일 예배 설교를 부탁받고 강단에 섰을 때 눈을 압도해 오는 고난받으시는 십자가상 때문에 아무 말도 못 하고 눈물만을 흘리게 되었고 모인 신도들도 한 마디 설교도 듣지 않았는데 모두가 눈물을 흘리며 주님의 임재를 강하게 느끼며 통곡하는 역사가 있었습니다. 이때부터 이용도 목사는 전

한학자 참어머니 메시아 생가 조감도(평안남도 안주군 안주읍 신의리 26번지)

과 다른 사람이 되었습니다.

이렇게 새 맘과 새 몸으로 거듭난 이용도 목사는 협성신학교를 졸업하고 하나님의 사자로서, 그리고 부흥사로서 부흥회를 하는 곳마다 억울하게 돌아가신 예수님의 한을 해원하는 통곡의 역사를 일으키며 신도들을 회개시키고 새 출발시켰습니다. 고난의 삶을 살아온 이용도 목사는 고난받으신 예수님의 심정을 체휼하며 신비적 합일의 체험을 통해 주님의 말씀을 전했습니다.

결국 이용도 목사는 고난당하신 주님과 자기를 동일시했다는 오해로 기존 교단으로부터 이단으로 정제되어 평생에 뜻을 같이 해 온 이호빈 목사와 함께 신령파들을 중심으로 새예수교회를 창립하였습니다. 이렇게 되자 기존 교회로부터 말할 수 없는 핍박과 고난을 당하였습니다.

그러던 중 얼마 가지 못해 이용도 목사는 폐결핵의 재발로 예수님의 생애와 같은 33세를 일기로 하늘나라의 부름을 받았습니다. 이용도 목사는 확실히 하나님께서 선택한 사람이었습니다. 이용도 목사가 돌아가시자 새예수교회는 이호빈 목사가 대를 이었으며 또 다른 신령교단 새주파 성주교단과 합류하였습니다.

이용도 목사를 중심한 새예수교회, 김성도 할머니의 새주파와 성주교, 허호빈 씨의 복중교로 이어지는 제2의 성령운동은 제1 성령운동과 확실히 달랐습니다. 제1 성령운동이 뜨거운 성령역사로 성도들이 구름 떼와 같이 불어나는데 기여했다면, 제2 성령 역사는 한국 땅에 오실 참부모 메시아에 대한 계시를 통해 참부모 메시아를 모실 준비를 하는데 기여한 성령운동이었습니다. 한국 땅에 오신 참부모 메시아를 위한 구체적인 준비를 위해 역사하는 성령운동이었습니다. 이미 참아버지 메시아께서 태어나신 이후에 일어난 영적역사 운동으로 그분을 알아보고 잘 믿고 모시기 위한 영적 역사 운동이었으며 장차 한국 땅에 태어나실 참어머니 메시아 성탄을 위한 성령운동이었습니다.

특히 새주파라는 신령한 운동을 이끈 김성도 할머니는 입신해서 예수님으로부터 직접 여러 가지 새로운 계시를 받았습니다. 이때 예수님으로부터 직접 받은 계시의 내용은 선악과로 비유된 죄의 뿌리가 음란이라는 것과 예수의 십자가 죽음은 억울한 죽음이니 십자가를 교회에서 떼는 운동을 하라는 지시를 받기도 했습니다. 열흘 뒤 다시금 예수님을 만났을 때 재림주님은 육신을 쓰고 한반도에 오신다는

이야기를 전해주시는 계시를 받았습니다.[43]

이러한 하나님의 섭리에 맞춰 참어머니 메시아로 오신 한학자 총재의 외조모이신 조원모 할머니와 홍순애 어머니는 새예수교회와 성주교, 그리고 복중교에서 열심히 신앙생활을 하며 기도 정성에 몰두하시는 조건을 세우신 분들입니다. 홍순애 어머니는 조원모 할머니와 함께 허호빈의 복중교에 들어가서 주님을 모시기 위한 준비에 절대적 기준을 가지고 정성을 드린 분들입니다. 특별히 복중교에서는 재림주님이 한국에 태어나시면 입으실 옷을 준비하라는 계시에 따라 성장 과정에 맞는 옷을 최고의 정성으로 만들었는데, 홍순애 어머니는 여기에 동참하셨던 분입니다. 이때의 특이한 점은 참아버지 메시아로 오시는 남성의 옷만 준비한 것이 아니라 참어머니 메시아로 오시는 여성의 옷도 준비했다는 사실입니다. 재림주님 부인의 옷도 색색으로 해 놓았다고 증언하고 있습니다.[44]

이러던 중 새예수교회의 이호빈 목사가 특별한 계시를 받았습니다. 홍순애 여사와 같은 교회에서 신도로서 중책을 맡고 있던 한승운 선생을 결혼시키라는 계시였습니다. 이러한 계시를 받아들여 홍순애 여사와 한승운 선생은 이호빈 목사의 주례로 성혼하셨습니다. 새예수교회 독실한 신도인 홍순애 여사와 한승운 선생은 이렇게 하늘의 계시에 따라 만나서 부부가 되셨습니다. 이때 하늘의 또 다른 계시가 있었습니다. 홍순애 여사의 꿈에 '홍유일의 딸이여 기뻐하라! 그대

---

43 최중현, 『한국메시아운동사연구』 제1권, 37쪽
44 최중현, 『한국메시아운동사연구』 제1권, 42쪽

의 아이가 아들이거든 우주의 왕이 될 것이요 딸이거든 우주의 여왕이 될 것'이라는 음성을 들으셨습니다. 이렇게 하여 한용운 선생과 홍순애 여사의 사이에 장차 어린양의 신부가 될 한 생명이 탄생하셨으니 1943년 음력 1월 6일 평안남도 안주에서 태어나신 한학자 참어머니 메시아이십니다. 이렇게 세계적이고 국가적인 성탄의 환경이 조성된 터 위에 외동딸로 태어나신 조원모 할머니와 홍순애 여사의 2대에 걸친 독녀의 지극한 기도정성으로 참어머니 메시아가 탄생하신 것입니다.[45] 하늘에는 영광과 찬양이 울려 퍼지고 땅에서는 감사와 기쁨의 찬송이 넘쳐나는 역사적 대 경사가 일어난 것입니다. 오늘날 인류를 구원할 참부모 메시아 중 참어머니 메시아가 탄생하신 것입니다.

참어머니 메시아 한학자 총재님의 성씨가 한씨인 것도 우연이 아닌 하나님의 예정된 섭리라고 생각됩니다. 이러한 점에서 한씨의 유래에 대해 설명하는 것도 의미가 있겠습니다.

족보상의 한씨 유래는 기자조선의 후예인 한란(韓蘭)이라고 되어 있으나 실제는 한씨의 연원이 한민족 시원인 한(韓)과 관련이 있습니다. 중국의 『시경』 한혁편에 등장하는 주(周) 나라 때의 한후(韓侯)의 한국(韓國)이 현재 기록상의 한국에 대한 가장 오래된 기록입니다. 그런데 고대사 연구가로서 여러 권의 저서를 남긴 정형진 원장은 한민족 신화의 환웅을 실제 역사에서 고증해 내고 있습니다. 기원전 5000년경에 중동 수시아나에서 천산을 넘어와 중국 중원에 자리를 잡고 황하 문명의 앙소문화를 일으킨 사람들을 중국 고서에서는 공공족(共工族)

---

45 선학역사편찬원, 『참부모님 생애노정』, 65쪽~67

이라 하는데 이들이 환웅족(桓雄族)임을 밝히고 있습니다. 이렇게 형성된 환웅족이 중심이 되어 예족과 맥족을 받아들여 한민족의 고대국가 고조선을 열었습니다. 그런데 중요한 것은 공공족 즉 환웅족이 처음 자리를 잡고 살던 곳을 한원(韓原)이라 했다는 사실입니다. 한원이 생긴 유래는 알 수 없으나 고조선이라는 나라와 함께 생겨났고 한원에 살던 환웅족의 후예가 주나라 초기에 중국 하북성 고안현으로 옮겨 한씨 성을 가진 한후의 한국을 세웠습니다. 지금도 이곳에 대한채촌(大韓寨村)이 있습니다. 적어도 확실한 것은 고조선을 전조선과 후조선으로 나눌 수 있는데 후조선은 한씨 조선이었다고 정형진 원장은 밝히고 있습니다.[46]

이와 같이 한민족의 시원역사와 함께 출발한 한씨 성에서 참어머니 메시아가 탄생했다는 것은 우연이 아닌 하나님의 계획과 예정에 의한 섭리라고 하지 않을 수 없습니다.

5) 오신 메시아를 위한 국가적 환경준비

다음으로 대한민국에 탄생하신 참부모 메시아께서 인류구원과 하나님 나라를 이루기 위해서는 국가적인 환경이 준비되어 있어야만 합니다. 재림메시아를 위한 세계적 섭리에서도 설명했지만, 왕정국가에서 자유민주주의 국가로 전환시킨 하나님의 섭리는 재림메시아가 자

---

46 정형진, 『수시아나에서 온 환웅족』 51쪽~103쪽

유롭게 하나님의 뜻을 펼치고 성도들이 자유롭게 재림메시아를 찾아가도록 하기 위한 섭리였습니다. 그렇다면 참부모 메시아가 탄생하신 대한민국은 당연히 자유민주주의 국가가 되어야 합니다. 그러나 사탄 세력의 끈질긴 반대로 한반도 반쪽 북한은 공산주의가 자리 잡았고 또 반쪽은 자유민주주의 국가가 자리를 잡았습니다.

그런 면에서 비록 반쪽이지만 남한만이라도 자유민주주의가 정착했다는 사실은 하나님의 섭리가 틀림없습니다. 사실 해방정국의 혼란한 정치적 상황 속에서 하나님의 섭리로 볼 때 태어난 메시아를 위한 국가적 환경을 준비하는 상황에서 무엇보다도 중요한 사람은 대한민국의 초대 대통령입니다. 하나님의 섭리로 볼 때 메시아는 국가적 차원에서 모시고 그 뜻을 받들어야 하는 것이 하나님의 섭리이기 때문입니다. 이렇게 볼 때 초대 대통령이 되어야 할 사람은 다음과 같은 조건을 가지고 있는 사람이어야 했습니다. 첫째 하나님께서 폭발적인 성령역사로 길러 오신 기독교 기반을 대표한 사람이어야 합니다. 둘째 국가의 건국을 자유민주주의 국가로 세우고자 하는 확고한 의지가 있는 사람이어야 합니다. 셋째 공산주의가 무엇인지 그들의 술수와 거짓 선동을 제대로 알고 흔들리지 않고 속아 넘어가지 않는 사람이어야 합니다. 셋째는 미군정과 긴밀하게 소통할 수 있는 사람이어야 합니다. 해방정국에서 초대 대통령 후보로 이러한 조건을 가지고 있었던 사람은 이승만 박사였습니다.

이승만 대통령은 독실한 기독교 장로였고 새롭게 건국되는 대한민국은 자유민주주의 국가가 되어야 한다고 확신에 차게 주장했던 사람입니다. 또한 이미 미국에서 유학하며 공산주의가 무엇인지 그 속내를 확실히 알고 있었던 사람이며 미군정과도 자유롭게 대화할 수 있는 인물이었습니다. 이런 측면에서 초대 대통령에 이승만 대통령이 당선된 것은 너무나 당연한 하나님께서 섭리하신 결과였습니다. 물론 김구 선생 또한 일반적인 기준으로 볼 때는 초대 대통령의 자격이 충분한 분이었지만 하나님의 섭리적 관점에서 볼 때는 자격에 미치지 못한 분이었습니다.

1919년 4월 상해에서 독립운동가들이 모여 먼저 임시의정원을 구성하고 임시정부를 구성할 때 국호를 대한민국으로 하였으며 임시헌장을 제정하였습니다. 이때 임시의정원 초대 국무총리에 이승만 박사가 초대되었습니다. 이후 소련과 국내에 있던 다른 독립운동 단체들까지 통합하여 1919년 4월 11일 이승만을 초대 대통령으로 이동휘를 국무총리로 추대하면서 새롭게 통합된 대한민국의 임시정부가 공식 출범하게 되었습니다. 이때 제정한 임시정부의 헌장 선포문이 섭리적 의미가 큽니다.

"神人一致로 中外協應 하야 ~"

(신과 사람이 하나가 되어 국내외가 서로 협력하여 ~)

대한민국 임시정부가 출발함은 인간의 뜻이 아닌 신의 뜻이며 일하는 사람도 신과 하나 된 사람이라는 의식을 가진 분들이 임시정부의 주도자들이었다는 것과 초대 임시정부 대통령으로 독실한 기독교

장로인 이승만 박사가 추대되었다는 것을 생각할 때 대한민국의 역사에는 하나님께서 개입하고 계시다는 사실을 깨닫지 않을 수 없습니다. 대한민국은 재림메시아가 탄생한 나라이기 때문에 하나님께서 개입할 수밖에 없었던 것입니다.

또한 1948년 5월 10일 제헌의회 의원을 선출하기 위한 총선거가 치러졌고 1948년 5월 31일 대한민국의 제헌국회가 열리던 날 제헌의회 임시 의장이었던 이승만 박사가 기도하고 국회를 개원하자는 제안을 하였고 이에 응하자, 국회의원에 당선된 이윤영 목사가 기도하고 대한민국의 첫 국회가 개원했다는 사실 또한 하나님의 역사였습니다. 이후 제헌국회에서 이승만 박사를 대한민국 초대 대통령으로 선출하여 1918년 8월 15일 우여곡절 끝에 대한민국은 자유민주주의의 국가로 출발하게 되었으니, 하나님께서 계획하시고 준비하신 대로 재림메시아를 위한 국가적인 환경이 마련되었던 것입니다. 이 어찌 하나님의 은혜와 사랑이 아니라고 할 수 있겠습니까?

참으로 크나큰 하나님의 역사는 6·25 전쟁에 유엔 16개국이 참전하게 된 역사입니다. 한국 전쟁을 지원하기 위한 회의에서 유엔 상임이사국 중 소련이 기권하여 1950년 6월 28일 16개국의 참전이 결정된 것입니다. 미국의 트루먼 대통령은 신속하게 한국의 6·25 전쟁에 파병을 결정했고 7월 1일에 벌써 선발대가 부산에 도착했던 것입니다. 맥아더 사령관을 중심한 유엔군은 7월 27일에 한국에 도착하여 참전하였던 것입니다. 이렇게 신속하게 오지 않았으면 이미 한반도는 북한에게 함락된 후가 되었을 수도 있었습니다.

결과적으로 유엔이 신속하게 파병을 결정했다는 것과 미국이 신속하게 물자와 병력을 투입했다는 것이 6·25 전쟁에서 한국을 구하게 된 결정적 요인이었다는 것을 생각할 때 하나님의 개입이 아니고는 설명할 수 없는 기적 같은 일이 일어난 것입니다. 인류역사상 이렇게 가장 많은 국가가 한 나라를 구하기 위해 지원한 역사는 지금까지도 없었던 유일한 일입니다.

사실 하나님의 마음은 다급했습니다. 한국을 선민의 국가로 선택하시고 보호하시며 길러 온 것은 재림메시아를 보내기 위함이었습니다. 그런데 이 땅에 오신 참아버지 메시아 문선명 총재가 전쟁이 시작된 시점에 북한의 흥남 감옥에 있었습니다. 이 다급한 상황에서 하나님께서는 감옥에 있는 문선명 총재를 구하는 일이 우선이었습니다. 그래서 하나님께서 개입하셔서 소련을 움직여 기권하게 하시고 신속하게 유엔을 움직여 파병을 결정하게 하셨으며, 미국 트루먼 대통령을 움직여 촌음을 다투어 한국에 참전하도록 역사 하신 것입니다.

북한 당국은 전세가 불리해지자 감옥에 있던 사람들을 모두 산속으로 끌고 가서 총살하는 중이었습니다. 2일만 지체되었어도 문선명 참아버지 메시아는 끌려 나가 총살을 당할 수밖에 없었는데 그 사이 미국의 B29 폭격기가 흥남 감옥을 폭격하는 바람에 구사일생으로 살아 나오시는 기적이 벌어진 것입니다. 틀림없는 하나님의 보호하심이었습니다. 이러한 일련의 일들이 우연히 일어난 것이 아니라 하나님께서 개입하셨기 때문에 가능한 일이었습니다. 이에 대한 증빙자료가 있습니다. 6·25 전쟁시 B29 폭격기가 흥남 감옥을 폭격하는 장면을 폭

6·25 전쟁시 미국의 B29 폭격기가 흥남 감옥을 폭파하는 장면에 찍힌 예수님 모습

격기 안에서 종군기자가 찍은 사진에 공중에서 흥남을 보호하시며 내려다보고 계신 예수님 모습이 촬영되는 신비한 일도 있었습니다.[47]

이렇게 전쟁으로 황폐해진 대한민국이었지만 하나님께서 특별히 축복으로 경제를 발전시켜 주셔서 지금은 세계 10대의 부강한 나라가 된 것도 재림메시아가 뜻을 마음껏 펼치도록 배후에서 도와주시고 힘써주신 하나님의 은총이 확실합니다. 그러지 않고서야 이 기적 같은 역사는 불가능한 일입니다.

이제 이후부터는 문선명·한학자 참부모 메시아를 제목이 아닌 본문에서는 편의상 참부모님으로 호칭하여 기술하겠습니다. 실제 양위분을 모시는 분들은 이렇게 호칭하고 있기 때문입니다. 그리고 개별

---

47 세계평화통일가정연합 역사편찬위원회, 『참부모님 생애노정 제2권』, 155쪽~160쪽

적인 호칭은 문선명 참아버지 메시아를 참아버님으로, 한학자 참어머니 메시아를 참어머님으로 호칭하여 기술하겠습니다. 또한 문장에 따라서는 문선명 총재 그리고 한학자 총재로 다양하게 호칭하겠습니다.

제2장

승리하신 참부모 메시아

1. 우주의 근본 원리를 찾으신 참아버지 메시아

1) 원리원본 집필과 하나님의 어인을 받으시다

참아버님께서는 16세 때의 부활절 아침 고향집 뒤편에 있는 묘두산에서 심각하고도 처절한 기도를 밤새워 하시는 중 영적으로 찾아오신 예수님으로부터 인류 구원에 대한 천명을 받으셨습니다. 그 후 참아버님께서는 하나님의 창조이상, 하나님의 뜻과 인간 시조의 타락에 관한 내용은 물론 인류구원을 위한 길을 알기 위해 피눈물 나는 기도와 각고의 노력으로 하루하루를 사셨습니다. 한번 기도하시면 10시간 12시간은 보통이었고 타락하여 사탄의 굴레에서 신음하는 자녀들을 바라보시는 하나님의 슬프신 심정을 체휼할 때는 통곡하는 눈물이 입으신 옷을 흠뻑 적실 때가 한두 번이 아니었습니다.

일본으로 유학을 떠나신 참아버님께서는 도쿄 와세다대학 부속 와세다고등공학교 전기공학과에 입학하셨습니다. 이때는 주로 원리 구명과 심신 훈련, 항일 독립운동에 주력하셨습니다. 심신 수행을 위해 '우주주관 바라기 전에 자아주관 완성하라'라는 표어를 정해 놓고 식욕·성욕·수면욕을 주관하는 일에 매진하면서 진리의 말씀을 찾는데 혼신을 다하셨습니다. 유학생 친구로서 후에는 참아버님의 제자가 된, 세종문화회관을 설계한 한국 건축학계의 거장 엄덕문 선생은 다음과 같이 이때의 참아버님을 증언하고 있습니다.

"문 선생과 나와의 관계는 처음은 친구요 동지로 출발했지만, 나중에는 그의 인격과 천적인 사명을 알았을 때 나는 그를 친구에서 아버지로 모시게 되었습니다. 일본 유학 시절 참아버님의 하숙방에 들어가면 늘 영어 성경, 한국어 성경, 원어 성경이 있었고, 밑줄 그은 것이 빨갛게 여러 번 그어져 있어서 책이 너덜너덜할 정도였습니다. 또, 한 번 기도하면 몇 시간씩이고 시간 가는 줄 몰랐습니다."[48]

당시 제2차 세계대전 중 전황이 일본에 불리하게 돌아가자, 일본이 수많은 학생을 전쟁에 동원하게 되면서 참아버님께서는 1943년 9월 30일 조기 졸업을 하게 되어 귀국하셨습니다. 1945년 해방과 더불어 공생애 노정을 출발하신 참아버님께서는 1946년 5월 동양의 예루살렘이라고 일컫는 평양으로 가라는 하나님의 계시를 받고 구원의 한때를 열망하며 기도하는 그들을 구하기 위해 북한으로 가셨습니다.

평안남도 대동군 대보산에 들어가셔서 정성을 들이실 때는 영계에 입성하셔서 그동안 찾으신 원리 말씀을 가지고 예수님과 종교를 창시

---

48 『참부모님 생애노정 강의안』, 2017, 57쪽

직접 집필하신 원리원본을 보고 계신 참부모님 양위분

한 교주들, 그리고 성현들과 토론하며 진리 싸움을 하는 43일간의 노
정을 보내신 적이 있습니다. 결국은 진리 싸움에서 이기어 예수님을
비롯한 종교 창시자와 성인·현철에게 공인받고 최종적으로는 하나님
께서 참아버님이 찾아 주장하시는 우주의 근본 진리가 맞는다고 인정
하시는 어인을 받으셨습니다.[49]

6·25 전쟁 중 부산으로 피란 오셔서 범냇골에 토담집을 짓고 가
장 열악한 환경 가운데서도 우주의 근본 원리와 인간 구원을 위한 진
리 말씀을 집필하셨으니 『원리원본』이라는 제목의 역사적이고 완성적
인 새로운 생명의 말씀이 세상에 드러나게 된 것입니다. 『원리원본』은
1951년 5월부터 집필을 시작하신 지 1년 만에 마무리되었으며, 총 5권
으로 690쪽의 국한문 혼용체의 횡서 흘림체로 되어 있습니다.

49 『문선명선생말씀선집』 제295권, 293쪽

참아버님께서 천신만고 끝에 찾으시어 4대 성인은 물론 현철들과 토론해 공인받고 하나님의 어인을 받은 원리 말씀은, 하나님은 어떤 분으로 계시는가에 대한 하나님 본체의 속성과 존재 원리를 밝히신 것이며, 하나님께서 천상세계와 지상세계를 합한 천주와 인간을 창조하신 목적은 무엇이고 이 세계가 존재하는 원리는 무엇인가를 밝히신 원리 말씀입니다. 또한, 인간은 죽은 후에 어떻게 되는가에 대한 영적 세계의 내용을 다루고 있습니다.

원리 말씀은 선하신 하나님께서 창조한 인간이 어떻게 죄악을 행하는 인간으로 타락되었는가에 대한 타락의 뿌리와 사탄의 정체에 대해 밝혔습니다. 아울러 타락한 인간이 온전한 하나님의 아들딸로 구원되기 위해서는 어떻게 해야 하는가에 대한 복귀원리에 대해 논증하고 있습니다. 그리고 메시아로 오셨던 예수님께서 다시 올 것이라고 말씀하신 재림메시아는 언제 어디로 어떻게 오시는가에 대한 내용도 성경을 중심한 새로운 해석으로 밝히 해명하고 있어 그분을 만날 수 있는 확실한 길을 안내하고 있습니다.

그 외에 하나님께서 인류 구원을 위해 주류 종교로 이끌어 오시는 기독교와 성경이 가지고 있는 여러 가지 난제를 메시아 강림론, 종말론, 부활론, 예정론으로 설명하고 있습니다.

이 『원리원본』은 후에 이를 기초로 하여 『원리해설』을 거쳐 『원리강론』으로 재편집되어 오늘날의 통일교회 진리서가 되었고, 이를 바탕으로 철학적인 체계를 갖춘 『통일사상요강』이 발행되었습니다. 참아버님께서는 이 원리를 근간으로 한 많은 말씀을 설교와 강연을 통해서

하셨으며, 이 말씀을 편찬한 『문선명선생말씀선집』은 600권 이상이 출판되었습니다. 이와 같은 원리와 말씀을 참부모님께서는 적용 목적에 따라 '통일사상' '두익사상' '참부모사상'으로 표현하셨으며, 전체를 아울러서는 하나님주의라고 이름하셨습니다.

2) 말씀 전파

참아버님께서 찾으신 원리와 설파하신 말씀은 일본과 미국은 물론 전 세계로 전파되어 오늘날에 이르고 있으며, 세계 종교계에 큰 파문을 일으키고 있습니다. 이 말씀이 참부모님 살아 당대에 세계로 전파되어 세계적 종교로 자리를 잡은 것은 세계 종교사에 전례가 없는 일로 기록되어 있습니다. 아울러 참부모님께서 창설하신 '세계평화초종교연합'의 종교 활동에 각계의 세계적 종교 지도자들이 참여하고 있습니다. 이러한 사실은 원리와 말씀이 객관성과 보편성, 그리고 세계성을 가지고 있는 하나님으로부터 온 말씀이라는 것을 입증한다고 말할 수 있습니다.

세계기독교통일신령협회 한국 협회장을 역임한 이재석 회장은 초교파운동을 담당하고 있을 때 『원리강론』을 연세대학교 신학대학장과 연합신학대학원장을 겸임하고 있는 서남동 박사에게 증정하며 연구할 것을 제안했습니다. 서남동 박사는 이를 흔쾌히 받아들여 『원리강론』을 연구한 후 '통일교 원리강론에 대한 비판'이라는 소논문을 작성

전 연세대 신학대학장 서남동 교수

했습니다. 그리고 이 논문을 1969년 10월 13일 서울 새문안교회에서 개최된 정기 신학 공개강좌에서 기독교 지도자 800여 명이 참석한 가운데 발표했고, 『기독교사상』1970년 5월호에 게재해 기독교계에 큰 파문을 일으켰습니다. 서남동 교수는 이단 교회의 교리를 연구하고 긍정적으로 평가했다는 이유로 연세대학교에서 보직은 물론 교수직에서 해임되는 참으로 안타까운 일이 있었습니다.

서남동 교수는 이 논문에서 『원리강론』 전반에 대해서 비판도 했지만, 결론적으로 『원리강론』을 다음과 같이 극찬했습니다.

"확실히 『원리강론』은 지금까지 한국의 신학계가 산출한 신학서 중에서 그 양에 있어서나, 그 조직력에 있어서나, 그 상상력과 독창성에 있어서 가히 최고의 것으로 인정됨직하다."[50]

참아버님께서 찾으신 이 원리와 말씀은 인류 구원을 위한 찬란한 등불이 되고 있으며, 앞으로도 이 등불은 햇빛이 되어 온 누리를 비출 것입니다.

---

50 『기독교사상』 1970년 5월호 서남동 교수 소논문 중

2. 십자가 고난에서 승리하신 참부모 메시아

1) 북한에서의 십자가 고난

하나님이 보내신 구세주 예수님은 십자가의 고난을 받고 돌아가셨습니다. 메시아로 오신 예수님을 잘 믿고 모시도록 준비된 유대교회의 지도자들이 무지해서 예수님을 불신하고 모략해 십자가의 고난으로 내몰았습니다. 인류 구원의 뜻을 온전히 다 완성하지 못하고 가실수밖에 없음을 아셨기에 십자가 구원의 길만 여시고 예수님께서는 온전한 구원의 완성을 위해 다시 오마고 약속하셨습니다. 이러한 하나님의 구원섭리 역사 가운데 이 땅에 다시 오신 구세주 재림메시아 참부모님께서도 준비된 기독교가 또한 무지하고 지혜가 없었기에 결국은 불신과 핍박가운데 고난의 길을 걸을 수밖에 없었습니다.

1945년 해방과 더불어 공생애 노정을 출발하신 참아버님께서는 1946년 5월에 하나님의 계시를 받고 삼팔선을 넘어 평양으로 가셨습니다. 그러나 참아버님에 대한 기독교의 반대와 핍박이 종교를 말살하려는 북한 공산 정권에 빌미가 되어 참아버님께서는 대동보안서에 수감 되셨고, 극심한 고문을 받으셨습니다. 공산 당국이 참아버님을 얼마나 혹독하게 고문했는지 빈사 상태가 되자 풀려나게 되었습니다.

이때 계시를 받고 들어와 참아버님을 따르던 평양 장대현교회 출신의 김인주 권사는 '풀려나신 참아버님께서 세숫대야에 피를 토하시는데, 핏덩어리가 둥둥 떠다닐 정도로 한 세숫대야나 쏟으셨다'고 증언하고 있습니다.[51] 참아버님께서는 이렇게 혹독한 고문으로 빈사 상태가 되어 풀려났지만, 하나님의 보살핌과 신도들의 정성스러운 간호로 몸이 점차 회복되셨습니다. 그러자 참아버님께서는 더욱더 열심히 전도하며 말씀을 전하는 일에 전념하셨습니다. 평양의 기독교회에서 모범적으로 열심히 신앙하는 신도들이 하나둘 다시금 참아버님께 모여들자, 기독교 지도자 83명은 공동명의로 공산 당국에 투서했습니다. 북한 공산 당국은 이승만 정부의 스파이, 사회질서 문란죄 등을 적용해 1948년 4월 7일 참아버님께 5년 형의 판결을 하고 악명 높은 흥남 감옥에 수감 했습니다.

흥남 감옥은 정치지도자, 종교 지도자 등을 수감 하는 곳으로 제대로 먹지도 못한 채 암모니아 비료를 가마니에 담아 포장하는 가혹한 중노동을 하다가 죽어 나가는 곳입니다. 과도한 책임량의 목표를 채워야 그날의 노동이 끝나는 일인데, 맨손으로 암모니아 비료를 가마니에 담아 묶는 일을 하다 보면 손에 상처가 나고 이 상처에 암모니아가 스며들어 살이 썩어가는 병과 각종 질병으로 형기를 마치기도 전에

---

51 선학역사편찬원 『참부모님 생애노정 2017 강의안』, 94쪽

죽어 나가는 곳입니다.

참아버님께서는 이러한 상황에서도 좌절하지 않으시고 지쳐 쓰러져 가는 사람들의 몫까지 챙기며 더욱더 열심히 노동에 임해 모범수 표창장까지 받으셨습니다. 처음에는 나오는 식사를 반만 드시고 주위에 나눠 주셨으며, 친어머니가 면회 와서 주고 간 미숫가루와 의복을 몽땅 주위에 분배하는 사랑을 실천하셨습니다. 아침이면 누구보다 일찍 일어나 늘 기도하셨고, 수건에 물을 묻혀 암모니아를 닦아내는 등 몸 관리를 하셨습니다. 그리고 틈만 나면 옥중에서도 말씀을 전하셨습니다. 그리하여 주위에서는 참아버님을 함부로 대하지 못했고, 존중하며 따르는 사람이 많아져서 제자들도 생겨났습니다. 함께 수감 생활을 했던 김인호 씨는 이때 참아버님을 '옥중의 성자'로 불렀다고 증언했습니다.[52]

수감 중 6·25 전쟁이 일어났고, 16개국의 유엔군을 이끌고 참전한 미군은 북한을 공격할 때 제일 먼저 참아버님이 계시는 흥남 감옥을 폭격했습니다. 이리하여 1950년 10월 14일 흥남 감옥에서 해방되신 참아버님께서는 평양에 머무시며 감옥에 들어가기 전 따르던 제자들을 수소문했고, 이때 평양의 청년 식구 김원필 씨와 함께 감옥에서 제자가 된 박정화 씨를 대동하고 피란길을 떠나셨습니다. 박정화 씨는 앞서 다리를 다쳐 걸을 수 없는 처지라서 자전거에 태우고 피란길을 출발해 천신만고 끝에 부산에 도착하셨습니다.

---

52 선학역사편찬원 『참부모님 생애노정 2017 강의안』, 102쪽

2) 남한에서의 십자가 고난

전쟁이 끝나고 대구를 거쳐 서울에 자리 잡은 참아버님께서는 1954년 5월 1일 성동구 북학동의 일명 세대문집에서 그동안 전도된 제자들과 더불어 '세계기독교통일신령협회'를 창립하셨습니다. 오신 메시아를 받들어 모셔야 할 준비된 기독교가 반대하고 핍박해 믿고 모시는 책임을 못 함으로써 하늘은 할 수 없이 새로운 교단을 만들 수밖에 없었습니다.

모여 기도하면 울음바다요, 성령의 역사가 뜨겁게 일어나 온통 은혜가 넘치다 보니 불일 듯 전도가 되어 집회소가 차고 넘쳤습니다. 이때의 한 줄기 전도의 불길은 이화여자대학교와 연세대학교로 옮겨붙어 젊은 대학생들과 교수들도 교회에 나오기 시작했습니다. 시간이 갈수록 숫자는 계속 늘어나게 되었고, 결국 학교의 문제로 비화 되고 말았습니다. 주로 기독교 가정의 자녀들인 대학생들은 부모를 따라 나가던 교회를 바꾸어 통일교회로 나오게 되니 학부모들은 학교에 진정하게 되었습니다.

이때 이화여대에서는 학생들을 되돌리기 위해 기독교학과장이었던 김영운 교수를 통일교회에 파송해 교회 내부와 원리 내용을 파악한 후 학생들을 설득하려고 했습니다. 그러나 통일교회의 문제점을 파악하러 왔던 김영운 교수마저 통일교회 식구가 되고 말았습니다. 이렇게 되자 학교는 강경한 조치로 돌아서 통일교회에 나가는 학생과 교수에게 학교와 통일교회 둘 중 하나를 선택하라고 강요했습니다. 결국, 종교적 신념으로 통일교회를 택한 이화여대 학생 14명과 교수 5명, 그리고 연세대 학생 2명과 교수 1명이 통일교회에 나간다는 이유로 학교로부터 퇴학과 퇴직 처분을 받았습니다.

통일교회에 대한 기독교의 반대와 핍박은 여기서 멈추지 않았습니다. 기성교회 지도자들은 남한 정부에 80여 통의 투서를 넣고, 이단 사이비 통일교회를 처단하라고 요구했습니다. 급기야 정부 당국은 1955년 7월 4일에 참아버님과 제자 4명을 연행해 서대문 형무소에 수감 하는, 이른바 7·4 사건이 벌어졌습니다. 종교의 자유가 있는 민주주의 국가에서 종교탄압의 사건이 발생한 것입니다.

처음에는 언론도 통일교회에 우호적이었습니다. 종교자유가 보장된 대한민국에서 신흥종교인 통일교회에 다닌다는 이유로 퇴학과 퇴직 처분한 것은 잘못된 일이라고 사설을 쓰고 통일교회 편을 들어줬습니다. 그러나 언론이 정부의 압력에 의해 갑자기 돌변해 학교 당국의 편에서 통일교회를 비판하는 기사를 쓰기 시작했습니다. 이단 사이비 교주가 젊은 대학생들을 유혹해 사회를 혼란하게 한다고 통일교회를 매도하기 시작했습니다. 이렇게 하여 통일교회는 이단 사이비 종교로 낙인찍혔고, 이러한 부정적 이미지는 고착화되어 오늘날까지도 영향을 미치게 된 것입니다.

그러나 하나님께서 살아계시고 진실과 정의는 승리하는 법인지라 결국 재판에서 승리해 1955년 10월 4일 참아버님께서는 무죄 판정을 받고 석방되셨던 것입니다. 종교는 반대와 핍박을 먹고 발전해 온 역사가 있듯이, 통일교회 식구들은 너무나 억울하고 분해서 더욱더 하나님께 매달리며 기도하게 되었습니다. 예배는 더욱더 뜨거웠으며, 전도의 불길은 멈추지 않고 더욱더 크게 번져가게 되었습니다. 참아버님께서 석방되신 후 3일 만에 작은 남의 집 교회에서 더 넓은 내 집 교회로 옮겨 이사하게 되었으니 용산구 청파동 1가 71-3번지의 오늘날 원본부교회가 된 것입니다.

시련을 통해 식구들은 더욱더 결속하게 되었고, 참아버님께서는 고난에서 결국 승리하셨습니다. 참아버님께서는 본격적인 전도를 위해 전국적으로 개척 전도단을 파송하셨으며, 드디어 일본에 최봉춘 선교사와 미국에 김영운·김상철 선교사를 연이어 파송하셨습니다. 통일교회가 시련과 고난을 극복하고 당당히 승리해 국내는 물론 세계적 종교로 비상하는 계기가 되었던 것입니다.

3) 죽음 길에서 승리하신 참어머니 메시아

참어머님께서 태어나시고 자라시던 환경은 온통 하나님을 섬기며 기쁨과 감사로 이어지는 분위기였습니다. 조원모 할머니와 홍순애 어머니께서 한국 기독교회사에 제2성령운동으로 기록될 이용도 목사의 새 예수교회와 김성도 여사의 성주교 그리고 허호빈 여사를 중심한 복중교로 이어지는 성령 충만한 교회에서 신앙하던 시기였기 때문입니다. 특히 복중교 시절은 이미 한국 땅에 오신 재림메시아를 모시기 위한 의복이며 음식 등을 준비하라는 계시를 받고 정성드리던 때였습니다.

그런데 참어머님 가정에도 시련이 닥쳐왔습니다. 북한을 장악하고 공산정부수립을 본격화 하던 공산당은 1948년이 되자 본격적으로 먼저 종교탄압을 시작했습니다. 여기에 1차적으로 기성 기독교로부터 이단시 되던 신령파에 대한 탄압이 먼저 시작되었습니다. 이러한 여파로 조원모 외할머니와 홍순애 어머니께서는 복중교 신도라는 이유로 열흘 넘게 감옥 생활을 하신 적이 있었습니다. 풀려나신 이후로 참어머님의 보호를 위해 북한에 계속 머물러서는 안 된다는 생각으로 조원모 외할머니와 홍순애 어머니께서는 종교의 자유를 찾아 남한으로 피신을 하기로 결정하셨습니다. 1948년 가을 어느날 조원모 외할머니와 홍순애 어머니께서는 6살 되신 한학자 따님을 업고 남한으로 향했습니다.

어두운 밤길을 몇 날 며칠을 걸어가야 할지도 모르는 남하 길은 험난한 길이었고 더구나 3.8선을 넘는 길은 목숨을 보존하기 어려운 위험한 고비 길이었습니다. 당시 3.8선에는 남하를 막기 위해 공산군이 지키고 있던 때였습니다. 잘못하다가는 죽을 수도 있는 위험한 길이었습니다. 그런데 참어머님 일행은 3.8선 북쪽에서 공산군에게 잡히고 말았습니다. 그 당시는 법도 따로 없고 공산당과 군인이 결정하면 무슨 일이든지 할 수 있는 때였습니다. 참으로 마음을 조이며 긴장하고 있었으나 어린이였던 참어머님께서 어른들의 심부름으로 웃으면서 공산군에게 먹을 것도 갔다 주고 천진난만하게 친근한 분위를 형성하자 남쪽으로 가지 말고 고향으로 돌아가라고 풀어주었습니다. 하나님의 보살핌으로 죽음의 위험한 고비를 넘기신 것입니다. 고향으로 가는 척 가다고 다시 돌아 다른 지역으로 3.8선을 넘는데 성공하였습니다.

3.8선을 넘어 한국 땅을 밟았지만 위기는 한 번 더 있었습니다. 3.8선을 넘은 것을 확인하고는 참어머님께서 이제 한국 땅이니 김일성 찬양 노래를 부를지 않아도 되지요? 하면서 한국 노래 몇 소절을 불렀습니다. 이때 총을 든 군인들이 어디서 나타났는지 총을 겨누고 있었습니다. 인기척이 있자 남한 군인들이 총을 겨누고 있다가 어린아이의 한국 노래 소리가 나니 총을 거두고 인사를 하기 시작한 것입니다. 남한 군인은 이렇게 예쁜 아기를 데리고 남하하는데 얼마나 고생이 많으냐고 하면서 여행경비에 보태라고 돈도 주면서 남한 길을 안내했습니다.

이렇게 죽음 길을 하나님의 보우하심으로 승리하신 참어머님 일행은 서울에 도착하여 외삼촌을 찾는 일이 시급했습니다. 육군사관학교에 입학해서 임관한 홍순정 외삼촌이 남한에 있었기 때문입니다. 그런데 홍순애 어머니께서 우연히 길을 가다가 외삼촌 친구를 만나 동생 홍순정에 관한 소식을 물었더니 용산 육군본부에 근무하고 있다고 알려주었습니다. 천우신조로 하늘이 도우신 것입니다. 이렇게 미리 와 있던 외삼촌을 만나 서울에 정착하여 큰 고생 없이 지낼 수 있었습니다. 이것은 하늘이 한 분을 위해 미리 준비하시고 보호하시며 역사하신 결과가 아닐 수 없습니다.[53]

---

53 한학자 총재 자서전, 『인류의 눈물을 닦아주는 평화의 어머니』, 76~81쪽

그런데 사탄은 남한으로 피신한 참어머니 메시아를 그대로 두지 않았습니다. 6·25 전쟁이 발발한 것입니다. 일사천리로 밀고 내려오는 북한 공산군 때문에 서울이 위험해지자 참어머니 메시아께서도 두 분과 함께 다시 피난을 출발했습니다. 한강 다리를 향해 걷던 중 참어머니 메시아께서 어떤 예감이 들어 할머니 옷자락을 잡아당겼습니다. 이 일로 조원모 할머니 또한 어떤 직감 같은 것을 느끼시고는 잠시 생각하다가는 군 장교로 있는 외삼촌이 데리러 올지도 모르니 다시 집으로 돌아가자고 하셨습니다. 다시 집으로 돌아가니 아나나 다를까 다음날 새벽녘에 군복을 입은 외삼촌이 집으로 데리러 온 것입니다. 참어머니 메시아를 위해 늘 기도하는 외할머니의 직감이 맞았던 것입니다.

이렇게 참어머니 메시아 가족 일행은 외삼촌이 타고 오신 지프차를 타고 피난을 시작하여 한강 다리를 건너기 시작했습니다. 참어머니 메시아 일행이 탄 차가 한강 다리를 건너자마자 꽝 하는 소리와 함께 외삼촌의 '엎드려요'라는 소리가 들려왔습니다. 한강 다리가 폭파된 것이었습니다.[54] 하나님께서는 참어머니 메시아를 이렇게 보호하시며 지켜주셨던 것입니다.

이와 같이 문선명·한학자 참부모 메시아를 하나님께서는 죽음의 고비길 마다 보호하시며 지켜주셨기 때문에 전쟁 중의 위기에서도 살아나시어 인류구원의 섭리를 계속하시게 되었던 것입니다.

---

54 한학자 총재 자서전, 『인류의 눈물을 닦아주는 평화의 어머니』, 82~85쪽

3. 어린양 혼인 잔치와 축복결혼 행사

1) 어린양 혼인 잔치

참아버님께서는 1945년 광복 후 공식 노정 14년이 지난 1960년 4월 11일, 드디어 하늘이 특별히 준비해 탄생시켜 주시고 고이 기르시며 예비해 오신 독생녀 실체성령이신 참어머님을 신부로 맞이해 하나님께서 그렇게도 오매불망 소망해 오시던 어린양 잔치를 거행하게 되셨습니다. 다시 말해, 역사적이고 천주사적인 '참부모님 성혼식'이 거행된 것입니다. 이는 장차 재림메시아가 오셔서 이룰 것이라고 예언한 요한계시록 19장의 '어린양 혼인 잔치'가 실현된 것입니다.

에덴동산에서 아담과 해와를 통해 이루시려다 그들의 타락으로 이뤄지지 못해 유구한 역사를 통해 소망하며 준비해 오신 그 어린양 잔치가 이뤄졌습니다. 드디어 6천년 동안 하나님께서 최대 소망으로 섭리해 오시던 창조이상의 뜻이 이뤄진 것입니다. 태초에 천지를 창조하시며 소망하시던 하나님의 창조이상이 실현될 수 있는 관문이 열리

어린양 혼인잔치 참부모님 성혼식

고, 창조본연의 아담과 해와가 참된 부부와 참된 부모로 현현하시게 되는 역사적인 날을 맞이한 것입니다. 인류는 드디어 원죄를 영육으로 완전히 청산할 수 있는 중생의 은사를 받을 수 있게 되었습니다. 참부모님의 어린양 잔치 날은 아담과 해와가 인류의 참된 시조가 되기를 소망했던 그 소망이 드디어 이뤄지게 된 날입니다.

본래는 2천 년 전에 독생자요 후아담으로 오셨던 예수님께서 독생녀 후해와를 맞이해 어린양 혼인 잔치를 통해 참된 부부가 되고 부모가 되어 참된 가정을 통한 하늘부모님 아래 인류 한 가족의 창조이상 세계를 이루려 하셨습니다. 그렇지만 예수님을 모셔야 할 사람들이 무지하여 독생녀를 맞이하지 못하게 되자 결국은 십자가에 돌아가시게 되었고, 이러한 창조이상의 뜻은 재림 때로 미루어지게 되었던 것입니다.

그러나 재림 때까지 하나님의 복귀섭리역사는 계속되어야 하기에 예수님은 영적으로 부활하셔서 40일 동안 지상에 머무르시며 영적구원의 기대를 조성할 수밖에 없었습니다. 예수님은 영적인 후아담의 자리에서 영적인 후해와 자리를 성령으로 대신하고 영적 참부모의 기대를 조성해 영적 구원의 노정을 걸어오셨습니다. 이것이 2천년 기독교 역사였습니다.

재림을 약속하고 승천하신 예수님께서 재림하신 후에 하실 일에 대해 사도 요한이 받은 계시에 따르면, '주님의 혼인 기약이 이르렀고 그 아내가 예비 되었다.'(계 19:7)라고 예언되었습니다. 하나님께서 요한을 통해 다시 오시는 예수님의 혼인을 예언한 것입니다. 일천 여인 중에서 '덕행 있는 여자가 많으나 그대는 여러 여자보다 뛰어 난다 하느니라'(잠 31:29)라는 말씀처럼, 하나님은 세상의 어떤 여인과도 비교할 수 없는 하나님의 독생녀, 어린양의 신부를 찾으셨습니다. 독생자 예수님 앞에 독생녀가 없어서 독생녀의 자리를 영적인 성령으로 대신해 영적구원의 노정을 걸어오신 예수님의 한을 해원한 날이 바로 재림메시아의 어린양 혼인 잔치 날인 것입니다. 6천년 동안 기다리며 소망해 오시던 후해와요 독생녀이며 첫 어린양의 신부가 찾아진 것입니다.

재림메시아로 이 땅에 오셔서 예수님의 노정을 재탕감하기 위해 피와 땀과 눈물의 길을 걸어 나오신 참아버님께서 참어머님과 1960년 4월 11일(음력 3.16) 오전 10시에 청파동 1가 원본부교회에서 전국 각 교회에서 선발된 식구 700여 명이 참석한 가운데 역사적인 참부모님 성혼식을 거행하셨습니다.

이제 온 인류는 참된 부모를 만나 타락의 혈통을 벗고 하나님의 아들딸로 거듭 태어나 온전한 중생의 축복을 받을 수 있는 길이 열린 것입니다. 그동안 예수님과 성령에 의한 영적구원과 중생의 길은 열려 있었으나 영육 아우른 온전한 중생과 구원이 아니었기에 온전한 하나님 아들딸의 자리로 나아갈 수가 없었습니다. 그러나 이제 참부모님의 어린양 혼인 잔치를 통해 인류역사 이래 최초로 참된 부부와 참된 부모를 통한 참사랑의 가정이 지상에 안착하게 되었기에 하나님 아래 인류 한 가족의 창조이상세계가 지상에서 첫 모습을 드러내어 출발하게 된 것입니다. 참부모님의 성혼이 성사된 1960년 음력 3월 16일의 어린양 혼인 잔치는 영원 세세토록 길이길이 찬양과 영광을 받으시기에 합당한 성혼 잔치가 되었습니다. 하늘에는 영광이요. 땅에는 감사와 기쁨의 날이 된 것입니다.

2) 축복 결혼 행사

참부모님께서는 어린양 혼인 잔치를 통해 참된 부부가 되셨고 참된 자녀를 낳아 참부모가 되시어 하나님을 모신 최초의 참부모 가정을 이루셨습니다. 6천년 만에 처음으로 지상에 하나님께서 임재하실 수 있는 첫 가정이 탄생한 것입니다. 이렇게 하나님을 대신한 참부모님이 되셨기 때문에 모든 인류는 하나님이 동기가 되어 서로 짝을 만나서 참부모님께서 집례하며 축도하시는 축복결혼식에 참가함으로써 원죄를 청산 받고 하나님의 자녀로 거듭날 수 있게 되었습니다. 그런 영육 아우른 완성된 구원으로의 출발 의식이 바로 축복 행사입니다.

이러한 섭리적 의의가 있는 최초의 축복 행사는 1961년 5월 15일 서울 청파동 원본부교회에서 거행된 36가정 축복식이었습니다. 36가정은 아담가정형 12가정, 노아가정형 12가정, 야곱가정형 12가정으로 편성되었으며, 지상과 영계의 조상 가정이라고 말씀해 주셨습니다. 36가정은 인류의 참조상이 되시는 참부모님께서 처음으로 축복해 주시는 역사 이래 처음의 축복 행사이기 때문에 사탄의 방해 역사가 많았습니다. 참부모님의 어린양 혼인 잔치를 통해 지상에 처음으로 하나님께서 임재하시어 안착하실 수 있는 선의 영역이 확정되었고, 축복 행사는 이 선의 영역을 확대해 가는 역사이기에 사탄의 방해 공작이 거셀 수밖에 없었습니다.

다음으로, 72가정 축복식은 1962년 6월 4일에 원본부교회에서 거행되었습니다. 72가정은 예수님의 70문도에 해당하는 가정으로서 36가정을 기반으로 한 가정형을 종족형으로 복귀한 축복입니다. 124가정 축복식은 1963년 7월 24일 서울 시민회관에서 거행되었습니다. 124가정의 120수는 예수님의 12제자를 10배수 한 수로서 120문도와 같은 수입니다. 124가정은 처음으로 교회가 아닌 시민회관에서 거행해 세상에 이목을 집중시킨 행사였고, 국제축복이 아닌 순수한 한국인만으로 이뤄진 축복 행사였습니다.

430가정 축복식은 1968년 2월 22일 서울 시민회관에서 개최되었습니다. 1968년은 제1차 7년노정 승리의 기반 위에 거행된 축복 행사로서 430가정 축복식은 대한민국 건국 4300년을 탕감복귀하는 섭리적 의의를 가진 축복 행사였습니다. 430가정에 일본의 협회장이었던 구보키 오사미 가정이 참가함으로써 축복결혼이 국제축복으로 연결되는 길을 연 축복 행사였습니다.

777가정 축복식은 1970년 10월 21일 서울 장충체육관에서 거행되었습니다. 777가정 축복식은 세계형의 축복식으로서 최초의 국제축복 행사가 되었습니다. 참부모님께서는 이 축복식을 통해 세계 어느 나라나 하나님께 돌아올 수 있는 길이 열렸다고 말씀하셨습니다. 1800가정 축복식은 1975년 2월 8일 서울 장충체육관에서 거행되었습니다. 이 해는 제3차 7년노정이 출발하는 해로서 국제축복이 미국과 유럽으로까지 확대되는 축복 행사가 되었습니다.

2075가정 축복식은 1982년 7월 1일 미국에서, 6000가정 축복식은 1982년 10월 14일 한국에서 한 해에 치러진 세계적 축복 행사로서 언론의 집중적인 조명을 받으며 세계 각국의 이목을 집중하게 한 행사였습니다. 10월 14일은 참아버님 흥남 감옥 출감일로서 고난을 축복으로 승화시킨 날입니다. 6천년 인류역사를 탕감하기 위해 세계 곳곳에 자리 잡은 6천쌍 축복가정들을 중심하고 세계적으로 승리적 기준을 세우심으로써 사탄 앞에 공세를 취할 수 있는 출발점이 된 섭리적 의미가 큰 축복 행사였습니다.

2세 36가정 축복식은 1986년 4월 12일 서울 리틀엔젤스 예술회관에서 거행되었습니다. 참부모님께서는 축복이 드디어 2세권으로 확장

6000가정 국제축복결혼식 전경(1982년 10월 14일 잠실실내체육관)

됨으로써 축복가정들이 잘못해 침범받은 조건들을 방어할 수 있는 제2 방어선이 생겨났다고 말씀하셨습니다. 이후로 6500쌍, 3만쌍, 36만쌍, 4천만쌍, 3억6천만쌍, 4억쌍 등의 축복식과 세계평화축복식, 초종교성직자축복식, 영육 축복식 등 다양한 축복으로 온통 하늘 땅 천주 간에 축복가정의 선한 혈통이 가득하게 되었습니다. 이로써 천주적 승리의 기준을 세웠기에 이를 하늘 백성으로 삼아 천일국이라는 하나님 나라가 출범할 수 있는 터전을 중심하고 영원한 축복가정의 전통을 세우게 되었습니다.

4. 참부모 메시아 승리의 여정

1) 제1차 7년노정과 하나님의 날 선포

참아버님께서 1945년 해방과 더불어 공생애 노정을 시작하신 이래 14년 만에 장성기 완성급까지 복귀한 입장에서 1960년 하늘 신부이신 독생녀 참어머님을 맞아 성혼하심으로써 참부모로서의 공식노정을 출발할 수 있게 되셨습니다.

제1차 7년노정은 1960년부터 1967년까지로 참부모님 가정을 완성하는 기간입니다. 1960년 성혼 이후 7년간은 참부모님의 가정이 사탄 침범을 받지 않는 자리에 서서 하나님의 직접주관권 내로 들어갈 수 있는 본연의 가정 기반을 완성하는 기간이었습니다. 성혼식 후 참부모님 가정은 장성기 완성급 고개를 넘어 완성기까지 7년을 거치는 과정에서 영육계의 공세에 맞서 싸워 승리해야 했습니다. 동시에 7년노정은 참어머님께서 뜻에 대한 절대 신념으로 탕감조건을 세우시고 우주의 어머니, 천주의 어머니로서 위상을 바로 세우는 기간입니다. 동시에 참아버님께서 그동안 승리해 오신 노정과 절대적으로 하나 되어야 하는 기간이었습니다. 참부모님 양위분이 뜻을 중심하고 믿음과 사랑과 실체로 하나 되어야 하는 기간입니다.

양위분은 참부모님 가정과 축복가정들을 이끌고 인류역사상 전인 미답의 완성기인 7년노정을 개척해 나가시어 마침내 승리하셨습니다. 7년노정의 내적인 탕감 과정을 거치며 인류 시조의 타락으로 잃어버린 부모의 날, 자녀의 날, 만물의 날을 설정하신 후 1968년 1월 1일을 기해 드디어 하나님의 날을 선포하셨습니다. 따라서 승리하신 참부모님을 중심한 가정적 기대가 세워졌기 때문에 하늘부모님께서 가정에 안착하실 수 있게 되어 하나님의 날이 선포된 것입니다.

특별히 제1차 7년노정 기간은 참어머님께서 하늘만이 아시는 고난과 역경의 시련을 통해 승리하신 기간입니다. 인류의 어머니로서 뜻을 위한 절대적 기준에 맞추어 생활하시면서도 승리하신 참아버님의 뜻에 온전히 일체를 이루셔야 했고, 쉼 없이 자녀를 잉태하며 낳아 기르는 참으로 힘겨우신 어머니의 삶이었습니다. 참어머님께서는 인류 역사상 어느 어머니도 가보지 못한 가히 상상할 수 없는 고난과 역경과 눈물의 삶으로 승리하셨습니다. 한 많은 하나님의 한을 해원하는 승리의 노정을 통해 하나님의 날이 찾아진 것입니다.

2) 공산주의 종언과 소련 및 북한방문

참부모님께서는 제1차 7년노정의 승리를 통해 하나님의 날을 선포하신 터전 위에 곧바로 공산주의를 몰아내기 위한 섭리에 돌입하셨으니 1968년 1월 13일 한국에서 국제승공연합을 창설하신 것입니다. 요한계시록 12장에 붉은 용으로 상징된 공산주의는 하나님의 뜻을 방해하고 메시아의 구원섭리를 저지하기 위해 사탄이 만들어 놓은 이념이고 활동무대입니다. 그러므로 메시아로 오신 참부모님께서는 철저한 무신론의 바탕 위에 종교를 아편으로 규정하고 평등과 평화의 속임수로 인간세계를 파멸시키는 공산주의를 그냥 둘 수 없으셨습니다. 한국에서는 물론 일본과 미국, 그리고 세계에 공산주의의 실상을 제대로 알리고 그들을 반대하는 차원을 넘어 없애버리기 위한 승공 활동을 조직화하시며 범세계적인 운동으로 확산하셨습니다.

세계를 적화하기 위한 전략으로 한창 세력을 확산하던 공산주의 종주국인 소련의 KGB는 드디어 공산주의의 적이 된 참부모님을 시해하기 위한 음모를 꾸몄으나 미국의 정보 당국에 의해 적발되어 적군파가 검거되는 일이 있었습니다.

한편, 참부모님께서는 승공 활동과 평화세계 구현을 목적으로 세계평화교수협의회를 창설하셨습니다. 이 단체가 주관하는 학술대회가 1985년 8월 13일부터 5일간 스위스 제네바의 인터콘티넨탈 호텔에서 300명의 교수와 학자들이 참석한 가운데 개최됐는데, 이때 참부모

참부모님을 영접한 소련의 고르바초프 대통령(1990년 4월)

님께서는 대회 의장을 맡고 있던 시카고 대학의 정치학 교수인 몰튼 카플란 박사로 하여금 '공산주의 종언'을 선언하게 하셨습니다. 참석했던 학자들이 모두 놀랄 수밖에 없었던 것은 공산주의 종주국 소련이 건재하고 있었고 미소 냉전이 한창이던 때였기 때문입니다.

다음으로, 참부모님께서는 1976년 미국 건국 200주년을 기념하는 워싱턴모뉴먼트대회를 통해 '다음 대회는 모스크바'라고 선언하셨듯이, 1990년 4월 9일부터 13일간 소련에서 개최되는 세계언론인대회를 주재하시기 위해 모스크바에 입성하셨습니다. 놀라운 사실은 참부모님을 없애려 했던 소련 당국이 참부모님을 크렘린궁으로 국빈 초청해 고르바초프 대통령과 회담했다는 사실입니다.

더욱더 놀라운 사실은 참부모님께서 고르바초프 대통령에게 무신론적 유물론의 공산주의는 멸망할 수밖에 없으니 종교의 자유를 통한 영적 가치관을 부활시켜야 한다는 것과 이를 위한 결단으로 공산 혁명의 상징인 크렘린 광장의 레닌 동상을 철거하라는 권고를 하셨고, 고르바초프 대통령이 이 제안을 받아들였다는 사실입니다. 이리하여 참부모님께서 일찍이 예견하신 대로 고르바초프 대통령의 주도로 소련 연방이 해체되었으며, 미소의 냉전도 종식되었습니다. 고르바초프 대통령은 이 공로로 노벨 평화상을 수상했고, 대통령직에서 물러난 후 한국으로 참부모님을 찾아 감사 인사를 드렸습니다. 이것이 진정한 승리가 아니고 무엇이겠습니까!

다음 차례는 북한이었습니다. 참부모님께서 탄생하신 고향 땅이기도 하지만, 하나님께서 택하신 선민의 땅이며 하나님의 조국으로 해방과 통일을 이루어야 할 땅이기 때문입니다. 드디어 1991년 11월 30일 그리운 고향 땅을 떠나신 지 40년 만에 북한 정부의 공식 초청을 받아 북한 조선 민항기 특별편으로 방북하셨습니다. 참아버님께서는 방북하시기 전 공산 치하에서 하나님의 일을 한다는 이유로 잡혀가서 대동보안서와 홍남 감옥에서 혹독한 고문과 학대 속에 죽음의 고비를 넘는 수난을 당하셨고, 가족들 또한 반당 역적의 가족이라 하여 죽임을 당한 것을 알고 계신 입장에서 어떻게 김일성을 만나 그를 용서하고 장차 대한민국의 평화통일 방안을 논의할 수 있을까를 고민하지 않을 수 없었다고 하셨습니다. 인간적으로 용서가 될 수 없는 원수 중의 원수를 만나서 어떻게 용서할 수 있을지를 고민하며 기도하신 것입니다.

참부모님을 영접한 북한의 김일성 주석(1991년 12월)

참부모님께서는 북한 당국에서 내어준 헬기를 타고 금강산을 둘러보셨고, 고향 땅 정주를 찾아 그리운 누나들과 친족들을 만나보셨습니다. 문제는 방북 3일째 되는 날에 발생했습니다. 북한의 만수대 의사당 회담에서 김달현 부총리와 윤기복 조선평화통일위원회 위원장은 "우리는 우리식대로 잘살고 있다"는 등의 발언을 하며 주체사상을 찬양했습니다. 이를 듣다가 곧바로 일어서신 참아버님께서는 "주체사상은 남북통일의 사상이 될 수 없다. 통일조국은 하나님주의 사상으로만이 가능하다. 참사랑만이 문제해결의 핵심이다"라는 요지의 연설을 북한의 지도자들을 앞에 놓고 책상을 연달아 치며 호령하시듯 열변을 토하셨습니다.

모시고 갔던 수행원들은 얼굴이 새파래지며 어쩔 줄을 몰라 했습니다. 이곳이 어떤 곳인데 이곳에 와서 하늘 같은 주체사상을 비판하며 북한 지도자들에게 호통치듯 했으니 '이제 살아서 나가기는 어렵게 됐다'고 박보희 회장은 당시를 회고했습니다. 방북의 목적은 김일성 주석과의 회담이었는데, 이것은 불가능한 일이 되었다고 생각했습니다. 그런데 기적이 벌어졌습니다. 김일성 주석은 모든 보고를 다 받고도 이를 문제 삼지를 않았고, 오히려 이렇게 큰 분이라면 내가 만나봐야겠다고 했습니다. 하나님의 뜻을 가지고 가신 일이라 하나님이 길을 열어 주셨습니다.

방북 7일째인 1991년 12월 6일 함경남도 흥남시 마전 주석공관에서 참부모님과 김일성 주석과의 회담이 이루어졌습니다. 이곳 흥남은 공교롭게도 참아버님께서 감옥 생활을 하셨던 곳이었습니다. 이 회담에서 남북 이산가족 상봉 사업의 추진, 핵에너지는 평화적 목적으로만 사용할 것, 국가나 해외교포의 대북한 경제투자를 환영하며 평화를 목적으로 하는 대북 경제사업에 통일그룹이 지원하는 대원칙에 합의했고, 또한 남북정상회담에 응할 것 등을 합의했습니다.

김일성 주석과 참부모님과의 회담은 사냥과 낚시 이야기도 하며 시종 화기애애했고, 두 분은 손을 잡고 복도를 걸어 나가서 다정하게 기념 촬영도 했습니다. 참아버님과 김일성 주석은 원수지간이었지만, 금방 오랫동안 헤어진 형제가 만난 듯 서로 얼싸안고 친해졌습니다. 이 자리에서 두 사람은 의형제를 맺었습니다.

후에 김일성 주석은 김정일에게 이렇게 말했다고 합니다.

"내가 일생 많은 사람을 만나 봤지만, 문 총재 같은 사람은 없었다. 배포도 크고 정이 넘치는 사람이다. 친밀감이 느껴지고 기분이 좋아 오래오래 같이 있고 싶었다. 내가 죽은 후에 남북 사이에 의논할 일이 생기면 문 총재를 찾아라."[55]

김일성은 사탄 편 재림주의 입장이라서 그도 북한에서는 어버이 수령이라고 부릅니다. 참부모와 거짓 부모가 만나 의형제가 되었습니다. 공산주의의 최고 반대자 참부모님을 국빈으로 초청해서 환영했고, 북한에 있어서 하늘 같은 주체사상을 비판했는데도 불구하고 문제 삼지 않고 참부모님을 영접해 회담했으며, 참부모가 요구하는 사항을 수용해 합의했으니 거짓 부모와 참부모의 영적 싸움에서 참부모가 승리하신 것입니다. 이는 원수지간이 된 에서와 야곱의 화해이며, 야곱이 천사와의 씨름에서 이겨 승리자라는 뜻의 이스라엘 칭호를 얻어 선민 국가를 세웠듯이 장차 남북통일 과정에서의 대결에서 승리해 신통일한국의 하나님 나라를 세울 수 있게 된 쾌거였습니다. 확실하게 참사랑으로 승리하신 참부모님의 방북 여정이었습니다.

3) 하나님왕권즉위식과 천주평화통일국 선포

하나님왕권즉위식은 2001년 1월 13일 HJ천주천보수련원에서 거행

---

[55] 『참부모 생애노정 강의안』, 2017, 325쪽

되었습니다. 인간 조상이 타락한 이후 하나님께서는 창조주로서 위상과 만왕의 왕 권한을 행사하지 못한 채 일구월심 타락한 자녀들을 구원하시기 위한 일념으로 살아오셨습니다. 더욱이 타락의 장본인인 천사장 누시엘이 하나님과 맞서서 악의 세계를 형성하며 인류와 세계를 지배해 왔기 때문에 하나님은 한의 하나님으로 계실 수밖에 없었습니다.

드디어 이 땅에 참부모님께서 이 모든 하나님의 뜻과 심정을 아신 날부터 불철주야 오로지 하나님 해방과 인류 구원을 위한 뜻을 세우고 단계를 밟아 승리해 오신 터 위에 하나님을 창조주의 자리와 만왕의 왕 자리에 모시는 하나님 해방의 날을 세우셨으니, 이날이 곧 하나님왕권즉위식입니다. 참부모님에 의해 하나님의 한이 해원된 참으로 역사적이고 천주사적인 날이며, 인류역사상 잊어서는 안 되는 아주 큰 영광과 기쁨과 찬양의 날이 이날입니다.

참부모님께서 하나님을 본연의 하나님 자리에 모시게 되었고, 그동안 사탄 주권의 세상에서 창조주로서 만왕의 왕권을 행사하지 못하시던 역사를 청산하고 하나님께서는 당당히 참부모님을 통해 창조주의 권한으로 만국의 왕권을 가지고 천상천하를 치리하시는 출발을 하게 된 것입니다. 이제는 세상의 임금과 주인 노릇하던 사탄을 향해 총공세를 하시게 된 것입니다.

이날이 있기까지는 참부모님께서 승리하신 실적이 있었기 때문에 가능했습니다. 사탄의 왕국인 소련과 북한을 찾아가서서 하나님의 이름으로 승리한 실적의 기반 위에 그동안 축복받고 참부모님께 절대순종하는 축복가정들을 제4차 아담으로 축복하신 실적이 있었기에 이 날의 승리가 가능했던 것입니다. 또한, 1999년 3월 21일, 사탄이 된 천사장 누시엘을 참부모님께서 자연 굴복시켰기 때문에 하나님왕권즉위식을 거행할 수 있었습니다.

하나님왕권즉위식을 통해 하나님께서 창조주의 위상과 만왕의 왕권한을 회복하셨기 때문에 이제는 치리하실 수 있는 하나님 나라가 있어야 하는 것입니다. 그리하여 참부모님께서는 1988년 10월 3일 용인 일화연수원에서 '세계통일국개천일'을 선포하시고 준비해 오신 터 위에 2001년 10월 29일 HJ천주천보수련원에서 '천주평화통일국'(약칭 천일국)을 선포하셨습니다. 천주는 천상의 영적세계와 지상의 육적세계를 합한 개념으로서, 천일국을 선포하신 의미는 창조하신 온 세계가 하나님께서 치리하실 수 있는 하나님 나라로서 출발하게 되었다는 뜻입니다.

4) 팔정식과 쌍합십승일 선포

참부모님께서는 1989년 8월 31일 미국 알래스카 코디악의 노스 가든에서 팔정식(八定式)을 선포하셨습니다. 팔정식이란 8단계를 단계별로 확정해 나오시어 승리하셨다는 의미입니다. 8단계란 종적으로 종의 종, 종, 양자, 서자, 친자, 부부, 부모, 하나님의 8단계이며, 횡적으로 개인, 가정, 종족, 민족, 국가, 세계, 천주, 하나님의 8단계입니다. 그러

참부모님 쌍합십승일 선포(2004년 5월 5일)

니까 하늘의 사명을 가지고 오신 메시아 참부모님께서는 이러한 종과 횡의 8단계 과정을 거치며 인정받고 최후에는 하나님께 공인받아 승리하셔서 이를 공포하신 식이 팔정식입니다.

쌍합십승일(雙合十勝日)은 2004년 5월 5일 여수 청해가든에서 선포하신 승리의 날입니다. 참부모님께서 쌍합십승일은 선천시대가 마감되고 새 하늘과 새 땅의 후천시대가 출발하는 날이라고 하셨습니다. 또한, 쌍합십승일은 "선천시대에서 후천시대가 시작되어 모든 것이 해방시대, 완성시대로 넘어가는 것"이라고 말씀하셨습니다.

하나님께서 창조하신 세계는 모두가 쌍으로 되어 상대적 화합의 관계를 맺고 존재합니다. 남자와 여자, 양과 음, 전후좌우, 10수의 전반 5와 후반 5가 합을 이루어 존재합니다. 그런데 사탄이 세상의 주인 노룻을 하며 이 모든 쌍을 화합이 아닌 갈등과 불화의 관계로 만들어 놓고 말았습니다. 그렇기 때문에 하나님께서는 쌍쌍의 세계를 되찾아 화합과 화목으로 하나 되는 섭리를 해 오셨습니다.

그리고 드디어 참부모님께서 선천시대의 모든 잘못된 것을 쌍합십 승일을 통해 본연의 참사랑을 중심한 화합의 관계로 되돌려 새 하늘 과 새 땅의 후천시대를 출발시켜 주셨으니, 이날이 쌍합십승일입니다. 선이 악을, 광명이 어두움을, 후천시대가 선천시대를 하나님의 참사랑 을 중심하고 품어서 밝혀 하나님 사랑의 주관을 받을 수 있는 새 하 늘 새 땅의 새 시대가 출발한 것입니다.

이처럼 참부모님 양위분께서 각각 종과 횡의 8단계를 통해 하나님 께 공인받는 승리를 하셨기 때문에 하나님을 대신해서 다스릴 수 있 는 주권이 출발했습니다. 쌍합십승일을 통해 참된 부부가 하나님을 중심으로 일체를 이루어 세상과 시대를 아울러 하나님이 주관할 수 있는 또 하나의 조건이 성사된 것입니다.

우리나라 최고의 예언서 『격암유록』에는 한국에 신천신지의 지상선 경을 열어갈 위대한 성인 즉 정도령이요 미륵불이며 양백성인이 오시 는데, 이분을 십승인(十勝人)으로 표현하고 있습니다. 하나님을 대신해 서 후천시대를 열어갈 양백성인은 종과 횡으로 승리하신 분이어야 한 다는 예언입니다. 우리의 참부모님께서는 종과 횡으로 승리하신 실적 을 가지고 계신 미리 예언된 분입니다.

5) 최종일체 특별선포와 천지인참부모 정착 실체말씀 선포 천주대회

참부모님 최종일체 특별선포가 2010년 5월 8일 새벽 2시 20분과 동년 5월 15일 새벽 3시 25분, 이렇게 양일에 걸쳐 미국 라스베이거스 천화궁에서 있었습니다. 5월 8일 특별선포는 참부모님 양위분께서 부부로서 횡적으로 최종일체를 이루신 선포이고, 5월 15일 특별선포는 일체된 참부모님께서 종적으로 하늘부모님과 최종일체를 이루신 선포였습니다. 이번 선포가 특별선포인 것은 횡적으로, 그리고 종적으로 일체를 이루신 것이며, 다음으로 이제 더 이상의 일체가 필요 없는 최종적인 일체라는 데 있습니다.

이렇듯 참부모님 최종일체 특별선포의 아주 중요한 의미는 참부모님께서 부부로서 뿐만 아니라 하늘부모님과 온전하고도 영원한 일체를 이루시어 하나님의 실체를 입으셨다는 데 있습니다. 특별선포 이후부터는 참부모님이 하늘부모님이시고 하늘부모님이 참부모님이 되신 것입니다. 아담 해와를 창조하신 후 이들을 통해 이루시고자 6천 년 동안 소망해 오신 창조이상의 꿈이 일차적으로 완성되어 결실된 것입니다. 무형의 하나님께서 소망해 오시던 가장 우선적인 창조이상의 꿈은 아담 해와의 체(體)를 쓰고 보이는 하나님으로 현현하시는 것이었습니다. 이렇게 되면 그다음으로 꿈꿔 오신 하늘부모님 아래 인류 한 가족의 평화이상세계는 이루어지게 되는 것입니다.

이번의 특별선포로 참부모님과 하나님의 위상이 전과는 완전히 달라졌습니다. 참부모님은 하나님의 대신자에서 하나님의 실체를 입게 되셨습니다. 하나님은 하늘부모님이 되셨습니다. 무형의 하나님께서 유형의 하늘부모님으로 영원 세세토록 현현하실 수 있게 되신 것입니다. 하나님께서 창조하신 세계는 무형의 영적세계(天)와 유형의 지상세계(地), 그리고 유무형의 인간세계(人)입니다. 참부모 메시아께서는 하늘부모님의 실체로서 천지인(天地人) 3계 대권의 주인이요 주관자가 되신 것입니다. 그래서 하나님의 공식 존칭이 하늘부모님이 되신 것이며, 참부모 메시아의 공식 존칭이 천지인참부모가 되신 것입니다.

이렇게 중요한 특별선포이기 때문에 이를 만천하에 공표하시기 위해 천지인참부모 메시아께서는 특별하신 대회를 곧바로 주재하셨으니 바로 '천지인참부모 정착 실체말씀 선포 천주대회'입니다. 최종일체 선포를 하신 후 서둘러 한국으로 귀국하신 천지인참부모님께서는 천정궁에서 곧바로 첫 선포대회를 주재하셨습니다.

천지인참부모 정착 실체말씀 선포 천주대회는 2010년 7월 8일 한국 천정궁과 같은 해 7월 24일 미국 뉴욕 맨해튼센터를 비롯해 한국과 미국 일본 등 10개국에서 개최되었습니다. 이 대회는 참부모님 일생을 총결산해 결론하시며 유언의 말씀을 주신 대회였습니다. 참부모님께서 하늘부모님의 실체로 현현하시어 천지인참부모님이 되셨고, 실체말씀이 되셨음을 하늘땅에 선포하는 대회였습니다. 이 대회 때 참부모님께서는 다음과 같은 선포를 하셨습니다.

"이제 참부모님 양위분께서는 최종일체를 이루어 완성·완결·완료의 기준 위에서 전체·전반·전권·전능의 시대를 봉헌 선포하신 것입니다."[56]

참부모 메시아께서는 종과 횡으로 최종일체를 이루시어 복귀섭리를 완성·완결·완료하시고 이 땅에 오신 모든 책임과 사명을 완성했음을 선포하신 대회였습니다. 생애를 총결산하시어 유언을 남기시는 참으로 중요한 대회였기 때문에 참으로 최고의 정성을 다해 대회를 주재하셨습니다.

6) '다 이루었다' 최후 기도와 참아버지 메시아 성화(聖和)

참아버님께서는 지상 생애의 마지막이 다가오고 있음을 아시고 생을 마무리하는 절차를 밟으셨습니다. 2011년 12월 11일 천정궁에서 '천지의 모든 존재가 초점을 맞추고 창조주 하나님이 창조본연의 기준을 찾아 세우신 가운데 모든 섭리의 완성·완결·완료와 최종승리를 선언한다.'라고 말씀하시고는 '모든 것을 다 이루었다!'고 발표하셨습니다. '천일국 최대 승리 기념일'이라는 선포문을 쓰시고 '하나님과 참부모님 일체 완료! 하나님이 완성·완결·완료! 아주! 시봉천국 되다. 축 문선명 아주!'라고 선포하셨습니다.

참아버님의 생애 마지막 모습의 일단을 전하시는 참어머님 말씀에

<hr>

56 『천성경』, 1450쪽, 「천지인참부모 정착 실체말씀 선포 천주대회」 말씀 중

의하면, 참아버님께서는 2012년 8월 12일 병원에서 10일간의 검사를 다 마치시고 일단 병원에서 나오셨습니다. 천정궁에 오셔서 하룻밤을 묵으시는 동안 참아버님께서는 "내가 오늘은 엄마와 겸상하고 싶다." 고 말씀하셨습니다. 참아버님께서는 진지는 드시지 않고 참어머님 얼굴만 바라보고 계셨습니다. 아마도 참아버님께서는 참어머님의 얼굴을 마음속에 새기시는 것 같았습니다.[57]

다음 날 8월 13일은 유독 태양 빛이 강했습니다. 커다란 산소통을 대동하고 다니시면서 천원단지를 두루 둘러보고 오셨습니다. 그러시고는 참아버님께서 천정궁에 들어오셔서 녹음기를 가져오라고 명하셨고, 가져온 녹음기를 참아버님께서는 직접 손에 드시고 한 10여 분간 눈을 감고 깊은 생각에 잠기셨다가 드디어 말씀을 녹음하셨습니다.

"'다 이루었다. 다 이루었다! 모든 것을 하늘 앞에 돌려드리겠다. 완성·완결·완료하였다.' 잠시 가쁜 숨을 몰아쉬시며 참아버님께서는 참어머님의 손을 꼭 잡으시고 '엄마 고마워요! 엄마, 잘 부탁해!' 힘겨워 하시면서도 '미안하고 정말 고맙다.'고 연이어 말씀하셨습니다."[58]

참아버님께서는 2012년 8월 13일 오후 청심국제병원 8층 병실에서

57 한학자 총재 자서전, 『인류의 눈물을 닦아주는 평화의 어머니』, 24쪽
58 한학자총재 자서전, 『평화의 어머니』, 24~25쪽

참어머님의 손을 잡고 하늘 앞에 최후의 기도를 하셨습니다.

"오늘 최종적인 완성 완결을 지어서 아버지 앞에 돌려드렸사옵고, 지금까지 한 생을 아버지 앞에 바친 줄 알고 있사오니, 그 뜻대로 이제는 모든 생을 정성 들여 종료하는 시간을 맞이하여 타락이 없었던 본연의 에덴동산으로 돌아가서 해와가 잘못되고 아담이 책임분담에 걸린 것을 다 초월할 수 있게 되었습니다. 모든 것에 대한 해방·석방의 권한을 가지고 누구든지 부모님의 뒤만 따라오면 4차원에서도, 14차원에서도 지옥에 갈 수 있는 것을 천국으로 입양할 수 있는 4차원 입적과 14명의 아들딸을 중심삼고 종족적 메시아가 국가를 대표할 수 있는 이름을 이루어 387개 나라(아벨유엔권 194개국, 가인유엔권 193개국)만 복귀하면 다 끝나는 것을 선포합니다. 그 일을 위한 모든 것을 다 이루었습니다. 아주!"[59]

결국, 이 기도는 참아버님께서 지상에서 마지막으로 하나님께 드린 기도가 되었습니다.

참아버님께서는 지상에서의 사명을 완료하셨고, '다 이루었다!'라는 최후 기도를 하시고서는 천국에 입성할 준비를 하셨습니다. 평소에 '내가 이제 갈 때가 되었다. 천상에 가서 할 일이 많다'고 하신 그 말씀을 이루기 위해 가실 준비를 서두르셨습니다. 그러시고는 92세에 영계에 갈 것이라고 미리 예견하신 때를 맞추어 천국에 입성하셨습

---

59 세계평화통일가정연합, 『천성경』, 1646쪽

문선명 천지인참아버님 천주 성화식(2012년 9월 15일)

니다.[60]

참아버님께서는 2012년 9월 3일(천력 7월 17일) 오전 1시 54분, 92성상의 섭리를 승리로 마감하시고 청심국제병원에서 성화하셨습니다. 참어머님께서는 참아버님 입전식 날 성체 앞에서 "생이 다하는 날까지 천일국을 이 땅 위에 정착시키겠습니다."라고 결의하시고, 9월 15일 청심평화월드센터에서 13일장으로 거행된 천주성화식을 주재하셨습니다. 성화식 후 참아버님 성체는 천성산 본향원에 안장해 모시고 원전식을 거행했습니다. '억조창생 만승군황 천일국 진성덕황제'의 위상으로, 천지인참아버님으로서 예수님께서 베드로에게 주고 가셨던 천국문 열쇠를 가지고 하늘에 오르신 후 인류역사 이래 최초로 천국 문을

---

60 『문선명선생말씀선집』, 제413권, 199~200쪽

여시고 천상천국에 입성하셨습니다.

이제 천국 문이 열렸으니, 지상에 왔다가 천상으로 돌아가 영계에 머물러 있는 지상보다 훨씬 더 많은 영인이 드디어 인류의 구세주 메시아이신 천지인참부모님을 모시고 해방, 구원받아 천국으로 입성할 수 있는 길이 열린 것입니다. 천상천하에 천하만민이 영광과 감사와 기쁨의 찬양을 드리며 경배하는 날이 된 것입니다.

제3장

참어머니 메시아
중심한 섭리시대

1. 기원절(基元節)을 중심한
참어머니 메시아 섭리시대의 개관

1) 92세에 영계로 갈 것을 예언하신 참아버지 메시아

실제로 문선명 총재께서는 기원절 전에 92세 때 영계에 가실 것을 두 번이나 말씀하신 적이 있습니다. 2003년 7월 23일(수) 한남국제연수원에서의 훈독회(訓讀會)에서 하신 말씀입니다.

"아버지가 오래 살지 못하게 됐으니, 2004년이 끝나면 오래 안 남았다는 거예요. 가만 보니까 10년, 92세까지 딱 짜고 있는데, 그 이후에는 아버지가 지상에 있을 필요가 없어요. 영계가 얼마나 부모님이 오기를 바랍니까? 바라고 있나요, 안 바라고 있나요? 영계에 할 일이 얼마나 쌓여 있는데, 누가 해결해 줄 거예요? 그렇기 때문에 지상의 일들은 여러분이 책임지라고요. 나라를 책임지라는 거예요."[61]

---

61 『문선명선생말씀선집』, 제413권, 199~200쪽

또, 2005년 7월 27일 한남국제연수원에서의 훈독회 말씀입니다.

"내가 아흔두 살까지 지금 잡고 있는데, 그 시간보다 더 살면 죄예요. 선생님이 이게 마비되어서 식물인간 되면 누워서 오줌 받고 똥 받으면서 섬기라면, 한 달 동안 와서 그러라면 다 도망가려고 할 거예요. 통일교회 식구들 도망갈 거라구요."[62]

이러한 참아버님의 말씀을 놓고 볼 때, 참아버님께서는 기원절 전인 92세 때 영계에 가서서 천일국을 출범시켜야 할 뜻이 있음을 아시고 이렇게 말씀하신 것이라고 해석할 수밖에 없습니다. 이렇게 한 치의 오차도 없는 섭리적 프로그램으로 모든 준비를 마치신 후 참아버님께서는 주체적 천상세계의 하나님 보좌에서, 참어머님께서는 대상적 지상세계의 하나님 보좌에서 기원절을 맞이하신 것입니다. 기원절은 태초부터 하나님께서 소망하시며 꿈꾸셨던 하나님 나라가 실체적으로 출발하는 공식적인 날이요 기원이 되는 날입니다. 기원절은 역사에 단 한 번밖에 없는 유일무이한 날이기에 역사적인 날이요 천지가 개벽되는 대천주적 혁명기라고 말씀하신 것입니다.

기원절 이후의 섭리적 프로그램은 이미 출범한 실체적 천일국을 더욱더 공고히 하여 안착시키고 완성하는 방향으로 발전하게 되어 있음을 알고 있습니다. 그래서 이러한 한때를 예견하시고 참아버님께서는 지상에서의 천일국 안착과 실체화 완성섭리는 참어머님께서 주재하셔

---

62 『문선명선생말씀선집』, 제502권, 151~152쪽

야 할 일로 말씀하시고 준비해 주셨던 것입니다. 지상에서 천상의 참아버님과 하나 되어 출범한 천일국의 안착 완성을 위해 섭리를 주재하실 분은 참어머님밖에 없습니다. 이 일은 그 누구도 대신할 수 없는 일이기에 참어머님 중심한 섭리시대는 필연적으로 예정되어 있었던 것입니다.

2) 기원절의 의미와 참부모 메시아의 위상

우리가 참어머님 중심한 섭리시대를 이해하기 위해서는 기원절의 의미를 먼저 확실히 알아야 합니다. 참아버님께서는 실체말씀 선포천주대회 연설에서 기원절의 의미에 관해 이렇게 말씀해 주셨습니다.

"여러분, 오늘날 우리가 살고 있는 이 시대는 역사적인 대천주적 혁명기입니다. 역사를 바꾸고, 영계와 지상계를 하나로 만들어 하나님께서 태초부터 소원하셨던 이상천국을 이 지상에 창건해야 하는 대천주적 혁명기라는 것입니다. 더 이상 연기하거나 연장할 시간이 없습니다. 하늘은 벌써 2013년 1월 13일을 '기원절(基元節)'로 선포해 놓았습니다. 실체적 천일국의 시발이요 기원이 되는 날이 바로 그날입니다."[63]

---

63 세계평화통일가정연합, 『천성경』, 1446쪽, 2번

천지인 참어머님 기원절 즉위식(2013년 천력 1월 13일)

이는 2001년 1월 13일 하나님 왕권즉위식 이후 2001년 10월 29일 한국에서 천주평화통일국, 즉 천일국이 처음 선포된 이래 모든 조건을 갖춘 후 2013년 천력 1월 13일 선포하신 기원절을 통해 천일국이 실체적으로 출발한다는 말씀이며, 그러므로 기원절은 천일국의 기원이 되는 날이라는 말씀입니다. 하나님의 최종적 꿈이요 창조이상이 드디어 천일국이라는 하나님 나라 이름으로 공식 출범된 날이 기원절인 것입니다.

그런데 『천성경』 1286쪽 첫 줄에 "하늘 천(天) 자는 두(二) 사람(人)입니다. 그 두 사람이 하나 된 나라가 천일국(天一國)입니다."라고 천일국의 의미에 대해 말씀하셨습니다. 천일국은 천상세계와 지상세계의 두 세계가 하나 된 나라이지만, 참부모님께서는 두 세계가 아닌 두 사람이 하나 된 나라가 천일국이라고 말씀하신 것입니다. 여기에 천일국 의미의 핵심이 있습니다. 천일국은 참아버님과 참어머님 두 분이 최종 일체를 이루시어 하늘부모님의 실체로서 현현하셔야만 출범할 수 있는 것이기 때문에 두 사람이라고 말씀하신 것이며, 드디어 2013년 1월 13일 기원절을 통해 천상의 참아버님과 지상의 참어머님께서 일체를 이루심으로써 공식 출발할 수 있게 되었습니다. 2010년 천력 5월 참부모님 양위분께서 최종일체 완성·완결·완료의 선언과 함께 같은 해 7월부터 12월까지 세계적으로 '천지인참부모정착 실체말씀선포 천주대회'를 승리하심으로써 이 기반 위에 기원절이 거행될 수 있었던 것입니다.

천일국은 하늘부모님의 실체를 이루신 천지인참부모님께서 진성덕황제가 되시어 천일국 주권의 실체가 되시고, 두 사람이 하나 된 천상천하의 축복가정들이 백성이 되며, 천정궁을 중심한 성별된 천상천하의 영토가 국토가 되어 하나님 나라로서의 위상을 갖춘 터 위에 실체적으로 공식 출범하게 되었습니다.

참아버님께서는 하늘부모님과 일체가 되신 가운데 진성덕황제로서 천상천국의 하나님 보좌에 안착하시고, 참어머님께서도 하늘부모님과 일체가 되신 가운데 진성덕황제로서 지상천국의 하나님 보좌에 안착하셨습니다. 그리하여 천상과 지상의 양위분이 완전한 일체를 이루심으로써 천상천국과 지상천국이 하나 되어 천일국이 실체적으로 출발한 날이 기원절입니다. 참아버님께서는 2012년 천력 7월 17일 성화하셔서 영계를 조정 수습하신 후 2013년 천력 1월 13일에 가지고 가신 천국 문 열쇠로 천상천국 문을 여시고 하나님의 보좌에 안착하신 것이며, 지상에서도 동시에 참어머님께서 지상천국 문을 여시고 하나님의 보좌에 안착하신 것입니다.

이러한 사실을 통해 기원절의 진정한 의미는 너무나 확실해졌습니다. 두 사람 즉 참아버님과 참어머님께서 하나님을 모신 가운데 완전 일체가 되시어 하늘부모님의 실체를 이루셨으므로 지상천국과 천상천국은 하나 되어 하나님 나라인 천일국이 출범할 수 있게 된 것이니 이것이 기원절의 진정한 의미입니다.

이렇게 볼 때, 참아버님께서 기원절 전에 영계에 가신 것은 예정하신 섭리라고 해석할 수밖에 없습니다. 왜냐하면, 실체적 천일국이 출발하기 위해서는 두 사람이 하나 된 나라가 천일국이므로 주체세계인 천상천국의 하나님 보좌에 하나님의 실체로서 안착하셔야 할 사람이 없어서는 안 되기 때문입니다. 그 자리는 누구도 대신할 수 없는 하나님의 실체만이 들어갈 수 있는 자리입니다.

2. 요한계시록에 나타난
독생녀 참어머니 메시아에 대한 예언

1) 새 예루살렘 성과 참어머니 메시아

요한계시록에 나타난 독생녀 참어머니 메시아에 대한 예언은 이미 제1장 4에서 자세히 다루었습니다. 여기서는 제1장 4에서 다루지 않은 독생녀 참어머니 메시아에 대한 또 다른 요한 계시록의 내용만을 다루겠습니다.

요한계시록 21장에는 독생녀 참어머니 메시아를 새 예루살렘 성으로 비유하고 있습니다.

"또 내가 새 하늘과 새 땅을 보니 처음 하늘과 처음 땅이 없어졌고 바다도 다시 있지 않더라. 또 내가 보매 거룩한 성 새 예루살렘이 하나님께로부터 하늘에서 내려오니 그 예비한 것이 신부가 남편을 위하여 단장한 것 같더라."(요한계시록 21장 1~2절)

"일곱 대접을 가지고 마지막 일곱 재앙을 담은 일곱 천사 중 하나가 나아와서 내게 말하여 가로되 이리 오라 내가 신부 곧 어린양의 아내를 네게 보이리라 하고 성령으로 나를 데리고 크고 높은 산으로 올라가 하나님께로부터 하늘에서 내려오는 거룩한 성 예루살렘을 보이니 하나님의 영광이 있으매 그 성의 빛이 지극히 귀한 보석 같고 벽옥과 수정같이 맑더라."(요한계시록 21장 9~11절)

요한계시록 21장은 사도 요한이 재림주님께서 이루실 새 하늘과 새 땅을 보게 되었다는 말씀으로 시작합니다. 그런데 새 하늘 새 땅에는 하늘에서 내려온 거룩한 성인 새 예루살렘 성이 있다고 했으며, 이 새 예루살렘 성은 마치 신부가 신랑을 위하여 단장한 것처럼 아름답다고 했습니다.

그런데 중요한 것은 그다음 요한계시록 21장 9절에서 11절까지에 표현된 새 예루살렘 성입니다. 새 예루살렘 성을 어린양의 아내 자체로 표현하고 있습니다. 천사가 어린양의 아내를 보여주겠다고 사도 요한을 높은 산으로 데리고 올라가서 보여준 것은, 어린양의 아내 모습이 아니라 예루살렘 성의 모습이었습니다. 이 말씀은 어린양의 신부이시며 아내이신 참어머니 메시아는 새 하늘과 새 땅 안에 새 예루살렘 성을 세우시는 분이라고 해석해야 합니다. 이렇게 해석할 때 그 의미가 분명해집니다. 새 예루살렘 성은 신부가 신랑을 위하여 단장한 것처럼 아름답기도 하지만, 실은 참어머니 메시아가 기획하시고 창건하신 성이기 때문에 이 성의 모습은 어린양의 신부 즉 참어머니 메시

새 예루살렘 성 천원궁 천일성전 봉헌식 전경(2023년 5월 7일)

아의 얼굴이기도 한 것입니다.

참으로 놀라운 사실은 한학자 참어머님께서는 새 예루살렘 성으로 계시된 궁전을 그대로 완공하셨다는 사실입니다. 가평군 설악면 소재 HJ천원으로 명명된 곳에 하늘부모님의 본 성전이요 하늘부모님의 실체로 현현하신 천지인참부모님을 모시게 될 천원궁을 건축하셨습니다. 이 궁전은 계시록에서 묘사한 대로 귀한 보석같이 하얗게 빛나고 벽옥과 수정같이 맑은 참으로 아름다운 성입니다.

이 하늘에서 내려온 새 예루살렘 성을 실제 한학자 참어머님께서 이미 완공하셨다는 사실이 놀랍습니다. 요한계시록의 예언이 그 말씀 그대로 실현되고 있으니 이를 어찌 우연이라고 하겠습니까? 참으로 놀랍고 감사하고 경이로울 뿐입니다.

2) 마지막 생명수를 주시는 성령과 신부

다음으로 계시된 독생녀 참어머니 메시아는 요한계시록 22장 17절에 기록된 성령과 신부 중 신부입니다.

"성령과 신부가 말씀하시기를 오라 하시는 도다. 듣는 자도 오라 할 것이요 목마른 자도 올 것이요 또 원하는 자는 값없이 생명수를 받으라 하시더라."(요한계시록 22장 17절)

요한계시록 제일 마지막 장인 22장에서 우리를 부르시는 분은 천상의 참아버지 메시아이시기도 하지만 지상의 참어머니 메시아이십니다. 성령과 신부가 부른다고 하셨으니 성령은 천상의 문선명 참아버님이시고 신부는 지상의 한학자 참어머님이십니다. 이제 우리는 지상에 있으니 우리를 부르시는 분은 한학자 참어머님이십니다.

참어머님은 지상에서 새 하늘과 새 땅인 하나님 나라 천일국의 실체적 완성을 위해 새 예루살렘 성인 천원궁과 천일성전을 완공하셨습니다. 하나님 나라 천일국을 세우시고 안착시켜 주셨으니 이제 천일국의 중앙 본부인 천원궁 천일성전에 하늘부모님께서 안착하시어 만왕의 왕으로서 천일국을 치리하실 차례입니다. 그리고 여기서 다 내게로 오라고 말씀하십니다. 와서 우리의 육신과 영혼의 생명이 참된 생명으로 부활하고 중생되는 생명수 샘물의 말씀과 사랑을 받아먹으라고 하십니다. 보고 듣는 자와 목마른 자는 물론 원하는 자는 누구든지 값없이 주시는 생명수를 받아 마시며 함께 가자고 하십니다. 그리고 아름다운 성 예루살렘 성에 들어가서 함께 살자고 하십니다.

이제 인류는 천상천국과 지상천국이 합해진 천일국이라는 하나님 나라에서 하늘부모님 아래 인류 한 가족의 이상을 실현하여 새 예루살렘 성에 계시는 하늘부모님과 천지인참부모님을 만왕의 왕으로 모시고 감사와 기쁨과 행복으로 살아가게 될 것입니다. 참된 자유와 평등과 평화가 넘쳐나는 아름다운 새 예루살렘 성에서 하나님 나라의 백성으로서 태평성대를 누리며 영원 세세토록 찬양과 영광을 노래하며 살게 될 것입니다.

3. 격암유록에 나타난 참어머니 메시아에 대한 예언

1) 소 울음소리의 비밀

◎ 見不牛奄麻牛聲 天下萬方遍滿
　견 불 우 엄 마 우 성　천 하 만 방 편 만

　勝利凱歌雲霄高 (末中運)
　승 리 개 가 운 소 고　말 중 운

〈해석〉

　소는 보이지 않는데 엄마를 찾는 소 울음소리가 천하 만방에 가득하고 승리의 노래 소리가 하늘높이 울려 퍼지고 있습니다.

〈해설〉

　평화의 어머니, 통일의 어머니로 추앙받는 한학자 참어머님을 모시고 따르는 사람들이 참어머님의 승리를 찬양하는 소리가 온 세상에 하늘 높이 울려 퍼지고 있습니다. 현재 전 세계의 통일교인들은 한학자 참어머니를 부르며 기도하는 소리가 천하 만방에 울려 퍼지고 있습니다. 특히 가평군 설악면 소재 HJ천주청평수련원에서는 세계에서 몰려온 성도들이 매일 매일 참어머님의 승리하심을 찬양하고 있고 하나님 나라를 위해 기도하고 있습니다. 이렇게 참어머님을 찬양하며 기도하는 소리가 하늘높이 울려 퍼지고 있습니다.

◎ 牛鳴在人弓乙仙 (末運論)
우 명 재 인 궁 을 선 말 운 론

〈해석〉

소 울음소리가 나는 곳에는 궁을 신선이 와 계십니다.

〈해설〉

인류를 구원하기 위해 오신 참어머니 메시아는 우주의 어머니, 평화와 통일의 어머니라고 부르는 분이십니다. 또한 쌍합십승일을 통해 승리를 만천하에 선포하신 참어머님입니다. 그리고 부부일체를 이루시어 참부모님으로 부르는 분이시며 일체된 부부가 하나님과도 일체를 이루셨기에 천지인참부모님으로 부르는 분이십니다. 한학자 참어머니 메시아는 하늘에서 내려오신 신선과 같은 분이십니다.

◎ 千鷄之中有一鳳에 어느 聖人이 眞聖인고
　　천 계 지 중 유 일 봉　　　　성 인　　　진 성

眞聖一人 알려거든 牛聲入中 찾아들소!
진 성 일 인　　　　　　　우 성 입 중

陷之死地 嘲笑증의 是非 많은 眞人일세!
함 지 사 지 조 소　　　　시 비　　　　진 인

(松家田)
송 가 전

〈해석〉

　천 마리의 닭 중에 한 마리의 봉황이 있는데, 어느 성인이 진짜 성인인지 알려거든 소 울음소리 나는 곳을 찾아가시오! 이분은 함정이 있는 곳과 죽음의 위험이 있는 곳을 마다하지 않는 분이며, 비웃음을 사며 옳고 그름의 시비가 많은 분이니 이분이 진짜 성인일세!

〈해설〉

　마지막 때에 진정한 구세주 메시아는 누구이신가? 많고 많은 여인 중에 하늘에서 보내신 여왕 중의 여왕이 되시는 한 분이 계시는데 이 한 분이 여성이신 참어머니 메시아이십니다. 이분이 계신 곳을 알려면 어머니를 부르며 기도하는 곳을 찾아가면 됩니다. 한학자 참어머님께서는 천일국이라는 하나님나라를 안착 완성하시기 위해서 죽음의 위험이 있는 곳도 마다하지 않고 찾아가시는 분이지만, 참어머님을 중심한 독생녀 섭리시대를 이해하지 못하는 사람들은 참어머님을 비웃고 틀렸다고 시비를 하고 있습니다.

◎ 三神山下牛鳴地 牛聲浪藉
　　삼 신 산 하 우 명 지　우 성 낭 자

始出天民人皆成就 (世論視)
시 출 천 민 인 개 성 취　세 론 시

〈해석〉

　삼신산 아래 소 울음소리 나는 곳은 참어머니 메시아가 중생을
부르는 곳입니다. 소 울음소리 낭자한 곳 그곳은 처음으로 하늘나라
백성들이 태어나는 곳이요 찾는 자마다 영생의 소원을 성취하는 곳
입니다.

〈해설〉

　여기서 삼신산은 삼신이 계시는 신성한 산을 상징적으로 표현한 것
입니다. 한민족 고유의 삼신이신 환인, 한웅, 단군의 삼성조 신이 계신
산입니다. 또한 우리 민족 고유의 창세신화인 마고신화에서 우주 생명
을 율려라는 우주 음악으로 창조하신 마고신과 그의 두 딸 궁희 신과
소희 신이 계시는 산입니다. 생명의 신인 삼신할머니가 계시는 산입니
다. 기독교의 성부 성자 성신의 삼신이 계시는 산입니다.

　한국에 삼신산이 많지만 가평군 설악면에 본래는 장락산이었으나
참부모 메시아께서 천성산으로 개명한 산 이 있는데 이곳에는 성부
성자 성신의 삼위일체 하늘부모님이요, 천지인참부모님을 모신 성전이
있습니다. 이 산 아래에서는 밤낮으로 소 울음소리가 들리고 있습니

다. 이곳은 송아지가 어미 소를 "음메, 음메" 찾듯이 중생들이 참어머니 메시아를 찾는 소리가 밤낮으로 천하가 진동하듯 낭자하게 들리는 곳입니다. 바로 한학자 참어머니 메시아가 계시는 가평군 설악면 소재 천원궁입니다. 이곳에 계시는 한학자 참어머님께서는 중생들을 애타게 부르고 계십니다. 누구든지 이곳에 와서 참부모 메시아에게 귀의하면 처음으로 하늘부모님의 아들과 딸로 거듭나게 되어 하나님 나라 천일국의 백성이 되는 곳입니다. 그러므로 이곳은 하나님의 뜻과 인류의 소망인 영생이 성취되는 곳입니다.

2) 여상 남하 섭리

◎ **女上男下地天泰로 兩白三豊傳했다네!**
여 상 남 하 지 천 태   양 백 삼 풍 전

(松家田)
송 가 전

〈해석〉

주역의 지천태괘에서 음괘가 위로 가고 양괘가 아래로 가서 천지 음양이 이상적 조화를 이루어야만 3가지 곡식이 결실되는 태평성대의 지상천국 이상세계를 이루어 나갈 것입니다.

〈해설〉

구세주로 오신 참어머니 메시아께서는 타락으로 잘못된 남존여비의 역사를 통해 억압당해 온 여성들의 한을 해원하고 남녀평등의 이상세계를 이루기 위해 반대로 여상남하의 천지개벽 섭리를 할 수밖에 없으신 것입니다. 참어머니 메시아께서는 이러한 해원의 역사를 통해 잘못된 역사를 바로잡고 양백성인이신 참부모 메시아를 중심한 3대 축복의 말씀을 결실하여 남녀평등의 평화이상세계를 이루게 되실 것입니다.

◎ 女上男下鷄龍之運 男女造化一般이라.
여 상 남 하 계 룡 지 운 남 여 조 화 일 반

(松家田)
송 가 전

〈해석〉

여성 상위시대를 맞는 동방의 새 나라 계룡국의 운인데, 지금까지의 남존여비가 남녀평등의 조화를 이룰 것입니다.

〈해설〉

지상천국인 계룡국의 운세는 남녀가 평등한 조화의 세상입니다. 현재 지상에서 후천개벽시대를 주재하시는 한학자 참어머님께서는 그동안의 남상 여하의 역사로 억울함을 당해온 천상세계 여성들의 한을 해원하기 위해 반대의 과정으로 여상 남하의 섭리를 하고 계십니다. 그래야 남녀평등의 지상천국인 계룡국이 완성되는 것이기 때문입니다. 남녀평등을 위한 과정 섭리인 것입니다.

◎ 弓矢弓矢竹矢來 九死一生 女子佛 (甲乙歌)
궁 시 궁 시 죽 시 래   구 사 일 생   여 자 불   갑을가

〈해석〉

　화살촉이 오고 또 오는구나. 대나무 화살촉이 오는구나. 여자 미륵불이 화살을 맞고 9번을 쓰러져도 다시 살아나십니다.

〈해설〉

　독생녀로 오신 한학자 참어머니 메시아께서는 남녀가 평등한 정음정양(正陰正陽)의 지상천국 세계를 만드시기 위해 그동안 남상여하(男上女下)로 남성중심의 가부장적 문명의 잘못되어진 세계를 바로잡기 위해 반대로 여상남하(女上男下) 섭리를 하시기 때문에 가부장제 문화권 속에서 수천 년간 의식화되어 온 남성우월주의 사람들로부터 수없는 화살을 맞고 또 맞으시는 고난 중에 있습니다. 그러나 여성의 미륵불로 오신 참어머니 메시아께서는 아홉 번 죽었다가 다시 살아나시는 승리의 참어머니 메시아가 되십니다.

4. 선지자들이 예언한 여성임금 참어머니 메시아

1) 최시형 선생의 예언

한민족의 종교역사에 관심 있는 사람은 반드시 읽어야 할 책 한 권이 있습니다. 한민족은 물론 세계 인류가 반드시 읽어야 할 책입니다. 인간은 누구나 본성적으로 자유와 평등과 정의가 살아 숨 쉬는 평화이상세계를 꿈꾸고 있기 때문입니다. 이 책은 이러한 평화이상세계를 하나님의 뜻으로 알고 이 세계가 한국에서 실현될 것이라는 굳건한 믿음을 가지고 한 생애를 바쳐 한 때를 준비한 사람들의 이야기입니다. 특히 예수님을 모시고 있는 기독교인은 물론 개벽 세상을 꿈꾸는 민족 종교인은 필수로 읽어야 할 책입니다. 기독교의 예수님의 뜻과 개벽 종교의 뜻이 다르지 않기 때문이며 이 뜻이 바로 한민족 대한민국에서 실현되고 있기 때문입니다. 시인이며 철학과 한민족 사상사의 대가인 김지하 선생이 남긴 『수왕사』라는 책입니다.

이 책은 동학의 2대 교주 해월 최시형 선생을 포함한 총 9명의 도인

동학의 2대 교주 해월 최시형 선생

이 장차 도래할 여성임금의 시대를 준비하기 위해 결사한 비밀결사의 내용으로 시작입니다. 이 책의 제목인 수왕사(水王史)의 수왕은 여성임금을 상징합니다. 1895 음력 4월 5일 경기도 이천군 설성면 수산 1리 앵산동 앵봉에서 동학의 교주 최제우 선생의 득도일을 기념하기 위해 9명의 도인이 모인 자리에서 수왕회(水王會)를 결사한 것입니다. 동학의 2대 교주 최시형 선생은 도망 다니는 와중에도 산속에서 수행하는 도인들을 만나며 그들이 받은 계시를 공유하다가 뜻을 모으게 된 것입니다.

도인 9명은 해월 선생을 비롯한 동학교도, 천부경 수련자, 정역 수련자, 스님 등이었습니다. 이들이 합의한 내용이 후천개벽은 여성임금에 의해 실현되는 것이기 때문에 수왕회의 회주는 여성이어야 한다고 합의한 것입니다. 이때 수왕회의 회장에 만장일치 의견으로 선출된 사람이 최시형 선생을 모시기 위해 따라다니는 여성 신도 이수인(李水仁)이었습니다. [64] 극도로 차별받던 시대에 그것도 천한 신분의 여성이 도인들의 연합회 회장에 만장일치로 추대되었다는 사실은 하나님의 섭리가 아니고는 이해할 수 없는 일입니다. 제대로 하늘의 뜻을 이해

---

64 김지하, 『수왕회』, 20쪽

한 사람들이었기 때문에 가능한 일이었습니다. 일찍이 이렇게 여성을 드높인 역사를 간직한 민족은 한민족밖에 없습니다.

이수인 회장은 3차례의 도인 회의에 참석한 후 1896년 가을 해월 선생을 잡으러 다니는 포졸들에 의해 양평시장에서 체포되어 그들에게 강간당한 뒤 핏자국이 흥건한 채 죽임을 당했습니다.[65] 해월 선생은 이 소식을 듣고 여주 강가에 앉아 밤이 깊어가는 줄도 모르고 하염없이 울었다고 합니다. 최시형 선생은 천주교 신자로서 자신을 따르는 옹기장수 요섭이라는 사람과 인연이 된 장소인 천주교 성지가 있는 곤지암에서 요섭을 포함한 제자들에게 잡혀갈 날이 머지않았음을 직감하고 1895년 9월 9일 이러한 말씀을 남기셨습니다.

"나는 죽어서 바로 이곳에 묻히고 싶다. 이곳 산천 아무 곳에나 묻어다오. 꼭 그렇게 해 다오. 풀 한 포기, 물 한 방울, 흙 한 줌이라도 되어 다가올 그 큰 날의 빛을 보고 싶다."[66]

다가올 그 큰 날의 빛은 그가 도망 다니면서도 마지막 정성을 들이며 소망해 오던 개벽을 완성할 여성 임금이 출현하는 그 한날의 빛이 분명합니다. 생애 마지막에는 그 한날을 위해 살다가 그 한날을 위해 죽은 분이 최시형 선생입니다. 이렇게 오직 후천개벽을 완성할 여성 임금의 때를 위해 천신만고 살아오시며 큰 족적을 남기신 해월 선생

---

65 김지하, 『수왕회』, 19쪽
66 김지하, 『수왕회』, 20쪽

께서는 1897년 5월 한양 좌포청에서 순교하셨습니다. 유언의 말씀을 지키기 위해 순교하신 해월 선생을 업고 여주 이천 땅 원적산 천덕봉으로 옮긴 분들은 동학교도 2분과 천주교도 요섭이라는 사람이었습니다.[67]

동학이라는 교명을 지은 것은 서학이라는 기독교와 다르다는 의미도 있지만 서학 기독교와 동학 천도교가 결국 하나 되어야 하나님의 뜻인 지상천국 즉 개벽이 완성된다는 의미 일 것입니다. 그런 뜻에서 동학교도와 천주교도가 해월 선생의 유언을 받들어 유해를 함께 모셨다는 사실은 뜻깊은 하늘의 섭리였다고 말할 수 있습니다. 기독교 성도들도 동학을 공부하고 수왕사의 책을 읽어야 한다고 권하는 이유입니다. 오늘의 시대를 사는 사람들은 참으로 복된 사람들입니다. 하나님 섭리가 결실되는 황금기에 태어나 마음만 먹으며 역사와 섭리가 한결같이 소망해 온 그 한날의 빛인 참어머니 메시아를 모실 수 있는 때를 살고 있으니 말입니다.

하나님께서 이렇게 한민족을 선민으로 길러오시며 개벽의 종교를 일으켜 최제우 선생과 최시형 선생을 세우신 것은 결국 여성시대요 여성 임금의 시대인 참어머니 메시아 중심한 때를 준비한 것이라는 사실을 깨닫게 될 때 하늘의 오묘한 섭리에 감탄을 금할 수 없습니다.

---

67 김지하, 『수왕회』, 31쪽

2) 강증산 선생의 예언

증산교를 창시한 강증산 선생은 원한이 쌓여 잘못된 역사와 운세를 바로잡기 위한 '천지공사(天地公事)'라는 것을 상징적으로 행했는데, 그 대표적인 천지공사가 일명 '천지굿'이라는 것입니다. 강증산 선생이 제자들을 소집하고는 바닥에 누운 후 고수부 부인을 본인의 배 위에 올라타라고 한 다음 식칼을 손에 들려주며 "천지인 3계 대권을 내놓거라!"라고 소리 지르게 합니다. 이때 강증산 선생은 배 위에 앉아 호령하는 부인에게 손을 비비며 "예! 알았습니다. 3계 대권을 다 드리겠습니다." 합니다. 이러한 의식이 끝난 다음, 사전에 준비한 사서삼경, 성경, 불경 등의 경전과 중요한 책들을 모두 찢어 마당에 흩어놓고는 그것을 밟으며 한바탕 노래하고 춤추는 의식이 이어졌습니다.[68]

강증산 선생은 이렇게 천지굿이라는 의식을 통해 남성 중심한 가부장제 역사의 한 많은 역사를 청산하고 여성들의 한을 해원해 남녀평등의 지상천국을 건설하기 위한 재림시대에 있어서 참어머님 중심한 섭리시대의 아주 중요한 섭리의 한 면을 예시했던 것입니다. 그동안의 남성 중심한 천지 우주와 인간세계의 주도권을 남성에서 여성에게로 넘기는 의식이었으며, 가부장제 문화권의 악습을 청산하기 위한 의식이었습니다. 이것이 후천개벽의 핵심 주제입니다.

강증산 선생은 확실히 하나님 마음의 한복판에 안착 하신 분입니

---

68 김지하, 『생명과 평화의 길』, 70쪽

다. 그렇지 않고서야 이렇게 섭리의 맥을 정확히 예견하시고 장래 일을 정확하게 예시할 수 없는 것입니다. 과연 이 예시대로 참부모 메시아로 오신 문선명·한학자 총재께서 하나님의 섭리를 지상에서 한 치의 어김도 없이 모두 수행하여 다 이루신 후 문선명 참아버지 메시아께서 천지인 3계 대권을 부인이신 참어머니 메시아께 인계하고 먼저 천상천국에 입성하셨습니다.

3) 김일부 선생의 예언

정역(正易)의 시대를 선언한 김일부 선생은 오랜 수행을 통해 정역8괘(正易八卦)를 계시받은 분입니다. 주역은 선천시대의 역으로 앞으로 후천시대에는 새로운 역이 적용되는데, 그 역이 정역이라는 것입니다. 이분의 개벽 사상은 "선천시대 천지비괘(天地否卦), 후천시대 지천태괘(地天泰卦), 상제조림(上帝照臨) 기위친정(己爲親政)"으로 요약됩니다. 선천시대는 천지비괘라고 하여 하늘의 뜻이 막히어 땅에 온전히 전달되고 실현되지 못하는 시대였다면, 후천시대는 지천태괘로 하나님께서 지상에 임재하셔서 뜻을 온전히 실현하고 결실하시는 시대라는 것입니다. 또한, 남자가 먼저인 시대에서 여자가 먼저인 시대로 바뀐다는 뜻입니다. 그러므로 후천시대에는 하나님이 지상에 내려와 뜻을 펼치시는 시대이기에 상제조림이라고 한 것입니다. 다음으로, 기위친정에서 기위(己位)는 천간(天干)의 6번째 위치로써 음의 자리이며, 친정은 임금

정역을 창시한 김일부 선생과 정역 팔괘도

이 정사를 본다는 뜻입니다. 그러니까 기위친정이란? 후천개벽시대에는 여성 임금이 정사를 보신다는 말씀입니다.

후천개벽시대에는 하늘에서 오신 참부모 메시아가 땅에서 하늘의 뜻을 이루는 시대이기 때문에 지천태괘, 즉 땅에서 하나님의 뜻이 크게 결실되는 시대인데 기위친정이라 했으니 마지막 섭리의 결실은 참부모 메시아 중 참어머니 메시아이신 여성 임금이 정사를 보시는 시대가 온다고 예언한 것입니다.

위의 말씀들은 오늘날 참부모님께서 기원절을 통해 진성덕황제로 즉위하실 것과 특히 참어머님께서 여성 임금으로서 후천개벽시대의 섭리를 주도하실 것을 정확하게 예언한 말씀으로 해석할 수 있습니다. 이렇게 하늘부모님은 후천개벽이라는 이름으로 선지자들을 통해 참부모 메시아에 대해 예언하도록 했고, 그리고 참어머님 중심한 섭리 시대를 준비하셨던 것입니다. 한학자 참어머님께서는 이러한 사실을 너무나 잘 아시기에 2013년 4월 5일 미국 천화궁에서 후천개벽시대의 구체적 섭리에 대해 아래와 같이 말씀하셨습니다.

"주역에서 음양의 원리를 말하고 있는데, 이는 시간상으로 볼 때는 선천시대와 후천시대로도 나눌 수 있습니다. 지금까지의 선천시대는 양의 시대, 남성들이 많이 주도해 왔습니다. 지금은 음의 후천시대, 즉 여성의 시대가 출발하는 때입니다. 하나님이 천지를 음양, 플러스·마이너스로 창조하셨습니다. 그런데 지금까지는 한편으로 치우쳤다는 것입니다. 인간 시조가 타락함으로써 음과 양이 나란히 갈 수 없었습니다. 그래서 양의 시대가 세계를 주도했습니다. 그런데 이제는 음의 시대가 드러나는 때입니다. 여성들이 앞장서야 하는 때가 됐습니다. 이런 놀라운 섭리는 하늘만이 아는 것인데, 때를 맞춰서 2013년에 새로운 길을 열어 주는 하늘의 오묘한 섭리를 여러분도 알아야 합니다. 어느 한 곳으로 치우치지 않고 균형이 맞게 되는 것이 본래 하나님의 뜻입니다. 지상천국 천상천국이 그렇게 이루어지는 것입니다."[69]

후천개벽 사상에 의하면, 위의 참어머님 말씀대로 그동안 남성 중심한 양의 시대에 있어서는 상대적으로 여성들에 대한 차별과 억압과 유린으로 인해 음양 관계에서 양이 올라가고 음이 내려오는 기우뚱한

---

69 세계평화통일가정연합, 『참부모경』, 1566쪽

불균형의 관계가 형성되었다는 것입니다. 후천개벽시대에는 이러한 불균형을 바로잡아 해원 상생을 통한 남녀평등의 시대를 열기 위해서 이제 여성들이 주도권을 가지고 남성들을 사랑으로 주도하는 시대가 한동안 지속되어야 한다는 것이 또한 개벽 사상의 핵심 요지이기도 합니다.

그래야 음양 관계가 기우뚱한 관계에서 수평 관계인 정음정양으로 바로잡아진다는 것입니다. 그리고 남녀관계가 역사적이고도 우주사적인 동등한 심정적 관계로 전환되지 않고는 상생의 평화이상세계가 올 수 없다고 보는 것입니다. 그래서 개벽 종교에서는 기울어진 양과 음의 관계가 동등한 관계로 정립되는 정음정양이 이루어져야 지상선경이 이루어진다고 말하는 것입니다. 이렇게 하늘부모님께서는 한민족을 선민으로 택하시고 선지자와 예언자들을 통해 참어머님 중심한 한때의 섭리를 예시해 주셨던 것입니다.

4) 여성임금 참어머니 메시아

하나님께서는 일찍이 한민족을 선민으로 택하셨고, 참부모 메시아를 잘 믿고 모시게 하고자 선지자와 예언자들을 세워 한때를 준비하셨습니다. 섭리의 주류 종교인 기독교를 통해서는 요한을 세워 요한계시록을 준비해 주셨고, 대종교, 동학(천도교), 증산교, 정역 등의 민족종교를 통해서도 준비하셨으며, 『격암유록』을 통해서도 준비해 주셨습니다. 사도 요한과 단군교를 중건한 대종교의 나철 선생, 동학을 창시한 최제우 선생, 제2대 교주 최시형 선생, 증산교를 창시한 강증산 선생, 정역을 창시한 김일부 선생, 그리고 『격암유록』의 저자 남사고 선생 등은 참부모 메시아를 위해 한 때를 준비한 위대한 선각자요 선지자이며 예언자들입니다.

요한계시록에서 마지막 인류에게 생명수를 받으라고 부르는 분은 성령과 신부였습니다. 동학, 증산교, 정역 등의 민족종교를 일반적으로 개벽 종교라고 부릅니다. 왜냐하면, 이 세 종교의 핵심 공통 사상이 후천개벽 사상이기 때문입니다. 김지하 선생의 표현대로 개벽은 한마디로 음개벽입니다. 구천에 가득한 여성들의 한을 해원하고 여성이 남성과 같은 위상과 격위로 동등하게 대접받은 정음정양의 시대를 위한 개벽이고 참어머니 메시아 시대를 위한 개벽입니다. 하나님의 뜻과 후천개벽이 이루어진 지상천국과 지상선경은 정음정양의 남녀가 평등한 세상입니다. 그러나 지금까지의 세상은 남성 중심한 가부장제 시대였습니다. 여성이 상대적으로 비하되고 천시되며 소외되는 시대였습니다.

이러한 세상 그대로는 아무리 종교가 통일되고 전쟁이 없는 평화의 세상이 오며 지구촌이 하나의 세계로 돌아간다고 하여도 결코 하나님 나라 지상천국이라고 할 수 없습니다. 지상천국 하나님 나라가 실현되기 위해서는 남녀의 관계가 기울어진 관계에서 수평의 관계로 돌아와야 합니다. 그런데 유구한 역사를 통하여 너무도 뿌리 깊게 가부장제 의식이 자리 잡아 내려왔기 때문에 남녀의 기울어진 관계가 쉽게 수평화되기 어렵습니다. 그런 이유로 하나님께서는 마지막 섭리의 결실기에 참부모 메시아 중 참어머니 메시아를 여성임금으로 세워 마지막 지상천국과 후천개벽을 마무리하시도록 계획하시고 섭리해 오신 것입니다.

요한계시록에서 마지막 인류에게 생명수를 받아 먹으로라고 부르시는 분은 어린양의 신부이신 참어머니 메시아였습니다. 개벽 종교의 결론 또한 참어머니 메시아이신 여성임금에게 초점이 맞추어져 있습니다. 후천개벽의 대전환 시기인 지금 여성임금의 이름을 가지고 하나님의 지상천국 섭리를 주도하고 계신 분은 아무리 찾아봐도 한학자 총재밖에 없습니다. 요한계시록에서 마지막 우리를 부르시는 신부요. 개벽 종교의 선지자들이 예언한 여성임금이며 격암유록에서 예언하고 있는 여자성인은 바로 지금 하나님의 섭리를 주도하고 계신 한학자 참어머니 메시아가 틀림없습니다. 앞서 설명드린 대로 참어머니 메시아 한학자 총재께서는 2013년 1월 13일 기원절 즉위식을 거행하심으로서 여성임금의 자리에 오르셨습니다. 그리고 지상천국과 천상천국인 천일국이라는 이름을 가지고 후천개벽섭리를 주도하고 계십니다. 기울어진 남녀의 관계를, 정음정양의 수평 관계로 회복시키기 위한 여상남하 섭리를 주도하고 계십니다.

이러한 섭리를 격암유록에서는 여상남하 계룡지운 여자불(女上男下 鷄龍之運 女子佛)이라 했습니다. 계룡국이라는 지상천국은 여자를 높이고 남자를 낮추는 섭리를 통해서 이루어질 수밖에 없는데 이러한 섭리를 주도하시는 분은 여자 부처 즉 참어머니 메시아라고 정확하게

예언한 것입니다. 실제 참어머니 메시아이신 한학자 총재께서는 독생
녀라는 이름의 섭리를 통해 이러한 천적인 사명을 수행하고 계십니다.
이 책을 읽는 독자는 지상에서 마지막 섭리를 결실하고 계시는 한학
자 참어머니 메시아를 만나서 중생 받고 구원받아 하나님의 아들딸
이 되어 천일국이라는 하나님 나라에서 지상천국 생활을 하시다가 천
상천국의 하나님 나라에 입성하시는 승리자가 되시기를 기원합니다.

제4장

남북통일 섭리시대

남북통일의 시기가 목전에 다가오고 있음을 누구나 느끼는 상황입니다. 전문가가 아니더라도 김정은의 건강 상황으로 보나, 북한의 사회적 상황이 내적으로 분열되기 시작한 정황으로 보나 1당 1인 독재의 세습 체제가 무너지고 있음을 느끼고 있기 때문입니다. 무엇보다 김일성 시대로부터 불변의 국시요 제1의 국가적 과업으로써 뿐만 아니라 유훈통치로써의 남한을 적화하는 조국통일노선을 김정은이 포기하고 남한을 적으로 규정했다는 사실 자체가 극도의 혼란과 분열을 일으켜 붕괴할 수밖에 없는 상황이라는 것입니다. 북한의 김정은 체제가 멀지 않아 붕괴하는 것만은 분명한데 붕괴 이후에 어떠한 양상으로 혼란한 정국이 흘러갈지가 궁금합니다. 다양한 상황에 대처하기 위한 준비가 무엇보다 중요한 시점입니다.

　이보다 더 중요한 것은 어떠한 이념의 통일국가를 세울 것인가를 논의하여 국민적 합의를 이끄는 준비입니다. 해방 후 민족의 지도자를 자처하는 사람들이 스스로 어떠한 이념의 새로운 국가를 건국할 것인가를 놓게 첨예하게 대립하였습니다. 크게는 자유민주주의 이념으로의 새로운 건국을 주장하는 사람들과 공산 사회주의 이념으로의 새로운 건국을 주장하는 사람들의 의견대립으로 나누어졌습니다. 결국은 외세의 강력한 개입과 이를 지지하는 사람들에 의해 북한은 소련의 개입으로 공산주의 국가가 들어섰고 남한은 미국의 개입으로 자유민주주의 국가가 들어섰습니다. 지금의 4대 강국을 중심한 남북 관계의 상황에서 북한이 붕괴할 경우 해방 후 정국과 유사한 이념 논쟁이 벌어질 일은 너무나 확실해 보입니다.

북한의 붕괴에 대한 다각적인 대처 방안을 준비하는 일은 정부가 잘 준비하고 있다고 생각합니다. 그러나 새로운 통일국가의 이념을 결정하는 문제는 국민이 몫입니다. 그러기 때문에 민간에서 뜻있는 사람들이 이상적 통일 정부의 이념을 만들어 놓고 국민적 공감대와 합의를 이끌 수 있는 준비와 국민운동이 절실합니다. 남북통일의 이념은 당연히 세계적으로 공인된 남한의 자유민주주의 체제로 통일하면 되는 일인데 무슨 다른 이념이 필요하냐고 할 수 있지만 현재 세계뿐만 아니라 자유 대한민국에서 일어나고 있는 심각하고도 심히도 걱정되는 퇴폐적 사회 현상을 볼 때 이대로는 안 된다고 외치는 탄식의 소리가 분명히 있음을 기억해야 합니다. 극단적 이념의 대립으로 국민이 양극화로 분열되어 있음도 기억해야 합니다.

현재로서는 자유민주주의 외에 더 좋은 이념이 없기에 받아들이고 있을 뿐이지 최고의 완벽한 이념은 아닙니다. 진정한 자유와 평등과 정의가 살아 숨 쉬는 최상의 이념을 찾아 이 방향으로 나아가야 하는 것이 이 시대가 요구하는 시대적 요청입니다. 더욱이 북한이 붕괴하여 광복 후처럼 남북 간에 극도의 혼란 상황이 오면 분명 다른 이념을 들고 일어나는 사람들이 다수 있을 것입니다. 그것이 북한의 주체사상에 의한 통일이념일 수도 있고 중국식 사회주의 일 수도 있습니다. 교묘히 그럴듯한 이념으로 위장하고 포장하여 국민을 혼란에 빠뜨릴

수 있습니다. 이때를 대비하여 미리 이념적 대안을 확실히 준비해야
합니다.

그 이념적 대안이란 자유민주주의를 근간으로 하되 자유민주주의
가 가지고 있는 한계 또한 극복할 수 있는 이념이라야 합니다. 지금부
터 이러한 이념이 무엇인지를 찾아 우리의 지혜와 능력을 모으는 대
국민운동이 절실히 필요합니다. 이제 맞이하는 통일의 결정적 시기가
왔을 때 이러한 국민운동에 의한 확고한 이념 아래 전 국민이 일치단
결하여 대한민국 국민이 주인이 되는 남북통일을 이루어야 합니다.

대한민국이 미국과의 확고한 동맹 관계 속에서 미국과 일본의 도움
을 받아 대한민국의 국민이 주인 되는 통일정부를 세워야 합니다. 대
한민국의 통일정부 수립에 미국과 일본의 도움이 절실히 요구되는 것
은 자유민주주의가 아닌 다른 이념과 체제 아래 통일의 과정에 개입
하거나 일부 지역이라도 차지하려는 또 다른 외세가 있기 때문입니다.
이러한 불순한 외세를 차단하기 위해서는 미국과 일본의 도움이 불가
피합니다. 해방 후에는 우리 국민이 스스로 독립된 정부의 이념을 국
민적 합의를 통해 준비하지 못했고 스스로 정부를 세울 수 있는 힘도
없었기 때문에 외세의 개입이 불가피했습니다.

그러나 지금의 대한민국은 해방 후의 상황과 완전히 다릅니다. 스
스로 통일된 정부를 세우고 지킬 수 있는 능력이 충분히 있고 자유민
주주의의 한계를 극복할 새로운 이념의 창출 능력 또한 확실히 있는
민족이기 때문입니다. 그럼에도 자유민주주의를 기반으로 한 새로운
이념과 체제를 부정하고 개입하려는 불순한 외세가 있는 것이 사실이

기에 이들을 막아내고 주체적인 통일정부를 세울 수 있도록 도와주는 미국의 개입은 필요한 상황입니다. 적어도 미국은 통일 이후까지 주인 행세하는 개입은 하지 않을 것이라는 믿음이 있기 때문입니다. 통일된 대한민국 정부의 이념은 우리가 우리 손으로 확실히 마련하여 우리가 주인 되어 주체성을 가지고 이끌어가는 완전한 통일대한민국을 만들어야 합니다. 따라서 남북통일은 새로운 건국이며 온전한 해방으로서 건국과 해방의 완성이 되어야 합니다.

다만 통일대한민국을 세우는 데 있어서 한 분의 개입은 반드시 있어야 합니다. 그 한 분은 바로 하나님이십니다. 만유의 주가 되시며 온 생명의 주인 되시는 하나님께서 통일대한민국에 개입하시도록 우리는 하나님을 모셔 와야 합니다. 그동안 한민족의 역사 속에 보이지 않는 가운데 개입하셔서 위기 때마다 우리를 구해주시고 지켜주셨으며 자유와 번영과 공의 속에 비록 반쪽이지만 이렇게 발전된 대한민국을 만들어주신 분이기 때문입니다. 하느님이 보우하사 우리나라 만세의 완성된 해방과 완성된 건국의 통일정부를 세워주실 분이기 때문입니다.

1. 남북통일의 섭리적 의의

1) 남북통일은 하나님의 섭리

남북통일은 하나님께서 특별한 뜻을 두시고 계획하시며 개입하시는 가운데 진행되는 하나님의 섭리입니다. 하나님께서 대한민국을 선민으로 선택하시고 길러 나오신 목적은 참부모 메시아를 보내시기 위함입니다. 이렇게 오신 참부모 메시아는 인류구원과 하나님 나라를 세우는 것 두 가지 섭리를 주도하십니다.

이 두 가지 섭리에는 항상 사탄의 방해 공작이 있습니다. 인류구원을 하지 못하도록 메시아를 죽이려는 것과 하나님 나라를 세우지 못하도록 하는 방해 공작입니다. 그런 이유로 메시아는 반대와 핍박을 받게 되는 것이고 선민의 나라는 고난을 받는 민족일 수밖에 없습니다. 메시아로 오셨던 예수님은 반대와 핍박을 받으셨고 이스라엘은 로마제국으로부터 고난을 당했습니다. 선민으로 택함 받은 한민족은 일본으로부터 고난을 당했으며, 참부모 메시아로 오신 문선명·한학자 총재님은 반대와 핍박을 받아왔고 지금도 받고 있습니다.

이러한 사탄의 방해 공작으로 대한민국은 해방 후 남북으로 갈라지는 고난을 겪고 있습니다. 해방정국이 어떠한 나라를 세울 것이냐를 놓고 민주와 공산으로 나누어진 것입니다. 민주주의는 종교를 공인하고 신을 인정하지만, 공산주의는 신을 인정하지 않으며 종교를 아편으로 규정하여 박해하고 있습니다. 그래서 민주주의는 하나님 편이지만 공산주의는 사탄 편입니다. 민주주의는 진실의 바탕 위에 서있지만, 공산주의는 거짓을 감추고 위장하여 사람을 선동합니다. 그래서 처음에는 공산주의가 선인 양 기승을 부리며 크게 번성하지만 결국 진실은 드러나기에 공산주의는 망하게 되어 있습니다. 결국 소련과 중국을 비롯한 공산주의 국가는 공산주의를 버리고 새로운 국가로 변신했으나 지구상에 유일하게 공산주의를 버리지 않고 주체사상과 세습체제라는 변종된 공산주의 국가를 운영하는 나라가 있으니 바로 북한입니다.

사탄이 아무리 기승을 부리며 하나님의 뜻을 반대하고 방해할지라도 하나님께서는 한 번 세우신 뜻은 절대로 포기하지 않으시고 이끌어 가시는 분이시기 때문에 시간이 걸리더라도 최후에는 승리하십니다. 로마제국의 혹독한 핍박과 박해로 예수님 제자들은 순교를 당하였으며 몰리고 쫓기며 지하로 숨어 살았지만 결국 로마는 예수님 앞에 무릎을 꿇고 기독교를 받아들였으며 국교로 공인하였습니다.

이제는 대한민국의 차례입니다. 한민족을 선민으로 선택하셨기 때문에 비록 사탄의 방해 공작 때문에 남북으로 분단되어 고난을 당하여 왔지만 이제 북한도 하나님 앞에 무릎을 꿇고 남한의 자유민주주의와 하나님을 수용해야 할 때가 왔습니다. 선민의 국가 대한민국에 대한 하나님의 계획은 사탄 편 국가 북한을 해방하고 남북통일을 통해 하나님 나라를 세우는 것입니다. 이제 거짓에 바탕 한 허구의 이념과 자유를 억압하는 폭정은 끝낼 때가 된 것입니다.

지구상에서 이념으로 분단된 국가 중에서 유일하게 남아 있는 한 국가 북한의 국민은 자유와 인권을 가장 혹독하게 탄압당하고 있습니다. 더욱 비참한 참상은 기아에 허덕이며 죽어가는 실정입니다. 이렇게 절규하며 부르짖는 북한 주민들의 음성을 하나님께서는 더 이상 외면할 수 없는 지경에 이르렀기 때문에 하나님께서는 북한을 해방하고 대한민국을 통일하기 위한 일을 착수하셨습니다. 북한은 해방되고 자유평화의 남북통일이 이루어질 때가 된 것입니다. 대한민국의 남북통일은 단순한 한 국가로의 통일이 아니라 하나님 나라의 모델 국가요 중심 국가가 되는 통일로 이루어질 것입니다. 왜냐하면 대한민국은 하나님께서 선택하신 선민의 국가이기 때문입니다. 그래서 세계의 모든 국가는 통일된 대한민국을 본받아 진정한 자유와 평등과 정의가 살아 숨 쉬는 평화이상세계의 하나님 나라로 변해 갈 것입니다. 남북통일은 하나님께서 개입하셔서 계획하시고 이끌어 가시는 섭리입니다.

2) 남북통일은 해방과 건국의 완성

　남북통일은 건국의 완성으로서의 의미를 갖습니다. 일본으로부터 식민 지배를 당하던 대한민국은 한국인과 한국 땅과 한국의 주권 모두를 잃었습니다. 발을 땅에 딛고 사는 땅이 내 땅이 아니었습니다. 국민도 대한민국 내 나라의 백성이 아니라 일본인 이름을 가지고 일본 말을 배우는 일본의 백성이 되었습니다. 한국의 국왕은 폐위되고 일본의 천왕에게 절하며 일본의 지배를 받는 황국신민으로 살아가야 하는 신세가 되었습니다.

　그러나 수 천 년의 유구한 역사를 통해 천손 민족으로 살아온 대한민국 백성들은 이러한 식민 지배를 받아들이며 모든 것을 체념하고 살아갈 민족이 아니었습니다. 그러기에 끈질긴 독립운동이 시작되었습니다. 국내의 민족지도자들은 물론 본격적으로 독립운동을 하기 위해 해외로 옮긴 애국지사들과 미국과 일본에 유학하는 학생들에 이르기까지 의식 있는 한국의 백성들은 모두가 독립운동에 나서기 시작했습니다. 뜻있는 국민은 여기에 독립자금을 모금하여 보냈습니다.

　이렇게 잃어버린 나라를 다시 찾겠다는 전 국민의 의지가 모이고 쌓여서 드디어 3·1 독립만세운동으로 폭발되었으니 거국적이고도 전면적으로 일어난 독립운동이었습니다. 하나님의 일을 위해 세워진 종교인들이 연합하여 뜻을 모았고 이들을 중심으로 민족대표 33인이 구성되어 조직적인 독립만세 운동이 벌어졌습니다. 그러나 일본의 신식

무기의 총과 칼 앞에는 무력할 수밖에 없어서 비록 나라를 되찾지는 못했지만, 대신에 중국 상해에 임시정부를 출범하게 되었습니다. 건국은 되었지만 내 나라 땅이 아니고 완전한 내 나라의 주권을 회복한 것이 아니었기 때문에 상해임시정부는 미완의 건국일 수밖에 없었습니다. 비록 미완의 건국이지만 상해 임시정부의 희생적 활동과 좌절하지 않고 끊임없이 독립을 위해 투쟁한 애국지사들의 활동으로 드디어 해방을 맞이했습니다. 순수한 우리만의 힘으로의 해방이 아니라 외세의 힘으로 해방되었습니다. 이러다 보니 외세가 또 개입하여 한반도를 두 동강 내고, 반쪽만 해방되었습니다.

대한민국이 1945년 일본으로부터 해방되었으나 해방된 대한민국은 남북으로 분단되어 각각의 정부를 세웠으니 이 또한 서로 다른 이념에 의해 세워진 미완의 정부였습니다. 미국의 힘을 빌려 세워진 남한의 대한민국 정부는 자유민주주의를 바탕으로 자주권을 가지고 자유롭게 살아갈 수 있는 국가로 자리 잡게 되었습니다. 그러나 반쪽 북한은 소련에 의해 공산주의를 바탕으로 1당 1인 독재 세습 체제가 자리 잡게 되면서 또다시 북한의 주민은 자유를 잃고 말았습니다. 그러니 반쪽만의 해방이 정확한 해석입니다. 미완의 해방입니다.

일본의 식민시대에는 그래도 종교의 자유와 거주이전의 자유는 있었습니다. 삶은 고단했고 먹고 살기가 힘들었지만 굶어 죽는 아사자는 없었습니다. 그러나 북한은 종교의 자유도 거주이전의 자유도 없으며 여행의 자유도 없고 표현의 자유도 없습니다. 고난의 행군 때는 300만 명이나 굶어 죽었습니다. 지금 다시 이러한 일이 벌어질 위기에 처해 있습니다. 남북통일은 이러한 북한을 억압과 빈곤으로부터 해방하는 통일이어야 합니다. 이렇게 될 때 드디어 온전한 해방이 이루어지는 것입니다.

이러한 면에서 다가오는 남북통일은 미완의 건국을 완성된 건국으로 만들 절호의 기회입니다. 어떻게 하면 남북통일을 완성된 건국으로 만들 수 있을까요? 외세의 개입으로 식민 지배를 당하고 외세의 개입으로 나라가 분단되었으니, 외세가 개입하는 것이 아니라 오히려 외세가 한국을 도와주고 한국에서 배워가며 한국을 따라 살게 만드는 남북통일의 길을 찾아야 합니다. 그래서 남북통일이 대한민국에 있어서는 참으로 중요합니다.

물론 남북통일의 과정에서는 자유민주주의 국가로의 통일을 도와줄 외세는 필요합니다. 왜냐하면 남북통일의 기회가 왔을 때 북한 편에 서서 우리의 자유민주로의 통일을 방해하고 자국의 이익을 챙기려는 외세의 개입이 있을 것이기 때문입니다. 이러한 외세의 개입을 막아주고 우리와 힘을 합쳐 온전하고 완성된 건국을 도와줄 외세의 개입은 절대로 필요합니다.

북한은 자유민주주의를 기반으로 한 새로운 이념과 체제로 해방되어야 합니다. 남한도 자유민주주의와 자본주의가 가지고 있는 한계 즉 개인의 탐욕과 이기주의에서 해방되어야 합니다. 인간이 짐승이 되어가는 물질만능주의에서 해방되어야 합니다. 어차피 해야 하는 통일이라면 지금의 자유민주주의보다 더 온전하게 자유와 안전이 보장되면서 진정한 평등과 사회 공의가 실현되는 나라로 통일해야 합니다.

그러기 위해서 우리는 하나님을 받아들여야 합니다. 북한을 억압의 굴레에서 해방하고 남한을 자유민주주의와 자본주의의 한계인 이기주의와 물질만능주의에서 해방하기 위해 하나님을 받아들여야 합니다. 왜냐하면 하나님을 인정하고 받아들일 때만이 남북한의 모든 문제가 근본적으로 해결되는 진정한 해방이 이루어지는 것이며 이러한 해방일 때 해방은 완성되었다고 할 수 있기 때문입니다. 하나님을 모실 때 인간의 가장 근본적 본성인 사랑과 양심은 제대로 발현될 수 있습니다. 하나님을 개개인이 마음속에 모시고 살 때 인간의 탐욕은 절제될 수 있고 양심에 따라 부정을 멀리할 수 있으며 사랑의 발현으로 이웃을 진정으로 사랑할 수 있는 것입니다.

이제는 외세의 개입이 아니라 하나님의 개입이 필요한 통일이 답입니다. 문선명·한학자 총재께서는 이미 하나님께서 한국을 진정한 자유와 평등과 정의가 살아 숨 쉬는 평화이상세계로 통일하기 위해 개입하셨다고 천명하셨습니다. 또한 두 분께서는 하나님께서 개입하시는 이러한 남북통일을 위해 우리는 참사랑과 하나님주의로 나아가야 한다고 천명하셨습니다. 두 분께서는 천명에 그치지 않고 물심양면으로 투입하며 일평생 남북통일운동을 해오셨습니다. 필요할 때 필요한 외세는 불러오되 불필요한 외세는 배격하기 위해 국제적 영향력을 행사할 수 있도록 미국에는 워싱턴타임스를 창설했고 한국에는 세계일보를 창설했습니다. 세계일보의 사명은 남북통일의 정론지입니다. 문선명·한학자 총재께서 이토록 남북통일에 매진하시는 이유는 통일된 대한민국을 하나님 나라로 만들고자 하시는 하나님의 계획과 뜻을 아셨기 때문입니다. 지금은 문선명 총재의 뒤를 이어 한학자 총재께서 참사랑과 하나님주의에 의한 남북통일을 한 마디로 '신통일한국'이라 정하시고 밤낮없이 이 일에 매진하고 계십니다.

이렇게 하나님 나라로의 남북통일이 될 때 드디어 대한민국의 건국도 해방도 완성되는 것입니다. 참사랑의 마음을 가지고 하나님주의로 남북통일을 이룰 때 진정으로 해방도 완성되고 건국도 완성될 것입니다. 하나님 나라로 남북통일이 될 때 필요가 있어 개입했던 미국이나 자국의 이익을 위해 개입하려 했던 그 외 나라들도 통일된 대한민국을 떠나 우리를 도와주며 통일된 대한민국을 배워가려고 할 것입니다. 한류가 이제 노래와 춤과 음식의 문화를 넘어 하나님주의에 의한 통일을 배우는 한류로 발전할 것입니다. 이것이 남북통일의 진정한 비전입니다. 남북통일이 이렇게 위대하고도 중요한 의미가 우리에게 있습니다.

3) 통일된 대한민국은 하나님 나라의 중심 모델국

하나님께서는 통일대한민국을 하나님 나라의 모델국으로 세우기 위해 계획하시고 개입하시며 섭리하고 계십니다. 오래전부터 대한민국을 선민으로 택하시고 길러오시며 섭리하신 뜻은 첫째 참부모 메시아를 보내시기 위함이요 둘째 인류 구원을 통한 하나님 나라의 모델국을 세우시기 위함입니다.

하나님께서는 참부모 메시아를 한국 땅에 보내주셔서 남한과 북한을 통일하는 과정을 통해 통일된 대한민국을 하나님 나라의 모델국으로 세우고자 섭리하고 계십니다. 그런데 하나님께서는 한민족의 고대 역사 속에서 이미 하나님 나라의 전형을 보여주셨습니다. 고조선이라는 나라가 바로 하나님 나라의 전형이 되는 나라였습니다. 고조선은 하늘에 계신 하나님인 환인천제, 환웅천왕, 단군왕검 이렇게 삼성조를 모시는 나라였습니다.

그런데 지금의 대한민국은 분단되어 있습니다. 이렇게 분단된 배경에는 외적인 정치적, 사상적 원인이 있지만 내적인 근본 원인은 하나님께서 선민으로 선택하신 한민족을 중심으로 인류구원과 하나님 나라를 세우고자 하시는 뜻을 이루시기 위해 섭리해 나오심에 반해 사탄 세력은 이를 방해하고 차단하기 위해 준동한 역사가 있었기 때문임을 알아야 합니다. 결국 하나님의 뜻에 반하여 준동한 사탄 편 세력이 있었기 때문이었습니다. 남북분단의 결정적 원인은 자유민주주의 대 공산주의 때문이었습니다. 자유민주주의는 하나님을 인정하고 종교의 자유를 허용하지만, 공산주의는 하나님을 부정하고 종교를 아편으로 규정하여 허용하지 않기 때문에 공산주의는 사탄 편이라는 말씀입니다.

분단된 현재의 남북을 비교 분석하면 자유대한민국은 하나님 편이지만, 북한은 사탄 편임이 너무나 극명하게 드러납니다. 이러한 측면에서 북한을 내적으로 정확하게 분석해 보겠습니다. 북한은 한 마디로 거짓된 가짜 메시아를 섬기는 사탄 편 국가입니다. 사탄은 항상 하나님의 뜻을 가장하고 위장하여 하나님보다 먼저 원리형의 비원리 세계를 이루어가는 형태로 나타납니다. 북한의 김일성 집단이 정확하게 여기에 해당합니다. 하나님께서는 참부모 메시아를 구세주로 보내셔서 인류를 구원하여 하나님 나라를 이루시기 위한 뜻을 세우고 섭리하심을 사탄은 알고 있기에 사탄이 앞질러 이러한 형태의 가짜 나라를 세웠다는 것입니다. 3·8선과 휴전선은 하늘 편과 사탄 편의 최종 대결선입니다. 북한을 해방하여 통일하는 것은 사탄 편을 없애는 것이기 때문에 하나님 편만 있는 하나님 나라가 되는 것입니다.

북한에서는 김일성을 어버이 수령으로 부르고 있습니다. 이는 참부모 메시아를 가장한 이름입니다. 공동 농장과 공장에서 땀 흘려 일하는 근로자의 수고보다는 무상으로 배급 주고 병을 고쳐 주며 교육해 주는 김일성의 공로만 찬양하면서 김일성이야말로 어버이 수령이라고 세뇌 교육해 왔습니다. 김일성은 죽었지만 하늘의 태양이 되어 북한의 인민을 따뜻하게 비추고 있으니 어버이 수령께 감사해야 한다고 가르칩니다. 사람이 죽으면 생일이 없어지는 법인데 매년 김일성 생일인 4월 5일을 태양절이라 정하고 가장 큰 국경일로 기념하고 있습니다.

김일성은 이제 어버이 수령에서 하늘의 신이 되었습니다. 북한에는 집마다 건물마다 김일성 부자의 초상화를 걸어놓고 아침저녁으로 고개 숙여 절하고 있습니다. 북한은 한마디로 김일성을 신과 구세주로 섬기며 김일성주의 연구실이라는 예배당에 매주 모여 김일성 어록과 주체사상을 학습하는 종교 국가입니다. 이미 미국의 통계 사이트인 '어드히런츠 닷컴'에서는 북한 자체를 세계 10대 종교로 분류하고 있습니다. 김일성을 교주로 숭배하며 주체사상이라는 거짓된 교리를 학습하고 김일성 연구실이라는 예배당에 모여 예배할 뿐만 아니라 태양절을 종교적 축제로 벌이고 있으니 전형적인 종교집단입니다.

북한을 해방하고 자유민주주의로 남북통일을 이루려면 북한이 어떤 나라인지 정확하게 파악해야 올바른 통일을 할 수 있습니다. 그동안 북한 주민들이 하늘같이 받들어 오던 김일성 어버이 수령과 주체사상은 모두가 가짜라는 사실을 알게 해주어야 합니다. 동시에 진짜가 여기에 이렇게 있다고 보여주어야 합니다. 가짜를 깨우치기 위해서는 진짜라는 대안이 있어야 합니다. 북한의 주민을 진실로 해방하기 위해서는 하늘의 태양과 같은 신은 김일성이 아니라 창조주 하나님이심을 확실히 알려줄 수 있어야 하고 하나님께서 인류의 구세주로 새우신 분은 거짓 된 어버이 수령이 아닌 참부모 메시아라는 사실을 증거해야 합니다. 그리고 참된 진리는 주체사상이 아니라 하나님의 진리 말씀임을 알려줄 수 있는 신학적 진리 체계의 이념이 이렇게 있다고 보여주어야 합니다.

또한 1인 1당 세습의 독재체제에서 억압받고 있는 주민들에게 참된 자유를 통한 삶의 보람을 느끼게 해주며 그동안 똑같이 잘 먹고 잘살게 해주겠다고 한 약속을 김일성 3부자는 지키지 못했지만, 하나님을 중심한 자유민주의 체제에서는 제대로 잘 먹고 잘살 수 있다는 확신과 신뢰를 주어야 합니다. 이러한 대안을 가지고 북한의 주민과 지도부를 설득할 때 북한은 참다운 해방을 맞이하게 되는 것입니다. 북한 주민을 진실로 해방하는 일은 하나님의 참사랑과 하나님주의 이념 아래 모이게 하는 일입니다. 이 길이 남북한의 모든 국민을 대통합할 수 있는 길이며 비전입니다.

먼저 북한 주민을 남한의 국민이 하나님의 참사랑의 마음으로 품어야 합니다. 이념의 논쟁을 넘어 남북이 진실로 화해하고 하나 되어 형제자매가 되는 길은 하나님의 참사랑밖에 없습니다. 하나님의 참사랑으로 먼저 우리는 한민족 한 형제자매임을 느끼도록 이들을 품어 안고 하나 되어 그들도 우리처럼 경제적 풍요를 누리며 살 수 있도록 해주어야 합니다. 단순히 남한과 같은 경제적 풍요를 누리게 해준다고 북한이 해방되었다고 말할 수는 없습니다. 그들이 70년 동안 신봉해 온 어버이 수령과 김일성 주체사상이 있기에 이념의 혼란은 불가피합니다. 그래서 다음으로는 주체사상이 아닌 하나님주의라는 진리 말씀이 있음을 알게 해주어야 합니다. 그리고 진짜 어버이 수령은 김일성이 아닌 참부모 메시아이심을 알려주고 보여주어야 합니다. 그러면 북한은 반드시 해방되어 북한의 주민도 우리와 함께 하나님 아래 인류 한 가족의 형제자매가 되어 하나님 나라의 모델국으로 통일될 것입니다.

남한의 국민 또한 마찬가지입니다. 지금의 양극단으로 나뉘어 반목하고 갈등하는 진보와 보수 그리고 좌익과 우익의 이념을 극복할 수 있는 새로운 이념이 있어야만 합니다. 또한 자유민주주의와 자본주의가 가지고 있는 한계인 물질만능주의와 이기주의에 의한 탐욕으로부터 인간을 해방할 수 있는 새로운 이념이 절실히 요구되고 있습니다. 갈수록 극악무도해지는 사회악을 해결할 수 있는 근본적 대안의 이념은 물론 무섭게 우리를 위협하고 있는 심각한 지구의 자연환경 파괴 문제를 해결할 수 있는 대안의 이념 또한 시급합니다. 사실 자유민주주의와 자본주의가 우리에게 가져다준 자유와 풍요의 혜택은 높이 평가해야 하지만 자유민주주의와 자본주의의 한계를 극복하기 위한 근본적 대안이 절실한 시점입니다. 전문 학자들은 이러한 현상을 한마디로 인간의 비인간화 현상이라고 합니다. 현대는 인간성이 상실되었다고 평가하며 그 근본 원인은 인본주의 자체에 있다고 결론하고 있습니다.

사실 공산주의도 자유민주주의와 자본주의도 모두 인본주의 아래서 파생된 이념입니다. 이 인본주의가 가져다준 개인의 자유와 인권의 신장 그리고 과학기술의 발달로 풍요롭고 안락한 생활은 누리고 있는 것은 놀라운 축복이고 번영이지만 상대적으로 인본주의가 가져다준 앞서 설명한 인간성 상실에 의한 사회악과 빈부의 양극화 그리고 자연 파괴를 극복하기 위해서는 인본주의가 아닌 다른 새로운 이념이 창출되어야 합니다.

아놀드 토인비는 그동안 인류는 도전에 응전을 통하여 위기를 극복하며 인류문명사를 발전시켜 왔다고 『역사의 연구』에서 말하고 있습니다. 그러나 지금의 도전은 총체적 도전으로 근본적이고도 총체적인 대전환의 응전이 절실히 요구되는 시점입니다. 이 응전은 참사랑의 하나님주의가 되어야 합니다.

문선명·한학자 총재께서는 지금 우리가 맞이하고 있는 총체적 도전에 대한 대안의 응전이 되는 새로운 이념을 일러 하나님주의라고 주창하셨습니다. 하나님주의는 하나님을 부모로 모시고 하나님 아래 모든 인류가 한 형제자매로 살아가자는 주의입니다. 다시 말해 하나님 나라의 근본이념은 하나님주의와 참부모사상입니다.

문선명·한학자 총재께서 말씀하시기를 하나님께서는 통일된 대한민국을 하나님 나라의 모델국으로 세우시기 위해 남북통일 섭리를 주도하고 계신다고 천명하셨습니다. 하나님주의와 참부모사상으로 남북통일을 할 때만이 진정한 자유와 평등과 정의가 실현되는 하나님 아래 인류 한 가족의 행복하고도 평화로운 하나님 나라가 이루어진다고 천명하고 계시는 것입니다.

통일된 대한민국은 반드시 하나님 나라의 모델국이 될 것입니다. 지금 한학자 총재께서는 이러한 하나님주의에 의한 남북통일을 한마디로 '신통일한국'이라 명명하시고 하나님의 섭리를 대행하고 계십니다. 대한민국은 신통일한국으로 반드시 통일될 것이며 세계의 모든 나라는 하나님 나라의 모델국인 신통일한국을 본받아 신통일세계를 이룰 것입니다. 신통일한국과 신통일세계의 하나님 나라는 반드시 이루어질 것입니다. 세계에 한류가 거세게 일어나는 것이 이를 증명합니다. 앞으로 한류는 문화의 한류를 넘어 하나님주의와 참부모사상이라는 이념 한류로 결실될 것입니다. 그 중심에 하나님께서 섭리하시는 신통일한국으로의 남북통일이 있습니다.

2. 남북통일의 시기

1) 북한의 실상으로 본 남북통일 시기

현재 북한은 사면초가의 상황입니다. 북한은 공산주의 체제 자체가 가지고 있는 한계 때문에 갈수록 경제적으로 어려운 상황이 지속되고 있습니다. 급기야 북한은 1990년대 말 대기근으로 300만 명의 아사자가 발생하는 고난의 행군 시기가 있었습니다. 또한 북한 공산주의 체제는 여타 다른 공산주의 국가에서는 유래를 찾아볼 수 없는 1인 1당 세습·독재체제를 이어가고 있습니다. 공산당 일당 독재체제의 모순 때문에 모든 공산주의 나라가 공산주의 깃발을 내렸지만, 북한은 아직도 일당 세습·독재체제를 유지하며 힘겹게 체제를 이끌어가고 있습니다.

여기에 핵보유 국가가 되고자 하는 시대에 역행하는 국가 정책으로 최대의 위기를 맞이하고 있습니다. 국제원자력기구의 핵 확산금지조약에서 탈퇴한 후 국제질서를 위반해 가며 막대한 재원을 투입해서 계속 핵실험을 하고 있습니다. 국민은 기아에 허덕이는데 고액의 미사일을 개발하고 수도 없이 공중에 날리면서 국고를 탕진하고 있습니다. 이러한 북한에 대해 유엔은 물론 미국을 비롯한 서방의 선진국은 강력한 경제적 제재를 가하고 있습니다.

이러한 상황 가운데 북한 주민들의 생활은 갈수록 피폐해질 수밖에 없으니 도저히 견딜 수 없어 탈북하는 숫자가 급속도로 늘고 있습니다. 탈북하여 한국에 온 숫자만 3만 명이 넘어섰고 중국으로 탈북하여 숨어 지내며 돈벌이하거나 잡혀서 북송된 사람의 숫자는 몇십만이 될 것으로 추정됩니다. 보통의 나라였으면 이미 체제가 붕괴할 수준이지만 국민의 눈과 귀를 가리는 정보통제력으로 힘겹게 버티는 중입니다. 그러나 이러한 체제 붕괴의 위험 요인은 외적인 것입니다. 대개 역사가 증명하듯이 체제의 붕괴는 외적 요인 보다는 내적인 요인이 더욱 결정적으로 작용해 왔다는 사실을 생각할 때 내적 붕괴 요인은 없는지 살펴볼 일입니다.

그런데 북한에서는 최근에 내적인 체제 붕괴의 현상이 나타나고 있습니다. 아주 심각한 내적 체제 붕괴의 위험 요인 첫째는 김정은의 건강이 심히도 우려되는 수준까지 왔다는 데 있습니다. 선천적으로 심장에 문제가 있어서 심장 수술을 한 입장에서 폭음과 폭식에 과도한 스트레스로 인한 위험수위의 체중 증가로 건강이 급속도로 악화했다는 증거들이 나타나고 있습니다. 둘째는 정보통제력이 상실되어 북한 지도부를 불신하는 풍조가 젊은 세대를 중심으로 전 주민들에게 확산하고 있습니다.

70년대 초반에만 해도 남한보다도 북한이 더 잘사는 나라였지만 지금은 남한의 눈부신 경제발전으로 북한과는 비교할 수 없이 잘사는 나라가 되어 세계가 부러워하는 나라가 되었다는 사실을 북한의 주민들이 알아가고 있습니다. 스마트폰을 중심으로 급속도로 발전한 정보통신 기술 덕분에 더 이상 남한에 대한 정보와 세계에 대한 정보를 차단할 수 없고 숨길 수 없게 되었다는 사실입니다. 여기에 최근에는 다양한 방법으로 북한에 남한의 소식과 물자가 전달되고 있습니다.

특히 탈북민들이 북한의 가족들에게 중국을 통해 돈을 전달한 소식이 북한 주민들에게 퍼지고 있습니다. 또한 탈북민을 중심한 민간단체에서 풍선과 바닷물을 통해 북한에 보내는 대북 전단과 사랑의 온정을 실은 지폐는, 북한의 주민이 전혀 모르고 있는 김일성 일가에 대한 비밀이라든가 남한의 생활상 등을 알게 하고 있어 북한의 주민을 동요케 하고 있습니다. 그리고 최근에 휴전선의 대북 확성기 방송 또한 북한 주민은 물론 휴전선에 배치된 북한 군인들에게는 말할 수 없는 심적 동요를 일으킬 수 있는 사안이 되고 있습니다.

특히 북한 젊은이들을 크게 동요시키고 있는 것은 남한의 발전상과 한류열풍입니다. 세계는 한류 열풍을 타고 한국의 드라마와 영화 그리고 케이팝을 중심한 노래와 음식 등은 세계 젊은이들로 하여금 한국을 동경하게 만들고 있다는 사실을 북한의 주민들이 알기 시작했습니다. 특히 북한의 젊은이가 남한의 문화를 직접 보고 들으면서 자극받아 이를 확산시키고 있는데 아무리 북한 당국이 남한의 드라마와 영화 그리고 노래를 통제하여도 들풀처럼 번지며 확산해 나가고 있습니다.

급기야 북한 당국은 '반동사상 문화배격법'을 만들고 '평양문화어 보호법'을 만들어 강도 높은 처벌을 하고 있습니다. 심지어 총살형으로 처벌하는 데까지 이르렀습니다. 이러한 위급한 상황에 대처하기 위한 북한 김정은의 중대 조치가 발표되었는데 남한을 통일의 대상이 아닌 적국으로 규정한다는 내용입니다. 그동안 남북한은 같은 민족으로서 통일해야 할 대상국가라고 선전하며 조국통일의 정당성을 강조했는데 이제는 통일할 필요가 없는, 싸워서 없애버려야 할 적대국가로 공표한 것입니다.

김정은의 북한 당국이 다급한 나머지 이러한 조치를 한 배경에는 다른 정치적 목적도 있겠지만 더욱 중요한 이유가 있습니다. 바로 내적 체제 붕괴의 위험을 차단하려는 조치라고 해석됩니다. 같은 민족인데 남한의 문화를 공유했다는 이유로 처벌하고 총살하는 것은 명분과 정당성이 없기에 남한을 적으로 규정해야 했을 것입니다. 남한을 적대국으로 만들어야 처벌할 수 있는 정당성이 부여되기 때문입니다.

너무나 다급해진 나머지 유훈통치의 국시로 삼아오던 조국통일을 포기하겠다고 선언한 것입니다. 김정은 정권은 할아버지 김일성과 아버지 김정일의 2대에 걸쳐 내려온 조국통일의 굳은 의지를 만천하에 알리고 결의를 다지기 위해 평양시가지에 건설한 조국통일 3대 헌장 기념탑의 조형물을 철거해 버리는 역사적 사건을 벌였습니다. 통일할 필요가 없으니 통일의지의 상징물을 없애버린 것입니다. 통일이라는 용어를 교과서는 물론이고 노랫말 그리고 조형물의 문구까지 모두 지워버렸습니다. 이러한 청천벽력과 같은 조치에 북한의 주민들은 당황할 수밖에 없는 상황이 초래되었습니다. 그동안 기아에 허덕이면서도 스스로를 달래고 함께 결속할 수 있었던 명분은 자유민주주의 아래 물질의 노예가 되어 살고 있는 남한의 인민들을 해방하여 똑같이 잘 먹고 잘사는 지상낙원으로 조국을 통일하겠다는 것이었는데 이제 이러한 유훈도 포기하고 통일할 필요가 없다고 하니 얼마나 당황스럽고 허탈하겠습니까?

이러한 상황 가운데 남한의 발전 소식과 세계에서 한국을 부러워하고 동경하는 한국의 위상이 여러 채널을 통해서 북한의 주민들에게 알려짐으로써 그동안 속아서 살아왔다는 사실을 알게 되면서 드디어 민심이 이반되기 시작했습니다. 이미 젊은 사람들은 너무나 급속하게 남한의 문화에 물들어가며 북한 정권을 불신하기 시작했습니다. 이러한 가운데 김정은이 최근에 러시아와 우크라이나 전쟁에 북한군을 이미 파병하여 전선에 투입되었다는 보도가 나왔습니다. 이 전쟁에서 북한의 군인이 처참하게 희생되고 있다는 보도도 이어지고 있습니다. 이는 결정적인 내부 붕괴의 요인으로 작동될 수밖에 없을 것입니다. 자국의 전쟁이 아닌 명분 없는 타국의 전쟁에 그것도 군사위성 기술을 지원받기 위해 그리고 돈벌이를 위해 자국민을 총알받이로 파병했다는 사실은 북한 붕괴의 결정적 원인이 될 것으로 판단됩니다. 이렇게 북한의 군인들이 희생되고 있는 사실이 북한에 알려지게 되면 그 가족들은 물론 북한 주민들의 공분을 사게 되어 민심은 김정은 정권으로부터 크게 이반될 것이 분명합니다. 짐작하건대 북한군의 러시아 파병은 체제 붕괴의 도화선이 될 것으로 전망됩니다.

이렇게 북한은 외부로부터의 경제적 제재는 물론 여러 가지의 체제 붕괴의 내적 요인이 발생하고 있기에 더 이상 북한 체제는 오래 버틸 수는 없다는 것이 전문가들의 대체적인 분석입니다. 멀지 않아 남한 주도의 남북통일이 이루어질 수밖에 없는 때가 다가오고 있습니다.

2) 전문가들의 견해로 본 남북통일 시기

대체적으로 여러 미래학자와 북한 연구가들이 내놓는 예견 또한 크게 다르지 않습니다. 이들은 2020년에서 2030년을 전후해서 남북이 통일될 것으로 전망합니다. 세계적인 미래학자로 구글이 선정한 미국의 토마스 프레이(Thomas Frey) 교수는 2015년 5월 3일 KBS 1TV '오늘 미래를 만나다.'의 강연에서 남북한의 급격한 경제적 격차를 설명하면서 여러 요인을 고려해 볼 때 앞으로 5년 이내의 남북통일을 전망하기도 했습니다. 이 예견은 빗나가서 아직도 통일은 이루어지지 않았지만, 지금의 북한 상황을 고려해 볼 때 그렇게 빗나간 예견은 아닌 것 같습니다.

다음으로 주시해 볼 학자는 정세분석가이며 싱크탱크 '스트렛포'(Stratfor)의 설립자인 미국의 조지 프리드먼(George Friedman) 회장입니다. 조지 프리드먼 회장은 탁월한 정세분석가로서 그의 싱크탱크인

스트렛 포에는 각 분야의 전문가 70여 명의 직원 근무하고 있습니다. 여기서 발간하는 정세 예측 보고서는 미국 국방부의 공식 자료로 제공되고 있고 이를 받아보는 유료 회원이 220만 명이나 됩니다. 조지 프리드먼 회장이 발간한 2019년의 저서 『100년 후』는 아마존 베스트셀러 1위를 차지했던 책입니다. 조지 프리드먼 회장은 『100년 후』에서 다음과 같이 남북통일을 예견하고 있습니다.

"내가 볼 때 한국은 2030년 훨씬 이전에 통일이 될 것 같다. 통일한국의 인구는 약 7000만 명으로 일본에 비해 그리 뒤떨어지지 않는다. 한국은 현재 세계 12위의 경제국이며 통일 이후 2030년이 되면 훨씬 높은 자리를 차지한다."[70]

조지 프리드먼은 대한민국의 남북통일을 2030년 훨씬 이전으로 예견하고 있으니 내년 2025년이 될지 그다음 해가 될지가 주목되고 있습니다.

다음으로 한국의 유명한 소설가 김진명 작가는 그의 소설 『예언』에서 남북통일을 2025년으로 쓰고 있습니다. 실화를 바탕으로 소설을 쓰는 김진명 작가는 『무궁화꽃이 피었습니다.』, 『천년의 금서』, 『고구려』 등 베스트셀러를 내놓은 분으로 대한민국 국민으로서의 정체성을 가지게 하고 자부심을 느끼게 하는 주제를 가지고 글을 쓰시는 분입니다.

---

70 조지 프리드먼, 『100년 후』, 215쪽

소설 『예언』은 소련에 의해 KAL기가 폭격될 때 동생을 잃게 된 오빠가 동생을 죽인 사람을 찾아 복수하기 위해 미국을 떠나는 것으로 소설이 시작됩니다. 『예언』은 책 이름이 말해주듯 남북통일에 대한 예언을 마지막으로 대단원의 막이 내립니다. 이 소설에는 문선명 총재가 북한을 방문하여 김일성과 회담한 역사적 사실도 나옵니다. 문선명 총재가 회담을 마치고 한국으로 돌아오기 위해 평양의 순안공항으로 나올 때 환송을 위해 북한을 대표한 김달현 부총리 일행이 동행하였습니다. 이때 김달현 부총리는 문선명 총재에게 통일은 언제쯤 되겠느냐고 묻습니다. 이에 문선명 총재는 2025년이라고 답변하는 것으로 소설이 끝납니다. 실제 문선명 총재는 2025년에 남북통일이 된다고 말씀하신 적은 없습니다. 김진명 작가는 한국의 미래와 남북통일의 시기를 추정하기 위해 많은 공부와 노력을 했을 것으로 짐작합니다. 그리고 특유의 예감으로 남북통일의 시기를 2025년으로 설정했다고 생각합니다. 김진명 작가의 예견대로 2025년에 남북통일이 이루어졌으면 좋겠습니다.

3) 예언으로 본 남북통일 시기

아주 특이하고 재미있는 사실은 한국의 남북통일에 대해 한국 사람보다 외국의 예언가나 예지자들이 더 많이 예언하고 있다는 사실입니다. 특히 미국의 영적인 권능을 가진 기독교 예언 사역자 중에서 남북이 통일되는 환상과 계시를 받는 사람들이 많습니다. 베니 힌, 신디 제이콥스, 캐서린 브라운, 산볼츠 같은 분입니다. 이들은 하나님께서 한국에 기름을 부어주실 것이며 북한을 곧 해방해 주실 것이라는 계시를 받고 있습니다. 이들의 간증에 의하면 하나님께서 북한을 흔들어서 북한의 문을 열어 남북통일을 이루어 주실 것이라는 환상과 계시를 받았다고 증언하고 있습니다.

또한 영국을 대표하는 예지몽 예언가 크리스 로빈슨(Chris Robinson)이 있습니다. 이분은 초능력자의 사냥꾼으로 알려진 미국 애리조나 대학의 심리학 교수인 게리 슈왈츠(Gery Schwartz) 박사의 시험에 통과한 유일한 예언가입니다. 이렇게 검증된 크리스 로빈슨은 예언가 중에서 적중률이 최고로 높은 예언가로 알려진 분으로 세계에서 가장 신뢰받는 예언자 중 한 사람입니다. 크리스 로빈슨은 영국 공군의 비행쇼에서 두 대의 비행기가 충돌하는 꿈을 꾸고 사전에 통보하였지만 묵살당하였는데 며칠이 지나자 꿈에 본 내용대로 비행기가 충돌하는 사건이 일어나자, 이때부터 크리스 로빈슨은 영국에서 신뢰를 받기 시작했습니다. 이외에도 영국 왕실의 다이애나 비의 교통사고와 미국의 9.11테러도 미리 꿈에 본 대로 예언하여 적중한 것으로 유명합니다.

크리스 로빈슨은 2018년에 한국에 와서 10년 후 한국의 미래에 대해서 예언했습니다. 한반도에서 전쟁이 일어나는 정황은 전혀 보이지 않으며 한국은 통일되어 하나의 정부가 이루어질 것이라고 예언했습니다. 그는 평양에서 서울로 오는 첫 열차를 타고 있는 꿈을 꾸었다고 했습니다. 통일된 한반도는 오래전부터 예언되었던 지상낙원이 이루어질 것인데 사람들은 내면세계를 성찰하게 될 것이며 인간의 영혼이 고도로 진보하는 시대를 맞이하게 될 것이라고 예언하였습니다.

남북통일에 대해 예언한 한국의 예언자 중에는 신뢰가 높아 한국의 노스트라다무스라는 별명이 붙은 두 분이 있는데, 한 분은 탄허 스님이시고 다른 한 분은 격암 남사고 선생입니다. 먼저 탄허 스님께서 예언하신 내용을 살펴보시겠습니다. 2015년 1월 4일자 조용헌 칼럼에 탄허 스님의 남북통일 예언이 실렸습니다. 탄허 스님께서 가까이 지내던 제천시 월악산의 덕주사 주지 스님이신 월남 스님을 찾아가서 나눈 대화 중에 이야기했다는 내용이 소개되어 있습니다. 탄허 스님께서 하신 말씀이 월악산 영봉 위에 뜬 달이 물에 훤히 비추고 나서 30년이 지난 후에는 한국에 여성 임금이 출현하는데 이때로부터 3~4년이 지나면 남북통일이 된다는 내용입니다. 이러한 탄허 스님의 예언에 대해 월남 스님은 월악산 영봉 위에 뜬 달이 물도 없는데 어떻게 비추겠는가 하고 의아했는데 1983년도에 충주댐이 완공되어 정말 월악산 위에 뜬 달이 물에 훤히 비추게 되었답니다.

탄허 스님의 예언대로라면 1983년으로부터 30년이라 했으니 2013년도에는 여성임금이 출현해야 합니다. 그런데 2013년도에 한국에서 두 분의 여성 임금이 출현했으니 한 분은 박근혜 대통령이 당선되어 제18대 대통령으로 첫 여성 대통령이 취임하였습니다. 또 한 분은 참어머니 메시아로 오신 한학자 총재께서 2013년 음력 1월 13일에 진성덕 황제(眞聖德 皇帝)의 성호를 가지시고 "천일국 기원절 즉위식(天一國 基元節 卽位式)"이라는 이름의 하나님 나라가 지상에서 공식적으로 출범하는 의식을 거행하셨습니다. 여성임금이 출현하신다는 탄허 스님의 예언은 이렇게 적중되었습니다.

그런데 문제는 이로부터 3~4년 후에 통일이 된다고 하였는데 2016 년이나 2017년에는 남북이 통일됐어야 했는데, 통일이 안 되었으니, 남북통일의 시기는 틀리게 되었다고 생각했습니다. 통일의 시기만 빗나간 것이 너무나 아쉬워 조선일보에 이 예언의 글을 쓰신 조용헌 교수께 3~4년을 3·4로 해석해도 되는가? 하고 문의하였는바 무방하다는 답변을 전해 들었습니다. 이제 3~4를 3·4로 해석할 경우, 3 곱하기 4 의 12년이 됩니다. 여성임금이 출현한 2013년으로부터 12년이 지나면 2025년이니 2025년에는 남북통일이 된다고 해석할 수 있습니다. 결국 탄허 스님께서 예언한 남북통일의 시기는 2025년이 됩니다.

그런데 탄허 스님의 예언 중 남북통일에 관한 예언의 말씀이 장화수 교수의 책 『대예언 대사상』에도 나와 있습니다. 이 책 14쪽에 3·3, 4·4에 통일된다고 하는 말씀과 더불어 2004년부터 2041년 사이의 37년 간 사이라고만 되어 있지 특정 연도는 지칭하지 않고 있습니다. 각자의 해석이 필요한 상황인데 저는 이 3·3, 4·4를 3×4×10=120년으로 해석하겠습니다. 대한민국이 1905년 을사년부터 국권을 침탈당하여 1945년 해방은 맞이했으나 분단으로 온전한 해방이라고 할 수 없이 지내오고 있습니다. 1905년부터 120년 이면 2025년이 되니 2025년 을사년에는 온전한 해방으로서의 남북통일이 된다고 해석하고자 합니다. 이렇게 해석할 경우 탄허 스님이 한정하신 2004년부터 2041년 사이에 통일된다는 말씀에도 부합한다고 볼 때 통일의 해는 2025년이라고 결론할 수 있겠습니다.

　다음으로 격암 남사고 선생께서 예언하신 남북통일의 시기도 2025
년으로 나와 있으니 이 또한 놀라운 일입니다. 한 번 알아보겠습니다.
남사고 선생의 예언집 『격암유록』 말운론에 다음과 같은 신비한 예언
이 있습니다.

◎ 統合之年何時 龍蛇赤狗喜月也
　통 합 지 년 하 시　용 사 적 구 희 월 야

白衣民族生之年 (末運論)
백 의 민 족 생 지 년　말운론

〈해석〉

　한국이 통합되는 해는 어느 해인가? 진년 용띠 해와 사년 뱀띠 해
중 붉은 개의 달인 병술월(음력9월)이 있는 해는 을사년(2025년)이기 때
문에 2025년 9월에 남북통일이 됩니다. 이때는 백의민족인 한민족이
다시 살아나는 때입니다.

〈해설〉

　격암 남사고 선생은 분명 남북통일의 시기를 예언해 놓으셨습니다.
남북통일이 되는 해는 언제인가 묻고 용띠 해나 뱀띠 해 중에서 붉은
개의 달인 적구월이 있는 해에 남북통일이 된다고 예언하고 있습니다.
용띠 해와 뱀띠 해는 12년마다 돌아오기 때문에 구체적인 연도를 특정
하기 어렵지만 적구월이라고 명시했으니 용띠 해와 뱀띠 해 중 적구월

이 있는 해를 찾으면 구체적인 연도를 특정할 수 있는 것입니다. 그런데 근년의 용띠 해와 뱀띠 해는 2024년 갑진년과 2025년 을사년인데 이 두 해 중 적구월이 있는 해는 을사년 9월 즉 2025년 음력 9월이 됩니다. 2025년 음력 9월에는 남북통일이 되어 온 백성이 기뻐하는 달이 될 것이며 결국은 백의민족인 한민족이 진정 살아나는 해가 될 것이라는 예언입니다.

같은 민족으로 남북이 갈라져서 동족상잔의 전쟁을 하였고 지금도 적대시하며 살고 있으니 그동안 한민족은 살아가고 있지만 살아있다고 말할 수 없는 입장이었습니다. 진정 살아있는 민족이 되기 위해서는 남북통일이 되어 과거의 모든 것을 서로 용서하고 화해하며 국민 대통합을 이루어 살아갈 때 진정 대한민국 국민은 살아있는 민족이 될 것이라는 예언입니다.

북한이 처한 상황으로 보나 전문가의 견해로 보나 북한이 붕괴될 날이 멀지 않았습니다. 예언가들은 남북통일의 시기를 2025년을 특정하고 있습니다. 남북통일을 빠른 시일 안에 전쟁 없이 평화적으로 성사시키겠다고 작정하신 분이 계시니 바로 하나님이십니다. 하나님께서는 북한으로부터 들려오는 아들딸들의 신음 소리를 외면하실 수 없다고 하십니다. 남북통일은 하나님의 계획 가운데 있는 섭리이기 때문에 반드시 빠른 시일 안에 이루어질 것입니다. 하나님께서 2025년을 남북통일의 해로 정하셨기 때문에 남북통일을 2025년에 반드시 이루어질 것입니다.

3. 남북통일의 이념

1) 남북통일 이념의 중요성

남북통일론에 있어 아주 중요하게 고려되어야 하는 것은 '어떠한 이념으로 통일할 것인가'하는 문제입니다. 지금 자유민주주의 국가는 선진국을 이루어 세계를 선도하고 있지만 한때 공산주의를 했던 나라들은 부강한 나라가 되지 못하였을 뿐만 아니라, 국민의 자유와 인권이 보장되지 못하게 되니 국민의 반발이 심하여 결국 공산주의를 버리게 되는 시행착오를 했습니다. 이렇게 한 나라가 어떠한 이념으로 운영되느냐 하는 것은 아주 중요한 문제입니다.

우리나라 또한 일본으로부터 해방되면서 해방의 기쁨을 나누기도 전에 민주주의와 공산주의의의 이념 대결로 혼란한 정국이 형성되었고, 급기야 자유민주주의의 미국과 공산주의의 소련에 의해 국가는 양분되었습니다. 분단의 과정을 살펴보면 공산주의 종주국인 소련이 세계 공산화 전략에 의해 한반도를 적화하려는 의도를 가지고 2차 대전이 종전되었음에도 군대를 계속해서 한반도 남쪽으로 이동해 내려오고 있었고 이를 주시하던 미국이 반쪽만이라도 자유민주주의를 지키기 위해 3·8선 이남으로의 전진을 막게 된 것이 분단의 원인이 되어 두 체제가 들어선 것이었습니다. 결국 분단의 원인은 첫째 공산주의를 확산하려는 소련과 이를 막고 민주주의 국가를 세우려는 미국에 의해 대한민국이 분단된 것이었고 둘째는 대한민국의 지도자들이 민주와 공산의 두 이념으로 분열되었기 때문이었습니다.

중요한 사실은 공산주의를 선택한 북한은 지금까지도 가난에 허덕이며 자유와 인권을 유린당한 채 사람다운 사람의 삶을 살지 못하고 있습니다. 반면에 자유민주주의를 선택한 남한은 분단의 악조건 속에서도 경제를 부흥시켜 선진국의 대열에 당당히 합류하여 자유와 풍요를 누리며 살아가고 있다는 사실입니다. 만약 해방 후 한반도 전체가 공산화되었다면 지금 우리는 어떻게 살고 있을까를 생각할 때 이념 문제가 참으로 중요하다는 것을 절실히 느끼게 됩니다.

이제 대한민국은 또 한 번의 이념 문제를 심각히 고려하지 않으면 안 되는 시점에 와 있습니다. 왜냐하면 남북통일의 시기가 목전에 도래했기 때문입니다. 통일된 대한민국은 지금의 자유민주주의가 안고 있는 문제까지도 해결할 수 있는 새로운 대안의 이념으로 새로운 건국을 해야 하기 때문입니다. 이제 남북이 통일된 새로운 대한민국은 자유와 민주의 가치를 기반으로 하면서도 평등의 가치도 제대로 실현할 수 있는 새로운 이념체계를 남북통일의 이념으로 삼아야 합니다. 그래서 진정한 자유와 평등과 정의가 실현되는 평화이상세계를 만들어 오히려 세계의 모든 나라들이 배우고 따라갈 수 있는 새로운 나라를 만들어야 합니다. 참부모 메시아로 오신 문선명 한학자 총재께서는 이러한 이념을 하나님주의라고 이름 하셨습니다.

2) 왜 하나님주의인가?

남북통일은 남한의 자유민주주의 이념으로 통일하면 되는데 무슨 다른 이념이 필요한가에 대해 반문할 수 있습니다. 당연히 자유민주주의가 통일의 이념이 되어야 하는 것은 맞습니다. 그런데 현재의 자유민주주의와 자본주의 그대로는 아니라고 생각합니다. 자유민주주의가 본래의 정신을 잃고 물질만능주의로 전락하였을 뿐만 아니라 근본적 한계를 노출하고 있기 때문입니다. 반드시 해야 하고 어차피 해야 할 남북통일이라면 자유민주주의와 자본주의가 안고 있는 근본적 한계를 극복할 수 있고 나아가 현대세계가 안고 있는 문제까지 해결할 수 있는 제대로 된 이념을 찾아야 합니다. 왜냐하면 지금은 자유민주주의와 자본주의 그리고 사회주의가 가지고 있는 근본적 한계와 문제점이 적나라하게 그리고 총체적으로 드러나고 있기 때문입니다. 이제는 자유도 민주도 더욱 빛나며 평등과 정의도 제대로 실현되는 새로운 이념을 찾아 남북통일의 이념으로 삼아야 합니다.

현재의 자유민주주의에 대한 전문가들의 분석을 살펴보겠습니다. 미국 허버드대학 정치학 교수인 스티븐 레비츠키(Steven Levitsky)와 대니얼 지블렛(Daniel Ziblart)은 『어떻게 민주주의는 무너지는가』의 서문에서 오늘날 민주주의는 죽어가고 있다고 경고하면서 민주주의가 붕괴하고 있는 곳은 쿠데타의 장이 아니라 투표장이라고 말하고 있습니다. 세계 여러 나라에서 정당이 양극화되어 극단적 대결로 민주주의는 죽어가고 있으며 민주주의의 모범국가인 미국에서조차 정당이 양극화 되어가고 있다고 경고하고 있습니다.[71]

또한 파이낸셜타임즈의 수석 경제평론가인 마틴 울프(Martin Wolf) 박사는 그의 저서 『민주주의적 자본주의의 위기』 서문에서 자유민주주의적 자본주의 위기를 첫째 엘리트에 대한 광범위한 신뢰 상실이고 둘째 포퓰리즘과 권위주의의 부상이며 셋째는 진실이라는 개념에 대한 신뢰를 상실한 것이라고 하면서 마지막으로 민주주의의 근간인 시민들 사이에서 정보에 기반 한 합리적 토론의 가능성이 사라진 것이라고 진단하고 있습니다.[72]

위에서 세 분의 박사가 진단한 대로 자유민주주의나 자본주의의 최대 위기는 물질만능주의를 극복하지 못하고 있고 결국 인간 자체에 대한 불신이 날로 커지고 있다는 경고를 주의 깊게 살펴볼 필요가 있습니다. 지도자는 진실과 신뢰를 잃어가고 있고 대중은 무한경쟁 속에서 이기적이며 탐욕적으로 치닫고 있습니다. 결국 자유민주주의는 인간성 상실과 양극화로 방황하고 있으며 자연환경은 파괴되고 있고 사회악은 더욱더 극악무도해지고 있습니다. 더욱더 심각한 것은 가정

---

71 스티븐 레비츠키, 대니얼 지블렛, 『어떻게 민주주의는 죽어가고 있는가』, 6~16.
72 마틴 울프, 『민주주의적 자본주의의 위기』, 18쪽.

은 붕괴되고 있으며 성질서는 파괴되고 있고 결혼을 회피하는 사람들은 날로 늘어가고 있다는데 있습니다. 현재의 저출산 고령화 문제가 앞으로 감당하기 어려운 문제로 대두되고 있습니다. 총체적 위기가 다가오고 있는 것입니다. 남북통일의 이념이 지금 이대로의 자유민주주의 이념이 되어서는 안 되는 이유입니다. 자유와 민주의 가치는 살아 있되 인간성을 회복할 수 있는 이념으로의 새로운 남북통일 이념을 찾아야 할 때입니다.

그렇다고 공산 사회주의와 민주사회주의가 답이 될 수 없음은 이미 소련과 북한의 실험에서 드러났고 현재 실험 중인 중국을 비롯한 유럽 국가에서의 실험 또한 답이 될 수 없음이 확실해졌습니다. 자유민주주의의 한계를 극복할 수 있는 이념이 사회주의가 될 수 없음이 이미 판명된 것입니다. 결국 자유민주주의도 사회주의도 인본주의에 바탕 한 이념입니다. 본래 자유민주주의의 출발은 기독교 정신인 천부인권과 박애를 중심한 자유와 평등의 가치를 내걸고 출발했지만, 지금은 물질만능주의에 밀려 이러한 고귀한 가치와 정신은 퇴색된 채 이기주의로 전락해 버렸습니다. 인간중심주의는 현재의 자유민주주의와 사회주의의 한계를 극복하고 우리를 참다운 자유와 평등과 평화가 넘치는 인간다운 세상으로 더 이상 이끌어 갈 수가 없게 되었습니다. 자유민주주의와 사회주의 모두 그 수명이 다해가고 있습니다. 이제 우리는 시급히 다른 이념에서 대안의 답을 찾아야만 합니다. 우리가 찾아야 할 남북통일의 이념은 자유민주주의의 자유의 가치와 사회주의의 평등의 가치를 극대화 하면서도 상실된 인간성을 회복하여 진실과 신뢰가 바탕이 된 인간다운 인간을 만들어낼 수 있는 이념으로 그 대안이 마련되어야 합니다.

인류역사의 이념적인 큰 흐름의 측면에서 근본적인 새로운 대안의 이념을 찾아보겠습니다. 고대에서 중세에 이르기까지 인간 세상을 지배하는 것은 하늘에 있는 신(神)이었습니다. 고대에는 태양신을 비롯한 자연의 신이었으며 중세 시대의 서양은 기독교를 중심한 유일신 하나님이었고 동양에서는 유불선을 중심한 신이었습니다. 한마디로 고대와 중세는 신본주의(神本主義) 시대였습니다. 모든 삶의 영역에 신의 뜻이 작용했고 종교의 계율이 지배했습니다. 엄격히 말해 인간의 자유와 이성은 제한되었고 종교와 교회의 권위는 절대적이었습니다. 신본주의 아래에서 신은 있으되 엄격한 입장에서 인간은 없었던 시대였습니다. 신의 뜻과 교회의 명령에 복종하는 사람만 사람대접을 받았습니다. 이렇게 인간의 본성인 이성과 자유가 억압당하니 자연히 반발이 생길 수밖에 없었고 급기야 이것이 종교개혁으로 나타났고 계몽주의에 의한 인문 혁명으로 나타났습니다.

이러한 시대적 요청으로 더 이상 신본주의라는 이념이 작동할 수 없게 되자 인간의 자유와 이성을 존중하는 인본주의가 출발하게 되면서 근대라는 새 시대가 열리게 된 것입니다. 이러한 인본주의를 바탕으로 개인의 자유와 인권을 우선시하는 자유민주주의가 형성되었고 경제적으로는 자본주의가 자리를 잡게 되었습니다. 그렇다고 인본주의가 신본주의와 완전히 결별한 것은 아니었습니다. 개인의 자유와 인권도 결국 창조주 하나님으로부터 부여된 것이기 때문에 천부인권에 바탕 한 개인의 자유와 인권이었으며 신의 사랑을 바탕으로 한 너와 나의 관계였습니다.

그러나 신본주의에 대한 반발에서 시작된 인본주의였고, 신본주의 아래에서 종교재판과 마녀사냥 등으로 인권이 너무나 참혹하게 유린당하였기 때문에 점차 신은 종교의 영역으로 퇴진할 수밖에 없었고 종교와 정치는 분리되었습니다. 여기에 자유민주주의가 가지고 있는 한계 때문에 물질만능주의에 밀려 물질과 인간이 신의 자리를 차지했습니다. 인간중심주의를 바탕으로 한 자유민주주의는 개인의 자유와 인권을 존중하는 풍토 속에서 자율적인 창의력이 발산되었고 노력한 것만큼의 풍요로운 경제적 혜택이 주어지게 되면서 눈부신 과학기술의 발전을 이룩하여 오늘날의 지구촌 시대를 만들었습니다. 외적 환경으로는 지상낙원을 만들어 놓았지만, 여기에도 심각한 문제들이 발생하기 시작했습니다.

물질문명은 급속도로 발전해 온 반면 인간의 정신문명은 이를 따르지 못하는 환경 가운데 불안 요소는 더욱 증가하였고 무한경쟁 속에서 낙오자들이 생기기 시작했습니다. 인간의 이기주의와 탐욕을 자유와 민주의 법치주의가 제어하는 데는 극명한 한계가 노출되고 있습니다. 자유민주주의와 자본주의의 한계인 불평등과 부의 격차가 너무도 크게 벌어지고 있습니다. 이러한 자유민주주의와 주본주의의 한계를 극복하기 위해 공산주의와 사회주의가 대안의 이념으로 출현했지만, 이 또한 참혹한 실패의 잔상만을 남겨놓고 있는 실정입니다. 인본주의 아래의 자유민주주의와 자본주의 그리고 사회주의를 냉철히 평가

한다면 인간은 있으되 있어야 할 신은 없는 시대였습니다. 결국은 인간성이 상실되어 온갖 사회악이 가중되고 있으며 지구는 파괴되어 인류의 생존 자체를 위협하고 있고 사회는 가치관의 상실로 더욱더 큰 혼란으로 빠져들고 있습니다. 이제 자유민주주의와 사회주의를 꽃피워온 인본주의 문제를 근본적으로 해결하기 위해서 새로운 이념을 찾지 않을 수 없는 시대적 요청 앞에 직면해 있습니다. 그렇다면 서둘러 찾아야 할 근본적 대안은 무엇입니까? 하나님주의밖에 없다는 결론에 이르렀습니다.

그렇다고 중세 시대의 신본주의로 후퇴하자는 말이냐고 반박할 수 있습니다. 그러나 결코 중세 시대의 신본주의로 돌아가자는 주장이 아닙니다. 중세 시대의 신본주의는 신은 있었으되 엄격히 말해 사람이 없던 시대였습니다. 신과 교회 아래 인간의 이성과 자유가 억압당했기 때문입니다. 지금의 근현대 인본주의 시대는 인간은 있으되 엄격히 말해 신은 없는 시대입니다. 종교의 영역 외에는 어디에도 신을 공식화할 수 없는 시대라는 말입니다. 이제 새롭게 시작하는 새 시대는 진정한 의미의 신과 인간이 함께 공존하는 신인일체주의 시대가 되어야 한다는 뜻입니다. 고대 중세의 신본주의 시대에서 근현대의 인본주의 시대를 거쳐 이제 미래 시대에는 온전하고도 완성적인 이념으로써 신인일체의 하나님주의가 될 수밖에 없는 이유입니다.

신인일체주의에 대해 서양철학은 이의를 제기할 수 있을 것입니다. 신과 인간은 본질적으로 다른데 어떻게 본질적으로 다른 두 존재가 하나 될 수 있는가 하고 말입니다. 이것이 서양철학이 갖고 있는 이분법적 논리의 한계입니다.

그러나 동양사상에는 신인일체주의의 논리가 이미 있었습니다. 무극에서 태극이 나왔고 태극에서 음양오행이 나왔다는 음양오행론이 신인일체주의입니다. 그런 이유로 서양의 지성인들은 동양사상에서 그 해답을 찾으려고 동양사상을 연구하고 있습니다. 그런데 동양사상 중에서도 신인일체주의가 그 시원을 이루며 발전시켜 온 민족이 한민족입니다. 한민족의 개국신화가 그렇고 홍익인간 이념이 그렇습니다. 개국신화의 환인, 환웅, 단군이 모두 신인이시고 홍익인간이 일신강충(一神降衷)의 신인입니다. 홍익인간은 무형이면서 실체이고 하나이면서 둘이며 나아가 셋이면서 하나로 돌아가는 삼일신(三一神)의 인간입니다.

이렇게 신인일체주의가 태고 민족 시원으로부터 출발한 한 민족은 그 이념적 혈맥이 통일신라의 풍류도(風流道)를 거쳐 최제우 선생의 동학에서 인내천(人乃天)으로 이어졌습니다. 바람이 스며들지 않은 곳이 없는 것처럼 하나님의 영과 신성은 이 세상에 없는 곳이 없으며 특히 하나님의 영과 신성이 집약적으로 실체화 되어 나타난 존재가 인간으로서 풍류도의 인간은 신인일체로서의 인간이며 인내천은 말씀 그대로 사람이 곧 하나님이 되는 신인일체의 인간입니다. 이러한 신인일체의 인간상이 드디어 문선명 한학자 총재의 하나님주의와 참부모사상에서 그 대단원의 완성을 보게 된 것입니다. 이 이념과 사상은 남북통일의 이념뿐만 아니라 온 이류가 받아들일 수밖에 없는 아시아 태평양 문명의 근간이 될 것이고 신동방르네상스 문명으로 후천개벽의 꽃을 피워 세계를 환하게 비추게 될 동방의 등불이 될 것입니다.

신인일체주의는 본체와 창조이상 완성체가 하나 된 신비입니다. 이 것을 동학의 최제우 선생은 불연기연(不然基然)의 모순 논리로 설명합니다. 일반 논리가 적용될 수 없는 영역입니다. 무극(無極)이면서 태극(太極)이고 무형이면서 실체인 이 대한민국의 전통 생명 논리가 서양의 이 분법적 논리의 한계를 극복할 것입니다. 여기서 아주 중요한 결론은 신인일체의 인간상이 가능한가입니다. 신인일체의 모델이 필요한 이유 입니다. 하나님께서는 신인일체의 모델을 참부모 메시아를 통해 보여 주고자 섭리해 오셨습니다. 이러한 하나님의 섭리에 따라 신인일체의 모델로 최초로 승리하신 분이 바로 문선명 한학자 천지인참부모님이 십니다.

아무리 생각해도 신과 인간이 부모와 자녀로 함께 공존하는 신인 일체이념과 그 모델로서의 실존체 이외에 다른 답이 없습니다. 하나님 주의는 인류이념사적 흐름으로 볼 때 시대의 요청에 따라 인류가 맞 이할 수밖에 없는 새로운 이념입니다. 하나님주의는 자유민주주의와 자본주의 그리고 사회주의 이념의 한계를 극복할 수 있는 확실한 대 안의 이념입니다. 이념사적 흐름을 통해 마지막으로 도달한 완성적 이념은 신인일체의 하나님주의입니다.

하나님주의는 인간 개개인의 마음속에 하나님이 살아계셔서 인간 과 소통하며 인간의 본성인 사랑과 양심을 일깨워 인간성이 상실되지 않도록 할 수 있는 이념입니다. 하나님주의는 자연 또한 인간을 위해 창조하신, 또 다른 인간의 몸으로써 지으셨다는 사실을 깨닫게 되면서 자연을 내 몸처럼 사랑할 수 있는 이념입니다. 하나님주의는 구호만이 아니고 실제로 인류가 하나님이라는 하나의 부모님으로부터 시원 된 하나의 형제자매라는 것을 실감하며 살게 되는 하늘부모님 아래 모든 인류가 한 가족이 되는 이념입니다.

그렇습니다. 인간을 인간 되게 하는 일에는 신이 없으면 결코 안 됩니다. 마치 어린아이가 소년과 청년으로 성장하기 위해서는 부모가 없으면 결코 안 되는 이치와 같습니다. 왜냐하면 아무리 좋은 부모를 만나서 성장했다고 하더라도 모든 부모 자체가 미완의 존재이며 불완전한 존재이기 때문에 완전무결한 자녀로 성장할 수는 없는 것입니다. 모든 인류가 인격과 사랑의 완전체이시며 영원불변하시고 완전완미하신 능력의 하나님을 찾지 않을 수 없는 이유입니다.

근대 관념론의 완성자라 일컫는 임마누엘 칸트(Immanuel Kant)는 인간 내면의 양심을 중심한 도덕률을 강조한 철학자입니다. 칸트는 인식론적으로 신의 존재를 논하는 것은 옳지 않고 행동하고 실천하는 측면에서는 신의 존재를 요청해야 한다고 말합니다. 칸트는 순수이성비판에서 '인간이 도덕적인 행동과 양심적인 행동을 위해 신의 존재를 요청할 수밖에 없다. 양심은 신의 목소리다'라고 말했습니다.[73] 신이야말로 고장 나 죽어있는 인간의 양심을 되살릴 수 있는 유일한 존재입니다. 인간이 진실로 신을 인정하고 받아들여 소통하면 사랑과 양심의 본성이 깨어나서 인간다운 인간의 인격으로 성장하며 유혹을 물리치고 아름다운 인격을 드러낼 수 있습니다.

---

73 와시다 고야타, 『생각의 논쟁』, 30쪽.

20세기를 대표하는 독일의 실존주의 철학자 마르틴 하이데거(Martin Heidegger)는 20세기 서구 문명이 퍼트리고 있는 지구파손, 생태계 파괴와 인간성 말살의 위험을 아주 강하게 비판하면서 '오직 신만이 우리를 구원할 수 있다'고 말했습니다. 또한 20세기의 가장 심각한 문제는 성스러움의 영역이 사라지고 있는 것이라며 성스러움을 되찾아 복원해야 한다고 말했습니다.[74] 현대세계가 안고 있는 문제를 해결할 가장 확실한 대안은 하나님을 전 영역에서 되찾아 모시는 것입니다. 바로 하나님주의로 대전환해야 할 시점에 와있습니다.

인간의 문제는 인간을 만들어주신 하나님과 함께 있을 때 근본적으로 해결될 수 있습니다. 자녀는 부모와 뗄 수 없는 숙명적 관계이듯이 인간의 문제는 하나님과 뗄 수 없는 숙명적 관계입니다. 인간은 원숭이에서 진화한 것이 아니라 하나님께서 창조하신 존재이기 때문입니다. 하나님주의를 창안하신 문선명·한학자 총재께서는 하나님이 어떠한 분이시라는 것을 그동안의 신학이 밝히지 못한 하나님의 신성과 속성을 정확히 밝혀내셨습니다. 하나님은 이성성상(二性性相)의 하나님으로서 하나님 아버지인 동시에 하나님 어머니로서 하늘부모님이심을 논증하셨습니다.[75] 문선명 총재께서는 하나님과 인간의 관계를 부모와 자녀의 관계(神人之關係 父子之關係)라고 천명하셨습니다. 그리고 한학자 총재께서 나는 독생녀로 이 땅에 왔다고 선포하시고 신에 대한 호칭을 하나님에서 하늘부모님으로 바꾸어 부를 것을 공식화하셨습

---

74 이기상, 『글로벌 생명학』, 151.

75 세계평화통일가정연합, 『원리강론』, 26쪽22~27

니다. 그동안은 하나님 아버지만 있었는데 이제 하나님 어머니도 있게 된 것입니다. 이에 대해 서강대학교 종교학과 교수로 종교학회 회장을 역임하신 김재영 교수는 가정연합이 가지고 있는 하늘부모님 신학은 하나님의 완전성을 구현한 신학사적 일대 사건이라고 평가한 바 있습니다.

새 시대 남북통일의 이념은 하나님주의가 되어야 합니다. 하나님주의는 첫째 하나님을 나의 원초적 부모로 인식하고 모시며 인격을 성장시켜 하나님의 자녀로서 하나님께 효도하며 살아가자는 이념입니다. 한학자 총재께서는 낳아주시고 길러주신 부모님에 대한 사랑의 효도가 근원적 부모이신 하늘부모에 대한 심정의 효도로 나아가야 한다고 하시며 이를 효정(孝情)이라 새롭게 이름하여 주셨습니다. 둘째 사람은 남자 아니면 여자로서 서로 짝을 만나 결혼하여 자녀를 낳고 기르는 사랑의 가정을 이루는 것이 하나님의 절대적인 뜻임을 알고 참된 부모로서 살아가자는 이념입니다. 셋째 자연은 하나님께서 인간을 위해 창조해 주신 선물로서 후손만대까지 건강한 자연으로 물려줘야 할 책임이 있기에 자연을 사랑하며 건강하게 보존하자는 이념입니다. 마지막으로 이 땅을 중심으로 영원히 꺼지지 않는 진정한 자유와 평등과 정의가 살아 숨 쉬는 하나님 나라를 만들어 살자는 이념입니다. 결국 하나님의 뜻인 3대 축복의 말씀을 실현하며 살자는 것이 하나님주의의 기본 이념입니다.

하나님주의는 참부모사상으로 귀결됩니다. 하나님의 자녀로 성장한 남자와 여자는 당연히 결혼하여 참된 부부가 되고 참된 부모가 되는 것이고 참된 부모가 되면 하늘과 사람과 땅을 사랑하는 사람이 되는 것이기 때문입니다. 가정에서 참부모가 되면 가르치는 곳에서는 참된 스승이 되는 것이고 더불어 사는 사회에서는 참된 주인이 되는 것입니다. 하나님주의는 참부모사상이고 참스승 사상이며 참된 주인 사상입니다. 문선명 총재께서는 이 사상을 일러 3대 주체사상이라고 이름하여 주셨습니다. 이 3대 주체사상이야말로 북한의 수령을 중심한 허구의 주체사상을 해방할 수 있는 대안의 이념입니다.

이러한 하나님주의는 기존의 진보와 보수, 좌익과 우익의 극단화된 이념을 화합시켜 통일할 수 있는 이념이기 때문에 두익사상(頭翼思想)이라고 표현하기도 하고 동·서양의 모든 이념을 통섭할 수 있는 더 우월하고도 완성적인 이념이기에 통일사상(統一思想)이라고 표현하기도 합니다. 두익이라는 표현은 좌익과 우익이라는 이념적 표현에서 유래된 것이지만, 새가 양쪽 날개를 조정하며 정확한 목표를 향해 가는 것은 결국 머리가 있기에 가능한 것이라는 사실을 비유해 붙인 이름입니다.

그런데 하나님주의가 기능과 역할에 따라 두익사상과 통일사상으로 달리 표현되었지만, 이 이념이 추구하는 궁극적 목표는 인간이 본질적으로 추구하는 행복이며, 진정한 자유와 평등과 정의가 살아 숨쉬는 평화이상세계입니다. 그러므로 결국 하나님주의는 참부모사상으로 결실됩니다. 이러한 하나님주의 이념과 참부모사상으로 남북통일을 하자는 것입니다. 이러한 하나님주의로 남북통일을 할 때 대한민국은 완성된 해방과 완성된 건국으로의 진정한 대한민국이 될 것이며 영원히 변치 않고 대대로 행복과 번영과 평화가 가득한 하나님 나라가 되는 남북통일이 될 것입니다.

3) 통일 대한민국의 건국이념

이제 하나님주의의 본론으로 넘어갈 차례입니다. 통일대한민국의 건국이념인 하나님주의는 애천(愛天)·애인(愛人)·애국(愛國)으로 세분화하여 설명할 수 있습니다.[76] 애천·애인·애국의 이념은 문선명·한학자 총재께서 하나님의 가장 본질적 속성인 사랑을 중심으로 체계화 해주신 이념입니다. 모든 인류는 부모로부터 생명을 받고 태어나 부모에 의해 양육되었으니, 부모를 사랑하지 않을 수 없는 존재입니다. 마찬가지로 모든 인류는 원초적인 생명을 부여해주신 하나님으로부터 태어나 하나님께서 창조해주신 자연 속에서 자연의 혜택으로 성장하고 생존을 유지하며 살아가는 존재입니다. 사랑의 하나님이시고 사랑의 인간이 됩니다.

따라서 첫째, 모든 인류는 하나님의 자녀로서 하나님을 부모로 모시고 살아가는 애천의 인류가 되어야 합니다. 하늘부모님 아래 모든 인류는 그의 자녀로 살아야 하는 것이 본성적인 본연의 길이요 숙명적 인생의 길입니다. 부모를 잃은 고아는 매사가 불안하며 방황할 수밖에 없습니다. 지금의 인류는 한마디로 부모를 잃은 고아와 같이 불

---

76 통일사상연구원, 『신통일한국론』, 104~122쪽

안과 방황 속에 살아가는 사람들입니다. 이렇게 방황하며 불안으로 사는 인간의 실존에서 해방되기 위해서는 원초적 생명의 주인이시며 만 인류의 부모가 되시는 하나님을 부모로 받아들이며 모시는 데서부터 시작되어야 합니다. 모든 인류가 하나님을 부모로 찾아 모시며 하나님을 사랑할 때 드디어 인류는 본래의 인간성을 잃지 않고 인간다운 인간으로 살아갈 수 있으며 불안에서 해방되어 기쁨과 행복으로 빛나는 인생을 살아갈 수 있을 것입니다. 그런 이유에서 하나님을 사랑하는 애천(愛天) 통일대한민국의 첫 번째 건국이념이 되어야 합니다.

둘째, 모든 인류는 사람을 사랑하며 살아가는 애인의 인류가 되어야 합니다. 모든 인류는 하나님의 자녀이니 인간은 서로 형제자매가 됩니다. 한 부모로부터 태어난 형제자매는 서로를 위하며 사랑합니다. 형제자매간에 서로 이해하지 못할 것이 없고 용서하지 못할 일이 없습니다. 때로는 다툼하며 불화할 때도 있지만 결국은 이해하고 화해하며 살아갑니다. 진실로 하나님께서 하늘부모님으로 내 속에 살아계실 때 인류는 진정한 형제자매가 되어 서로 사랑하며 살아가게 될 것입니다. 이렇게 사람이 사람을 형체처럼 사랑하며 살아갈 때 과도한 탐욕과 이기심을 절제하며 살 수 있습니다. 사람을 속이고 죽이며 짐승처럼 살아가는 사람은 없어질 것입니다.

하나님을 부모로 모시고 모든 인류가 형제자매로 살아가는 인류 대가족 사회의 이상이 실현되기 위해서는 먼저 한 가정에서부터 출발해야 합니다. 한 가정의 주인인 부부가 하나님을 서로의 근본 된 부모로 모시고 부부일체를 이루어 자녀를 낳아 하늘부모님의 참된 사랑을 느끼며 자녀를 양육해야 합니다. 이러한 과정을 통해 부부의 부족한 사랑을 하나님의 참사랑으로 극복하고 채워가며 자녀를 양육하게 될 때 부부는 참된 사랑의 부모로 거듭나는 것이며 자녀

또한 인격적 자녀로 성장하게 됨으로써 이러한 참된 부모상이 자녀에게로 전수되는 것입니다. 결국 사람을 사랑하는 애인은 한 가정에서 실현되며 나아가 사회를 통하여 결실되는 것입니다. 이렇게 볼 때 하나님을 부모로 모시고 모든 인류가 한 형제자매로 살아가는 애인의 이념은 참가정 이념이고 참부모사상입니다. 가정에서 하늘부모님을 닮아 하늘부모님의 사랑을 대신 실현하는 부모로부터 참된 사랑으로 양육된 자녀라야 진실로 사람을 사랑할 수 있는 애인의 인간으로 성장하는 것입니다. 이렇게 볼 때 애인의 출발은 신성한 하나님을 모신 참사랑의 가정에서부터입니다. 그런 의미에서 애인(愛人)이 통일대한민국의 두 번째 건국이념이 되어야 합니다.

셋째, 모든 인류는 나라를 사랑하며 살아가야 하는 애국의 인류가 되어야 합니다. 물론 현재는 자기가 태어난 자기의 나라를 사랑해야 하겠지만 여기서 머물지 않고 내 조국을 하나님 나라로 만들기 위한 애국일 때 진정한 애국이 되는 것입니다. 애국은 하나님 나라로서의 애국입니다. 애국 속에는 이 땅과 자연만물과 우주를 사랑하는 것으로부터 출발해서 하나님께서 왕이 되셔서 이 세상을 사랑으로 통치하시는 하나님 나라에 대한 애국으로 나아가는 것을 말합니다. 모든 인류는 하나님의 자녀로서 하나님께서 위임해 주신 이 땅과 자연만물의

우주를 사랑해야 할 주인입니다. 주인은 책임을 지는 사람입니다. 이 땅과 자연을 책임지고 관리하고 통제하며 사랑해야 할 '나'입니다. 나아가 모두가 서로 신뢰하며 안심하고 살아갈 수 있는 사회와 국가를 만들어가야 할 주인으로서의 '나'입니다. 사회와 국가에서 때로는 부모가 되고 때로는 스승이 되며 때로는 주인이 되어 살아가는 나일 때 나라를 사랑하는 애국의 사람이 되는 것입니다. 애국의 사람이 될 때 자연은 더욱 아름다울 것이고 사회는 평안할 것이며 나라는 평화의 세계가 될 것입니다. 왜냐하면 나라의 백성들이 하나님을 부모로 모시고 참된 부모와 참된 주인과 참된 스승이 되어 살아가는 나라이기 때문입니다. 따라서 이 땅의 자연만물과 나라를 사랑하는 애국(愛國) 사상이 통일대한민국의 세 번째 건국이념이 되어야 합니다.

구분	애천(愛天)	애인(愛人)	애국(愛國)
기독교	하나님 사랑 (마 22:36)	사람 사랑 (마 22:39)	하나님 나라 사랑 (마 6:25)
불교	예불	자비	불국 정토
유교	순천	인, 효	대동세계
이슬람교	알라신에 순종	자카트(구제)	천국
대종교	경천	홍익인간	광명이세

애천·애인·애국의 이념은 모든 종교에서 가르치는 핵심적이고 공통적인 이념입니다. 기독교의 종교이념을 한마디로 요약하라면 애천·애인·애국이라 할 수 있습니다. 성경에 많고 많은 말씀이 있지만 예수님께서 한마디로 결론하여 말씀하시기를 하나님을 사랑하되 네 마음과 목숨과 뜻을 다해 사랑하라(마 22:35) 하셨으니 이는 첫째 되는 계명

이며 네 이웃을 사랑하되 네 몸처럼 사랑하라(마 22:39) 하셨으니 이는 두 번째 계명으로서 이 두 계명이 온 율법과 선지자의 강령이라고 하셨습니다. 다음으로 강조하신 대표적인 말씀을 들자면 하나님 나라에 대한 말씀입니다. 회개하라 천국이 가까웠느니라(마 3:2) 하셨고, 기도할 때는 나라가 임하옵시며 뜻이 하늘에서 이루어진 것 같이 땅에서도 이루어지기를 기도하라(마 6:10) 하셨습니다. 그리고 너희는 무엇을 먹고 마시고 입을까를 염려하지 말고 오직 그 나라와 그 의를 구하라 그리하면 이 모든 것을 너희에게 더하시리라(마 6:33) 말씀하셨습니다. 이와 같이 예수님께서 하신 그 많은 말씀을 한마디로 요약하면 하나님 사랑, 이웃 사랑, 나라사랑 즉 애천·애인·애국이라고 결론할 수 있습니다.

다음은 불교의 석가모니 부처님 말씀도 애천·애인·애국으로 달리 표현할 수 있습니다. 표현 방법이 다를 뿐 근본은 같습니다. 대승불교의 부처님은 법신불(法身佛), 화신불(化身佛), 보신불(報身佛)의 세 분 부처님이 계십니다. 한국의 사찰에 가면 대웅전이나 극락보전에 모셔진 3분의 부처님 중 가운데 계신 부처님이 법신불이시며 좌측이 화신불이시고 우측이 보신불이십니다. 이 중 법신불은 화엄경의 주불로서 비로자나불인데 이는 기독교로 말하면 창조주 하나님이십니다. 법신불은 석가모니 부처가 태어나기 전부터 계셔온 부처로서 만상만물의 원융무애한 법을 정하신 부처이십니다. 또한 법신불인 비로자나불은 사람의 눈으로는 볼 수 없는 부처님으로 장엄하고 광명한 빛을 발하시는 부처이십니다. 바로 빛으로 계시는 기독교의 하나님 이십니다. 이

법신불을 모시고 법신불이 정하신 법 즉 진리를 찾아 법계연기를 터득하며 살아갈 때 우리도 부처가 될 수 있다는 가르침이 화엄불교의 법신불 가르침입니다. 다른 표현으로 하나님을 사랑하며 살아가라는 애천의 가르침입니다. 법신불을 사랑할 때 참된 진리를 깨달아 진리의 화신체가 될 수 있다는 가르침입니다. 부처님의 가장 중요한 가르침 또한 하나님 사랑의 애천입니다.

다음으로 화신불은 석가모니 부처이시니 진리의 본체로 계신 법신불이 사람의 몸으로 화하여 이 세상에 오셔서 참된 진리로 살아가는 법을 가르쳐 주셨으니 바로 사람을 부처로 사랑하며 살아가라는 가르침입니다. 법신불이 사람의 몸을 쓰고 화신불로 이 세상에 오신 것은 중생들을 교화하여 부처로 만들기 위한 자비에서 비롯된 것입니다. 화신불의 뜻 사람 사랑의 자비입니다. 자비를 실행하며 살아가라는 애인의 가르침입니다. 부처님의 두 번째 가르침 바로 자비를 행하는 사람 즉 사람을 사랑하라는 애인입니다.

세 번째 부처님은 보신불이십니다. 중생들이 화신불 부처님의 가르침에 따라 부처가 되기 위해 수행하고 보살행을 통해 성불을 하면 이루어지는 부처가 보신불입니다. 중생들이 이루어야 할 이상적 부처상이 보신불입니다. 보신불은 아미타불이고 미륵불로서 미래불입니다. 아미타불과 미륵불은 서방정토인 극락세계에 계시는 부처이지만 장차 이 세상에 출현하여 지상에 극락세계를 이루어야 할 부처입니다. 보신불로 대표되는 아미타불과 미륵불은 부처님 나라를 세우기 위한 부처입니다. 이러한 부처님 나라를 염원하고 보신불의 서원을 담아 세워진 절이 경주의 불국사입니다. 이와 같이 보신불은 아미타불과 미륵불로서 부처님 나라를 이루기 위한 부처이시니 부처님의 세 번째 가르침은 부처님 나라를 사랑하라는 애국의 가르침입니다.

이러한 부처님 나라에 대한 가르침이 두드러지게 나타난 나라가 한국입니다. 한국에는 석가모니 부처께서 말법의 시대에 미륵불로 다시 오신다고 하는 미륵신앙이 번성한 대표적인 국가입니다. 부처님이 미륵불로 다시 와야 하는 이유는 부처님 나라인 극락세계를 지상에 세우기 위해서입니다. 이렇게 부처님 나라를 염원하고 미륵불의 서원을 담아 세워진 절이 김제의 금산사, 보은의 법주사, 금강산의 발연사입니다. 부처님 가르침의 완성은 미륵불을 통한 부처님 나라의 완성 즉 애국입니다. 이렇게 석가모니 부처님께서 설법하신 말씀을 한마디로 정리하자면 애천 애인 애국이라는 용어로 달리 표현할 수 있는 것입니다.

유교의 공자님 사상도 한마디로 요약 정리하자면 하늘 뜻에 순응하며 살아야 한다는 가르침이니 순천(順天) 즉 애천이며 다음으로 인(仁) 즉 어진 마음으로 인의예지의 삶을 살아야 한다는 가르침이니 애인의 가르침입니다. 마지막으로 공자가 이상하신 나라가 대동세계(大同世界)이니 이 또한 애국의 가르침입니다. 유교의 공자님 가르침도 결국 애천·애인·애국으로 정리할 수 있습니다.

우리 한민족 종교의 가르침도 애천·애인·애국입니다. 애천·애인·애국의 연원을 찾아 올라간다면 우리 한민족의 고유 종교인 고대의 신교(神敎)로 올라갑니다. 신교는 우리 한민족 최초의 고유 종교로서 이 신교의 진리가 우리 한민족의 고유 사상인 한이념(韓理念)이요, 홍익인간 이념(弘益人間 理念)입니다. 한이념과 홍익인간 이념은 같은 이념입니다. 유일신 하나님으로부터 시원 된 이념이라는 의미에서 한이념이고 하나님께서 자녀로 창조하신 인간이 이루어야 할 인간상이 홍익인간이기 때문에 홍익인간 이념이라고 이름하게 된 것입니다.

이 한이념과 홍익인간 이념이 구체적으로 무엇인지를 알려주는 확실한 근거가 태백일사 소도경전 본훈 편에 나와 있습니다. 이곳에는 오늘날 우리가 하나님으로 부르는 신을 환인(桓因)으로 표현하고 있는데 이 환인에서 하나님이 유래된 것입니다. 하늘의 태양이 인격신이 되어 환한님이 되었고 하늘에 있으니, 하느님이 되었으며 한 분이시니 하나님이 된 것입니다. 환인천제께서 그의 아들 환웅천왕에게 내리신 가르침이 홍익인간이 되라는 말씀인데 이 말씀은 환웅천왕에 의해 단군왕검으로 전해진 가르침입니다. 이 가르침에 의하면 무엇이 홍익인간인가에 대해 주신 말씀이 첫째 일신강충(一神降衷) 둘째 성통광명(性通光明) 셋째 재세이화(在世理化)로 되어있습니다.

일신강충이란 인간의 마음속에 유일신이신 하나님께서 내려와 계시니 하나님을 모시고 사는 인간이 첫 번째 홍익인간의 표상입니다. 하나님을 모시고 사는 홍익인간은 경천하는 인간이며 애천하는 인간입니다. 성통광명이란 광명하신 하나님과 소통하며 본성에 따라 살아가는 광명한 인간이 되라는 말씀이 두 번째 홍익인간의 표상입니다. 광명하신 하나님과 소통하며 광명한 인간으로 산다는 의미는 사람을 사랑하며 살아야 한다는 말씀이니 홍익인간의 두 번째 의미는 애인하는 인간입니다. 마지막으로 재세이화 하는 인간이 홍익인간의 세 번째 표상입니다. 이 세상은 하나님께서 창조하신 이법(理法)으로 존재하는 세계이니 창조의 이법(理法)대로 살아가는 사람들의 나라를 만들어 사는 인간이 홍익인간의 세 번째 표상입니다. 그런 관점에서 홍익인간의 세 번째 의미는 나라를 사랑하며 사는 애국의 인간입니다. 결국 한민족 고유의 종교이념인 한이념과 홍익인간 이념의 핵심 가르침 바로 애천·애인·애국입니다.

이와 같이 문선명·한학자 총재께서 체계화 하신 애천·애인·애국의 이념은 인류 사상사적으로 볼 때 가장 오래된 한민족 고유의 종교인 신교의 근본 사상이며 그 이후로 발생한 불교나 유교의 가르침의 핵심사상입니다. 마지막으로 가장 큰 종교로 부상한 기독교의 근본 핵심 가르침 또한 너무도 확실한 애천·애인·애국으로 정리할 수 있습니다.

이제 통일된 대한민국의 건국이념으로 삼고자 하는 애천·애인·애국의 이념은 모든 종교의 핵심 공통 사상입니다. 따라서 이 이념은 남북한의 한민족 모두를 대화합시킬 수 있는 이념일 뿐만 아니라 기존의 인본주의 이념인 사회주의와 자유민주주의의 모순과 한계를 극복할 수 있는 대안의 이념입니다. 애천·애인·애국 사상을 북한에서 거부할 명분이 없습니다. 왜냐하면 애천·애인·애국·사상은 한이념이며 홍익인간 이념으로 단군 할아버지의 사상이기 때문입니다. 북한은 한민족의 정통성을 가지고 있다는 자부심을 위해 단군릉을 복원하여 놓고 가르치고 있기 때문입니다. 이렇게 애천·애인·애국의 이념은 객관적이며 보편타당한 이념으로서 손색이 없는 완성적 이념이며 남북이 모두 받아들일 수 있는 현실적인 이념이기 때문에 통일된 대한민국의 건국이념으로 삼기에 부족함이 없는 이념입니다.

애천·애인·애국의 이념은 단순히 대한민국 한 나라의 건국이념뿐만 아니라 하나님 나라의 건국이념이기 때문에 모든 나라의 건국이념으로 확산해야 할 이념입니다.

4) 통일 대한민국의 체제 이념

문선명 한학자 총재께서는 애천 애인 애국의 건국이념이 각 분야로 구체화 되어 통일 대한민국과 세계를 이끌어 갈 수 있는 체제 운영 이념으로 세분하여 체계화하셨으니 바로 공생(共生)·공영(共榮)·공의(共義)주의 이념입니다.[77] 공생은 경제체제의 이념이며 공영은 정치체제의 이념이고 공의는 사회 윤리체제의 이념입니다. 하나님주의 이념이 한 나라를 운영하는 체제 이념인 공생·공영·공의의 이념으로 세분화되었지만, 이 세 분야의 이념 모두 하나님을 전제로 한 하나님을 모신 경제체제·정치체제·사회체제 운영으로서의 공생이고 공영이며 공의입니다. 실제 한자로 공(共)자가 만들어진 유래를 보면 고대 종교에서 하나님께 두 손을 모아 제물을 바치는 형상에서 유래한 글자입니다. 하나님 모심을 전제한 글자가 공(共)자입니다.

---

[77] 통일사상연구원, 『신통일한국론』, 335~384쪽

구분	공생(共生)	공영(共榮)	공의(共義)
체제 분야	경제 이념 (공동 소유)	정치 이념 (공동 참여)	윤리 이념 (공동 윤리)
뜻	하나님의 참사랑을 중심으로 이웃과 더불어 나누는 삶	하나님의 참사랑을 중심으로 이웃과 더불어 누리는 삶	하나님의 참사랑을 중심으로 이웃과 더불어 절제하는 삶
기능	자발적 나눔과 복지	자발적 참여와 봉사	자발적 윤리와 도덕

그런데 공생·공영·공의주의에서 기본이 되고 바탕이 되는 이념이 공의주의이기 때문에 공의 주의부터 설명하겠습니다. 결국 정치와 경제도 사회일원으로 살아가는 한 사람은 물론이고 여러 사람을 아우르는 지도적 위치에 있는 사람 또한 사람다운 인격자의 모습을 갖추는 것이 전제된 것이기 때문에 인격적이고 윤리적인 인간상으로서의 공의로운 사람이 되어야 하는 것이 먼저입니다. 인격적이고 윤리적인 공의의 인간은 한 마디로 양심과 사랑이 살아서 움직이는 인간입니다.

양심의 명령에 따라 자기를 절제하며 타인에게 피해를 주지 않고 사회 공공질서를 지키며 더불어 살아가는 도덕적이며 윤리적인 인간이 공의의 인간입니다. 나아가 타인과의 관계를 진정한 형제자매의 관계로 느끼며 타인을 위해 배려와 양보 그리고 베풀기와 나눔으로 살아가는 사랑의 인간이 공의의 인간입니다. 이러한 공의의 인간이 되기 위해서는 철저히 하나님을 부모로 모시고 그의 사랑을 체휼하며 그 하나님과 소통하면서 살아갈 때 양심과 사랑이 작동되어 공의의 인간이 될 수 있습니다. 왜냐하면 하나님은 양심의 주인이며 사랑의 본체이시기 때문입니다. 불안과 죄악이 없는 가운데 서로 믿고 의지하며 살아가는 참된 자유와 평화와 행복이 보장되는 이상적 사회가 되기 위한 확실한 길은 먼저 공의의 인간이 되는 것입니다. 이 공의의 이념이야말로 통일대한민국의 사회체제의 이념이 되어야 합니다.

다음으로 통일대한민국의 경제체제 운영 이념은 공생입니다. 공생의 이념은 공동소유와 적정소유의 개념으로 정리할 수 있습니다. 결국 경제는 소유와 분배의 문제입니다. 우주 자연만물과 소득으로 형성된 재산의 소유주는 원천적으로 하나님이시며 나는 하나님의 소유물을 관리하는 관리자라는 의식을 갖는 데서부터 출발하는 것이 공생의 개념입니다. 우리가 소유하는 것은 기본적으로 하나님께서 창조하여 주신 자연 우주만물을 터로 하여 얻게 된 것이기 때문에 엄격히 하나님과 나의 공동소유가 정확한 소유의 개념입니다. 또한 내가 소유한 것에는 이웃의 공로도 포함 되어있는 것이기 때문에 공생의 개념 속에는 이웃과 나와의 공동소유의 개념도 포함 되어있는 것입니다. 이웃의 형제자매가 없는 상태에서 내가 가진 소유가 전적으로 나만의 노력의 결과는 아니기 때문입니다.

여기서 공생의 공동소유 개념이 사회주의의 공동소유 개념과는 차별됩니다. 사회주의의 공동소유 개념은 국가와 인민의 공동소유지만 공생으로서의 공동소유는 사랑의 하나님과 그의 자녀인 인간과의 공동소유 개념이며 인간 상호 간의 공동소유 개념입니다. 문제는 개인의 능력과 운에 따라 인간 소유가 큰 차이를 만든다는 데 있습니다. 바로 빈부격차의 문제를 안고 있는 현 자본주의 경제 구조의 문제입니다. 여기서 모든 인류를 자녀로 품고 있는 부모이신 하나님과 그리고 이웃의 형제자매가 공동 소유주라는 것을 전제하면서 내가 가질 수 있는 나의 적당한 소유를 양심에 따라 스스로 결정하는 적정소유가 공생의 또 다른 개념입니다.

능력이 출중하고 운도 좋아 재산이 많이 불어난 재벌이 되었다 할지라도 국가가 정한 세금을 성실히 납부하고 내 재산과 기업을 관리하고 발전시키는 데 필요한 재원을 제외하고도 남는 것에서 나의 적정 소유를 결정하며 나머지는 과감하게 내 이웃과 국가를 위해 환원하는 것을 말합니다. 여기서도 강조할 것은 양심과 사랑이 살아 숨 쉬는 공의의 인간상입니다. 나의 적정소유를 결정하고 남은 것은 하나님 것이니 하나님께 돌려드린다는 마음으로 내어놓을 때 하나님께서 부모의 심정으로 어려워하는 자녀들을 생각하는 마음이 공유되어 나의 형제자매들을 위해 사랑을 베푸실 수 있다는 확신과 믿음으로 기쁘게 내어 놓을 수 있는 것입니다.

그리고 경제는 소유 다음으로 중요한 것이 분배의 문제입니다. 적정한 분배와 꼭 필요한 곳에 우선 분배가 이루어지도록 하는 문제입니다. 포퓰리즘과 집단 이기주의에 의한 편향된 분배가 이루어지거나 다수당의 횡포에 의한 불평등한 분배가 이루어질 위험을 안고 있는 것이 현재의 상황입니다. 자본주의를 전제로 한 자유민주주의에서 물질만능주의에 의한 이기주의와 탐욕이 양극화를 초래하고 있으며 정치가들의 집요한 정권욕에 의한 부정이 끊이지 않고 있는 것이 현실입니다. 이제 총체적 한계를 드러내고 있는 지금의 자본주의와 자유민주주의는 근본적 대안을 요구하고 있습니다.

분배를 결정하는 위치에 있는 관료나 정치인은 하나님께서 위탁해

주신 재물을 부모의 자리에서 대신 자녀들에게 나누어준다는 사랑의 마음으로 공평하고도 적절하게 분배해야 하는 것이 공생의 이념입니다. 이렇게 될 때 자유민주주의와 자본주의가 가지고 있는 빈부격차의 문제는 적정분배를 통해 확실히 해결될 것입니다. 나아가 자본주의는 건강하게 유지되고 국가는 복지라는 이름으로 어려운 이웃과 이 세상을 위해 충분히 나누어 줄 수 있는 풍요롭고도 아름다운 분배가 이루어지는 경제시스템으로 자리매김할 것입니다. 이러한 공생의 시스템 속에서 사람들은 저마다 자기의 능력을 발휘하는 데 만족하며 나태하거나 게으르지 않고 자기의 경제적 역할을 하는 사회로 자리 잡아 나갈 것입니다. 공생의 이념은 오늘날 심각한 문제로 대두되고 있는 자본주의의 양극화 문제와 자연파괴 문제 또한 해결할 수 있는 대안의 이념이 될 것입니다. 이와 같이 공동소유 의식으로 적정소유를 실천하며 효율적인 분배가 이루어지는 공생의 이념이 통일대한민국의 경제체제 운영 이념입니다.

다음으로 통일대한민국의 정치체제 운영 이념은 공영입니다. 공영의 이념은 자유민주주의의 한계를 극복한 대안의 이념입니다. 공영은 공동참여와 공동의 번영을 의미합니다. 공동참여를 통한 대의 민주주의 실현과 올바른 정치를 통해 이루어진 번영의 결과를 함께 나누는 공동 번영을 의미합니다. 공영의 이념은 우선 공동참여로부터 시작됩니다. 공동참여는 선거제도를 통한 참여의 의미는 물론이고 또 다른 의미는 수시로 각 분야별 민의를 수렴하는 과정을 통해 주민이 바라는 뜻이 빠르게 정치에 반영되도록 하는 시스템을 말합니다. 그런데 현재의 국민 대표를 뽑는 선거제도가 공동참여를 통해 국민을 대변하고 대표하는 정치인으로서 역할을 다하며 진정으로 국민과 함께 번영을 나누는가에 대해서는 심각히 고민해야 할 때가 되었습니다.

공영주의는 지금의 선거제도에 대한 과감한 개혁을 주장합니다. 공영주의의 공동참여는 대의원 선출을 통해서 실현되는 선거제도입니다. 대의원 선거제도는 양심과 정의에 따라 먼저 주위로부터 정직하고 신망이 있는 사람을 추천하는 방식으로 후보자들을 접수받습니다. 그다음은 접수된 후보자 중에서 추첨을 통해서 국민의 대표를 결정하는 아주 간단한 선거절차로 국민의 대표를 뽑는 방식입니다. 추첨할 때는 천의에 따라 국민의 대표를 결정한다는 의미에서 하나님께 고하는 순서를 마련하고 추첨하는 방식입니다. 민심과 천심이 결합하여 국민의 대표자가 결정되는 순간입니다. 이러한 선거제도야말로 고비용이 드는 현재의 선거제도가 아니라 후보자 개인이나 선거기관이 큰돈을 지출할 필요가 없기에 선거비용을 대폭 줄일 수 있는 선거이기에 부정부패도 막을 수 있는 제도입니다. 또한 이러한 방식은 진실로 국민을 대변할 수 있는 신망 있고 유능한 국민의 대변자가 선출될 수 있다는 점에서 효율적인 선거제도가 될 수 있습니다.

다음으로 공영주의의 공동번영은 국민의 대표자로 선출된 사람이 정치를 하는 과정에서 현대의 발달된 디지털 정보통신의 장점을 활용하여 수시로 민의를 수렴하고 정치에 반영하여 국민이 필요한 때 필요한 수혜를 받게 하는 것을 말합니다. 지금과 같이 국민의 대표로 선출된 정치인은 국가로부터 다양한 혜택과 특권을 누리면서 국민 앞에 군림하기보다는 이러한 혜택과 특권을 내려놓고 하나님을 부모로 모신 같은 형제자매로서의 심정을 가지고 국민이 누릴 수 있는 혜택이 무엇인지를 찾아 일하는 공동번영의 정치를 말하는 것입니다.

4. 통일 대한민국을 위한 국제적 환경 조성의 중요성

1) 한미 동맹의 중요성

남북통일에 있어서 한국을 중심한 4대 강국인 미국, 일본, 러시아, 중국의 역할은 아주 중요합니다. 분단이 우리만의 의지와 결정으로 이루어진 것이 아닌 것처럼 통일 또한 우리만의 의지와 결정만으로 이루어질 수 없는 것이 현실입니다. 왜냐하면 남북통일의 과정에 자국의 이익을 위해 적극적으로 개입하려는 나라들이 있기 때문입니다. 특히 한반도는 지정학적 위치 때문에 4대 강국 중 한반도를 탐내는 나라가 있기 때문입니다. 따라서 대한민국은 통일의 주역으로서 당당히 역할을 하면서 4대 강국이 우리가 원하는 자유민주로의 평화통일을 도와주도록 만들어야 합니다. 그러기 위해서는 이러한 우리를 적극적으로 지지하고 도와주려는 힘센 나라가 있어야 합니다. 그 나라는 미국일 수밖에 없습니다. 남북통일에 있어서 미국의 적극적인 도움이 무엇보다 중요합니다. 독일통일의 예에서도 우리는 이를 확인할 수 있습니다.

　베를린 자유대학의 명예교수로 있는 박성조 교수는 독일통일의 과정에서도 미국의 힘이 결정적으로 작용하였음을 말하고 있습니다. 박성조 교수는 동양인으로는 최초로 독일 사회과학부분 교수가 된 사람으로 독일통일을 독일에서 지켜본 사람입니다. 박성조 교수는 '누가 나에게 독일통일을 이루어낸 요인이 무엇이냐고 묻는다면 다음의 세 가지로 요약할 것이다. 첫째는 미국의 지원이고 둘째는 동독보다 월등히 앞선 서독의 경제력이며 셋째는 서독인의 단결력이다. 이 중에서도 가장 중요한 것은 미국의 지원이었다. 이는 우리나라에도 그대로 적용되며 우리가 진실로 통일을 원한다면 이 세 가지 요인을 갖추어야 한다. 특히 미국의 도움이 없으면, 한반도 통일은 절대 불가능하다.[78]

　독일통일의 주역인 헬무트 콜 수상 또한 독일통일의 결정적 요인은 미국의 도움이었다고 증언하고 있습니다.

"우리는 통일이라는 선물이 주어졌을 때 미국의 결정적인 힘과 의미를 깨달았습니다. 동구 사회주의권에 개혁과 변화의 바람이 불고 베를린 장벽이 붕괴되는 순간, 미국처럼 적극적인 지원과 도움을 준 나라는 없었습니다. 우리는 결코 이 사실을 잊지 않을 것입니다."[79]

---

78 박성조, 『한반도 붕괴』, 12쪽

79 헬무트 콜 수상, 1998년 5월 14일 베를린 템펠호프 공항에서 열린 공중다리 기념식 연설문 중

대한민국의 통일에서도 4대 강국 중 미국의 역할이 아주 중요합니다. 적어도 4대 강국 중 미국은 우리 대한민국이 자유민주로의 평화통일을 추진하는 데 적극적으로 도와줄 수 있는 나라로서 믿을 수 있고 힘이 있는 나라이기 때문입니다. 미국은 적어도 통일의 과정에서 한반도를 점령하려는 음모를 가지고 있지 않은 것은 분명합니다. 오히려 한국의 자유통일을 적극 도우며 통일의 과정에서 과거처럼 한국을 분할 점령하거나 친정부를 구성하려는 음모를 가진 국가를 과감하게 차단해 줄 수 있는 나라가 될 것으로 믿습니다. 이러한 면에서 미국과의 동맹은 더욱 공고해져야 하고 남북통일의 과정에서 그러한 역할을 하도록 만들어 나가야 합니다.

과거에 미국은 대한민국을 통일보다는 분단 상태로 관리하는 것이 국익에 도움이 된다고 판단하였지만, 지금은 중국과 신냉전의 복잡한 국제관계 속에서 대한민국을 자유민주로의 평화통일을 이루는 것이 미국의 국익에도 도움이 된다고 판단하고 있습니다. 더욱이 이번에 당선된 트럼프 대통령은 제1기 때에 한반도에 적극적인 관심을 가지고 미북 정상회담을 추진하였던 것으로 볼 때 앞으로 자유민주로의 남북통일을 도와주기 위해 결단할 수 있는 분이라고 판단할 수 있습니다.

특히 미국은 6·25 전쟁 때 자유 민주의 가치를 지키기 위해 풍전등화의 한국을 구해준 은인의 나라일 뿐만 아니라, 이후에도 한국과는 군건한 동맹관계를 가지고 한국의 경제 발전에도 큰 도움을 준 나라로써 통일 후에도 계속해서 동반자 관계로 나아가야 할 나라입니다. 나아가 통일 후에도 북한을 남한과 같은 수준으로 경제를 발전시키는 일에도 미국과 자유세계의 도움이 필요합니다. 남한 만의 자본으로는 한계가 있기 때문입니다. 그렇다고 다른 의도를 가진 나라의 투자를 받을 수는 없기에 한국과 함께 이에 대한 개입을 막기 위해서도 미국의 역할이 필요합니다. 더욱이 반도 국가라는 지정학적 운명을 극복하기 위해서 한국은 자국을 굳건히 지키는 힘이 필요하지만, 한국과 연대해서 한국의 안전을 지켜나가기 위한 국가로서 미국의 힘이 필요합니다. 자유평화의 남북통일을 이루기 위해 4대 강국 중 가장 긴밀한 협력관계를 가지고 한미 동맹을 더욱 굳건히 해 나아가야 할 나라 미국입니다.

2) 중국과 러시아의 변수

남북통일의 과정에서 경계해야 할 나라는 중국과 러시아입니다. 이 두 나라는 과거에 북한과 같은 공산주의 국가로서 혈맹관계였고 지금도 북한과 중국은 혈맹관계를 유지하고 있으며 북한과 러시아는 최근 포괄적 전략 동반자 관계를 공식화했습니다. 중요한 것은 이러한 관계를 통해 유사시 북한에 이들 나라가 군사개입을 할 수 있는 길이 열려있다는 사실입니다. 남북통일의 과정에서 우리가 가장 경계하며 차단해야 할 일은 바로 북한에 권력의 공백기가 생겼을 때 중국이나 러시아의 군대가 북한에 진입하지 못하도록 하는 일입니다.

특히 중국은 북한의 유사시에 군사개입을 할 가능성이 많은 나라라고 하는 것이 북한 전문가들의 공통된 의견입니다. 2017년 4월 미중 정상회담이 미국에서 열렸을 때 중국의 시진핑 주석은 미국의 트럼프 대통령에게 '한국은 중국의 일부였다'고 말한 것이 알려졌습니다. 2017년 4월 17일 트럼프 대통령은 월스트리트 저널과의 인터뷰에서 이러한 내용을 공개했고 한국의 뉴스에도 보도된 바가 있습니다. 시진핑 주석은 트럼프 대통령과의 첫 정상회담에서 왜 이런 말을 했을까를 생각해 볼 때 이것은 남북통일 때를 염두에 두고 남북통일의 과정에서 중국이 북한에 군사개입을 하더라도 이것은 자국의 일이니, 내정에 간섭하지 말라는 경고일 수 있다고 생각됩니다.

북한의 유사시에 중국은 북중 우호조약 제2조의 자동군사개입 조항을 근거로 북한에 군대를 진입시킬 가능성이 아주 높고 그 외에도 현재 북한에는 광산이나 부두에 대한 사용권을 계약하고 중국의 많은 인력과 재산이 들어와 있기에 이를 보호 한다는 명분으로 군사 개입할 가능성도 아주 높습니다. 중국은 땅도 넓고 인구도 많은데 왜 한반도에 대한 욕심을 버리지 못할까요? 우선은 중국이라는 나라가 역사적으로 많은 제후국가를 거느린 천자국가이며 황제국가였다는 의식이 지금도 남아있습니다. 지금은 이것이 중국몽으로 표현되고 있고 중국몽을 실현하기 위한 전략으로서 일대일로 정책을 가지고 있는 나라입니다. 과거에 한국은 중국에 조공을 바치며 제후국으로 살아온 나라로써 국경을 마주하고 있는 나라이기 때문에 중국으로서는 포기할 수 없는 나라인 것입니다. 다음으로 중국이 대한민국을 포기 할 수 없는 이유는 대한민국이 반도 국가이기 때문입니다. 역사적으로 보면 반도 국가의 운명은 늘 전쟁으로 시끄러웠습니다. 대륙 세력은 반도를 밟고 해양으로 진출하려는 성향이 있고, 해양 세력은 반도를 밟고 대륙으로 진출하려는 성향이 있기 때문입니다. 한반도가 임진왜란과 병자호란으로 수난을 당한 것도 이러한 이유 때문이었습니다.

중국은 남중국의 바다도 있지만 동해로 진출하기 위해서 한반도가 아주 필요한 입장입니다. 남방항로의 시대에서 북극의 해빙으로 북극항로가 열리기 시작했기에 중국으로서는 한반도 특히 나진·선봉항이 있는 북한이 절실한 입장이 되었습니다. 현재의 남방 항로는 부산항에서 유럽의 암스테르담까지 가는데 약 2만 Km에 40일이 소요되지만, 같은 곳에서 북극항로를 이용하면 1만 3천 Km에 30일이 소요됨으로써 시간과 교통비를 대폭 절약할 수 있는데다가 해적과 군사적인 불안 요인이 없습니다. 북극이 해빙되어 이미 여름에는 북극항로를 이용하고 있습니다. 앞으로 더욱 많은 북극의 얼음이 녹고 있고 쇄빙선의 발전으로 북극항로는 더욱 활성화되어 북극항로 시대는 활짝 열릴 것입니다. 이러한 시대에 특히 주목받고 있는 항구가 바로 한반도 남쪽의 부산이고 북한의 나진항입니다. 북극항로가 활성화되면 한반도는 세계의 물류 중심지로 부상할 것이 확실합니다. 이러한 사실을 아는 중국으로서는 더욱 한반도에 대한 욕심을 버리지 않고 남북통일의 과정에서 적극적으로 군사개입 할 가능성이 있습니다.

러시아는 중국만큼은 아니겠지만 과거에도 그랬듯이 나진항과 같은 얼지 않는 부동항이 필요합니다. 러시아도 할 수만 있으면 남북통일의 과정에서 군사개입을 할 가능성이 있습니다. 2024년 6월 19일 러시아의 푸틴 대통령이 북한을 방문하여 김정은 국무 위원장과의 정상 회담을 갖고 포괄적인 전략적 동반자 관계에 관한 조약을 체결했습니다. 이 조약 4조에는 양국 간에 전시 상태가 되면 서로 군사적 원조를 한다는 내용이 들어 있습니다. 이 조약에 의해 현재 북한은 러시아 전쟁에 북한 병사를 파병하고 무기를 지원한 것이라고 해석하고 있습니다. 이렇게 러시아도 북한에 군사를 파병할 수 있는 길을 열어 놓았습니다. 이렇게 볼 때 러시아 또한 북한에 대한 개입을 포기 하지 않으려 할 것으로 생각됩니다.

일본이야 남북통일의 과정에 한반도를 점령하려는 생각은 가지고 있지 않겠지만 한국의 남북통일을 적극적으로 도우려 하지도 않을 것입니다. 오히려 남북통일의 과정에서 일본의 국익에 유리한 기회가 온다면 그러한 쪽으로 나아갈 가능성이 많은 나라입니다. 그러나 일본은 미국의 영향 아래 있는 국가이기 때문에 결국은 미국의 요구로 대한민국의 남북통일을 돕는 쪽으로 서게 될 것으로 생각됩니다.

3) 하느님이 보우하사 우리나라 만세

하나님도 소망하시며 한민족 모두가 소원하는 자유롭고 평화로운 남북통일이 이뤄질 수 있다는 희망을 보게 됩니다. 기독교를 중심한 모든 종교인이 적극적으로 남북통일을 위해 기도하며 노력하고 있고 온 국민이 크고 작은 공식적인 행사가 있을 때마다 '하느님이 보우하사 우리나라 만세'를 노래하며 '대한 사람 대한으로 길이 보존되는' 남북통일이 되게 해달라는 염원을 하고 있습니다. 그리고 하나님께서는 우리의 기도를 들어주시고 있음을 요즈음의 국내외 정세를 통해 느끼게 됩니다. 특히 하나님께서는 북한으로부터 들려오는 신음소리가 갈수록 많은 사람으로부터 그리고 더욱 처절하게 들려오기 때문에 더 이상 외면할 수 없는 지경에 이르렀습니다. 하나님께서 남북통일을 더 이상 미룰 수 없다고 작정하셨음을 느끼게 하는 징조들이 나타나고 있습니다.

첫째 북한의 실상이 붕괴될 수밖에 없는 쪽으로 진행되고 있음이 그 징조입니다. 북한은 지금 내외적으로 붕괴될 수밖에 없는 요인들이 극대화되고 있습니다. 둘째 대한민국이 강력하고 부강한 나라로 부상하며 국제사회의 부러움을 사게 된 것은, 하나님께서 자유·평화의 남북통일을 이루어 하나님 나라로 만들기 위한 축복의 결과가 아닐 수 없습니다. 대한민국은 이미 선진국으로 진입했으며 세계 10대 경제대국이 되었습니다. 그리고 미국의 군사 분석 기관인 글로벌파이어파워 네트워크가 2024년 발표한 보고서에 따르면 대한민국은 세계 5위의 군사력을 지닌 강대국이 되었습니다. 아울러 대한민국은 노벨 평화상과 문학상을 받은 나라가 되었으며 한국의 영화와 드라마 그리고 노래와 언어는 세계인들이 선호하고 찾으며 한류를 일으키고 있습니다. 대한민국이 전쟁의 참상 속에서 남북이 분단 된 채 지하자원도 없는 악조건 속에서도 다른 선진국들이 200~300년 걸린 산업화와 민주화를 40~50년 만에 성공시켜 한강의 기적을 만든 유례가 없는 부강한 나라입니다.

그리고 남북통일의 강력한 의지를 가진 지도자가 대한민국의 대통령으로 당선되었습니다. 그동안은 남북관계에 있어서 남북통일에 대한 의지와 정책보다는 평화라는 이름으로 현 체제를 유지하는 데 만족해 왔으나, 이번에 강력한 남북통일의 의지를 가지신 분이 대통령에 당선된 것은 드디어 남북통일의 때가 되었기 때문입니다. 윤석열 대통령은 지난 광복 79주년 기념식에서 8·15 통일 독트린을 발표하면서 3대 통일 비전과 3대 통일추진 전략 그리고 7대 추진 방안을 발표한 바 있습니다. 남북통일에 대한 강력한 의지를 표명한 것입니다. 이렇게 대한민국이 선진국이 되고 강대국이 되었으며 문화적으로도 세계를 선도하는 국가로 부상한 것은 하나님께서 한국을 선민으로 택하시고 남북통일을 통하여 통일된 대한민국을 평화이상세계인 하나님 나라의 중심국가요 모델국가로 세우시기 위한 섭리적 계획이 있었기 때문입니다. 하나님께 감사와 영광을 올려야 할 한민족입니다.

세 번째는 한반도를 중심한 4대 강국이 자유·평화의 통일로 가는 방향으로 조정되고 있는 현상이 하나님께서 역사하시는 증표라고 생각합니다. G2로 부상한 중국이 미국과의 경쟁 관계를 형성함으로써 미국의 압박으로 중국의 힘이 크게 약해지고 있습니다. 또한 코로나 팬데믹이 시작된 국가로서 경제적 타격을 입을 수밖에 없었습니다. 지금의 중국은 부동산 정책의 실패와 일대일로 전략의 한계로 경제가 급격히 추락하고 있는 상황 속에서 실업률은 가파르게 높아지고 있습니다. 설상가상으로 자연재해도 극심해지고 있습니다. 이렇게 중국의 힘이 약해지는 것은 남북통일의 때에 북한을 분할점령 하지 못하도록 하기 위한 하나님의 전략이라고 해석할 수 있습니다.

러시아 또한 우크라이나와의 전쟁으로 국력이 소진되고 있습니다. 몇 달이면 끝날 것으로 예상했던 전쟁이 3년 가까이 계속되면서 양측의 사상자는 날로 늘어나고 있습니다. 이런 와중에 러시아는 북한으로부터 무기를 공급받고 있고 병력까지 파병받고 있습니다. 여기에 유사시에 북한에 러시아 병력이 개입될 수 있는 길을 열어놓음으로써 중국으로부터 북한에 대한 군사개입을 고민하게 만들고 있습니다. 이러한 중국과 러시아에 대한 상황이 중국이 북한에 개입하기 어려운 상황으로 만들어지는 것 자체가 하나님께서 보우하시는 일이요 역사하시는 결과라고 생각합니다.

네 번째는 미국이 더욱더 강력한 힘을 가지고 대한민국이 자유·평화의 통일을 이루는 데 결정적 역할을 할 수 있는 국가로 부상하고 있는 것이 하나님께서 함께하시고 역사하시는 증표입니다. 미국이 자국우선주의로 선회하고 있지만 그렇다고 국제사회에서 패권국으로서의 역할을 포기하는 것은 아닙니다. 미국이 남북통일의 시기에 대한민국에 유리한 결정적 역할을 할 수 있도록 하나님께서 미국을 길러 오셨다는 사실을 느끼게 하고 있습니다. 이렇게 한국을 중심한 4대 강국의 현재 상황이 자유와 평화의 남북통일을 이루기 위한 환경을 조성하고 있는 것은 하나님께서 섭리하시며 역사하고 계시다는 너무도 확실한 증거라고 생각할 때 '하느님이 보우하사 우리나라 만세'가 틀림없습니다.

5. 남북통일을 주도할 인물

1) 하나님께서 준비하신 시대적 영웅

하나님께서 대한민국을 선민으로 택하셨고 통일된 대한민국을 하나님 나라의 중심국가요 모델국가로 세우시기 위해 섭리하시는 것이 맞는다면 하나님께서는 남북통일을 주도할 시대적 영웅을 세워주셨을 것이 틀림없습니다. 왜냐하면 하나님께서는 미리 정하시고 택하신 하나님의 대신자를 통해 섭리를 경영하시며 일하시는 분이시기 때문입니다. 그것도 하나님께서 특별한 뜻을 두시고 섭리하시는 하나님 나라의 중심국가요, 모델국가로써 통일 대한민국을 세우시는 중차대한 일을 섭리를 모르는 일반적인 지도자에게 맡겨서 하실 수는 없는 일입니다. 왜냐하면 하나님의 일은 하나님의 섭리를 누구보다 잘 알고 뜻 맞게 준비되어 선택된 사람이 아니고는 할 수 없는 일이기 때문입니다.

선민으로 택하신 이스라엘의 역사를 보더라도 하나님께서는 죄악이 세상에 확산되는 것이 안타까워 하나님께서 살아계심과 구원의 뜻을 가지고 섭리를 주도하시는 분이라는 것을 보여주시기 위해 하나님께서는 노아라는 인물을 세우셔서 40일 홍수심판의 역사를 보여주셨던 것입니다. 또한 이스라엘 민족의 시조인 아브라함을 불러서서 하나님의 말씀에 절대적인 순종과 믿음을 세우는 본을 보여주는 전통을 세웠기에 이스라엘의 시조가 되었던 것입니다.

또한 이스라엘이 애급에서 종살이를 할 때 하나님께서는 모세를 세워 이스라엘을 애급에서 젖과 꿀이 흐르는 조상들의 땅으로 인도해 내시는 역사를 일으켜 선민의 토대를 마련하셨던 것입니다. 그 외에도 하나님께서는 수많은 선지자와 예언자들을 세우셔서 선민 이스라엘이 메시아를 맞이할 수 있는 선민으로서 자격을 잃지 않도록 때로는 심판하시며 때로는 격려하시며 이스라엘을 이끌어 오시는 섭리를 진행하셨던 것입니다. 이와 같이 하나님께서는 섭리를 진행하심에 있어서 반드시 하나님께서 준비하시고 길러 오신 대신자들을 세워 섭리를 이끌어 오신 것을 살펴볼 때 선민으로 택하신 대한민국의 남북통일을 위해서도 반드시 하나님께서 준비하신 인물을 세우실 것이 틀림없습니다.

남북통일이 가까워진 지금은 극도로 혼란한 난세이기 때문에 일반적인 국민의 지도자로서는 해결할 수 없는 상황입니다. 지금의 진보와 보수 그리고 지역과 세대 간의 갈등과 분열의 혼란 상황은 어떠한 정치적 지도자나 국민적 지도자도 이를 해결할 수 없는 지경에 이르렀습니다. 그와 같은 상황에서 난세에 영웅이 난다고 하신 옛 말씀을 되새겨야 할 때가 지금입니다. 난세를 해결할 하늘이 준비한 영웅을 찾아야 하는 때가 지금입니다. 이미 증언한 대로 통일된 대한민국을 하나님의 뜻에 따라 하나님 나라의 모델국가요, 평화이상세계의 모범 국가로 만드실 분은 하나님께서 택하여 보내주신 참부모 메시아 문선명·한학자 총재이십니다.

문선명·한학자 총재께서는 이러한 사명을 간파하시고 미리부터 남북통일을 하나님 나라로 성취하기 위한 일에 물심양면을 투입하시며 전 생애를 바쳐오셨습니다. 호사다마란 말이 있듯이 하나님 나라를 만드는 일에는 보이지는 않지만, 영적 세계에서 이를 반대하고 저지하는 악한 사탄 세력이 있고 알게 모르게 이의 사주를 받는 지상의 반대 세력이 있기 마련입니다. 문선명·한학자 총재께서는 이러한 반대와 고난 속에서 사탄 세력과 싸워서 승리하신 분입니다. 이를 하나님으로부터 공인받으셨으며 세상 사람들로부터도 진정한 애국자요 평화의 사도라고 공인받으신 분입니다.

2) 예언으로 본 남북통일을 주도할 인물

탄허 스님께서는 선승이며 학승으로 신화엄경합론 전 23권을 번역 출간하여 불교계에 큰 업적을 남기신 분이지만 대한민국의 국운에 대해 많은 예언을 하셨고 이를 정확히 맞추신 분으로 유명하신 분입니다. 6·25 전쟁과 박정희 대통령의 서거 그리고 베트남 전쟁에서 미국의 패배 등은 물론 자신의 입적 날짜까지 예언하셨는데 모두 적중되었습니다. 탄허 스님은 특히 앞서 설명한 대로 남북통일의 시기에 대해서 예언하셨지만, 남북통일을 주도할 인물에 대해서도 다음과 같이 예언하셨습니다.

"장차 한국에 국제적인 권능의 지도자가 나와서 남북통일을 이끌 것이다. 한국의 참된 지도자는 남북통일이 되면서 나오는데 이분은 좀 엉뚱한 분이다. 통일되면 한국은 세계의 중심이 된다. 엉뚱한 분이란 예상 밖의 일을 저지른다는 뜻이 아니고 가장 이상적이고 초능력적인 힘을 발휘할 수 있는 구세주나 메시아에 비견되는 인물이다."[80]

탄허 스님은 대한민국에 남북통일을 이끌 위대한 인물이 출현하는데 이분은 국제적인 권능의 지도자요 이상적이고 초능력적인 힘을 발휘할 수 있는 구세주나 메시아에 비견되는 인물이라고 예언하고 있습니다. 이러한 조건을 가지신 분을 지금 찾아본다면 아무리 객관적으로 살펴보더라도 문선명·한학자 총재밖에는 없습니다. 이분을 추종하고 따르는 세계적 지도자들이 줄을 서고 있고 특히 한국은 물론 일본과 미국에 수백만 명의 제자가 있으니 국제적인 권능의 지도자가 아닐 수 없습니다. 세계에 널려 있는 통일교 신도들은 매주 경배식이라는 의식을 통해 한복을 입고 이분이 계신 한국을 향하여 큰절하며 이분의 말씀을 강독하는 예배를 드리면서 이분을 따르고 있으니, 한국

---

80 장화수, 『대예언 대사상』, 21~22쪽

인으로 이만한 국제적 권능을 갖추고 추종자를 지도하는 분은 문선명·한학자 총재밖에 없습니다.

이뿐만 아니라 문선명·한학자 총재께서는 남북통일을 하나님의 뜻으로 신앙화하도록 가르쳐 오신 분입니다. 이분은 남북통일의 이념을 하나님주의로 체계화하셨을 뿐만 아니라 실제 자유·평화의 남북통일이 이루어질 수 있는 환경조성을 위해 물심양면의 투입을 통하여 남북통일의 기반을 닦아 나오고 계신 분이십니다. 통일교 신도는 아니지만 각국의 수상과 대통령을 지낸 분들은 물론 종교계와 학계 등 세계적 정상급의 지도자들도 이분을 따르며 이분의 평화통일 사상을 적극 지지하는 분들이 도처에 널려 있으니, 국내외를 망라하더라도 이만한 권능의 국제적 지도자는 없습니다. 이렇게 국내외적으로 평화통일이라는 이름으로 왕성한 활동을 해 오고 계시는 것은 결국 남북통일이 우리가 원하는 자유·평화의 통일로 이루어지도록 국제적 연대세력을 형성하기 위한 것입니다.

엉뚱한 지도자라고 표현한 것은 예상 밖의 이상한 일을 하는 분을 말하는 것이 아니고 오히려 예상하기 어려운 이상적이고도 초능력적인 힘을 발휘하는 구세주나 메시아에 비견되는 인물이라고 하였으니 결국 기독교에서 소망하는 메시아요. 불교에서 기다리는 미륵불이며 한민족이 고대하는 정도령을 두고 하는 말입니다. 각기 다른 종교와 신앙에 따라 용어를 달리 표현하고 있을 뿐 결국 양위분의 참부모 메시아를 말하는 것입니다. 결국 탄허 스님께서 예언하신 그 분은 바로 참부모 메시아로 오신 문선명·한학자 총재입니다.

문선명 총재께서는 하늘에 오르셨으니, 하늘나라에서 남북통일과 평화이상세계인 하나님 나라를 위해 일하고 계시고 한학자 총재께서는 문선명 총재가 남기신 유업, 바로 하나님 나라로서의 자유·평화의 통일대한민국을 세우시기 위해 지상에서 밤낮으로 정성에 정성을 더하시며 전력투구하고 계십니다. 2025년인 을사년에 남북통일이 된다고 하였고, 이때 권능의 남북통일 지도자가 세상에 드러난다고 했으니 2025년에는 문선명·한학자 총재께서 세상이 알아보도록 출현하실 것입니다. 하늘에 계신 하늘부모님과 문선명 총재께서는 하늘나라와 지상에 역사하시며 출현하실 것이고 한학자 총재께서는 하늘이 함께하시는 가운데 자유·평화의 남북통일을 성취하시며 세상에 크게 출현하실 것입니다.

한국의 노스트라다무스라고 부르는 두 분 중 탄허 스님 외에 또 한 분의 예언자 남사고 선생께서 격암유록에 예언하신 남북통일을 주도할 인물에 대해 알아보겠습니다.

◎ 兩虎牛人奮發下 破碎三八役事時에
　 양 호 우 인 분 발 하　파 쇄 삼 팔 역 사 시

龍蛇相鬪敗龍下吟 龍一起無三八에
용 사 상 투 패 용 하 음　용 일 기 무 삼 팔

玉燈秋夜三八日 (三八歌)
옥 등 추 야 삼 팔 일　　 삼 팔 가

〈해석〉

양호는 남과 북이며 우인은 격암유록에서 여자성인으로 해석합니다. 여자 성인이 남과 북을 끌어안고 삼팔선을 없애기 위해 전력을 다할 때 용과 뱀이 서로 싸우나 용이 패하여 수면 아래서 신음합니다. 그러나 용이 다시 한 번 일어나면 삼팔선이 없어지고 옥등이 찬란한 가을밤에 삼팔일 즉 동방의 날을 맞이합니다.

〈해설〉

남북통일을 위해 남한과 북한을 품고 계신 한학자 참어머니 메시아께서 삼팔선을 없애기 위해 고군분투 역사하실 때, 용과 뱀이 서로 싸우지만, 용이 패배하여 수면 아래에서 신음합니다. 용사상투는 누구의 어떤 싸움인가? 남북의 싸움일 수도 있고 대한민국 내에서의 좌익과 우익의 싸움일 수도 있습니다. 여기서 용은 하늘 편을 상징하고 뱀은 사탄 편을 상징합니다. 하늘 편은 유신론에 기초한 자유민주주의 이념이고 사탄 편은 무신론에 기초한 공산주체사상의 이념입니다.

한반도에서 자유민주주의와 공산주체사상의 이념전쟁이 벌어졌으나 자유민주주의가 패배한 형국이 지금의 현실입니다. 대한민국은 극단의 이념전쟁 중입니다. 유신론을 기초로 한 자유민주주의 편은 무신론을 기초로 한 공산사회주의 편에게 당하며 패배하여 수면 아래에서 신음하고 있습니다.

그러나 용이 한번 일어난다고 했으니 여기서 다시 한 번 일어나는 용은 수면 아래서 신음하던 하늘 편 사람들입니다. 이들이 합심하여 다시 일어나면 삼팔선이 무너지고 남북통일이 이루어집니다. 이때가 되면 하나님께서 세우신 한학자 총재를 중심하고 하나님주의와 두익 사상에 의해 싸워오던 좌우의 이념은 통일되고 남북이 통일되어 삼팔선은 무너진다는 예언입니다.

여기서 삼팔은 목이며 목은 동방을 뜻하는 것이니 남북통일이 되는 날은 동방의 등불이 켜지는 날입니다. 이렇게 남북통일이 이루어지면 대한민국은 하나님을 부모로 모시며 그의 자녀인 남북한의 국민은 한 형제자매로 화합함으로써 통일대한민국에는 옥등이 찬란한 가을밤을 맞이할 것입니다. 나아가 대한민국에 켜진 찬란한 옥등 즉 참부모 메시아가 밝히시는 하나님주의 두익사상의 등불은 세계를 환하게 비추는 동방의 등불이 될 것입니다. 남북통일은 2025년 음력 9월에 이루어진다고 했으니 옥등이 켜지는 날은 9월 가을밤입니다.

이는 인도의 시성 타고르가 노래한 예언적인 시에서'아시아의 황금시기에 빛나던 코리아 그 등불 다시 한 번 켜지는 날에 너는 동방의 밝은 빛이 되리라'하고 찬양했던 그 동방의 등불이입니다. 이제 한학자 총재께서는 남북통일을 통해 이 동방의 등불을 환하게 밝히실 것입니다. 이와 같이 남북통일이 이루어지는 날은 동방의 대한민국에서 세계를 환하게 비추게 될 등불이 켜지는 날이 될 것이라는 예언입니다.

이상의 예언이 전하는 결론은 하나님께서 자유·평화의 남북통일을 주도할 인물을 세워주셨으니 바로 문선명·한학자 총재라는 사실이며 마지막 지상에서 남북통일을 성취할 인물은 바로 한학자 총재라는 사실을 정확하게 밝히고 있다는 사실입니다. 또한 이렇게 참어머니 메시아에 의해 성취된 통일대한민국이 평화이상세계인 하나님 나라의 중심국가요, 모델국가가 될 때 대한민국은 탄허 스님과 시성 타골이 예언한 것처럼 세계를 밝히는 중심국가가 될 것입니다. 섭리와 역사를 주관하시는 하나님께서 살아서 역사하심을 깨닫지 않을 수 없습니다.

3) 문선명·한학자 총재의 남북통일 준비 업적

문선명 총재께서는 북한에서 남한으로 남하하시며 삼팔선을 건널 때 그냥 건너지 않고 비장한 각오의 기도를 하고 건너셨습니다. 삼팔선을 넘어 피난 나온 많고 많은 사람이 무심코 삼팔선을 넘어 피난하기에 바빴지만, 문선명 총재는 하나님을 붙들고 통곡하며 기도하고 건너셨습니다. 삼팔선을 양발 사이에 두고 삼팔선의 흙을 두 손에 모아 담은 채 하나님께 비장한 각오와 결의로 통한의 기도를 하셨습니다.

"아버지! 저는 이남으로 갑니다. 저는 이북에 왔다가 뜻을 이루지 못하고 패자의 서러움을 지닌 채 옥중의 신세를 면치 못하다가 쫓김을 받는 무리의 걸음을 따라 이남으로 갑니다. 갔다가 또 이 길을 찾아와야 할 것을 알기 때문에, 삼팔 이북을 제가 못 가거들랑 제 사상을 심어서 후손이 가게 할 것이고, 그들이 못 가거들랑, 저를 따르는 제자들을 보내 가지고 반드시 내 손으로 자유세계를 규합해서 북한

을 해방하여 남북을 통일하겠습니다.">[81]

이렇게 기도하신 내용을 실행하시기 위해 문선명·한학자 총재께서
는 1968년 1월 13일 국제승공연합이라는 단체를 창설하셔서 공산당
을 해방하기 위한 본격적인 출발을 하셨습니다. 한국에서의 국제승공
연합 활동은 각계의 지도자들이 공산주의 사상의 거짓과 선동의 적
나라한 모순을 비판하는 교육에 참석하였고 전국 지방 면면촌촌에서
이 교육을 받지 않은 지도자들이 없을 정도로 승공활동에 주력하였
습니다. 특히 일본이 공산당의 정치화로 위험에 처하게 되었을 때 일
본의 통일교 신도들을 중심한 강력한 승공 활동으로 이를 저지하였
습니다.

이후 미국에서는 공산당의 사주를 받은 프레이저 국회의원이 미국
에서 국제승공연합 활동을 하는 통일교를 몰아내기 위한 음모를 가
지고 미국 국회에 프레이저 소위원회를 열어 문선명 총재와 그의 제
자 박보희 보좌관을 소환하는 일이 있었습니다. 그러나 문선명 총재
의 지도를 받고 있던 박보희 총재는 프레이저 의원의 음모를 미리 알
고 오히려 그의 정체를 밝히는 활용의 장으로 소위원회의 증언에 당
당히 맞섬으로써 결국 그를 미국 국회에서 사라지게 하는 승리를 거
두었습니다. 8선 의원이던 프레이져 의원은 다음번의 선거에서 낙선하
여 미국 국회의 무대에서 사라지는 신세가 된 것입니다. 이것이 그 유
명한 박보희 총재의 '나는 자랑스러운 한국인'의 증언 영상입니다.

---

81 세계평화통일가정연합 역사편찬위원회, 『참부모님 생애노정』, 2권 189~191쪽

이후 문선명·한학자 총재께서는 공산주의에 대한 승리를 거두게 되자 1985년 8월 13일부터 5일간 제2차 세계평화교수협의회 세계대회를 스위스 제네바에서 '소련 공산제국의 멸망'이라는 주제로 개최하셨습니다. 문선명 총재께서는 직접 창설하신 세계평화교수협의회의 회장을 맡고 있던 시카고 대학의 정치학 교수인 몰튼 카플란 박사로 하여금 세계의 석학들이 모인 자리에서 '공산주의의 종언'을 공식적으로 선언하도록 하셨습니다. 문선명·한학자 총재께서는 이러한 승리적인 기반 위에 이제는 본격적으로 남북통일운동에 매진하기 위해 1987년 5월 1일 남북통일운동국민연합을 창설하셔서 막대한 재원을 투입하시며 국민교육을 통해 남북통일의 기반을 닦아 나오셨습니다. 이후 1989년 11월 9일에는 독일의 베를린 장벽이 무너지면서 독일이 통일되었습니다.

문선명·한학자 총재께서는 1982년 5월 17일에 무신론과 비인권의 공산주의를 종식시키고 하나님주의에 의한 자유 평화의 남북통일과 세계평화의 국내외적 환경을 조성하기 위한 강력한 무기로서 미국의 워싱턴에 정통 보수지인 워싱턴타임스를 창간하셨습니다. 이후 1989년 2월 1일에는 한국에서 남북통일의 정론지라는 기치를 걸고 세계일보를 창간하셨고 이어 일본에서도 세계일보를 창간하셨는데 이것은 워싱턴타임스와 연대해서 남북통일과 세계평화를 선도하기 위한 것이었습니다.

워싱턴타임스를 창간하시기 전 문선명 한학자 총재께서는 미국에 뉴스월드(The News World)라는 신문을 먼저 창간하여 운영하고 계셨습

니다. 그런데 1976년 미국의 지미 카터(James Earl Carter) 대통령이 당선
된 후 1979년 6월 한국은 위기를 맞게 되었습니다. 지미 카터 미국 대
통령이 방한하여 한국의 박정희 대통령과의 정상회담에서 미군 철수
를 통고했기 때문입니다. 이런 상황에서 문선명·한학자 총재께서는 소
련과 북한의 공산주의의 흉계를 모른 채 이용당하고 있던 지미 카터
미국 대통령을 더 이상 재선하도록 두어서는 안 되겠다고 판단하시고
지미 카터를 이기고 차기 대통령에 당선될 반공주의자 공화당 후보를
물색하며 정성을 들이기 시작했습니다.[82]

드디어 문선명·한학자 총재께서는 제자인 뉴스월드 신문사 박보희
사장을 통해 하늘이 준비한 반공주의자 공화당 대통령 후보를 찾아
내셨으니 로널드 레이건(Ronald Reagan) 후보였습니다. 이때부터 문선명·
한학자 총재께서는 레이건 후보가 공화당의 대통령 후보가 되도록 신
문사와 제자들을 동원하여 각 방면으로 노력하셨고 공화당 전당대회
때에는 총력전을 벌였습니다. 이렇게 해서 결국 로널드 레이건은 공화
당 후보로 결정되었던 것입니다.

그러나 더 큰 싸움은 이제부터였습니다. 상대는 현직 지미 카터 대
통령이었기 때문입니다. 미국의 신도들을 총동원하여 우리의 자비를
들여 로널드 레이건의 선거 운동원으로 활동하게 했고 뉴스월드의 신
문을 활용하여 레이건 대통령이 되어야 하는 이유를 담은 신문을 홍
보지로 활용하며 밤낮으로 뛰게 했습니다. 이때 박보희 사장은 레이
건 후보를 만나 문선명·한학자 총재의 말씀을 전하여 힘과 용기를 얻

---

82 박보희, 『모스크바에서 평양까지』, 86~87쪽.

도록 하였습니다. 이때 박보희 사장이 문선명·한학자 총재께 레이건 후보를 만나 무슨 이야기를 전할까요? 질문을 드리자, 다음과 같이 전하라고 하셨습니다.

"하나님께서 레이건 당신을 제40대 미국의 대통령으로 결정하셨다"[83]

박보희 사장이 그대로 전하니 레이건 후보는 깜짝 놀라며 반문하자 박보희 사장은 문선명·한학자 총재께서 그런 계시를 받았다는 뜻이라고 전했던 것입니다. 이때부터 레이건 후보도 자신감을 가지고 더욱 당당히 선거운동에 임했던 것입니다.

그런데 문선명 한학자 총재의 마지막 비장의 선거 전략이 있었습니다. 뉴스월드 신문사 박보희 사장에게 특별한 지시를 하신 것입니다. 그동안 신문이 발행된 이래 가장 큰 글자의 호수로 'Reagan Landslide'라는 제목의 예언 기사를 제작하여 선거 당일 새벽에 전국에 배포하라는 지시였습니다. 박보희 사장은 지시하신 대로 신문 전면에 가장 큰 글씨로 '레이건 후보의 압도적 당선'이라 쓰고 아주 작은 글씨로 하나님의 계시라는 해설을 달았습니다.

미국의 유권자들이 이렇게 제작되어 전국에 배포된 신문을 선거 당일 아침에 받아보고 하나님께서 제40대 미국 대통령으로 레이건 후보를 결정하셨다면 나도 레이건 후보를 찍어야지 이렇게 마음 결정하도록 선거 전략을 세우신 것이었습니다. 특히 아직 누구를 찍을 지 후보를 확실히 결정하지 못한 사람들은 레이건 후보로 결정하도록 하는

---

83 박보희, 『모스크바에서 평양까지』, 90쪽

데 결정적 역할을 했던 것입니다.

레이건 후보 또한 선거 당일에 이 신문을 받아보고 깜짝 놀라서 이 신문을 들고 기자실에 들렀고, 오늘 아침에 이런 신문이 배포되었다고 기자들 앞에 뉴스월드의 이 신문을 들어 보이자, 기자들은 이를 취재하여 각 방송사에 보내졌고 결국 선거 당일 아침 전국의 TV 방송에도 '레이건 압도적 당선'이라는 뉴스월드의 예언 신문 내용이 방영되었던 것입니다.

이 선거 전략이 주효하여 결국 레이건 후보는 선거인단 538명 중 489명을 확보하여 90%의 압도적인 표차로 현직 대통령 지미 카터 후보를 이기고 40대 미국의 대통령으로 당선되어 1981년 1월 20일 취임식을 했던 것입니다. 1천 700여 개의 미국 언론들 거의 모두가 설문조사를 바탕으로 카터 후보의 승리를 예상하는 보도를 하였으나, 이러한 예상을 깨고 레이건 후보가 압도적인 차이로 당선된 것은 문선명·한학자 총재의 선거지원과 선거 전략이었던 것입니다.

문선명·한학자 총재께서 이렇게 지미 카터 현직 대통령을 낙선시키고 레이건 후보를 당선시키기 위해 재력과 인력을 투입하여 적극적으로 나서신 것은 오로지 대한민국의 안보를 위한 애국심에서였습니다. 카터 대통령이 당선되면 주한미군은 철수할 수밖에 없는 운명이었고 그렇게 되면 대한민국의 안보는 장담할 수 없는 위태로운 지경이 될 것이 뻔했기 때문이었습니다. 문선명·한학자 총재에게 있어서 한국은 태어나신 조국일 뿐만 아니라 하나님 나라로 통일되어야 할 하나님께서 선택하신 선민의 국가였기 때문이었습니다.

레이건을 당선시킨 문선명·한학자 총재는 여기에 만족할 수 없었습니다. 무신론의 공산주의를 해방해야 하는 천적인 사명이 있기 때문에 이를 위한 다음의 행보를 시작하셨습니다. 정통 보수를 대변하는 일간지 '워싱턴이브닝스타'라는 신문이 경영난을 극복하지 못하고 폐간되었으나 어떠한 미국의 재벌이나 사업가도 이를 인수하려는 곳이 없었습니다. 문선명·한학자 총재에게 있어서 이는 심각한 일이었습니다. 미소 냉전의 상황에서 정통 보수를 대변하는 대표 일간지가 사라지고 진보 좌익을 대변하는 워싱턴포스트의 독주가 시작되었기 때문이었습니다. 문선명·한학자 총재께서는 서둘러 '워싱턴이브닝스타'를 인수하신 후 1982년 5월 17일 워싱턴타임스(Washington Times)라는 이름의 정통 보수 언론사를 창간하신 것입니다.

워싱턴타임스는 얼마 후 미소 냉전에서 공산주의 소련을 굴복시키고 미국이 승리할 수 있는 특별한 업무를 수행하게 되는 일이 있었습니다. 레이건 정부의 3성 장군 출신 대니얼 그레이엄(Daniel Graham) 중앙정보국 부국장이 문선명·한학자 총재를 찾아 특별한 부탁을 하는 일이 있었습니다. 미국 정부는 소련이 보유하고 있는 대륙간탄도미사일(ICBM)을 공중에서 폭발시켜 백발백중 막아낼 수 있는 레이저 광선의 신무기를 만들고 있고, 이를 전략방위 구상(SDI)이라는 정책으로 추진하고 있었습니다. 그런데 이 정책을 발표하지 못하고 고민하다 문선명·한학자 총재께 도움을 구하기 위해 레이건 대통령의 특사로 찾아왔다는 것이었습니다. 전략방위 구상이 소련에 치명상을 줄 수 있는 획기적인 신무기가 되는 것은, 소련이 가령 핵탄두를 ICBM에 실어 미국을 향해 날린다고 하더라도 즉시 레이저 광선 무기인 SDI가 발사되어 소련 상공에서 이 핵무기를 폭파해 버릴 수 있는 완벽한 핵 방어무기이기 때문입니다.

대니얼 그레이엄이 고민하다 찾아온 이유는 미국 정부가 이 신무기의 전략방위구상을 발표할 때, 미국의 워싱턴포스트나 좌익 언론들은 분명 천문학적인 돈이 든다고 이 계획을 반대할 것이 틀림없고, 그렇게 되면 미국 국회가 예산을 승인하기 어렵게 될 것이기에 이 계획을 워싱턴타임스가 특종 보도를 하고 당위성에 관해 지속해서 보도하며 지원해 달라는 부탁을 하기 위해서였습니다.

문선명·한학자 총재께서는 그런 일이라면 오히려 내가 바라던 것이라고 하시며 기쁘게 수락하시고 워싱턴타임스가 특종 보도를 하도록 했고 특집기사를 통해 이 SDI 계획의 당위성을 지속해서 보도하였습니다. 결국 미국 정부는 국회로부터 이를 승인받고 예산을 확보하여 전략방위구상을 완성했고, 1983년 3월 23일 레이건 대통령이 특별방송을 통해 이를 공개하였던 것입니다. 이 신무기는 그 당시 인기리에 상영되던 영화 스타워즈(Star Wars)로 소개되기도 했습니다.

이제 다급해진 것은 소련이었습니다. 그러나 당시 소련으로서는 경제가 급격히 하락하여 파산 직전이었기 때문에 막대한 돈이 드는 이 신무기를 개발할 수 있는 처지가 못 되었습니다. 결국 고르바초프 대통령은 소련의 생존을 위해 개혁 개방정책을 표방하며 더 이상 미국과 맞설 수 없게 되었고 이렇게 되어 미소의 냉전은 미국의 승리로 기울기 시작하였던 것입니다. 결국 문선명·한학자 총재께서는 공산주의 종언을 선언케 하셨고 SDI를 통해 소련을 굴복시켜 미소 냉전을 종식하는 데 결정적인 역할을 하신 것입니다. 공산주의 해방이 가까이 왔던 것입니다.

여기서 멈추지 않고 1990년 4월 9일에는 문선명·한학자 총재께서 세계의 전직 수상과 대통령을 지낸 정상 40여 명과 저명한 언론인들을 대동하시고 모스크바에 입성하셔서 모스크바 소빈 센터에서 제3차 세계평화를 위한 정상회의와 제11차 세계 언론인 대회를 개최하셨습니다. 이어 9일에는 문선명·한학자 총재와 고르바초프 대통령 간의 정상회담이 이루어져 세계적인 뉴스를 타게 되었습니다. 이 자리에서 문선명 총재는 고르바초프 대통령에게 공산주의를 해체하는 것만이 본인이 살고 소련이 사는 길이라는 것을 강력하게 제안하고 설득하였습니다.

이후 고르바초프 대통령은 문선명·한학자 총재의 제안을 받아들여 소련 공산주의 해체를 결정하는 결단을 내렸고 급기야 미소 간의 냉전은 종식되었습니다. 이러한 공로로 고르바초프 대통령은 1990년 10월 15일에 노벨평화상을 수상했습니다. 그러나 1991년 8월에 소련의 정국은 혼란 상황으로 치달았고 급기야 소련공산당 보수파와 군부가 연합하여 쿠데타를 일으켰고 고르바초프는 가택 연금 상태에서 생명이 어떻게 될지 모르는 상황이 되었습니다.

그 이전 문선명·한학자 총재께서 고르바초프 대통령과 정상회담을 할 당시 모스크바 대학교의 학생을 비롯한 대학생 3천여 명을 미국에 보내주면 통일사상과 자유민주주의 체제의 우월성을 교육해 보내겠다는 제안을 했고 이를 고르바초프 대통령이 수락하여 실제 이러한 교육이 성사되었습니다. 그런데 쿠데타가 발생하자 미국에서 교육받은 이들이 단합하여 거리로 쏟아져 나와 쿠데타의 장갑차가 움직이지 못하도록 장갑차 앞에서 드러눕는 데모를 하였고, 이것이 동기가되어 고르바초프를 지지하는 세력이 나서서 군부 쿠데타는 3일천하로 끝나고 말았고 고르바초프 대통령은 살아나게 되었습니다. 이러한인연으로 고르바초프 전 대통령은 생명의 은인이 된 문선명·한학자총재에게 감사를 전하기 위해 1994년 3월 26일 양위분의 저택이 있는한국의 한남동 공관으로 찾아왔던 것입니다.

여기서 멈추지 않고 문선명·한학자 총재께서는 공산주의 해방을 위한 마지막 대장정으로 1991년 11월 30일부터 12월 7일까지 김일성 주석의 공식 초청을 받아 북한을 국빈 방문하셨습니다. 참으로 아이러니한 역사의 한 쾌거입니다. 그렇게도 공산주의를 지독하게 반대하였고 공산주의의 멸망을 위해 이념과 치밀한 활동으로 싸워 나온 원수를 공산주의 최고의 존엄을 자랑하는 북한의 김일성 주석이 초청한 것입니다. 양위분께서는 북한에서 내어준 헬리콥터를 타고 문선명총재님의 고향이신 평안북도 정주도 방문하셨고 금강산도 다녀오셨습니다.

북한 방문 3일째인 12월 2일에는 만수대의사당에서 환영 만찬이열렸습니다. 이 자리에서 문선명 총재께서 하나님주의와 참사랑에 의한 남북통일방안 등에 대해 연설하였는데 이 연설 전문이 김일성 주석의 지시로 북한 노동신문에 실리게 됨으로써 노동신문이 생겨난 이래 처음으로 하나님이라는 글자가 기록되는 역사를 만들어 내기도 하였습니다. 또한 이 자리에서 문선명 총재는 김달현 부총리와 윤기복 조국평화통일위원회 위원장과 북한의 지도자들을 앞에 두고 주체사상 가지고는 조국통일도 할 수 없고 북한 주민도 제대로 살 수 없으니 인간 위에 계신 하나님을 모시고 통일해야 한다는 연설을 책상을 치며 훈계하듯이 하셨습니다. 옆에서 듣고 있던 박보희 총재는 새파랗게 질려 김일성 주석과의 정상회담은 물 건너갔고 이제는 살아서 돌아가기 어렵겠다고 생각했다고 그 당시의 상황을 후일담으로 전하였습니다.

그러나 하나님은 불가능을 가능으로 만드는 역사를 하시는 분이시기에 12월 6일 마전에 있는 주석 공관에서 문선명·한학자 총재와 김일성 주석 간의 정상회담은 열렸습니다. 회의는 시종이 화기애애하였고 이 자리에서 문선명 총재는 김일성 주석의 제안으로 의형제를 맺는 데까지 이르렀습니다. 정상회담에서 북한의 비핵화, 남북교류와 이산가족 상봉, 남북 정부 간의 정상회담에 관한 4개 항의 합의서도 작성 발표되었습니다. 문선명 총재를 죽이고 싶을 정도로 미워했던 김일성 주석이 문선명·한학자 총재를 국빈으로 초청하여 정성껏 예우하였고 북한의 심장인 만수대의사당에서 북한 체제와 주체사상을 노골적으로 비판하며 하나님을 주장하였는데도 불구하고 김일성 주석은 문선명·한학자 총재를 만나 정상회담을 하고 합의서를 작성하여 서명한 후 공표했다는 사실은 실로 기적이 아닐 수 없습니다. 이렇게 문선명·한학자 총재께서 소련공산당을 해방하는 데 결정적인 역할을 하셨고 이제 북한 공산주의를 해방하기 위한 교두보를 확보하는 업적을 세우게 되신 것입니다.

4) 한학자 총재의 신통일한국 섭리

문선명 총재께서는 2012년 음력 7월 17일 성화(聖和)하셔서 하늘나라에 오르셨습니다. 한학자 총재께서는 남북통일의 때가 가까이 왔다고 판단하시고 하나님주의에 의한 참사랑 통일론을 한마디로 '신통일한국(神統一韓國)'이라고 명명하신 후 본격적인 남북통일의 한때를 준비하기 위한 전열을 결속하고 계십니다. 곧바로 중단 없는 전진을 선언하시며 쉴 사이 없이 남북통일 성업에 매진하고 계십니다.

'신통일(神統一)'은 하나님을 중심한 통일이며 하나님주의에 의한 통일이라는 뜻입니다. 왜 하나님을 중심한 통일이어야 하는가? 첫째로, 대한민국의 남북통일은 하나님의 뜻 가운데 하나님의 조국과 평화이상세계의 중심 국가요 모델 국가로 선택하셨으므로 인간만의 노력과 힘으로는 통일이 불가능하고 하나님을 모시고 뜻을 받들 때만이 가능하기 때문입니다. 둘째로, 하나님의 조국과 평화이상세계는 양심과 사랑이 살아 숨 쉬는 온전한 인격체를 가진 사람들의 나라이기 때문입니다. 그런데 이러한 사람들이 되기 위해서는 하나님을 모시고 참사랑의 가정을 이루고 살 때만이 가능합니다. 셋째로, 하나님주의만이 오늘날 인본주의를 바탕으로 형성된 자유민주주의와 사회주의 이념

이 만들어 놓은 인간성 상실, 양극화, 자연 파괴 등 심각한 문제를 해결하고 진정한 자유와 평등, 그리고 정의가 실현되는 평화이상국가로 통일할 수 있기 때문입니다. 이러한 측면에서 볼 때, 한학자 총재께서 제안하시고 실행하시는 신통일한국이야말로 명료하고도 확실한 대한민국의 남북통일 비전이 될 것입니다.

한학자 총재께서 홀로 남아져 계시며 처음으로 한 일은 신통일한국 섭리를 위해 세계를 향해 나가신 일입니다. 한국의 자유·평화의 통일은 한국만의 역량으로만 되는 것이 아니고 한국을 중심한 4대 강국의 이해관계 속에서 이루어질 수밖에 없기에 서둘러 미국을 향하신 것입니다. 한학자 총재께서는 문선명 총재 성화 후 7년 노정을 설정하시고 중단 없는 전진을 계속해야 한다고 결의하시며 신통일한국을 위

한학자 총재께서 주재하신 World Summit 2020에 참석한 세계 정상들

한 국제적 환경을 조성하기 위해 나서신 것입니다. 워싱턴타임스를 중심으로 그동안 인연되어 함께 평화운동을 해오던 세계적 각 분야의 정상들을 만나시며 조직을 재정비하는 일을 하셨습니다.

　이러한 전진을 통해 남북통일과 세계평화를 위한 그동안의 조직을 결속시키고 재출발시켜 주셨습니다. 그리고 2020년 문선명 총재 성탄 100주년을 기념해 재정비하신 세계평화정상연합·국회의원연합·종교인연합·학술인연합·경제인연합의 지도자들을 한반도에 부르셨습니다. 2020년 2월 4일 일산 킨텍스에서 개최된 '월드서밋 2020 총회'에 참석한 대표자로서는 반기문 전 유엔사무총장, 훈센 캄보디아 총리, 라피니 니제르 전 총리 등이었으며 150개국에서 3,000여 명의 각계 지도자가 참석한 가운데 '월드서밋 2020 총회'를 개최하셨습니다.

이때는 코로나가 엄중한 상황이라 국제적인 이동이 참으로 어려운 때인데도 한학자 총재께서 부르시니 외교부와 대사관을 통해 비자를 발급받아 한국으로 왔던 것입니다. 이 자리에서 한학자 총재께서는 그동안의 세계적 평화운동도 결국은 신통일한국을 위한 노정이었음을 모여든 세계적 평화의 지도자들에게 강조하시고 당부하셨습니다.

다음으로 코로나 팬데믹이 종료되자 한학자 총재께서는 더욱 세부적인 비전으로 다시금 전세계의 평화지도자를 한국에 초청했습니다. 2022년 2월 11일 잠실 롯데월드와 가평 천원단지의 청심평화월드센터에서 개최된 '한반도 평화서밋 및 싱크탱크 2022'라는 국제적인 대회였습니다. 한학자 총재를 모신 가운데 캄보디아 훈센 수상과 반기문 전 유엔사무총장이 공동조직위원장이 되어 각계의 정상급 지도자들을 초청했는데, 미국의 펜스 전 부통령과 폼페이오 전 국무장관, 그리고 깅그리치 전 하원의장, 캐나다의 스티븐 하퍼 전 총리, 세계적 투자의 귀재인 짐 로저스 등 각계의 정상급 지도자로 만장의 성황을 이루었습니다. 이 대회의 가장 큰 의의는 한학자 총재께서 주창하시는 하나님주의에 입각한 자유·평화의 남북통일을, 세계 지도자 모두가 지지 서명하는 서울선언에 동참했다는 사실입니다. 직접 참석하지는 못했지만 아베 전 일본 수상과 도널드 트럼프 전 미국 대통령이 영상 축사를 전해왔습니다. 다음은 도널드 트럼프 대통령의 영상 축사 내용입니다.

2022 한반도 평화서밋을 주재하신 한학자 총재와
공동위원장 훈센 캄보디아 수상과 반기문 전 유엔 사무총장

"워싱턴타임스의 창설자이신 문선명 총재님께 깊은 감사를 드립니다. 워싱턴타임스는 제가 대단히 존경하며 찬사를 표하는 언론기관입니다. 문 총재님 양위분은 실로 대단한 일을 성취해 내셨습니다. 또한 한반도 평화담론 확산과 분쟁 해결을 위한 목적으로 조직된 글로벌 지식인 연대체인 싱크탱크 2022를 출범시킨 한학자 총재님께 축하 인사를 드립니다.

2018년 저는 미국 대통령으로서는 최초로 북한 지도자와 만나 회담을 했습니다. 우리의 공동선언에 완전 비핵화보다 중요한 말은 없을 것입니다. 이듬해인 2019년 비무장지대(DMZ)에서 김정은 위원장과 또 한 번 만나게 된 저는 북한 땅을 밟은 최초의 미국 대통령이 되었습니다. 저는 여전히 미래에 대한 희망으로 가득 차 있습니다."

이번 행사는 이렇게 한국의 자유·평화의 남북통일을 지지하는 세계적 정상들을 중심한 국제적 연대조직을 탄생시킨 아주 중요한 자리였습니다. 이것이 기적이 아니고 무엇이겠습니까? 한 국가에서 초청한 것도 아니고 일개 종교단체에서 초청했는데도 이렇게 세계적인 정상급의 지도자들이 앞 다투어 참석해서 한학자 총재님께서 추진하시는 신통일한국을 지지하겠다고 서명하고 서울선언으로 발표한 것은 하나님께서 인도하시고 역사한 결과라고 하지 않을 수 없습니다. 한학자 총재야말로 탄허 스님께서 예언한 남북통일시대에 출현할 국제적 권능의 지도자가 틀림없습니다. 그 누구도 이분이 남북통일을 이끌어 갈 지도자가 될 분이라고는 전혀 예상하지 못했던 분이기에 엉뚱한 지도자가 틀림없습니다.

문선명·한학자 총재께서 평생을 통해 반대와 핍박을 받아오며 해 오신 일은 한마디로 인류구원과 평화이상세계를 지상에 세우는 것이었습니다. 요한계시록에 나와 있는 붉은 용, 바로 공산주의를 해방하고 하나님의 꿈과 소망인 창조이상세계를 지상에 실현하고자 하셨습니다. 마치 메시아로 오신 예수님께서 이스라엘 민족의 지도자와 유대교회의 지도자들이 믿지 못하고 반대하자 '나를 믿지 아니할 지라도 그 일은 믿으라. 그러면 너희가 아버지께서 내안에 계시고 내가 아버지 안에 있음을 깨달아 알리라(요 10장 38절).'고 하신 말씀을 되새겨 볼 때가 지금입니다. 그동안 문선명·한학자 총재께서 해 오신 일이 무슨 일이었는지를 살펴보시면 그분이 누구인지도 알 수 있다는 말씀입니다.

제5장

새 하늘과 새 땅을 위한 개벽섭리시대

1. 인류역사의 방향과 목표

1) 인간 시조의 타락으로 시작된 인류 역사

하나님께서 태초에 처음 하늘과 처음 땅을 창조하신 후 첫 사람 남자 아담과 첫 사람 여자 해와를 창조하여 아름다운 에덴동산에서 살게 하셨습니다. 하나님의 꿈은 어린아이로 창조된 아담과 해와가 선하시고 성스러운 하나님을 닮은 온전한 인격의 아들딸로 완성되기를 소망하셨습니다. 그런데 아담과 해와가 이러한 하나님의 아들과 딸로 성장하기 위해서는 그들 스스로 지키고 실행하는 책임이 필요했습니다. 하나님께서는 천지 만물은 시간이 경과하기만 하면 성장기간을 거쳐 완성되도록 창조의 법칙을 정하셨지만, 아담과 해와는 하나님께서 주신 말씀을, 그들 스스로 책임을 실행하면서 성장기간을 거쳐 완성하도록 법칙을 정하셨습니다. 왜냐하면 인간시조 아담과 해와가 천지만물의 주인이 되기 위해서는 이들을 주관할 수 있는 자격조건이 필요했고, 자유의지를 가진 자율의 인간이 되어야 했기 때문입니다.

이 성장기간은 아담과 해와가 스스로의 책임을 통하여 성장하는 기간이기 때문에 하나님께서 간섭할 수 없는 간접주관권의 기간이었습니다.[84]

아담과 해와에게 스스로 지키고 실행해야 할 책임의 조건으로 주신 말씀이 창세기 2장 17절의 '선악과를 따먹지 말라. 먹는 날에는 정녕 죽으리라'는 엄중한 말씀이었습니다. 이 선악과는 비유의 말씀으로 결국 순결을 지키라는 엄중한 말씀이었습니다. 성장기간에 성적 유혹이 있어도 절대로 불륜하지 말고 순결을 지키라는 말씀이었던 것입니다.[85] 사람이 성장한다는 의미는 부모의 사랑으로 탄생하였기 때문에 아름다운 사랑과 선의 결실체로 완성하는 데 있습니다. 그런데 아름다운 사랑과 선의 결실체가 되는 가장 중요한 중심에 순결을 지키는 책임이 있습니다. 그래서 하나님께서는 선악과를 따먹지 말라는 계명의 말씀을 성장과 완성을 위한 절대적 책임분담의 조건으로 주신 것입니다.

그러나 아담과 해와는 하나님의 말씀을 어기고 타락하고 말았습니다. 반대로 뱀으로 비유된 천사장 누시엘의 따먹어도 죽지 않는다는 거짓된 유혹의 말을 따라 선악과를 따먹고 타락했던 것입니다. 선악과를 따먹은 행위가 성적 불륜이었다는 것을 반증하는 성경 말씀이 타락한 후에 벗은 것이 부끄러워 무화과나무 잎으로 치마를 만들어 하체를 가렸다는 창세기 3장 7절의 말씀입니다.[86] 따먹은 것이 부끄러

---

84 세계평화통일가정연합, 『원리강론』, 62~66쪽
85 세계평화통일가정연합, 『원리강론』, 85~86쪽
86 세계평화통일가정연합, 『원리강론』, 75~87쪽

윘으면 손을 가렸어야지 왜 하체를 가렸는가를 생각해 볼 때 하체로 범죄 했다고 유추할 수 있는 대목입니다.

이렇게 인류의 시조 아담과 해와의 타락으로 하나님의 꿈은 좌절되고 연장될 수밖에 없었습니다. 혈통적인 죄를 지은 타락의 결과로 인간 세상에는 죄악이 들어오게 되었고 인류역사는 죄악의 역사로 시작되었던 것입니다. 우리가 여기서 간과해서는 안 되는 것이 타락한 죄악의 세계에는 보이지 않는 영적 배경에 항상 선한 하나님과 악한 사탄이 대결하고 있다는 사실입니다. 인류역사는 악한 죄악의 역사로 시작된 가운데 선한 하나님을 따르는 사람들과 악한 사탄을 따르는 사람들의 대결 즉 하늘과 땅이 연결된 선과 악의 투쟁 역사라는 사실입니다. 인류역사는 선과 악이 투쟁해 온 선악의 투쟁사라고 결론할 수 있습니다.

2) 메시아를 중심한 구원섭리 역사

인간시조의 타락으로 시작된 죄악의 역사지만 하나님께서는 인류의 부모이시기에 책임을 지시고 인류를 죄악에서 구원하기 위한 구원섭리를 시작하습니다. 인류역사는 선과 악의 투쟁의 역사임과 동시에 하나님께서 죄악에 빠져있는 인류를 구원하시기 위한 구원섭리역사입니다. 그런데 인간은 영적으로도 육적으로도 모두 타락한 인간으로 전락하였기 때문에 그 스스로 죄악에서 빠져나올 수 없는 존재가 되었습니다. 하나님은 구세주 메시아를 세우셔서 인류를 구원하시기 위한 섭리를 하실 수밖에 없으셨으니 인류역사는 구세주 메시아를 통한 구원섭리역사입니다. 이러한 하나님의 구원섭리역사 가운데 탄생하여 구세주로 오셨던 분이 바로 예수 그리스도였습니다.

후 아담이요 독생자로 오신 예수님께서는 아담이 이루려다 타락으로 이루지 못한 하나님의 아들로서 완성하여 온전한 하나님의 성전을 이루어 오신 분입니다. 예수님께서는 사탄으로부터 3대 시험을 승리하여 하나님의 아들이 되셨고 성전의 실체가 되셨습니다. 그러나 유대교와 이스라엘의 반대와 핍박으로 원하지 않는 십자가를 지고 돌아가시고 말았습니다(마26장 39절). 십자가 구원의 은총으로 구원받을 수 있는 길은 열어놓으셨으나 십자가 구원으로는 온전하고도 완성된 구원이 아니기에 구원의 완성을 위해 '다시 오마' 재림을 약속하셨던 것입니다.[87]

그렇다면 온전한 구원의 완성을 위해 예수님께서 십자가에 돌아가시지 않고 하셔야 할 일은 무엇이었을까요? 그것은 후 아담이요 독생자로 오셨던 예수님께서는 후 해와요, 독생녀를 만나 하나님을 대신한 참된 부부가 되고 부모가 되어 참부모의 이름으로 타락한 인류를 중생으로 구원하는 일이었습니다. 이를 위해 예수님은 재림을 약속하셨고 재림하셔서는 신부를 맞이하여 어린양 혼인잔치를 해야 할 것으로 예언하신 것입니다.[88](계19장 7절) 이것이 하나님께서 타락한 인류를

---

87 세계평화통일가정연합, 『원리강론』, 153~159쪽
88 세계평화통일가정연합, 『원리강론』, 220~224쪽

죄악에서 구원하시기 위해 유구한 역사를 통하여 섭리해 오신 구원섭리사의 원리관입니다.

이렇게 볼 때 인류역사의 내적이요 종교적인 방향과 목표는 잃어버린 한 남자 아담과 한 여자 해와를 찾아 나온 역사입니다. 태초에 하나님께서 세우신 창조이상의 뜻은 아담과 해와가 하나님의 아들과 딸로 완성하여 참된 부부가 되고 참된 부모가 되어 참사랑의 가정을 통한 평화이상세계를 이루는 것이었습니다. 그러나 이러한 하나님의 뜻이 아담과 해와를 통해 이루어지지 않았기 때문에 이 뜻을 이루기 위해 하나님께서는 인류의 역사를 통해 아담의 대신자와 해와의 대신자를 찾아 나왔던 것입니다. 2000년 전, 예수 그리스도를 중심하고 후 아담은 찾아졌지만 후 해와를 찾지 못한 고로 인류역사는 또다시 2000년을 통해 아담의 대신이요 예수님의 대신자를 찾아 나온 역사요 후 해와의 대신이요 독생녀를 찾아 나온 역사였습니다. 참부모 메시아를 찾아 나온 역사였습니다.

이렇게 한 남자와 한 여자를 찾아 세우기 위한 방향과 목표를 향하여 인류역사는 흘러나왔던 것입니다. 드디어 재림의 때를 중심하고 인류역사가 찾아 나온 한 남자가 찾아졌고 한 여자가 찾아졌으니 바로 문선명 참아버지 메시아와 한학자 참어머님 메시아입니다. 인류역사 이래 처음으로 완성한 아담과 해와가 참된 부부가 되고 참된 부모가 되어 하나님의 참사랑을 중심한 참된 가정을 세우게 된 것입니다. 하나님께서 성경 역사로 6000년을 참고 기다리며 소망해 온 창조이상의 뜻이 인류역사 이래 처음으로 실현된 것입니다. 하늘도 기뻐서 울고 땅도 기뻐서 울었으며 하늘에는 영광이요 땅에서는 기쁨과 감사의 찬양이 영원 세세토록 울려 퍼지게 되었습니다.

다음으로 인류역사가 흘러온 외적인 방향과 목표를 중심으로 살펴볼 때 선과 악이 투쟁해 온 역사임을 알 수 있습니다. 단편적인 인류역사의 한 면을 보면 악이 이기고 선이 져온 역사인 것처럼 보이지만, 긴 역사를 펼쳐놓고 보면 결국 악이 패하고 선이 승리해 온 인류 역사였습니다. 역사에도 인과응보가 적용되는 법입니다. 그리하여 마지막에는 선한 하나님 나라를 향하여 흘러온 역사임을 알 수 있습니다.

이는 제1차 세계 대전과 제2차 세계 대전의 예를 보아도 알 수 있습니다. 제1차 세계대전에 있어서 먼저 전생을 일으킨 3국 동맹국인 독일·오스트리아·이탈리아는 사탄 편으로 볼 수 있고 이에 맞서 전쟁을 시작한 영국·프랑스·러시아의 협상국은 하늘 편으로 볼 수 있습니다. 결국 먼저 침공한 동맹국이 패배하고 침공을 당한 협상국은 승리하게 되었습니다. 2차 대전에 있어서도 먼저 침공한 추축국 독일·이탈리아·일본은 사탄 편이었고 침공을 당한 프랑스·영국·미국·소련·중국의 연합국은 하늘 편이었습니다. 전세는 사탄 편인 추축국이 이기는 양상이었으나 결국 하늘 편인 연합국이 승리하게 되었던 것입니다. [89]

한국의 6·25 전쟁도 마찬가지였습니다. 남한을 적화통일하기 위해 먼저 남한을 침공한 북한과 이를 적극적으로 도운 소련과 중국은 사탄 편이었고 이에 맞서 자유민주주의를 사수하기 위한 남한과 이를 돕고자 찾아온 미국을 중심한 유엔 16개국은 하늘 편이었습니다. 전

---

89 세계평화통일가정연합, 『원리강론』, 458~471쪽

쟁의 양상은 사탄 편 북한이 남한의 최남단까지 점령하여 승리하는 것 같았으나 결국 남한을 적화통일하지 못하고 휴전되었으니 사탄 편이 패배한 전쟁이었습니다. 요한계시록에 어린양을 해하려는 붉은 용은 무신론 공산주의를 상징한 것으로 확실한 사탄 편입니다. 공산주의가 종주국 소련을 중심으로 세계 공산화 전략으로 세계 3분의 1을 공산화하며 악한 세력의 판도를 넓혀 왔지만, 공산주의 역사 70년을 고비로 결국 망하였습니다. 하나님께서 역사의 주인으로 역사를 이끌어 오고 계시다는 확실한 증거가 아닐 수 없습니다.

이제 인류역사가 지향해온 방향과 목표를 따라 하나님의 대신자 참부모 메시아가 현현하셨기 때문에 사탄은 패망하게 되어 악은 사라지고 선만이 있는 하나님 나라의 실체가 드러날 날이 다가오고 있습니다.

2. 개벽과 새 하늘 새 땅 섭리시대

1) 종말과 개벽

기독교는 새 하늘 새 땅보다는 종말을 강조합니다. 사탄 주권의 죄악세계가 없어지지 않고는 새 하늘 새 땅이 이루어질 수 없기 때문입니다. 그래서 심판과 종말을 강조합니다. 요한계시록에서도 사탄의 악한 세력으로 상징된 붉은 용과 짐승들과 음녀에 대한 심판이 먼저 있은 후 뱀으로 비유된 마귀 사탄이 천사에 의해 1천 년 동안 결박당하게 되고 예수 그리스도를 중심한 성도들의 천년 왕국이 시작합니다.

천년이 차자 풀려난 사탄·마귀와 짐승 같은 사람과 거짓 선지자들 모두가 하늘에서 내려온 불로 마지막 심판을 받아 영원 세세토록 악한 세력은 없어지고 흰 보좌에 앉으신 분으로 상징된 재림메시아에 의해 드디어 처음 하늘과 처음 땅은 없어졌고 새 하늘과 새 땅이 하늘에서 내려옵니다. 또한 요한계시록 19장에는 재림메시아께서 어린양과 백마를 탄 자로 상징되어 있습니다. 재림메시아 어린양께서 신부를 맞이해 어린양 혼인잔치를 한 다음에는 백마를 타고 공의로 심판하며 싸워 이기신 후 만왕의 왕이요 만주의 주가 되십니다. 이렇게 하여 이 땅에 오신 참부모 메시아께서는 새 하늘과 새 땅을 여시는 것으로 되어있습니다.

그런데 새 하늘과 새 땅이 하늘에서 내려온 후 이곳에 새 예루살렘 성을 건설하시는 분은 어린양의 신부 즉 참어머니 메시아로 되어 있습니다. 실제 한학자 참어머니 메시아께서는 새 예루살렘 성인 천원궁 천일성전을 완공하여 하나님께 봉헌하셨습니다. 그리고 요한계시록 마지막 장인 22장 17절에서는 성령과 신부께서 모두 내게로 와서 생명수를 받아 마시라고 하십니다. 값없이 생명수를 주시는 분은 성령과 신부 즉 참부모 메시아이십니다. 여기서 성령은 하늘에 있는 인류에게 생명수를 주시는 분이시니 하늘에 성령으로 계시는 문선명 참아버지 메시아이시고 땅에 있는 인류에게 생명수를 주시는 신부는 바로 한학자 참어머니 메시아이십니다.

마지막 종말과 개벽의 때에 땅에서 다 내게로 와서 값없이 주는 생명수를 받아 마시라고 우리를 부르시는 분은 한학자 참어머니 메시아이십니다. 요한계시록의 말씀이 처음부터 마지막까지 한 치의 오차도 없이 이렇게 정확히 실행되고 있음에 살아서 역사하시는 하나님의 섭리 앞에 겸허히 머리 숙이지 않을 수 없습니다. 요한계시록에 왜 이렇게도 나는 알파와 오메가요 처음과 나중이라는 말씀을 반복하고 계시는지 이제야 조금이나마 그 뜻을 알겠습니다.

그런데 선민으로 택하신 대한민국의 신흥 민족종교는 수운 최제우 선생께서 창도하신 동학(천도교)과 일부 김항 선생께서 창도하신 정역이 있으며 그리고 강중산 선생께서 창도하신 여러 이름의 종파와 박중빈 선생께서 창도하신 원불교가 있습니다. 그런데 이들 신흥 민족종교에서는 기독교의 종말보다는 새 하늘 새 땅이 열리는 개벽(開闢)을 강조합니다. 그래서 이들 민족종교를 개벽종교라고 부르기도 합니다. 그렇다면 개벽은 정확하게 무슨 뜻일까요? 개벽은 천개지벽(天開地闢)의 준말입니다. 하늘이 열리고 땅도 열리는 것을 개벽이라고 말합니다.

개벽론을 처음 설파하신 분은 동학의 수운 최제우 선생이십니다. 최제우 선생께서 득도하여 하나님을 만나는 접신 체험을 하셨는데 하나님께서 첫 말씀이 '세상 사람들이 나를 상제라 하는데 너는 상제를 모르느냐?'하고 반문하십니다. 그리고 이어서 '개벽 후 5만 년에 네가 또한 처음이다.'라고 하심으로서 처음 하늘과 땅이 열린 천지창조를 개벽이라 표현하셨습니다. 이러한 경험을 하신 최제우 선생은 '십이제국 괴질운수 다시 개벽 아닐런가' 라고 하시며 다시 개벽을 말씀하셨습니다.[90] 최제우 선생은 처음 개벽인 천지창조와 이후 새 하늘과 새 땅으로의 다시 개벽을 구분하셨고 동학의 2대 교주이신 해월 최시형 선생은 처음 개벽을 선천개벽으로 그리고 다시 개벽을 후천개벽으로 구분하셨습니다. 이후 오늘에 이르기까지 개벽종교에서는 개벽을 선천개벽과 후천개벽으로 구분하여 사용하고 있고 또 다른 말로 후천개벽을 천지개벽이라고 사용하기도 합니다.

개벽론에서도 최제우 선생이 논하셨듯이 괴질운수가 다시 개벽이

---

90 김형기, 『후천개벽사상 연구』, 16~21

라고 하신 것을 보면 새 하늘과 새 땅이 열리는 개벽은 괴질운수라는 우주 대환란의 병겁과 함께 온다고 하고 있습니다. 이는 성경 요한계 시록에 심판과 사탄 세력의 종말 후에 새 하늘과 새 땅이 열린다고 예 언하신 말씀과 일맥상통합니다. 또한 요한계시록에서 새 하늘과 새 땅을 여는 분은 하늘이지만 땅에서 새 하늘과 새 땅 안에 예루살렘 성이라는 지상천국의 도읍을 세우시는 분은 어린양의 신부로 되어있 습니다.

개벽종교마다 차이는 있지만 대체적으로 후천개벽을 여시는 분은 남성이지만 후천개벽을 완성하시는 분은 여성이라고 말씀하셨습니 다. 동학의 최제우 선생은 득도와 더불어 다시 개벽이 시작되었다고 보았습니다. 최제우 선생은 여기서 머물지 않고 데리고 있던 여자 노 비 2명을 한 사람은 딸을 삼고 한 사람은 며느리로 삼음으로써 반상 의 구분과 남존여비의 신분제도를 철폐하는 개벽을 실천하신 개벽의 선봉장이셨습니다.

정역의 일부 김항 선생도 동양철학의 진수인 주역(周易)의 완성으로 서 새로운 후천시대 역(易)인 정역(正易)을 완성하여 발표하신 분입니다. 억음존양(抑陰尊陽)의 남존여비 시대가 반대의 억양존음(抑陽尊陰)의 여 성 상위 시대를 거쳐 정음정양(正陰正陽)의 남녀평등의 시대로 개벽될 것을 말씀하셨습니다. 또한 후천개벽의 완성은 기위친정(己位親政)이라 하여 여성임금이 주도하시는 것으로 되어있습니다. 강증산 선생 또한 천지공사를 통해 선천의 상극시대를 종결하고 후천의 상생시대를 여 는 후천개벽을 단행하신 후 천지인 3계 대권을 부인이신 고수부님께

넘기시고 소천하셨습니다. 원불교를 창도하신 소태산 박중빈 선생께서는 '물질이 개벽되니 정신을 개벽하자'는 말씀으로 개교의 표어를 정하셨습니다. 정신개벽이란 마음공부를 통해 인격혁명을 하는 것으로 온전한 새사람이 되어야 사회와 나라가 개벽된 새 세상이 된다는 가르침입니다. 이러한 실천 개혁으로 나타난 원불교의 사례 중 하나는 여성 성직자 제도를 처음으로 공식화하여 성직에 있어서 남녀의 차별도 구분도 없는 개벽을 단행한 종교가 되었습니다.

이렇게 한국의 개벽종교는 그 어느 나라에서도 찾아보기 힘든 개벽의 사례를 가지고 시대를 앞서가는 종교가 되었습니다. 동서양 철학은 물론 민족종교 사상까지 통달하신 김지하 선생은 남성 중심의 세상에서 여성 중심의 세상으로의 대변혁을 한 마디로 음개벽(陰開闢)이라 규정하고 있습니다. 그렇지만 음개벽은 개벽의 과정이고 결국 선후천융합대개벽으로 결론하고 있습니다. 정음정양의 개벽 즉 남녀가 부부로서 종적으로 하나님을 모시고 횡적으로 부부일체를 이루어 결국 신인일체 부부로의 개벽을 두고 하신 말씀입니다.

전혀 다른 문화와 시대적 배경을 가지고 출현한 서양의 기독교가 주장하는 종말사상과 한국의 민족종교가 주장하는 개벽사상이 그 강조점과 표현상의 차이만 다를 뿐 핵심 내용은 똑같습니다. 인류구원과 창조이상세계를 이루고자 하시는 하나님의 뜻은 절대 불변으로 세우시고 인류역사를 통하여 이루어 나오시는 섭리를 하시기 때문에 이렇게 선민으로 택하신 이스라엘 민족의 경전과 한민족의 경전 내용이 똑같게 나타나는 것입니다. 한 분 하나님께서 섭리와 역사를 이끌어

가고 계시다는 반증이 아닐 수 없습니다.

2) 후천개벽의 씨알 천지인참부모님

그런데 통일된 대한민국이 하나님의 계획대로 하나님 나라의 모델 국이 되기 위해서는 하나님주의와 참부모사상의 실체가 되는 참부모 가 먼저 나와야 합니다.

한 생애를 참부모가 되기 위해 온갖 수난과 핍박을 극복하고 승리 하여 하나님으로부터 공인받아 만천하에 참부모 메시아를 선언하신 분이 바로 문선명·한학자 총재이십니다. 문선명·한학자 총재께서는 실 제 요한계시록에 계시된 대로 1960년 어린양 혼인 잔치를 통해 참된 부부가 되셨고 참부모가 되셨습니다. 그리고 참부모의 모형이 사회와 국가로 확산해 영적 세계까지 이루어질 수 있는 환경권을 마련하는데 승리하셨기 때문에, 2004년 5월 5일을 기해 '쌍합십승일(雙合十勝日)'이 라는 선포를 통해 후천개벽의 시대가 본격적으로 출발했음을 선언하 셨습니다.

왜 쌍합십승일인가? 개벽의 주체는 하나님이지만 한 인간으로서의 부부가 신인일체 참부모로 현현하실 때 개벽은 출발할 수 있다고 보 신 것입니다. 참된 부부와 부모가 개벽의 씨알이 되어야 개벽은 출발 할 수 있다는 것입니다. 여기서 쌍합이란 종적으로 하나님과 신인일 체를 이룬 터 위에 횡적으로 부부가 일체를 이룬 것을 말하는 것이고 십승이란 선천시대를 상징하는 수 5와 후천시대를 상징하는 수 5의 합 그리고 종과 횡이 하나 되어 십으로 온전히 승리한 것을 뜻합니다. 진정한 개벽의 주체는 한 남자와 한 여자가 결혼하여 하나님을 중심으로 일심동체의 부부를 이루고 자녀를 거느린 참부모가 될 때 개벽은 드디어 꽃을 피우고 열매를 맺을 수 있다고 보는 것입니다. 개벽의 주체 신인합일의 참부모이고 개벽의 씨알도 참부모입니다.

앞서 밝힌 바대로 하나님께서는 마음과 몸이 통일된 통일체의 원형과 남성과 여성이 부부로 통일된 통일체의 원형이 합쳐져서 전체적인 조화와 통일을 이룬 한 분의 중화체로 계신 분이십니다(二性性相의 하나님).[91] 그래서 모든 인간도 하나님의 자녀로서 이러한 하나님의 원형을 닮아 맘과 몸의 통일체와 부부의 통일체가 되어 자녀를 거느린 참부모로 살아야 하는 것이 하나님의 뜻이고 천도입니다. 이제 드디어 이러한 하나님의 원형을 닮은 참부모의 실체적 모형이 출현함으로써 후천개벽의 씨알이 형성되었기 때문에 실제의 한 국가를 중심한 하나님 나라를 세울 수 있는 출발이 된 것입니다. 참부모사상의 실체로 현현하신 문선명·한학자 천지인참부모님은 후천개벽의 주체이시고 씨알입니다.

참부모와 천지인참부모는 어떻게 다른가? 모든 인류가 참부모가 되어야 하는 것이 하나님의 뜻입니다. 그러기 위해서 하나님께서는 인류 최초로 하나님의 원형을 닮은 최초의 참부모를 먼저 세우는 것이 하나님의 계획이고 섭리였습니다. 왜냐하면 하나님 창조이상의 꿈은

---

91 세계평화통일가정연합, 『원리강론』, 31~36쪽

무형이신 하나님께서 유형의 하나님이 되어 유무형의 하나님으로서 시간과 공간을 초월한 세계의 사랑의 주관자요, 치리자가 되실 뿐만 아니라 시간과 공간의 제약을 받는 지상세계에서도 사랑의 주관자요, 치리자가 되는 것이었습니다. 한마디로 하나님께서는 인간의 몸체를 쓰시고 현현하고자 하신 것입니다.

그 하나님의 신성하신 몸체가 첫 사람 아담과 해와가 되어야 했습니다. 그런데 아담과 해와가 하나님을 모실 수 있는 참사랑의 실체로 완성해야 하는 책임을 완수하지 못하고 타락하였습니다. 예수님께서는 반쪽의 하나님 실체는 이루었으나 나머지 반쪽 하나님의 실체를 찾지 못하여 십자가에 돌아가시며 하나님의 어린양 혼인잔치를 통하여 하나님의 온전한 실체를 입기 위해 다시 올 것을 약속하셨습니다. 이러한 하나님의 섭리에 따라 참부모 메시아로 승리 완성하여 처음으로 하나님의 실체를 입으신 분이 바로 문선명·한학자 참부모 메시아이십니다. 천지인참부모님이 되신 것입니다. 하나님께서 유일하시듯이 천지인참부모님은 유일하십니다.

하나님께서 6000년 동안 소망해 오신 창조이상의 꿈이 드디어 이루어지신 것입니다. 하나님께서 그토록 마음조이시며 유구한 인류역사를 통하여 이루고자 소망하신 간절한 뜻, 바로 하나님의 몸체가 되실 분이 인류역사 이래 처음으로 지상에 현현한 것입니다. 앞으로 하나님께서는 세상에 그 모습을 드러내실 때 말할 수 없는 신비한 광채로 나타나기도 하시겠지만 이제는 인간의 모습으로 세상에 그 모습을 드러내실 수가 있게 된 것입니다. 인류역사 최초로 이러한 하나님의

소원이요 창조이상의 꿈을 실현해 드린 분이 문선명·한학자 천지인참
부모님이시기 때문에 이제 하나님께서는 영원히 문선명·한학자 참부
모님의 모습으로 현현하실 것입니다.

　이제 하나님께서는 영적세계인 천상의 자연세계와 지상세계인 우
주 삼라만상의 자연세계뿐만 아니라 천상과 지상에 있는 인간 삶의
세계에서도 인간의 모습으로 나타나시게 되었습니다. 무형의 하나님
께서 유형의 인간 참부모의 모습으로 현현하시게 된 것입니다. 그동안
하나님께서는 하나님 아버지로만 나타날 수밖에 없었지만 이제 하나
님 어머니로도 나타날 수 있게 되어 하나님께서는 하늘부모님이 되신
것입니다. 천지인참부모라는 의미는 하나님의 실체를 입으신 참부모
님께서 하늘과 땅과 사람의 세계인 3대 세계의 주인중의 주인이요 왕
중의 왕이 되셨다는 뜻입니다.

　또한 한민족 고유 이념인 한이념(韓理念) 또는 홍익인간 이념에서는
하늘과 땅과 인간의 3대 세계가 존재하는 이치를 천지인(天地人) 사상
으로 체계화하였습니다. 천지인참부모라는 의미는 한민족 고유 이념
인 천지인 사상이 최초로 실현된 실체로서 현현했다는 뜻이 됩니다.

　이제 이렇게 인류역사 이래 최초로 하나님의 실존체로서 신인일체
의 천지인참부모님께서

　현현하셨기 때문에 앞으로 이제는 모든 인류가 천지인참부모님을
모델로 하여 하나님의 자녀로서의 신인일체 참부모로 현현할 차례입
니다. 이것이 하나님주의와 참부모사상의 핵심이며 개벽의 핵심 사상
입니다. 하나님주의 참부모사상의 씨알인 천지인참부모님이 나타났으

니 이제 모든 인류는 참부모로 나타나야 합니다. 개벽의 씨알은 천지인참부모님이시고 개벽의 씨앗은 모든 인류입니다.

그런데 한민족의 개국 사상에도 이러한 내용을 상징하는 신화가 있습니다. 광명하신 천제 환인 하나님께서 당신의 뜻을 이 세상에 펼치시기 위해 그의 아들 환웅을 이 세상에 내려 보내셨습니다. 하나님의 뜻을 받들어 이 세상에 내려온 환웅은 웅녀와 결혼하여 아들 단군을 낳았던 것입니다. 환인천제는 신인합일을 통해 인간의 몸체를 쓰신 하나님이시고 환웅천왕은 최초로 신인합일을 이루신 천지인참부모이며 단군왕검은 천지인참부모님을 본받아 참부모가 되신 분입니다. 환인천제, 환웅천왕, 단군왕검 바로 무형의 하나님, 천지인참부모님, 참부모의 표상입니다.

한민족의 시조를 환웅으로 정하지 않고 단군으로 정한 것은 이유가 있습니다. 신인일체를 이루어 온전하고 완성된 첫 천지인참부모 환웅을 본받아 첫 참부모의 열매를 이룬 단군을 시조로 정함으로써 대대로 이어지는 한민족은 모두가 참부모가 되어야 한다는 사표로 삼겠다는 뜻이 있었던 것입니다. 다시 말해 할머니와 할아버지, 어머니와 아버지, 아들과 딸로 이어지는 3대권의 가정을 표상으로 세우고자 하는 뜻이 있었던 것입니다.

남녀는 성장해 결혼하여 부부가 되고, 자녀를 낳아 부모가 되는 것이 당연시되는 전통적인 가정이 붕괴하는 지금이야말로 이 뜻을 되새겨 볼 때입니다. 결혼은 하지만 아이를 낳지 않겠다는 부부가 늘어나고 있고 결혼 없이 자녀를 낳아 한쪽이 키우는 경우가 있는가 하면 시험관 시술로 아이는 낳아 기르지만, 아버지가 누구인지 모르는 가정도 있습니다. 더더욱 심각히 걱정되는 일은 한국도 서구처럼 동성끼리 연애하고 결혼하는 것을 차별해서는 안 되기 때문에 이들을 보호하겠다고 차별금지법을 만들고자 하는 상황까지 이르렀습니다. 하나님주의 즉 하나님을 모신 참가정주의와 참부모사상은 참으로 절실한 시대적 요청일 뿐만 아니라 지구상에 인류가 존재하는 한 영원히 이어가야 할 엄중하고도 절대적인 하나님의 뜻입니다. 이러한 하나님주의와 참부모사상으로 개벽되는 세상이 와야 합니다. 이것이 후천개벽의 참뜻입니다.

3) 후천개벽의 꽃 신통일한국(神統一韓國)

통일된 대한민국에 대한 하나님의 계획은 새 하늘 새 땅으로의 하나님 나라 표본을 만들어 인류 앞에 본보여 주시고자 하시는 데 있습니다. 다시 말해 하나님께서는 통일된 대한민국을 하나님 나라의 모델이 되고 중심이 되는 국가로 세우고자 섭리하고 계신다는 말씀입니다. 한학자 총재께서는 하나님주의에 의한 남북통일을 한 마디로 신통일한국(神統一韓國)이라 이름하셨습니다.

엄격히 말해 지금의 시대는 선천개벽시대가 후천개벽시대로 전환되는 시기로 후천개벽의 정점이 되고 꽃이 되어 피어나는 사건이 바로 하나님주의와 참부모사상에 의한 남북통일입니다. 한 송이 신통일

한국의 국화꽃을 피우기 위해 봄부터 소쩍새는 그렇게 울고, 천둥은 먹구름 속에서 그렇게 울고 있는 대변혁의 때가 지금입니다. 그래서 대한민국은 현재 전혀 예상할 수 없었던 혼돈과 혼란이 가중되어 나타나고 있는 것입니다. 역사 이래 처음 맞이하는 새 하늘 새 땅으로의 후천개벽의 대변혁기가 한국을 중심으로 열리기 때문입니다.

그렇다면 하나님 나라의 표본이 되는 신통일한국은 어떤 나라일까요? 물론 현재의 자유민주주의 대한민국은 아닙니다. 그렇다고 주체사상에 의한 일당 세습의 독재체제인 북한은 더욱이 아닙니다. 인간 삶의 목표가 하나님을 중심에 모시고 결혼하여 부부를 이루고 태어난 자녀를 참사랑으로 양육하여 하나님의 아들딸로 키워내는 참된 부모가 되는 나라입니다. 하나님주의에 의해 거듭난 자유민주주의와 사회주의 체제의 나라여야 한다는 뜻입니다. 하나님을 모신 신자유민주주의와 하나님을 모신 신사회주의로 거듭나는 나라가 통일한국의 미래 비전이라는 뜻입니다. 이러한 나라가 될 때 하나님의 참사랑을 바탕으로 한 자유와 평등과 사회 정의가 살아 숨 쉬는 행복하고도 평화로운 이상세계가 될 수 있습니다. 그런 의미에서 자유민주주의와 사회주의의 한계와 모순을 극복한 완성적인 이념이 하나님주의이고 참부모 사상입니다. 이것이 하나님께서 한민족을 선민으로 택하시고 남북통일을 통해 하나님 나라의 모델국을 세우고자 하시는 계획입니다.

이렇게 볼 때 대한민국을 하나님주의와 참부모사상으로 통일한다는 것은 결국 통일의 한 쪽 대상 북한을 해방한다는 의미가 있습니다. 하나님주의 안에는 유신론과 종교의 자유를 인정하는 자유민주주의는 들어올 수 있지만 무신론의 바탕 위에서 종교 활동을 금지하고 있는 북한의 주체사상은 들어올 자리가 없기 때문입니다. 하나님의 원형을 닮은 참가정과 참부모의 모형은 들어올 수 있지만 자유와 인권을 억압하는 거짓 어버이 수령은 들어올 수 없기 때문입니다.

북한을 해방하기 위해서는 북한 체제의 실상을 정확하게 분석하고 그 대안을 마련해야 합니다. 그래야 북한 주민이 이해하고 받아들일 수 있으며 온전한 통일이 될 수 있습니다. 북한 주민에게 있어 남한은 북한보다 풍요롭게 잘살고 있고 자유와 인권을 보장해 주는 나라이기 때문에 우선은 남한을 중심으로 통일하겠다고 지지하겠지만 진정한 남북한 주민의 사상통일 문화통일이 이루어지지 않고는 온전한 통일이라고 할 수 없습니다. 남북한은 70년이 넘게 너무나 다른 이념과 문화적 차이를 가지고 살아온 이질적인 두 민족이 되었기 때문에 이러한 차이를 극복할 수 있는 새로운 이념이 필요합니다.

북한 체제를 정확하게 분석하면 한마디로 거짓 어버이 수령을 신앙하는 거짓 종교입니다. 통계 사이트를 운영하는 미국의 '어드히런츠 닷컴'에서는 놀랍게도 북한을 10대 종교로 분류하고 있습니다. 교주는 어버이 수령이며 유일신 또한 죽어서 하늘의 태양이 된 어버이 수령입니다. 교리는 주체사상이며 대표 성전은 어버이 김일성 시신이 안치되어 있는 금수산 기념궁전이고 일반성전은 북한 전역에서 일하기 전에 김일성 부자 사진을 걸어놓고 그 앞에서 주체사상을 학습하는 곳입니다. 신도는 북한 주민이며 가장 크게 기념하는 기념축제일은 김일성 생일날인 태양절입니다. 이렇게 볼 때 북한은 국가적 형태를 가진 종교집단이 틀림없습니다. 이러한 북한을 진실로 해방하기 위한 확실한 길은 거짓 부모가 아닌 참사랑의 참부모가 있어야 하고 허구의 주체사상이 아닌 참된 종교적 진리가 있어야 합니다. 참된 사랑의 부모와 참된 종교적 진리라고 해야 북한주민이 받아드릴 수 있고 대화합을 이룰 수 있기에 북한이 해방될 수 있는 것입니다. 참된 사랑과 진리의 하나님주의와 참부모사상 그리고 이 사상이 실체화된 모델 천지인참부모만이 북한을 해방할 수 있는 유일한 길입니다.

남과 북이 대치하고 있는 한반도의 휴전선은 자유민주주의와 일당 세습 독재체제의 공산주의가 첨예하게 대립하고 있는 마지막 분단선이며 신을 인정하는 유신론과 신을 절대 부정하는 무신론이 첨예하게 대립하고 있는 분단선입니다. 하나님의 섭리로 볼 때 휴전선은 하나님을 대신하여 사탄에게 승리한 참된 부모와 사탄의 사주 아래 북한 주민을 70여 년 속여 온 거짓된 어버이 수령이 첨예하게 대립하고 있는 참부모와 거짓 부모의 분단선이며 선과 악의 분단선인 동시에 결국은 하늘 편과 사탄 편의 분단선입니다. 이렇게 볼 때 휴전선은 단순한 분단선이 아니라 세계 문제의 축소판으로서의 분단선이기 때문에 하나님주의와 참부모사상으로 남북통일을 한다는 것은 세계 문제를 해결한다는 의미를 갖습니다. 그래서 통일된 대한민국은 하나님 나라의 모델국가로서 세계 통일의 모델이 될 수 있으며 세계의 중심국가가 될 수 있는 것입니다. 이것이 새 하늘과 새 땅으로의 통일대한민국이 되는 후천개벽입니다. 그러기에 신통일한국은 후천개벽의 꽃입니다.

4) 후천개벽의 열매 신통일세계(神統一世界)

대한민국이 하나님을 중심에 모시고 통일된 대한민국 즉 신통일한국이 되면 세계는 한국의 신통일한국을 모델 삼아 보고 배우며 신통일국가를 만들어 갈 것입니다. 탄허 스님과 남사고 선생이 예언한 것처럼 대한민국은 세계의 중심국가가 될 것입니다. 그러면 세계는 하나님 아래 인류 한 가족이 되는 신통일세계가 될 것입니다. 신통일한국이 후천개벽의 꽃이라면 신통일세계는 후천개벽의 열매입니다.

지금 세계는 한류 바람이 거세게 불고 있습니다. 드라마와 영화로부터 시작하여 케이 팝이 전 세계 젊은이들을 열광시키고 있습니다. 여기서 그치지 않고 이제는 한국 음식과 한국어의 열풍이 세계를 강타하고 있습니다. 한국어 학원인 세종학당은 급속도로 늘어나고 있으며 제2 외국어를 한국어로 채택하고 있는 나라가 늘고 있습니다. 2024년 현재 전 세계 세종학당은 88개국에 256개로 늘어났으며 수강생은 21만 명으로 늘어났습니다. 한국어를 제2 외국어로 채택한 나라가 인도를 비롯한 6개국으로 늘어났으며 대학에 한국어 학과가 늘어나고 있습니다. 일찍이 문선명·한학자 총재께서는 한국어가 세계 공용어가 될 것이라고 예언하신 바 있으며 이러한 내용이 1966년 초판 된 통일교의 진리서인『원리강론』513쪽에 기록되어 있습니다.

한류는 여기서 그치지 않고 이제는 이념의 한류가 일어날 것입니다. 세계는 대한민국의 하나님주의 이념을 수입해 갈 수밖에 없습니다. 왜냐하면 지금의 자유민주주의와 사회주의가 한계를 드러내며 수명이 다해 가고 있음을 알리는 징조가 곳곳에서 나타나고 있기 때문입니다. 현재의 자유민주주의와 사회주의 안에는 인간성 상실과 양극화는 물론 지구 환경파괴를 멈출 수 있는 대안이 없기 때문입니다. 이미 의식 있는 학자들은 동양 사상에서 그 대안을 찾기 시작했습니다. 통일대한민국이 되어 참부모사상이 실전에서 빛을 발하게 되면 세계는 참부모사상을 수입해 갈 수밖에 없습니다. 하나님께서 대한민국을 선민으로 선택하시고 이러한 대안의 이념을 미리 만들어 놓으셨기 때문입니다. 하나님께서는 세계를 하나님주의 참부모사상으로 통일하시려는 뜻을 세우시고 인류역사를 통해 섭리해 오고 계시기 때문에 이념의 한류는 반드시 일어날 것입니다.

문선명·한학자 총재는 신통일세계를 대비하여 먼저 종교인들이 연합해서 나서야 함을 강조하시며 1991년에는 세계평화종교연합을 창설하셨으며 1999년에는 세계평화초종교초국가 연합도 창설하셨습니다. 그리고 1992년에는 세계의 여성들이 적극적으로 사회운동에 나서야할 때가 되었다고 하시며 세계평화 여성연합을 창설하여 한학자 총재께서 취임하셨습니다. 한학자 총재께서는 이를 세계로 확산하기 위해세계 120개국 순회강연을 하신 바 있습니다. 이렇게 여성시대를 앞장서서 활짝 여시고 적극적인 활동을 통해 현재 127개국에 회원단체를운영하고 있습니다. 설립 5년 만인 1997년에는 UN 공보국과 UN 경제사회이사회에 등록하였고 포괄적 협의 지위를 획득하여 UN 산하의공식적인 NGO 단체로 활동하고 있습니다.

문선명·한학자 총재께서는 그동안의 세계평화와 신통일세계를 위해 창설한 각 분야의 여러 단체가 연합하여 활동할 수 있는 통합체제의 단체를 만드셨으니 2005년 9월에는 미국 뉴욕에서 '세계평화연합(UPF)'을 창설하셨습니다. 세계평화연합은 전 세계 194개국에 지부가 설립되어 있으며 산하에 세계평화정상연합·세계평화국회의원연합·세계평화종교인연합을 운영하면서 매년 월드서밋과 국제지도자회의를 개최하고 있습니다. 이러한 공로로 세계평화연합은 2018년 7월에 UN 경제사회이사회로부터 최상위 지위인 포괄적 협의 지위를 획득하여 UN 산하의 공식적인 NGO 단체로 활동하고 있습니다.

특히 문선명·한학자 총재께서는 세계평화를 위해 창설된 UN이 제 기능을 발휘하지 못하는 것을 안타깝게 여기시고 UN갱신 운동에도 활발한 활동을 전개하셨습니다. 현재의 UN 체제는 각 국가를 대표한 사람만이 주요 의제를 결정하는 체제로 되어있어, 국가 이기주의를 극복하지 못하고 세계적인 전쟁을 막지 못하고 있다고 판단하셨습니다. 따라서 UN은 상하 양원제로 거듭나야 한다고 하시며, 지금의 국가 대표가 의결하는 조직은 하원으로 두고 세계적인 각 종교의 대표로 구성된 상원을 신설하는 안을 UN에 공식적으로 제출하신 바 있습니다.

또한 2007년 9월 18일에는 뉴욕에서 아벨유엔 창설대회를 개최하심으로서 그동안 창설하신 세계평화를 위한 각종 단체의 역량을 총집결하여 이제는 신통일세계 즉 하나님의 창조이상세계인 평화세계를 실현하는 일에 매진할 수 있는 기틀을 만들어 놓으셨습니다. 이어서

한학자 총재께서는 2015년 11월 평화통일실천국민대회에서 제5유엔
사무국 유치를 위한 100만 통일준비국민위원 위촉 활동을 천명하셨
습니다. 현재는 유엔본부 외에 세계에 제4의 유엔사무국이 있는데 그
어느 곳보다 분쟁의 위험 요소가 큰 한반도 휴전선 일대 DMZ에 제5
유엔 사무국을 신설하면, 전쟁 방지는 물론 남북이 평화적으로 통일
하는 데 크게 공헌할 수 있다는 취지에서 평화공원과 함께 제5 유엔
사무국을 신설하는 안을 제안하고 추진하고 있습니다.

이렇게 문선명·한학자 총재께서는 신통일한국이 신통일세계로 확대
될 수 있는 제반 환경적 준비를 마련하고 신통일한국과 신통일세계의
섭리를 계속하고 계십니다. 이제 곧 신통일한국이 이루어질 것이며 이
어서 신통일세계의 한류가 일어날 것입니다. 그래서 후천개벽의 열매
가 세계 곳곳에 속속 열릴 것입니다.

3. 후천개벽과 신문명

1) 문화권 발전사

문화권 발전사를 통한 인류역사를 살펴볼 때 살아서 역사하시는 하나님을 부정할 수 없습니다. 하나님께서는 타락한 인류를 구원하시기 위해 먼저 종교를 세워 나오시는 섭리를 하셨습니다. 사람이 살아가는 데는 환경의 지배를 받지 않을 수 없습니다. 살아가는 곳의 지정학적 위치에 따라 그리고 기후 환경에 따라서 서로 다른 삶의 패턴이 형성되는 것입니다. 이러한 삶의 터전과 기후 환경에 따라 그리고 그 시대를 살아가는 인간의 심령과 지능에 따라 거기에 맞는 종교를 세워 나오시는 섭리를 하셨습니다. 이렇게 사람이 살아가는 곳의 지정학적 환경과 기후 환경 그리고 인간들의 지능 정도에 따라 각기 다른 종교가 형성되었고 이러한 종교를 바탕으로 하여 각기 다른 인류 문화가 형성되었습니다.

그런데 오랜 역사의 기간을 거치며 형성된 문화권이 발전해 온 인류역사를 살펴볼 때 사람이 세운 나라는 흥망성쇠를 거듭하며 흘러왔지만, 하나님께서 세우신 종교는 망하지 않고 발전해 왔다는 사실을 통해 살아서 역사하시는 하나님을 부정할 수 없다는 사실을 확인하게 됩니다. 이제 그 예를 살펴보겠습니다.

먼저 중국의 역사를 살펴보면, 춘추전국의 각 시대를 거쳐 진나라의 통일시대가 왔고, 전한, 신, 후한, 삼국, 서진, 동진, 남북조의 각 시대를 거쳐서 수당 통일시대가 있었고 오대, 북송, 남송, 원, 명, 청의 시대를 지나 오늘날의 중화민국에 이르기까지 내려왔습니다. 그런데 사람이 세운 나라는 이렇게 수많은 나라가 오고 가며 흥망성쇠를 거듭했지만, 하나님께서 중국에 살고 있는 인류를 구원하시기 위해 세우신 유교, 불교, 선교라는 종교는 망하지 않고 발전하며 중국은 물론 극동지방 사람들의 삶을 지배해 오며 거대한 극동문화권을 형성하였던 것입니다.

다음으로 인도의 역사를 살펴보면 마우리아, 안드라, 굽타, 바루다나, 사만, 가즈니, 무굴제국을 거쳐 오늘의 인도에 이르기까지 사람이 세운 나라는 흥망성쇠를 거듭하며 내려왔지만 하나님께서 인도인을 구원하기 위해 세우신 인도교만은 망하지 않고 발전해 오며 인도교 문화권을 형성했습니다. 또 중동의 역사를 살펴보더라도 사라센제국, 동서 카리프, 셀죽 터키, 오스만 터키 등 나라의 주권은 여러 번 바뀌며 내려왔지만, 하나님께서 중동의 인류를 구원하시기 위해 세우신 회회교만은 망하지 않고 발전해 오며 이슬람 문화권을 형성했습니다. 나아가 유럽사의 주류를 살펴볼 때 유럽을 주도해 온 나라는 그리스, 로마, 프랑크, 스페인, 포르투갈을 거쳐 일시 프랑스와 네덜란드를 지나 영국으로 옮겨졌고 지금은 미국과 소련으로 나뉘어 오늘에 이르게 되었습니다. 이렇게 유럽사를 놓고 볼 때 유럽의 주도권을 갖기 위해 여러 나라가 오고 갔지만 유럽뿐만 아니라 전 세계 인류를 구원하기 위해 하나님께서 세우신 기독교만은 망하지 않고 발전하며 유럽인은 물론 전 세계 인류의 삶을 지배하여 오면서 거대한 기독교문화권을 형성했습니다.

이 외에도 각 지역에서 독특한 종교와 문화가 형성되었지만, 저급한 문화는 더 차원 높은 문화에 흡수되거나 융합되어 오면서 오늘에 전 세계 4대 문화권을 형성하고 있는 것입니다. 20세기를 대표하는 문명 사학자 아놀드 토인비(Arnold Toynbee) 박사에 의하면 그동안 지구상에는 21개에서 26개의 문화가 형성되었지만, 지금은 4대 문화권으로 흡수 통합되었으며 앞으로는 기독교를 중심한 하나의 거대한 문화권으로 발전해 가는 추세를 보인다고 하였습니다.

이와 같이 그동안의 문화권 발전사를 살펴볼 때 하나님께서는 인류역사를 통해 타락한 인류를 구원하기 위해 종교를 세우시고 문화권을 발전시켜 나오시며, 재림메시아를 보내실 한 때를 소망하고 나오셨다는 것을 알 수 있습니다. 그동안 인류역사를 주관해 오시며 섭리해 오신 뜻은, 참부모 메시아가 현현하시는 재림의 때를 중심하고 종교와 문화권을 통일하여 거대한 하나의 신문명(神文明)을 형성하는 데 있습니다. 그 신문명이란 하늘부모님 아래 인류 한 가족 되는 대가족 사회의 문명입니다. 결국 그동안의 모든 문명은 문선명·한학자 참부모 메시아가 주창하시고 주도하시는 하나님주의 참부모사상에 의한 신 문명으로 통일되어 투쟁과 전쟁은 영원히 사라지고 자유와 평등과 정의가 넘쳐나는 평화이상세계가 도래할 것입니다. 이러한 하나님 나라는 하나님께서 섭리와 역사를 이끌어 가시기 때문에 반드시 오고야 말 것입니다. 그날이 멀지 않았습니다.

2) 문명의 발전사와 아시아태평양 문명권 시대의 한국

인류 문명사의 출발은 하천으로부터 시작되어 해양을 중심으로 발전해 나왔습니다. 물이 있음으로써 생명이 시작되었기에 인간은 물 속에서 잉태되어 물을 머금고 몸체를 형성한 존재인지라 물이 없이는 살아갈 수 없게 되었습니다. 인류 문명은 적은 물이 있는 강가에서부터 시작하여 더 큰물이 있는 해양으로 옮겨가며 인류문명사가 발전해 왔습니다. 처음으로 문명이 시작된 곳은 강가였습니다. 티그리스와 유프라테스강을 중심한 메소포타미아 문명, 나일강을 중심한 이집트 문명, 황하를 중심한 황하문명, 인더스강을 중심한 인도 문명이 먼저 발생하였습니다. 하천을 중심으로 형성된 문명의 중심축은 지중해를 중심한 문명으로 옮겨졌습니다. 지중해를 중심으로 그리스, 이탈리아, 스페인, 포르투갈의 반도와 유럽대륙으로 문명의 중심축이 옮겨가며 지중해 문명권을 형성했습니다. 이렇게 형성된 지중해 문명권은 더 큰 바다인 대서양을 중심한 문명권으로 옮겨갔습니다. 바로 영국

섬나라를 거쳐 미국을 중심한 대서양 문명권입니다. 대서양을 중심한 섬나라 영국이 대서양을 제패하면서 해가 지는 날이 없는 대영제국의 찬란한 문명을 꽃피웠습니다. 이어서 대서양 문명권의 중심축은 영국에서 미 대륙으로 옮겨갔습니다. 미국은 신앙의 자유를 찾아 이주한 청교도를 중심한 하나님의 사람들이 미 대륙으로 옮겨 가서 대서양 문명을 더욱 크게 꽃피워 팍스 아메리카나라는 이름으로 오늘날까지 세계의 문명을 주도하고 있습니다.

그러나 현재의 미국 문명은 석양의 지는 해가 되어가고 있습니다. 천신만고 미 대륙에 도착한 청교도들은 움막 생활을 하며 하나님의 집인 교회를 먼저 짓고, 그다음 학교를 지은 후에 자기들이 살 집을 마지막으로 지었습니다. 오늘날 미국이 인류사에 없는 발전과 번영을 이루는 축복을 받은 것은 가정에서나 학교에서나 사회에서 철저히 하나님을 섬기며 살았기 때문이었습니다. 그런데 오늘날 미국은 하나님을 모시는 정신을 잃어가고 있습니다. 학교와 사회에서는 이미 하나님이 떠나셨고 가정에서도 하나님이 떠나고 계십니다. 전통적인 건전하고 신성한 가정이 이혼으로 붕괴되고 있으며 젠더 성으로 해체되고 있습니다. 문화 마르크스주의가 정치계에 자리 잡아 진지를 형성하고 건전한 미국의 정신을 황폐화시키고 있습니다. 순결하고 신성해야 할 성문화는 젠더 성과 동성연애 그리고 동성결혼으로 파괴되고 있습니다. 하나님을 섬기기보다는 물질을 신으로 숭배하는 물신주의가 팽배해지고 있어 마약 투약자가 늘어나고 있으며 사회악은 날로 극악무도해지고 있습니다. 하나님께서 더 이상 자리 잡고 계실 곳이 없어지고 있습니다. 문명의 중심축은 다른 곳으로 옮겨갈 수밖에 없게 되었습니다. 과학기술을 바탕 한 경제력으로 물질문명은 찬란히 꽃피웠고 세계 최강의 군사력으로 세계를 제패하고 있으나 이를 받쳐주어야 할 정신문명은 갈수록 쇠퇴하고 있기 때문입니다.

독일의 경제학자 오스왈트 슈펭클러(Oswald Spengler)가 펴낸 역작 『서구의 몰락』이라는 책 제목의 말처럼 서구는 몰락하고 있습니다. 슈펭글러는 이 책에서 서양 문화의 몰락은 단순한 몰락이 아니라 새로운 문화로 이행해 가는 징조라고 말하고 있습니다.[92] 프랑스의 경제학자 자크 아탈리(Jacques Attali)도 그의 책『미래의 물결』'미국이라는 제국의 종말'이라는 장에서 120년 전부터 제국으로 군림해 온 미국은, 그 수명으로만 보더라도 벌써 다른 나라들에 비해 오래도록 영화를 누렸으니, 이제 머지않아 그 자리를 내주게 될 것이라고 쓰고 있습니다.[93]

그렇다면 너무도 거대하고 찬란한 문명의 꽃을 피운 대서양을 중심한 미국의 문명은 어디로 옮겨 갈까요? 그것은 대서양보다 더 넓고 큰 태평양을 중심한 동아시아라고 하는데, 이견이 없습니다. 모든 문명 사학자와 미래학자들이 한결같이 동아시아를 중심한 태평양 문명권의 시대를 노래하고 있습니다. 아시아 태평양문명을 주도할 나라는 한국, 중국, 일본이라고 보는 견해가 다수입니다. 이제 신동방르네상스 문명과 아시아태평양문명이라는 용어가 일반화되었습니다. 이러한

---

92 오스발트 슈펭클러,『서구의 몰락』, 8쪽
93 자크 아탈리,『미래의 물결』, 223쪽

시대를 대비하고자 이미 한·중·일 세 나라는 2011년 9월 한·중·일 3국 협력사무국을 한국의 서울에 두기로 합의하였고 지금 업무 중에 있습니다. 3국 협력사무국을 서울에 둔 것도 우연은 아니라고 생각합니다. 중국과 일본이 서로 자국에 두기로 신경전을 하다가 결국은 한국으로 결정되었습니다. 자크 아탈리는 또 다른 저서『프라테르니테: 박애』서문에서 '2050년에 한국의 서울은 아시아 연합국의 수도가 된다'고 예견했습니다.

역시 자크 아탈리는 그의 책『미래의 물결』에서 '한국, 중국, 일본을 더욱 밀접하게 묶으려는 시도는, 아시아에서 리더 자리를 차지하기 위해 혈안이 되어있는 중국이나 일본으로부터는 시작하기 어렵다'고 예견하고 있습니다.[94] 아울러 자크 아탈리는 '미래에 부상할 일레븐에 속하는 나라 중에서 한국은 아시아 최대의 경제국으로 자리 잡게 될 것이다. 한국의 1인당 총생산은 2025년까지 2배로 뛸 것이다. 한국은 경제, 문화의 새로운 모델로 각광받을 것이며, 한국의 기술력과 문화적 역동성은 전 세계를 놀라게 할 것이다. 한국적 모델은 중국이나 말레이시아, 인도네시아, 필리핀 등지에서 성공적인 모델로 점점 각광받을 것이며, 심지어 일본에서조차도 미국식 모델 대신 한국식 모델을 모방하는 움직임이 일어날 것이다.'라고 예견하고 있습니다.[95]

적어도 문명을 주도하는 주도국이 되려면 외적인 과학기술을 바탕으로 우수한 물질문명의 능력뿐만 아니라 내적인 종교와 문화를 바탕

---

94 자크 아탈리『미래의 물결』, 385쪽
95 자크 아탈리『미래의 물결』, 169쪽

으로 한 우월한 정신문명도 함께 가지고 있어야 한다는 것인데, 자크 아탈리는 이러한 한국의 내외적 양면의 문명 능력을 정확히 파악한 학자라고 볼 수 있습니다. 그렇습니다. 한국은 일찍이 하나님께서 선택하신 선민의 나라인지라 하나님께서 길러 오시며 이러한 내외적인 문명이 결실될 수 있는 준비를 다 해주신 국가입니다. 앞으로 한국은 더욱 드러나게 되어있습니다.

한류가 세계적 선풍을 일으키며 세계인의 마음을 사로잡고 있는 것은 우연이 아닙니다. 앞으로 한류는 드라마와 영화 그리고 케이 팝과 한국 음식을 넘어 한국의 효와 정을 바탕으로 한 가정문화로 옮겨 갈 것입니다. 나아가 이러한 가정문화를 기본으로 한 하나님 아래 인류 한 가족이 되는 하나님주의와 참부모사상의 하나님 나라에 대한 한류로 결실될 것입니다. 이미 한민족은 대동강, 한강, 요하를 중심한 고대 동아시아 최초의 독립 문명을 형성한 민족으로 고조선이라는 동아시아 최초의 독립 연방 국가를 형성한 민족이었습니다. 이는 그동안 동아시아 최초의 독립 문명으로 알려진 황하문명보다 앞서 형성되어 황하문명에 영향을 준 문명이라고 서울대학교 신용하 교수는 『고조선 문명의 사회사』에서 고증하고 있습니다. 신동방르네상스의 주인공 나라는 대한민국일 수밖에 없는 확실한 증거입니다.

경천·홍익인간·광명이세 사상으로 동아시아를 환하게 비추던 고조선 문명이 문선명·한학자 참부모 메시아께서 주도하시는 신통일한국과 신통일세계 섭리를 통해 아시아태평양 문명과 신동방르네상스 문명이라는 이름으로 부활할 것입니다. 새 하늘과 새 땅의 신문명이 이

곳 한반도에서 출현했고 애천·애인·애국 이념으로 천일국이라는 하나
님 나라가 건국되었기 때문에 2025년을 중심하고 남북통일과 더불
어 세상에 확연히 드러날 것입니다. 지금의 한국을 중심한 정치적 대
혼돈과 사회적 대혼란은 이러한 하나님 나라로 개벽되기 위한 산고의
혼돈이고 혼란입니다. 지금은 후천개벽의 대변혁기이고 대전환기이기
때문에 혼돈이 깊어지고 있지만 머지않아 이러한 혼돈과 혼란은 지나
가고 찬란한 새 아침의 하나님 나라 여명이 밝아올 것입니다. 태백산
과 아사달과 고조선의 찬란하고 아름다운 새 아침의 서광이 우리 대
한민국에서 불을 밝혀 세계를 비출 것입니다.

그러기에 인도의 시성 타고르는 한민족이 일본으로부터 식민 지배
를 받고 있던 캄캄한 고난의 때에 장차 대한민국은 세계를 밝힐 동방
의 밝은 불빛이 될 것이라고 다음과 같은 희망의 시를 지어 헌사 했
습니다.

〈동방의 등불〉

타고르

일찍이 아시아의 황금 시기에 빛나던 등불의 하나인 코리아
그 등불 다시 한 번 켜지는 날에 너는 동방의 밝은 빛이 되라.
마음에 두려움이 없고 머리는 높이 쳐들린 곳
지식은 자유롭고 좁다란 담벽으로 세계가 조각조각 갈라지지 않는 곳
진실의 깊은 숲속에서 말씀이 솟아나는 곳
끊임없는 노력이 완성을 향해 팔을 벌리는 곳

지성의 맑은 흐름이 굳어진 습관의 모래벌판에 길 잃지 않는 곳
무한히 퍼져나가는 생각과 행동으로 우리들의 마음이 인도되는 곳
그러한 자유의 천국으로 나의 조국 코리아여 깨어나소서!

이러한 때가 언제 올까요? 한민족의 위대한 예언가는 남북통일을 통해 대한민국이 이러한 자유의 천국으로 깨어날 것이라고 예언하고 있습니다.

◎ 龍一起無三八에 玉燈秋夜三八日
　　용 일 기 무 삼 팔　　옥 등 추 야 삼 팔 일

(格庵遺錄 三八歌)
격 암 유 록 삼 팔 가

용이 한 번 일어나면 삼팔선이 없어지고 남북통일이 이루어지네!
삼팔선이 없어지는 날 가을밤에는 대한민국 왕궁의 옥등에 불이
환하게 켜지는 날이 되리니 이날은 동방의 날이 되리라.

3) 천일국(天一國)과 축복결혼의 심정문화(心情文化)

천일국은 천주평화통일국(天宙平和統一國)의 줄임말이며 문선명·한학자 참부모 메시아께서 하나님의 창조이상의 뜻을 받들어 세우신 하나님 나라의 국명입니다. 하나님 나라는 지상천국과 천상천국이 합해진 나라이기에 이 두 나라를 합친 개념으로의 천주(天宙)입니다. 하나

님 나라는 요한계시록 21장의 새 하늘과 새 땅에 대한 말씀대로 다시는 사망도 없고 애통하는 것도 없으며 아픈 것도 없는 하나님의 참사랑이 바탕이 된 평화의 세계이며 마음과 몸이 통일되고 부부가 통일되며 너와 내가 통일된 통일의 세계이기에 평화통일국입니다. 천주평화통일국의 줄임말인 천일국(天一國)을 뜻풀이하면 두 사람이 하나 된 나라입니다. 개인적으로 마음과 몸이 하나로 통일된 사람이 하나님 아들딸이니 천일이요, 이러한 아들딸들이 다시 하나님을 모시고 부부라는 이름으로 짝을 이루어 하나 되는 것이니 천일입니다. 그리고 부모와 자녀가 하나 되고 형제자매가 하나 될 뿐만 아니라 이웃의 너와 내가 하나님의 참사랑으로 하나 된 세계입니다. 나아가 인간과 자연이 하나 된 나라가 하나님 나라이기에 천일국입니다.

문선명·한학자 총재께서는 1988년 10월 3일을 기하여 먼저 '세계평화통일국 개천일'을 선포하셨습니다. 또한 2001년 1월 13일을 기하여 하나님 나라의 주인 중의 주인이시며 왕 중의 왕이신 하나님을 하나님 나라 보좌에 모시는 의식으로 '하나님왕권즉위식'을 거행하셨습니다. 그다음 2001년 10월 29일부터 12월 15일까지 한국, 일본, 미국을 중심한 세계에서 '천주평화통일국' 선포대회를 주관하셨습니다.

이러한 기대 위에 드디어 하나님 나라 천일국이 공식적으로 출범하는 천주사적인 대개국의 날이 있었으니 2013년 1월 13일을 기하여 '천일국기원절(天一國基元節) 의식이었습니다. 이날 천상천국의 하나님보좌에는 이때를 맞추어 하늘에 오르신 문선명 참아버지 메시아께서 안착하시고 지상천국 하나님보좌에는 한학자 참어머니 메시아께서 안착하심으로서 천상천국과 지상천국을 연결하여 일체를 이루셨기 때문에 드디어 하나님 나라가 실체적으로 공식 출범하게 된 것입니다. 이제 하나님께서는 하늘부모님이 되신 것이며 만왕의 왕이 되신 것입니다. 이날 참여한 천상과 지상의 모든 축복가정은 하나님 나라의 백성이 된 것입니다. 만왕의 왕이신 하늘부모님의 주권이 세워졌고 천상과 지상세계의 축복가정들을 중심으로 하나님 나라의 백성이 갖추어졌으며 천일국의 중앙본부가 있는 가평군 설악면 소재 HJ천원을 조건으로 한 영토를 갖추었으므로 하나님 나라 천일국은 출범하게 됐습니다.

지금은 이렇게 최소한의 조건을 갖춘 터 위에 천일국이 출발 되었지만, 앞으로 천상천하에 천일국 백성을 확산해 나감으로써 실제적이고 실체적인 천일국으로 완성해야 할 노정이 남아 있습니다. 그렇다면 천일국 백성의 자격요건은 무엇일까요? 그것은 한마디로 3대축복의 조건을 갖추는 것입니다. 창세기 1장 28절에 기록된 '생육하고 번성하여 만물을 주관하라'는 하나님 말씀의 실현입니다. 이 말씀은 하나님께서 인간세계에 내리신 하나님의 간절한 뜻이고 소망입니다. 이는 인간이 실행해야 할 책임과 의무이며 축복 중의 축복의 말씀입니다. 그래서 3대축복의 말씀이라 합니다.

먼저 첫 번째 축복의 실행을 위해 하나님의 아들딸로 인격을 완성해야 합니다. 그러기 위해서는 하나님의 말씀과 사랑을 배우고 실천하는 삶을 살아야 합니다. 그러기에 첫 번째 축복은 애천 즉 하나님을 사랑하는 일입니다. 두 번째 축복의 실행을 위해 때가 되면 서로의 짝을 만나 하나님을 모시고 축복결혼을 해야 합니다. 축복결혼이란 남녀가 하나님을 모시고 결혼하는 것을 말합니다. 부부로서 진정한 사람 사랑을 시작한 것을 말합니다. 이렇게 부부가 사람 사랑을 실행하면 자녀라는 사람 사랑의 열매를 맺습니다. 이제는 아들딸에 대한 사람 사랑을 실현할 차례입니다. 아들딸을 하나님의 자녀로 양육하는 책임을 통해 사람 사랑의 열매를 만듭니다. 이렇게 되면 가정은 부부 사랑, 부모 사랑, 자녀 사랑, 형제자매 사랑을 통해 사람 사랑의 꽃을 피우고 열매를 거둡니다. 그러기에 두 번째 축복은 애인 즉 사람 사랑입니다. 마지막 세 번째 축복은 참사랑의 가정을 이웃으로 확대해 가는 일입니다. 내 이웃은 사회에서 내가 만나는 사람들이며 그다음은 자연입니다. 결국 이웃 사랑을 통해 하나님 나라를 만들어 가야 합니다. 세 번째 축복은 바로 애국 즉 나라를 사랑하는 일입니다.

문선명·한학자 참부모 메시아께서는 천일국 백성을 확산시키기 위해 축복결혼식의 전통을 세워 나오셨습니다. 축복결혼식은 3대축복의 말씀을 이루겠다고 하나님 앞에 맹세하고 출발하는 의식입니다. 1960년 36쌍 축복가정을 시작으로 72가정, 124가정, 430가정, 777가정, 1800가정, 6000가정, 6500가정, 3만 가정, 36만 가정, 4억 가정 등으로 합동축복결혼식의 전통을 세워 나오고 계십니다.

합동축복결혼식은 이제 통일교회의 전통으로 계승되고 있고 중심 문화로 자리 잡았습니다. 합동축복결혼식은 3대 축복의 말씀을 실행하는 가장 중요한 의식이며 전통이고 문화입니다. 합동축복결혼식은 하나님주의와 참부모사상이 실현된 아름다운 문화 전통입니다. 부모가 자녀에게 바라는 첫 번째 소망은 건강하게 잘 자라나는 것입니다.

이렇게 정신적으로 육체적으로 건강하게 잘 자라났다면 그다음 두 번째의 소망은 결혼하기를 바랄 것입니다. 결혼하여 아들딸 낳아 잘살고 있다면 마지막 세 번째의 소망은 건강하고 아름다운 가정을 위해 경제적으로도 풍요롭고 사회적으로도 인정받는 행복한 가족들이 되는 것입니다. 이러한 소망은 부모라는 이름을 가진 모든 사람의 한결같은 마음이며 간절한 심정입니다. 한마디로 생육·번성·다스림의 하나님 말씀입니다.

세상의 모든 부모가 생육·번성·다스림에 대한 한결같고 간절한 심정의 소망을 지니고 있듯이 모든 인류의 부모가 되시는 하나님께서도 태초부터 이러한 심정을 가지고 창조하여 낳아주셨기 때문에 이러한 3대 축복의 말씀을 내려 주신 것입니다. 이 3대축복의 말씀을 실현하는 일은 하나님의 간절한 심정이 발현되는 일이기 때문에 이 3대축복의 말씀이 전통으로 이어지고 문화로 꽃피우는 이 문화를 일러 심정문화라고 합니다. 3대 축복 중에서도 제2 축복인 축복결혼 문화는 가장 중요하고 중심이 되는 문화이기 때문에 대표적으로 축복결혼 문화를 심정문화라고 할 수 있습니다. 지금은 이러한 축복결혼의 심정문화를 중심하고 천일국이 천상과 지상에 안착하였고 앞으로 천일국을 완성해야 할 노정이 남아 있습니다.

이 3대 축복의 말씀은 기독교 성경에만 있는 말씀이 아닙니다. 우리 한민족 고유 사상인 홍익인간 사상에도 표현상의 차이만 다를 뿐 3대 축복에 해당하는 말씀이 있습니다. 바로 환인 하나님께서 환웅에게 주셨다는 천부인 3개가 3대축복의 말씀입니다. 3대축복 말씀으로서의 천부인 3개는 경천·홍익인간·광명이세의 말씀입니다. 여기에 기원을 두고 체계화된 한민족 대표 사상이 바로 천지인(天地人) 3재 사상입니다. 그런데 이 천지인사상은 기존의 모든 종교 사상을 아우를 수 있는 대표 사상이기도 합니다.

그렇기에 문선명·한학자 참부모 메시아께서는 이 천지인사상을 사랑의 이념으로 재정립하여 애천(愛天)·애인(愛人)·애국(愛國) 사상으로 체계화하셨습니다. 하나님주의를 세분화한 사상이 애천·애인·애국이고 이 애천·애인·애국 사상을 한 마디로 축약한 용어가 참부모 사상입니다. 하나님주의가 이상이라면, 참부모 사상은 하나님주의인 애천·애인·애국 사상이 결실되어 실체화된 사상입니다. 이 참부모 사상은 앞으로 현실세계가 안고 있는 모든 문제를 근본적으로 해결할 수 있는 대안의 사상입니다. 문선명·한학자 참부모 메시아께서는 하나님주의와 참부모사상 즉 천지인사상을 몸소 실현하신 실존체가 되셨습니다. 그래서 문선명·한학자 참부모 메시아의 공식화된 성호가 천지인참부모님이십니다. 모든 인류가 3대축복과 천부인 3개의 뜻을 받들고 천지인사상과 참부모사상이 실체화된 천지인참부모님을 닮아 축복결혼을 통하여 참된 부모가 되고 참된 가정과 종족을 이룰 때 하나님의 심정문화는 꽃피고 열매 맺을 것입니다. 이렇게 형성된 심정문화는 효정문화(孝情文化)로 구체화되어 후천개벽의 꽃을 피우고 새 하늘과 새 땅의 신문명을 형성해 갈 것입니다.

4) 경배식과 가정교회의 효정문화(孝情文化)

한학자 참어머니 메시아께서는 이러한 참부모 사상을 실천하는 구체적인 삶의 실천 방향과 덕목으로 효정(孝情)의 삶을 천명하셨습니다. 한민족 가족문화의 대표적 가치는 효(孝)와 정(情)입니다. 이 두 대표적 가치를 묶어 효정이라는 신조어를 만드셔서 우리 모두의 신앙과 삶의 좌표로 만들어 주신 것입니다. 인간은 관계의 존재로서 모든 인간관계의 근본관계는 부모와 자녀의 관계입니다. 이 세상의 모든 부모는 마음과 심정에 본성적으로 자녀가 가장 크게 자리 잡고 있습니다. 이 세상의 모든 자녀라는 이름을 가진 사람도 그 마음과 심정에 본성적으로 부모가 가장 크게 자리 잡고 있습니다. 부모는 자녀를 만나 다함 없는 사랑을 줄 때 가장 행복하고 자녀 또한 부모를 만나 못다 한 효도의 사랑을 올려드릴 때 가장 행복합니다. 이것이 인간이 행복하게 살아가기 위해 가야 할 생애의 근본적 노정이어야 합니다. 그러나 현실은 생각처럼 그렇게 쉽게 이루어지지 않습니다. 복잡다단한 문제들이 생겨나고 있습니다.

좀 더 나아가 하나님의 마음을 살펴보고 싶습니다. 그동안의 하나님의 말씀을 살펴볼 때 하나님의 마음과 심정에는 원초적으로 자녀인 인류가 가장 크게 자리 잡고 있습니다. 그런데 모든 인류의 마음과 심정 속에는 원초적 생명의 부모이신 하나님이 가장 크게 자리 잡고 있지 못합니다. 이것이 인류가 불행해진 가장 근본 된 원인입니다. 말씀에 의하면 인간 시조가 타락하여 하나님이 계신 에덴동산에서 추방되어 하나님을 잃어버린 채 살아가고 있기 때문이라고 합니다. 그래서 하나님께서는 누구보다 하나님 마음을 잘 알고 하나님의 심정에 취해본 사람을 메시아로 선택해 보내셔서 이러한 하나님의 마음과 심정을 전하기 위해 유구한 역사를 통해 섭리해 오고 계신 것입니다.

이러한 섭리 가운데 하나님께서 선택하신 문선명·한학자 참부모 메시아께서는 누구보다 하나님의 이러한 마음과 심정을 잘 아시는 분이시기에 '신인지관계 부자지인연(神人之關係 父子之因緣)'이라는 말씀을 통해 하나님과 인간의 관계는 부모와 자녀의 관계라고 천명하셨습니다. 하나님께서는 천지 만물과 인간을 창조하신 후 초월적으로만 계시기를 원하시는 분이 아니라 인간세계에 내려오셔서 인간의 가정에 자리 잡고 만 인류의 부모로서 같이 살고 싶어 하시는 분이라는 사실을 천명하신 것입니다. 이제는 하나님께서 하늘부모님이 되셔야 하고 모든 인류는 하늘부모님의 자녀로서 한 하늘부모님 아래 모든 인류가 한 형제자매가 되어야 한다고 말씀하시는 것입니다.

그래서 문선명·한학자 참부모 메시아께서는 인간의 마음과 심정 깊은 곳에 원초적 생명의 주인이신 하늘부모님을 가장 크게 자리 잡게 하시기 위해 구원섭리를 주재하고 계시는 것입니다. 이렇게 잃어버린 원초적 생명의 부모이신 하늘부모님을 찾아 모시고 그 마음 깊은 곳에 하늘부모님이 자리 잡고 사시도록 교육하고 계시는 것입니다. 이렇게 먼저는 내 마음 깊은 곳에 하늘부모님이 자리 잡고 사시도록 모실 때 하늘부모님의 참사랑 안에서 나를 낳아주시고 길러주신 부모님도 미운 정 고운 정이 성화 되어 크게 자리 잡게 되는 것입니다. 이렇게 되면 나는 언제든지 마음속 깊은 곳에 두 부모를 모시고 하지 못한 사랑을 나누며 행복한 사람으로 살아갈 수 있게 되는 것입니다.

이렇게 볼 때 인간관계의 근본 관계는 부모와 자녀의 관계이고 이 부모와 자녀의 관계가 하나님을 부모님으로 모시는 관계로 확대되어 자리 잡아 가야 하는 것입니다. 모든 인간관계 중의 근본 관계가 되는 부모와 자녀의 관계에는 자애와 효도라는 사랑이 자리 잡고 있습니다. 그런데 태초에 하늘부모님이 먼저 계셔서 우주만물의 창조와 환경 창조를 통하여 자애를 실현하셨고 실제 우리를 낳아주시고 길러주신 부모 또한 자녀에 대한 자애를 먼저 실현해 주셨기 때문에, 인간이 하늘부모님과 육신의 부모에게 효도하는 사랑을 실천하는 것이 인간 도리의 첫 출발이 되어야 하는 것입니다.

이렇게 볼 때 인간이 인간으로서 인간답게 살아가기 위한 근본의 덕목이요 최고의 덕목은 효도(孝道)입니다. 효도는 결국 사랑을 바탕으로 한 것이기에 사랑의 뿌리 되시는 하나님의 심정(心情)을 중심하고 낳아주시고 길러주신 부모님께 효도하는 것은 물론 더 나아가 하늘부모님의 사랑에 감사하며 하늘부모님께 효도하는 것으로 확대될 때 효도는 완성이 되는 것입니다.

그다음 모든 사랑의 기본모형이 되는 가정에서 부부 사랑, 부모 사랑, 자녀 사랑, 형제자매 사랑의 4대 사랑도 사랑의 근원이신 하나님의 심정(心情)을 중심으로 실현될 때 완성되어 기쁨과 행복의 열매로 결실되는 것입니다. 한학자 참어머니 메시아께서는 이와 같은 인간관계의 근본적인 덕목인 효도(孝道)의 효(孝)와 모든 사랑의 뿌리가 되는 하나님 심정(心情)의 정(情)을 묶어 효정(孝情)으로 명명하시고 인간 삶의 덕목과 가치의 표본으로 세워주셨습니다. 종적으로 내 부모에 대한 효의 개념을 모든 인류가 하나님을 부모로 섬기는 효까지로 확대한 개념이 효정입니다. 이렇게 내 부모뿐만 아니라 하늘부모님에 대한 효도를 하면 부모가 자식을 사랑하는 심정은 물론 하나님께서 인류와 자연을 사랑하시는 부모의 심정을 느끼며 체휼하게 됩니다. 이렇게 되면 내 자녀에 대한 내리사랑은 물론 형제자매에 대한 횡적 사랑까지도 완성하게 되어 이웃 사랑에까지 확대됩니다. 이와 같이 종적인 효도의 사랑과 횡적인 모든 사랑 또한 결국은 하나님의 심정(心情)에서 연유한 것이기 때문에 효의 뿌리로서의 정입니다. 그래서 효정이라 한 것이고 이 효정의 삶을 인류가 영원히 전통으로 이어가며 효정문화로 만들어 갈 때 이 세상은 하나님 나라로서 양심과 사랑이 살아 숨 쉬며 참사랑이 실현되는 천일국이 되는 것입니다.

문선명·한학자 참부모 메시아께서는 하나님주의와 참부모 사상을 실현하는 구체적인 삶의 실천 방향과 덕목으로 효정(孝情)의 삶을 본보여 주셨고 전통을 세워주셨습니다. 지금은 그의 제자들이 축복결혼을 통해 축복가정이 된 천일국 백성으로서의 자부심을 가지고 효정의 삶을 실행하며 효정문화 즉 천일국 문화를 형성해 가고 있습니다. 천일국 문화는 하늘부모님을 모시고 그의 자녀가 되어 축복결혼하는 심정문화를 바탕으로 하여 출발하였고 나아가 삶을 통하여 하늘부모님과 인간 부모님께 효도하는 사랑으로 꽃피워나가는 것이기 때문에 이 심정문화는 효정문화로 확대되어 나타나는 것입니다. 심정문화는 뿌리 문화이며 효정문화는 삶을 통해 발현되는 꽃의 문화입니다. 효정문화 속에 심정문화가 내포되어 있기에 천일국 문화를 이제부터 효정문화로 부르겠습니다.

문선명·한학자 참부모 메시아께서는 효정문화의 대표적인 의식으로 경배식(敬拜式)과 가정교회(家庭敎會)를 본보여 주셨기에 그의 제자들인 축복가정들은 이를 실행하고 있습니다.

이에 효정문화로서의 경배식과 가정교회를 소개하고자 합니다. 먼저 경배식은 매주 일요일 아침과 매월 첫째 날 아침에 가족들이 모여서 하나님께 경배하고 가족 간에도 절하며 하나님의 말씀을 나누는 의식을 말합니다. 그 순서는 다음과 같습니다.

가정의 기도실이나 거실에 제단을 중심으로 가족이 모여 앉습니다. 부모가 인도자가 되어 찬송가를 부릅니다. 다음으로 가족 모두가 제단을 중심으로 일어서서 하늘부모님과 천지인참부모님께 큰절로 경배합니다. 그다음은 가정맹세를 암송합니다. 그다음은 부모나 조부모나 가족 중에 대표자가 기도합니다. 그다음은 모두 자리에 앉아 하나님의 말씀을 대표자가 훈독하고 간단히 해설합니다. 그러고 나서 가족 간에 훈독한 말씀을 중심으로 대화합니다. 그다음으로 중요한 순서가 남아 있습니다. 가족 간에 서로 경배하는 순서입니다. 먼저는 결혼한 부부가 서로 마주 보고 큰절로 경배하고 포옹합니다. 그리고 조부모가 계시면 조부모가 좌정한 앞에 서서 이하 모든 가족이 큰절로 경배합니다. 이후 서열별로 조부모와 포옹합니다. 조부모가 안 계시면 부모 앞에 자녀들이 큰절로 경배하고 서열별로 부모와 포옹합니다. 마지막으로 제단 앞에 처음처럼 모여 앉아 찬송가를 부르고 나서 각자가 기도한 후 마칩니다.

이러한 경배식이 전 세계에 널려 있는 축복가정들을 중심하고 실현되고 있고 대를 이어 가정의 전통으로 전수되고 있으며 통일가의 효정문화로 확산되고 있습니다. 일제 강점기 때는 강제로 일본을 향하여 동방요배를 하였지만 지금은 일본의 축복가정들이 자발적으로 감사와 공경의 마음으로 하나님과 천지인참부모님을 향하여 경배식을 하고 있습니다. 새 하늘 새 땅의 천일국 문화가 형성되고 있는 것입니다. 앞으로 이 문화는 천상천하로 확산되어 신문명으로 꽃피워나갈 것입니다.

다음으로 가정교회(家庭敎會)를 소개하겠습니다. 문선명·한학자 총재께서는 1954년 5월 출발한 세계기독교통일신령협회(통일교회)를 1997년 4월 세계평화통일가정연합으로 개칭하면서 가정교회 시대를 열어주셨습니다. 매주 일요일 전체 교인들이 예배당에 모여 예배를 드리는 것은 계속하고 있지만 매주 한 번은 가족끼리 모여 예배하는 가족예배를 시행하고 있습니다. 가족회의를 통해 가족이 모두 모일 수 있는 매주 금요일 저녁이나 토요일 저녁을 가족 예배일로 결정합니다.

이렇게 하여 정해진 날짜와 시간에 가족 모두가 기도실이나 거실에 모여 제단 앞에 앉아 예배드립니다. 예배 순서는 찬송, 전체 경배, 가정맹세, 대표기도, 말씀훈독(경전 읽기), 대표자의 말씀 해설, 가족 간의 말씀을 중심한 대화와 한 주일 간의 살아온 삶을 중심한 대화시간, 찬송과 각자 기도로 마칩니다. 또 다른 형태로 가족예배가 실행되는 경우는 명절 때나 제사 때 가족 예배형식으로 진행합니다. 예를 들어 명절 때나 제사 때는 유교 형식의 제사상이나 약식의 제사상을 차립니다. 가족 중에 제주가 인도자가 되어 찬송, 기도, 유교식의 제사 의식, 유훈 나누기 등으로 마칩니다. 이러한 가정교회 의식은 전 세계에 널려 있는 축복가정들을 중심하고 실현되고 있고 대를 이어 가정의 전통으로 전수되고 있으며 통일가의 효정문화로 확산되고 있습니다.

문선명·한학자 총재께서는 종교의 시대는 가고 종교 없는 시대가 도래해야 한다고 주창하셨습니다. 하나님께 예배하는 종교가 필요 없다는 말씀이 아니고 현재의 교회당 중심의 교회 시대는 가고 가정을 중심한 가정교회 시대가 와야 한다는 말씀입니다. 현재의 교회당은 교육의 전당이며 봉사의 전당으로 역할 해야 한다고 말씀하시며 가정이 신성한 교회당이 되어야 한다고 말씀하시는 것입니다. 그래서 결국은 내 안에 하나님을 모시고 대화하며 살아감으로써 내가 성전의 실체가 되어야 한다고 말씀하고 계십니다. 예수님께서 고린도전서에 말씀하시기를 '너희가 하나님의 성전인 것과 너희 안에 하나님의 성령이 거하시는 것을 알지 못하느냐'고 하신 말씀을 실현하실 때가 된 것입니다. 앞으로 이 가정교회 문화는 천상천하로 확산되어 신문명으로 꽃피워나가게 될 것입니다.

이상이 하나님주의 참부모사상이 실현되는 천일국의 대표적인 효정문화 내용이었습니다. 효정문화는 다른 말로 하늘부모님 아래 인류가 한 가족 되는 문화입니다. 축복결혼을 하여 효정의 삶을 살아가는 많은 축복가정은 하나님을 진정한 부모로 섬기며 함께 축복받은 가정들끼리는 서로 진정한 형제자매로 살아가고 있기에 하늘부모님 아래 인류 한 가족의 문화를 형성해 가고 있습니다. 천일국과 효정문화는 그 종주국이 대한민국입니다. 앞으로 이 천일국의 효정문화는 대한민국을 중심으로 남북을 통일하여 실체적 국가의 문화로 정착할 것이며 나아가 아시아 태평양 문명권 즉 신문명을 형성할 것입니다. 하늘부모님 아래 인류 한 가족이 되는 효정문화는 신통일한국 섭리를 통해 신문명으로 결실될 것입니다. 신통일한국을 통해 결실된 신문명은 신통일세계의 섭리를 통해 세계로 확산되어 세계적인 열매를 맺을 것입니다. 이미 효정문화를 중심한 신문명은 대한민국을 중심으로 세계로 확산되고 있습니다.

천일국의 주인 중의 주인이시오, 왕 중의 왕이신 문선명·한학자 천지인참부모님께서는 개벽의 씨알이시고 신문명의 근본이 되십니다. 개벽의 씨알이시고 신문명의 근본 되시는 천지인참부모님께서 세우시는 신통일한국은 천일국의 중심 모델 국가이자 개벽의 꽃이고 신문명의 꽃입니다. 효정문화의 주인공인 축복가정을 중심한 천일국 백성들은 신통일한국으로 개벽과 신문명의 꽃을 피우며 세계로 나가서 천일국의 열매를 결실해 갈 것입니다. 그래서 타고르 시성이 노래하고 남사고 선생이 예언한 동방의 등불을 밝힐 것이고 동방을 넘어 천상천하의 온 세계를 찬란히 밝힐 것입니다.

4. 천원궁(天苑宮) 천일성전(天一聖殿) 입궁식의 섭리적 의의

1) 요한계시록에 예언된 새 하늘과 새 땅 그리고 새 예루살렘 성

요한계시록 21장에 예언된 새 하늘과 새 땅 그리고 거룩한 성 예루살렘에 대해서는 이미 요한계시록의 의의에서 다루었기 때문에 여기서는 이 예언이 성취된 내용을 중심으로 설명하겠습니다.

지금은 요한계시록 21장에 예언된 새 하늘과 새 땅이 천일국이라는 이름으로 이미 천상천하에 실체화된 모습을 드러내기 시작했고, 이제 그 중심 본부의 모습이 완성되어 출범을 앞두고 있습니다. 새 하늘 새 땅을 보니 처음 하늘과 처음 땅도 없어졌고 바다도 보이지 않더라고 하신 예언의 말씀이 이제 2025년 음력 3월 16일을 기하여 실현될 것입니다. 인류의 시조가 타락한 후 하늘과 땅과 바다에 있는 인류가 모두 사탄주관권으로 전락하여 죄악과 투쟁으로 점철된 하늘과 땅과 바다를 만들어 놓았으나 이제 이 모든 죄악의 세력과 요소는 없어지고 하늘 부모님께서 참된 말씀과 사랑으로 주관하시는 새 하늘

새 예루살렘 성인 천원궁 천일성전

과 새 땅이 출발하여 그 모습이 드러나게 될 것입니다.

이 새 하늘과 새 땅이 자리 잡고 그 모습을 확연히 드러내면 계시록의 말씀대로 모든 사람의 눈에서 눈물을 씻겨주실 것이므로 사망이나 애통하는 것이나 곡하는 것이 다시 있지 않을 것이니 처음 것들은 이제 다 지나갈 것이라고 하신 말씀이 성취될 것입니다. 이제 새 하늘과 새 땅 안에서 모든 인류가 하늘부모님 아래 한 가족을 이루어 자유와 평화와 기쁨이 넘쳐나는 행복한 세상을 만들어 갈 것입니다.

요한계시록 21장에는 하나님께로부터 하늘에서 내려오는 거룩한 성 예루살렘에 대한 기록이 있는데, 이 거룩한 성 예루살렘이라는 예언 말씀이 성취된 것이 곧 한학자 천지인참어머님께서 완공하여 봉헌하신 천원궁입니다. 계시록 21장 2절에서는 하나님께로부터 하늘에서 내려오는 예루살렘 성의 모습이 마치 신랑이 신부를 위하여 단장한 것처럼 아름답다고 표현하다가 9절에서는 이 예루살렘 성을 어린양의 신부와 아내 자체로 표현하고 있습니다. 천사 중 하나가 말하기를 신부 어린양의 아내를 네게 보이리라 하고 산으로 데리고 올라가서 보여 준 것은 어린양의 아내가 아니라 하늘에서 내려오는 거룩한 성 예루살렘이었습니다.

이는 거룩한 성 예루살렘이 성취된 천원궁은 마치 신랑을 위하여 단장한 신부의 모습처럼 아름다울 뿐만 아니라 어린양의 신부가 되시는 한학자 참어머니 메시아께서 직접 진두지휘하셔서 완공하시고 봉헌하였기 때문에 천원궁은 어린양 신부의 얼굴이라고 표현하고 있는 것입니다. 11절에서는 아름다운 예루살렘 성의 모습을 하나님의 영광 가운데 그 성에서 나오는 빛이 보석과 수정과 벽옥처럼 맑다고 표현하고 있습니다. 위의 그림에서 보는 바와 같이 한학자 참어머니 메시아께서 완공하신 새 예루살렘 성 천원궁은 눈부시게 찬란하고 어디에서도 볼 수 없는 아름다운 모습으로 하나님의 영광을 드러내고 있습니다. 또한 16절에는 예루살렘 성의 모양이 기록되어 있는데 네모가 반듯하여 장광이 같더라고 하였는데, 실제 위의 사진에서 보듯이 천원궁은 장광이 같은 네모가 반듯한 형태의 궁전으로 지어졌습니다. 예루살렘 성의 말씀이 그대로 실현되었으니 이 어찌 하늘부모님을 모시고 실행한 역사가 아니라고 할 수 있겠습니까?

하늘에서 내려온 거룩한 성 예루살렘이 되는 천원궁 안에는 하늘부모님을 모시게 될 천일성전이 있습니다. 천원궁 천일성전은 세계에 많고 많은 하나님을 모신 성전 중의 하나가 아닙니다. 천원궁 천일성전이 봉헌되면 유일무이한 성전의 위상을 갖게 될 것입니다. 세계에는 성 베드로 성당을 비롯한 많고 많은 성전이 있지만, 이 모든 성전을 합치더라도 천원궁 천일성전의 위상에는 미치지 못합니다. 왜냐하면 기존의 모든 성전은 무형의 하나님과 독생자 예수님 그리고 실체 없는 성령, 이렇게 미완성의 삼위일체를 모신 성전이지만 천원궁 천일성전은 인류 최초로 무형의 하나님과 독생자 참아버지 메시아 그리고 실체성령이신 참어머니 메시아 이렇게 완성된 삼위일체의 신을 모신 성전이기 때문입니다. 역사 이래 최초로 하나님의 창조이상을 이루심으로써 하나님 아버지와 하나님 어머니가 하늘부모님이 되셔서 안착하시는 성전이기 때문입니다.

요한계시록 19장에 예언된 대로 신랑이신 재림메시아와 신부이신 독생녀 실체성령이 어린양 잔치를 통해 참부모의 위상을 갖추어 하나님과 최종적인 일체완성을 이루심으로 무형의 하나님은 실체의 하늘부모님이 되신 것입니다. 이것이 셋이면서 하나이고 하나이면서 셋이 되는 한민족 고유의 삼일신(三一神) 신학입니다.(三一神誥).[96] 신비하고 오묘한 신학입니다.

문선명·한학자 참부모 메시아께서 인류 역사 이래 최초로 하나님의 창조이상의 꿈을 이루어드림으로써 두 분은 천지인참부모님이 되셨고 하나님은 하늘부모님이 되셨습니다. 무형의 하나님이 실체의 하나님 아버지와 하나님 어머니의 위상을 갖추어 하늘부모님이 되신 것

---

96 송호수, 『한겨레의 뿌리얼』, 96쪽

입니다.

천원궁 천일성전은 하늘부모님과 천지인참부모님께서 안착하시는 역사 이래 최초의 성전이 되는 것입니다. 요한계시록 21장 22절에 '성 안에 성전을 내가 보지 못하였으니 이는 하나님 곧 전능하신 이와 및 어린 양이 그 성전이심이라' 하신 말씀은 하늘부모님과 천지인참부모님을 모신 완성된 삼위일체의 성전은 있으되 기존의 미완성 3위 일체의 성전은 보이지 않는다는 말씀으로 이해해야 합니다. 고린도전서 3장 16절에 '너희가 하나님의 성전인 것과 하나님의 성령이 너희 안에 거하시는 것을 알지 못하느냐'하고 책망하신 예수님의 말씀이 실현되어 모든 인류가 이러한 신인일체의 성전을 이룰 수 있는 길이 열린 것입니다.

2) 격암유록에 예언된 천년대운 계룡국

또한 요한계시록 21장에는 재림메시아께서 찾아 세우신 새 하늘과 새 땅의 하나님 나라가 있고 이곳에는 예루살렘 성이 있습니다. 이 예루살렘 성은 벽옥과 수정으로 치장되어 있으며 12문이 있습니다. 그리고 이 예루살렘 성에는 하나님을 모신 성전이 있습니다. 그런데 이와 똑같은 내용이 격암유록에도 나와 있으니 새 하늘과 새 땅으로의 계룡국이 있고 계룡국 안에는 예루살렘 성과 같은 계룡금성이 있습니다. 이 계룡금성 또한 12옥문이 나 있고, 금강석과 야광주로 빛난다고 하였습니다. 이 계룡금성 중앙에는 성인이 계시는 성전이 있습니다. 요한계시록과 격암유록의 내용이 너무나 똑같으니 신비롭고 신기할 따름입니다. 이제 격암유록에 예언된 이러한 내용을 살펴보겠습니다.

◎ 地上仙國朝鮮化 千年大運鷄龍國
　　지 상 선 국 조 선 화 　 천 년 대 운 계 룡 국

四時不變永春世 (弄弓歌)
사 시 불 변 영 춘 세　 농 궁 가

〈해석〉

　조선을 지상선국으로 변화시키고 천년만년 사는 대운수의 신선국인 계룡의 나라를 건설하시는데 그곳은 사시사철이 불변한 상춘의 세계로 변화한 곳입니다.

〈해설〉

　아침 해 뜨는 조선의 나라 대한민국이 지상천국으로 변하여 천년 대운을 맞이하는데 이 천년왕국의 이름은 계룡국이다. 문선명·한학자 총재께서는 이 하나님 나라를 천일국이라 명하시고 2013년 1월 13일 기원절 즉위식을 통해 천일국을 개국하셨다. 천일국의 본부를 천원궁 천일성전이라 이름하여 가평군 설악면 송산리 효정천원단지에 완공하고 하나님 앞에 봉헌하셨고 이제 2025년 음력 3월 16일을 기하여 입궁식을 하면 이곳은 사시사철이 변하지 않고 찾아오는 계절처럼 세계에서 이곳을 찾아오는 사람이 줄을 잇게 될 것이며 영원히 변하지 않는 하나님의 사랑으로 살아가는 세계가 될 것입니다.

◎ 鷄龍山下定都地 白石之化日中君
  계 룡 산 하 정 도 지   백 석 지 화 일 중 군
  能知三神救世主 牛鳴在人弓乙仙 (末運論)
  능 지 삼 신 구 세 주   우 명 재 인 궁 을 선   末 運 論

〈해석〉

　계룡성인이 천하를 통합하고 천년성의 도읍을 정한 곳에 백석이 변화한 태양 같은 임금이 계시니 그분이 삼신일체 성인으로 오신 구세주이심을 능히 알겠습니다. 소 울음소리를 내는 궁을신선 또한 그분이십니다.

〈해설〉

　구세주로 오신 문선명·한학자 참부모 메시아께서는 계룡국이라는 하나님 나라 즉 천일국을 여시고 천일국의 도읍이 들어선 가평군 설악면 송산리 소재 효정천원(孝情天苑)이라는 에덴동산을 조성해 놓으셨습니다. 이제야 이분이 양백성인으로 오신 분이며 삼신일체 구세성인으로 오신 분임을 능히 알겠습니다. 또한 이제야 부부일체·신인일체를 통한 삼신일체를 이루셔서 천지인참부모가 되셨고 구세주가 되셨음을 능히 알겠습니다. 그런데 문선명 참아버지 메시아께서는 성화하셔서 천상에 오르셨고 지금은 송아지가 '엄마 엄마'하고 엄마소를 찾듯이 참어머니 메시아를 찾는 소 울음소리의 주인공이요, 궁을 신선으로 상징된 한학자 참어머니 메시아께서 지상에서 홀로 이 성업을 수행하고 계십니다.

◎ 中興國의 大和門은 始自子丑至戌亥로
　　 중흥국　　 대화문　　 시자자축지술해

十二玉門大開하고 十二帝國朝貢일세! …
십이옥문대개　　　 십이제국조공

造築金剛石 彫城은 夜光珠로 端粧하니
조축금강석 조성　　 야광주　　 단장

鷄龍金城燦爛하야 日無光이 無晝夜를
계룡금성찬란　　 일무광　　 무주야

城内中央大十勝 四維十勝列位한다.
성내중앙대십승 사유십승열위

(桃符神人)
도부신인

〈해석〉

　세계의 중원국인 조선에 있는 하나님과 대화합하는 문은 자축에서 술해까지의 12방향으로 난 옥문인데 그 문이 활짝 열리면 하나님을 섬기는 12나라로부터 조공을 받습니다.

　금강석으로 축조하고 야광주로 단장한 계룡의 금성이 찬란한 빛을 발하니 해가 없이도 밤낮의 구분이 없습니다. 성안 중앙의 대당에는 십승 성인이 계시고 세계 각국에서 온 지도자들이 줄을 지어 십승 성인을 기다립니다.

〈해설〉

하나님께서 선택하신 선민의 국가 대한민국이 통일대한민국이 되면 이 나라는 천일국이라는 하나님 나라의 중심국이요 세계의 중심국이 됩니다. 이렇게 되면 모든 인류는 하늘부모님 아래 한 형제자매가 되어 대화합하는 하나님 나라 천일국의 백성이 됩니다. 천일국의 중심국가인 통일대한민국은 사방, 팔방, 열두 방향의 문에서 12방향에서 오는 열국으로부터 조공을 받는 나라가 될 것입니다.

하나님 나라인 천일국에는 천원궁 천일성전이 있는데 하얀 금강석으로 건축되어 있어서 밤낮으로 밝게 빛나는 도성이 되어있으니 해가 없어도 밤낮의 구분이 없습니다. 계룡금성인 효정천원의 천원궁 천일성전 중앙에는 쌍합십승일을 통하여 십승 성인이 되신 문선명·한학자 천지인참부모님께서 좌정해 계시니 세계만방에서 온 사람들이 십승성인이신 천지인참부모님께 경배드리고자 줄서서 기다리고 있습니다.

◎ 人神變化無窮無窮 上天時何時이며
　　인 신 변 화 무 궁 무 궁　상 천 시 하 시
下降時代何時인가?
　　하 강 시 대 하 시
出入無窮世世人不知 仔細알기難測
　　출 입 무 궁 세 세 인 부 지　자 세　　　난 측
一氣再生出世하니 四海一氣萬國助요.
　　일 기 재 생 출 세　　　사 해 일 기 만 국 조
山水精氣處處助요. (格庵歌辭)
　　산 수 정 기 처 처 조　　　적 암 가 사

〈해석〉

　사람이 신으로 변화하는 무궁무진한 이치로 산 사람이 하늘로 오르는 때는 어느 때이며 신으로 화한 그 사람이 하강하는 때는 어느 때인가? 들고 나는 조화가 무궁한 하늘 세계의 일을 세상 사람들이 알 수는 없고 자세히 알기란 더욱 어렵습니다. 천하일기로 재생신한 성인이 세상에 나오셔서 사해를 통일하는 일기로 만국을 도우시니 산수의 정기도 되살아나서 곳곳을 돕습니다.

〈해설〉

　사람이 신으로 변화하는 무궁무진한 이치로 산 사람이 되어 하늘로 오르신 때는 언제이며 다시 지상으로 내려오시는 때는 언제인가? 문선명 참아버지 메시아께서는 지상에서 말씀이 성육신하신 분으로 신인일체와 부부일체를 이루어 하나님께 공인받아 신인을 이루신 후 2012년 음력 7월 17일에 성화라는 이름으로 하늘에 오르셨습니다. 들어가고 나가는 무궁한 하늘 세계의 일을 알기는 어렵고 자세히 알기는 더욱 어렵습니다. 하늘에 계시는 문선명 참아버지 메시아께서 다시 한 기운으로 지상에 출세하셔서 전 인류와 세계를 한 기운으로 통일하시는 한학자 참어머니 메시아를 도우시니 산수의 정기도 되살아나 곳곳을 도울 것입니다.

　예상하기는 일체를 이루어 계신 한학자 참어머니 메시아께서 2025년 비전을 세우시고 천원궁 천일성전 입궁식과 남북통일섭리를 추진하시는 중차대한 이때에 천상에 계신 문선명 참아버지 메시아께서 지상에 내려오셔서 참어머니 메시아를 도와서 아주 중요한 2025년 섭리를 승리하실 것입니다.

3) 천원궁(天苑宮) 천일성전(天—聖殿) 입궁식의 섭리적 의의

이미 문선명·한학자 천지인참부모님께서는 인류구원의 길을 활짝 열어놓으셨고 하나님 나라를 천일국이라는 이름으로 세우셨습니다. 지금은 천일국의 본부를 천원궁이라는 이름으로 완공하여 하나님께 봉헌하셨습니다. 경기도 가평군 설악면 송산리 일대에 효정천원단지를 조성하였고 이곳의 천원궁 안에는 하늘 부모님을 모신 천일성전이 있으며 천일국 중앙본부로서의 기능을 하는 천일국 중앙청이 있습니다. 이제 요한계시록 19장 7절의 어린양 혼인잔치의 예언을 성취하신 날 즉 문선명 한학자 천지인참부모님의 성혼 82주년 기념일인 2025년 음력 3월 16일(양력 4월 13일)에 천원궁 입궁식이라는 이름으로 만천하에 그 모습을 드러내게 될 것입니다. 6000년 동안 길고 긴 섭리역사를 통하여 찾으시고 이루시고자 소망하시며 애타는 심정으로 섭리해 오신 섭리 역사의 최종목적이 이루어지게 되었습니다. 섭리 역사의 일차적 목적은 참부모 메시아를 세우셔서 인류 구원을 통해 참가정 이상을 성취하시는 것이었으며 그다음 목적은 참사랑의 가정이 확대된 하나님 나라를 이 땅에 실현하시는 것이었습니다. 그런데 드디어 유구한 역사를 통하여 섭리해 오신 하나님의 섭리와 역사가 완성을 보게 된 것입니다.

천일국의 의미는 두 사람이 하나 된 나라입니다. 그렇다면 여기서 두 사람은 어떤 사람을 의미할까요? 하나님을 모시고 결혼하여 일체를 이루고 사는 부부를 말하는 것입니다. 천일국은 하나님을 모신 부부가 일체를 이루고 나아가 참된 부모가 되어 사는 나라입니다. 이렇게 하나님을 모신 부부가 일체를 이루어 살게 되면 자녀를 번성함으로써 참된 부모가 되어 하나님을 모신 가정을 이루게 되는 것이므로 결국 하나님 나라인 천일국은 가정을 기본단위로 하는 곳입니다. 그래서 가정천국이라고 말하는 것입니다.

드디어 재림시대에 하나님께서 이 땅에 보내신 문선명·한학자 참부모 메시아께서는 하나님의 창조이상의 꿈을 정확히 알고 계셨기에 어린양 잔치를 통해 하나님을 모신 참된 부부가 되셨고 천로역정의 죽음길인 사탄의 시험에 승리하신 후 참된 부모가 되셨습니다. 이렇게 일체를 이루시어 참된 부부와 참된 부모가 되신 후 하나님과 최종완성일체를 이루시는 최후 승리를 하셨습니다. 이렇게 하여 하나님이 하늘부모님이심을 밝히신 양위분은 하늘부모님으로부터 공인받아 그 이름도 거룩한 영원불변의 성호를 받았으니 곧 천지인참부모라는 이름입니다. 천지인참부모가 되셨다는 뜻은 무형의 하나님의 몸체 즉 하나님의 실체라는 뜻입니다. 6000년을 기다리며 소망해 오신 하나님의 창조이상의 꿈이 실현된 것입니다.

영원불변한 하나님으로서 그 모습을 드러내지 않고 무형으로만 계시고자 하신 하나님이 아닙니다. 완성일체를 이룬 부부의 몸체를 쓰시고 인간 세상에 내려오셔서 하나님의 모습을 드러내며 인간과 함께 사시고자 하신 하나님입니다. 인류의 원초적 부모로서 인류를 자녀로 품고 함께 사시고자 하신 것이 하나님의 창조이상의 온전한 뜻이었습니다.

이러한 하나님의 창조이상의 뜻이 문선명·한학자 천지인참부모님을 통해 역사 이래 처음으로 이루어지게 된 것입니다. 태초부터 역사 이래 최초로 이 땅에서 하나님의 창조이상의 뜻을 문선명·한학자 총재께서 이루어드리신 것입니다. 이제부터 문선명·한학자 총재는 완성한 인류의 시조요 인류의 참부모로서 천상과 지상에서 하나님의 온전한 대신자가 되어 만왕의 왕권을 가지고 현현하시게 될 것입니다. 이렇게 되면 유대인의 왕이라는 죄목의 명패를 달고 십자가에 억울하게 돌아가신 예수님의 한이 해원되는 것이요, 천상천하가 하나님의 나라인 천일국으로 완성될 것입니다.

천일국이라는 하나님 나라가 세워졌고 천일국을 치리하실 하나님의 대신자로서의 만왕의 왕권을 가지신 천지인참부모가 나타났으니, 이제는 하나님이 아닌 하늘부모님께서 안착해 계실 수 있는 천일성전이 있어야 하는 것이며 천지인참부모님께서 하늘보모님을 대신해서 만왕의 왕권을 가지고 온 세상을 다스리실 천일국의 중앙청이 있어야 합니다.

이러한 섭리의 뜻을 익히 알고 계시던 문선명·한학자 천지인참부모님께서는 일찍이 한반도의 중심자리에 효정천원단지라는 이름의 성소를 택하시고 천일국의 중심지로 개발해 오셨습니다. 지금은 이곳에 한학자 천지인참어머니께서 하늘부모님께서 안착하실 천일성전과 하나님 나라인 천일국의 중앙청이 되는 천원궁을 한 건물로 완공하셨고 2023년 5월 7일을 기하여 하나님 앞에 봉헌하셨습니다.

하나님께서 하늘부모님으로 안착하실 천일성전이 준비되었고 하늘부모님의 대신자요 실체가 되시는 천지인참부모님께서 만왕의 왕권을 가지고 천일국의 중앙청이 되는 천원궁에서 천상천하를 치리하실 수 있는 준비가 된 것입니다. 이제 남은 것은 천지인참부모님께서 천일성전에 공식적으로 안착하시는 일과 천일국 중앙청에서 공식적인 치리가 출범하게 되는 일입니다. 이를 위해 천원궁 천일성전 입궁식을 한학자 천지인참어머님께서는 2025년 음력 3월 16일에 거행하기로 결정하시고 만반의 준비를 하고 계십니다. 밤잠을 주무시지 못하시고 정성에 정성을 더하고 계십니다.

한학자 천지인참어머님께서는 천원궁 천일성전의 섭리적 의미를 '하늘 섭리의 완성이요, 인류역사의 완성이다'라고 말씀하셨습니다. 인류역사와 섭리가 완성되었다는 말씀은 드디어 인류역사가 시작된 이래 그렇게도 하늘부모님께서 소망하시며 찾아 나온 천지인참부모가 찾아졌고 하나님께서 하늘부모님이 되셔서 안착하실 수 있는 성전이 마련되었다는 말씀입니다. 또한 천지인참부모님께서 천상천하를 만왕의 왕권을 가지고 다스릴 수 있는 천일국의 중앙청이 마련된 것을 두고 하신 말씀입니다.

이렇게 볼 때 천원궁 천일성전 입궁식의 섭리적 의의는 첫째 무형의 하나님이 실체의 하늘부모님으로 안착하실 수 있는 천일성전이 마런되어 입궁하시게 되었다는 데 있습니다. 둘째는 천지인참부모님께서 하늘부모님의 실체가 되어 입궁하시게 되었다는 데 있습니다. 셋째는 하늘부모님과 천지인참부모님께서 완성일체를 이루시어 천일국의 중앙청에 안착하셔서 만왕의 왕권을 가지고 천상과 지상을 치리하시게 되었다는 데 있습니다. 넷째는 천상천하의 축복가정들이 천일국 백성으로서 새 하늘 새 땅에서 공식적이고도 실체적인 출발을 하게 되었다는 데 있습니다. 다섯째는 천원궁 천일성전이 하나님 나라인 천일국의 중심문화 즉 효정문화와 아시아태평양 신문명의 발원지요 중심지로써 출범하게 되었다는 데 있습니다.

끝나는 글

'하느님이 보우하사 우리나라 만세'가 되었습니다. 하나님이 선택하셔서 우리나라 대한민국이 선민의 나라가 되었습니다. 하나님이 보내신 문선명 한학자 참부모 메시아께서 천지인참부모님으로 승리하셨습니다. 이로써 하나님은 하늘부모님이 되셨습니다. 승리하신 천지인참부모님께서 하나님나라 천일국을 세우셨습니다. 승리하신 천지인참아버님께서 천상천국의 문을 활짝 여시고 안착하셨습니다. 승리하신 천지인참어머님께서 지상천국의 문을 활짝 여시고 안착하셨습니다. 지금은 천일국의 본부인 천원궁 천일성전에 하늘부모님과 천지인참부모님을 입궁으로 모시기 위해 막바지 준비를 하고 있습니다. 새예루살렘 성 천원궁 천일성전에 하늘부모님과 천지인참부모님께서 안착하시면 새 하늘과 새 땅은 만왕의 왕 되신 하늘부모님의 치리가 공식적으로 출발하게 될 것입니다.

한 송이 국화꽃을 피우기 위해 봄부터 소쩍새는 그렇게 울었고 한 송이 국화꽃을 피우기 위해 천둥은 먹구름 속에서 그렇게 울었던 것입니다. 억눌리고 짓밟혀 온 한민족의 고난사가 이 한 때와 이 한 분 천지인참부모님을 위해 있었던 것임을 알게 되었습니다. 잃어버린 조국을 찾기 위해 장렬하게 죽어가면서도 의연했던 기개의 역사가 이 한 때와 이 한 분 천지인참부모님을 위해 있었던 것임을 알게 되었습니다. 동족상잔으로 상하고 찢기며 피흘려온 한스러운 역사가 이 한 때와 이 한 분 천지인참부모님을 위해 있었던 것임을 알게 되었습니다. 하늘부모님께서는 이 한 때와 이 한 분을 기약하고 선택한 한민족이기에 자식들의 가슴이 찢어지고 헤어지는 것을 보면서 당신의 가슴은 만신창이 핏줄기가 강물이 되어 흐르고 있지만 끝내 한민족과 이 한 분 문선명 한학자 참부모 메시아를 지켜주셨습니다.

이렇게 지켜주시고 이렇게 참아내며 지켜온 자랑스러운 대한민국이기에 이곳에서 세계와 하늘땅을 비출 찬란한 여명의 불빛이 이제 비추기 시작했습니다. 오직 하늘만을 향하여 이 한 때를 위해 눈물로 호소하며 하나님의 옷깃을 붙들고 밤새도록 몸부림쳐 온 민족이기에 하나님께서는 이 기도를 들으시고 한민족을 들어내기 시작했습니다. 지금 한반도 북쪽에서 들려오는 역사에 없었던 처참한 신음소리가 천지를 진동하고 있기에 하나님께서는 이제 더 이상 외면할 수 없다 하시며 북한을 해방하기로 작정을 하셨습니다.

선민의 나라 대한민국은 반드시 참부모 메시아가 추진하는 신통일한국으로 남북통일이 되어 하나님 나라의 모델국가가 될 것입니다. 천신만고 핍박과 수모를 당하며 죽음 길을 헤쳐오시면서도 남북한을 참사랑으로 품고 계신 천지인참부모님이 계시기에 이제 삼팔선은 무너지고 삼팔 동방의 등불은 밝게 켜질 것입니다. 이제 곧 통일된 대한민국을 중심으로 개벽의 새 하늘과 새 땅은 밝아올 것이고 고통도 애곡도 눈물도 없는 새 예루살렘 성 천원궁 천일성전에 옥등 불이 밝혀질 것입니다.

요한계시록 마지막 장인 22장 17절에 예언되어 있는 성령과 신부 곧 문선명 한학자 천지인참부모님께서 다 내게로 오라고 우리를 부르고 계십니다. 천상에서는 문선명 참아버지 메시아께서 부르고 계시고 지상에서는 한학자 참어머니 메시아께서 부르고 계십니다. 모두가 다 와서 내가 주는 생명수를 값없이 받아 마시라고 우리를 부르고 계십니다. 겸허히 욕심을 내려놓고 하늘을 우러러 바라보는 사람들에게는 이 말씀이 들릴 것입니다. 또한 편견을 버리고 순수한 마음을 가진 어린아이 같은 사람들에게도 이 말씀이 들릴 것입니다.

모쪼록 이 책을 읽은 모든 분이 축복가정이 되어 하늘부모님나라 천일국의 백성이 되며 개벽과 신문명을 열어가는 주역들이 되어 주시기를 간절히 소망하면서 이글을 마칩니다. 읽어주신 모든 분께 하늘부모님의 축복과 천지인참부모님의 승리의 운세가 가정 가정마다 충만하시기를 기원하오며 삼가 엎드려 경배합니다. 감사합니다.

선민과 참부모 메시아 현현

인쇄일   2025년 1월 20일
발행일   2025년 1월 24일

저 자   반재구

발행처   (주)천원사
신고번호 | 제302-1961-000002호
주소 | 서울시 용산구 청파로 63길 3(청파동1가)
전화 | 02-701-0110
팩스 | 02-701-1991

정 가   18,000원
ISBN 979-11-94221-19-7 03230